湛庐CHEERS

与最聪明的人共同进化

HERE COMES EVERYBODY

AFTER THE MUSIC STOPPED

The Financial Crisis, the Response, and the Work Ahead

当音乐停止之后

金融危机、应对策略与未来的世界

[美] 艾伦 · 布林德◎著
巴曙松　徐小乐 等◎译

四川人民出版社

从金融政策角度反思金融危机

布林德教授与巴曙松研究员的对话

巴曙松：布林德先生，您好！作为一名金融政策的跟踪研究者，以及您的新作《当音乐停止之后》中文版翻译的组织者，我很高兴能就“从金融政策角度反思金融危机”这一主题与您进行交流讨论。金融危机以后，全球经济金融结构出现了一些不同于危机之前的新的发展趋势和变化，您认为这些变化主要集中在哪些方面，会在多大程度上影响金融危机之后全球经济的复苏进程？

布林德：到目前为止，相比金融危机期间，全球金融系统的杠杆水平更低且管制更为充分。同时，在一些关键问题上也发生了积极的变化，比如系统性风险监管、清算授权以及我一直提到的、会引起风险偏好的“疯狂鼓励机制”等。问题在于：这样的变化会持续多久，或者人们会在多久以后就忘掉这一切？所有变化中的一部分会是永久的，因为它们体现在了新的法律（如《多德－弗兰克法案》[①]）、新的监管规则（如“沃尔克法则”[②]）中，更重要的是，体现在了新的

① 全称《多德－弗兰克华尔街金融改革和消费者保护法》（*Dodd-Frank Wall Street Reform and Consumer Protection Act*），于 2010 年 7 月 21 日由美国时任总统奥巴马签署生效。——编者注

② 《多德－弗兰克法案》中的一项重要内容，它对美国乃至全球银行业和金融监管的未来发展都有重要影响。——编者注

机构（如消费者金融保护局）职责中。然而，时时处处，你会发现人们已经开始忘却了。在对衍生品市场、货币基金市场的监管方面，尤其是在改变评级机构失败的收费模式方面，可以找到一些突出的例子。事实上，监管者和被监管者之间的博弈是一个永恒的话题。在金融世界里，被监管者极具创新的动力，这让监管者很难跟上他们的步伐。

巴曙松：从金融监管理论的角度看，如何使金融监管与市场做到"激励相容"，或者说在尊重市场机构盈利动机的基础上，达到监管者提高金融体系稳健性的目标，确实是一个理论和现实的难题。从历次的金融危机来看，往往是金融体系的松散，辅之以盲目的信贷扩张，导致了泡沫的形成和风险的积累；而在危机之后，人们出于对金融体系的愤怒，通常会强化对金融体系的监管，而且监管的力度也会相对较大，这往往又会抑制市场的活力。这种监管的"钟摆效应"在美国此次应对金融危机的过程中也不同程度地存在着。我在与华尔街的一些专业人士交流的时候就曾提及，由于金融体系的监管越来越严格，维持合规的成本越来越高，华尔街目前需求最旺的职业之一是风险管理和合规领域的专业人士，这往往促使资金流向受到监管的金融体系之外，而这种体系之外的资金规模的扩张，恰恰是导致此次危机的直接导火索之一。

这一点从管理中国的主权财富基金的中投公司投资的美国两家金融机构所获取的投资收益差异上，就可以看出端倪。例如，中投公司投资的黑石集团，如果加上分红等，收益为正值；但是中投公司投资的另外一家金融机构，却存在明显的账面亏损。我们与不少专业人士讨论、分析了其背后的原因，其中一个各方较为认同的观点是：自从美国的金融监管趋于严格之后，资金正在从受到严格监管的金融机构部分流向黑石集团这样的机构。

您在书中也强调，这些积极变化的执行受阻将会对复苏产生负面影响；您在书中还提到，类似的阻力在伯南克、盖特纳、萨默斯时期也曾出现。[①] 那么，在当前的环境中，您认为新的经济决策者所采取的应对危机的政策与危机爆发时期的经济政策相

① 这里指的是三任美国财政部部长：本·伯南克、蒂莫西·盖特纳和劳伦斯·萨默斯。——编者注

比，是否出现了明显的变化？经济政策下一步最大的挑战是什么？

布林德：美国已有的监管立法和监管措施已经相对完备，但是在执行层面仍然存在问题，而欧洲的情况会更加悲观。

在金融的范畴内，我认为当前美国最急迫的任务是“执行”，而欧洲则是“赶上”。提到这里，我必须强调两点。首先，除了个别领域，金融危机以后的美国在金融监管上遥遥领先于欧洲，相比于美国，欧洲还有一个长长的待办清单要去完成。其次，美国从监管立法（主要在 2010 年完成）到明确监管细则的落地（目前仍未完成，并且推进缓慢），再到强化监管的进程太过漫长。在每个阶段中，金融行业都在制造阻力。尽管存在一些法律上留下的监管真空，以及一些偏离了法律意图的监管措施，但是美国的主要任务仍然是推进和实施我们已有的监管立法和监管措施。

在更为广阔的经济范畴内，最大的政策挑战来自能否带动全球走出衰退，实现全面复苏。中国在这方面做得不错，美国也做了许多合理的工作，但是显然欧洲还没有。

巴曙松：实际上，如果从全球的角度来看，在美国引发的这次金融危机之后，全球经济金融运行的一个显著特点就是大分化。不同经济体在结构调整方面的进展差异很大，同时也处于经济周期的不同阶段，导致不同国家面临的主要问题出现了显著差异。

另外，我们也可以说，美国这一次的金融动荡引发的全球金融危机，实际上反映了金融体系的全球化推进与整个经济体系、全球金融治理等的脱节。全球金融市场已经高度一体化，风险的传染已经十分敏感和直接。但是，全球的金融监管基本还是以国别监管为主，跨国监管协调的进展有限，全球经济金融治理的框架依然还是第二次世界大战后建立的基本框架，没能及时根据新的国际经济金融格局进行调整。例如，美国金融体系的显著失衡，与美元主导的国际金融体系是直接相关的，即使从促进美国内部经济平衡的角度，美国也应当以更为宽阔的胸怀来支持国际金融治理和框架的改革，在国际经济金融治理中更多地反映中国等新兴经济体影响力的上升，支持包括人民币在内的多种货币的国际化。

您刚才谈到，美国的金融监管者可能做了许多合理的工作，但是正如您在书中提到的，美国民众对这些合理的政策还存在误解，而您写作本书的目的之一就是要消除民众在理解金融危机和应对政策方面的这些误解。那么，就目前来看，美国民众对本次金融危机和救助政策的看法相比于几年前是否更加客观，误解是否有所消除？是否会出现此前在金融危机之后出现的过度管制导致金融体系活力下降的情况？

布林德：相比于人们可以听到的其他声音来说，我的声音是很小的。我认为，盖特纳显然也在他最近的新书中提到了相似的主题，比如公众缺乏对救助政策的理解，以及这会对政策执行效果带来的伤害。也许他的声音比我的响亮一些。然而，令人遗憾的是，没有证据能让我确信公众对救助政策的理解有了明显的加强，尽管我非常希望事实会是如此。展望未来，我并不担心过度监管，尽管这的确有可能成为一个问题。正如我在前面提到的，我更担心的是克里斯蒂娜·拉加德最近关注的一个现象：你想把金融行业推回去很难，在对抗立法和监管对行业的遏制方面，金融行业取得了相当大的成功。

巴曙松：如何建立监管者与市场之间的良好沟通机制，不同国家的决策者确实也都在探索。例如，有的中央银行期待与市场保持透明、动态、良性互动的沟通；有的中央银行则可能习惯于保持一定的政策模糊度和回旋余地。其实，在艾伦·格林斯潘、伯南克和珍妮特·耶伦等不同时期的美联储主席的发言风格中，我们也可以看到这种显著的差异，格林斯潘有一句经常被引用的名言："如果你认为你听懂了我的意思，那么，你一定是误会了我的意思。"

谈到新的政策制定者，市场一直十分关注美联储的新任主席珍妮特·耶伦，作为美国历史上第一位担任美联储主席的女士，您如何看待她就任以来的专业表现？美联储的经济政策基调在未来一段时间可能会发生怎样的转变？

布林德：现在评价耶伦还为时尚早。截至目前来看，她都是成功的。然而，她当下真正需要做的唯一一件事是结束美联储设定的6.5%的失业率目标。她很好地完成了这项工作。但是，如何引导美联储从它的超级宽松政策中退出，将是耶伦即将面临的最大挑战。也许这一进程将很快开启，量化宽松政策已经在逐渐退出。美联储下一步将会执行许多更为细节的决策——退出的时间、退出的顺序、退出的机制等。还有最为重要的事情是，耶伦必须尽可能地把美国公开联邦市场委员会团结起来——目前鸽派和鹰派的分歧非常明显。

巴曙松：从全球金融市场的角度看，美联储下一步的退出政策也是全球目前关注的焦点之一，其中甚至有评论认为，退出政策的执行不当可能会引发下一次金融危机。如果说耶伦作为一名研究人员时，可以清晰地表达自己一以贯之的鸽派观点，那么在作为美联储主席时，她可能需要更多地考虑如何在不同的观点和看法中找到共识，找到可以被各方大致认同的折中道路。如果此前美联储应对金融危机所采取的一系列政策还算有迹可循，那么如何退出这样一个史无前例的刺激政策，确实还没有成功的先例可以参考。

在您看来，本次危机是否已经可以确认结束？下一次危机离美国和全球市场还有多远，最有可能在哪些领域爆发？

布林德：除了欧洲主权债务危机的余波外，我认为全球范围内的金融危机已经结束了——并且我们看上去不会很快经历另外一次危机。但不幸的是，几乎可以确定地说，下一次大危机根本无法预测。伴随着美联储退出政策的执行和全球一系列经济体的周期性波动，一些潜在的风险事件可能会暗含其中，但真的很难判断哪些事件会最终引发新的、大规模的金融危机。

巴曙松：事实上，对于美联储的退出政策，在全球市场，尤其是在新兴市场中存在着普遍担忧；同时，基于金融危机之后全球不同经济体存在的大分化格局，新兴经济体抵御这种新动荡的能力可能更弱。基于美国金融体系以及美元在全球金融体系中的重要影响力，美国的经济政策决策同时也会对全球经济产生显著的影响，有的还会对新兴市场产生巨大的冲击，因此美联储的政策常常受到许多新兴市场的严厉批评。您如何看待这些批评？美联储在经济决策中应当如何考虑其全球影响？

布林德：我非常理解这些批评，尤其是来自新兴市场的批评。毕竟，美国仍然是全球最大且最具影响力的经济体；同时，美联储也是全球最重要的中央银行。美联储的决策对全球产生的震荡，远大于全球其他地方的决策对美国产生的震荡。甚至对于一些比较小的新兴市场来说（当然不包括中国），会感觉自己就像是大海上的一叶孤舟，无法决定自己的命运。更进一步，诚恳地说，美国的法律告诉美联储要做对美国最有利的事情，而不是对全球任何其他国家有利。但是我们也要看到，美国的利益和全球大部分国家的利益是一致的，毕竟，全球最大经济体的健康是有益于世界的。但也不能否认，在一些个例中，美国和其他国家的利益会发生冲突。在这些个例中，我只能抱歉地说，美联储必须维护美国的利益。这是法律。

巴曙松：谢谢您的坦率。尽管从大的趋势上看，美国经济的复苏对全球经济复苏是有利的，但是在具体的政策效应上，我们也看到了大量的利益冲突。一个经常被引用的案例是关于美元的判断：美元是我们的货币，但却是你们的问题。这句话隐含的意思是，美国享受了美元作为国际主导储备货币带来的种种好处，但是当美国出现金融危机，或者种种原因导致美元以及由美元主导的国际金融体系出现大幅波动时，真正受到更大冲击的往往是大量持有美元的新兴经济体。在这场博弈中，美国享受了好处，但没有尽到应尽的责任。

正如您刚才提到的，像美国这样的大经济体所做出的货币决策将会在其他国家之间产生震荡，而一些国家的货币政策也会对美国产生影响。那么，随着中国经济的崛起，以及中国的金融机构更加活跃地参与到全球金融市场的活动中去，中美金融体系的联系会日趋紧密，金融政策的相互影响也会更加明显。在这个过程中，您对于中美金融政策的协调，或者说美国金融政策如何合理考虑中国的利益有哪些建议？

布林德：中国经济已经取得了重大的跨越，这表现在生产效率、生活水平、扶贫、产品质量等各个方面。中国的金融体系也有进步，但相比于中国在其他领域的发展，显然还相对落后。举例来说，近些年来中国已经是国际贸易领域的重要参与者，但它还远不是全球金融领域的重要参与者。当然这不一定就是坏事，毕竟变革是需要时间的。一方面，中国对发展顺序的选择是合乎情理的：优先发展工业和贸易，然后才是金融。另一方面，拥有最复杂金融体系的美国在上个十年间并没有因此获得多少荣耀。在2008年，如果中国的金融体系与美国、英国以及欧洲其他国家高度关联的话，那么中国可能也难逃厄运。这也意味着，随着中国经济体量的膨胀，金融市场一定也会相应扩张；中国金融体系和其他国家的关联度会日益上升。一旦这些情况在更大的范围内发生，我相信中国会更加欢迎面向金融领域的海外投资（或投资海外），并且中国可能会允许人民币的汇率浮动。

巴曙松：您刚才提到，如果中国的金融结构与美国和欧洲足够关联的话，中国金融体系可能也会在此次危机中受到重大波及。实际上，即使金融体系没有直接关联，美国的金融危机和欧洲的金融动荡带来的实体经济的巨大波动，以及经济结构的巨大变化，还是显著地传导到了中国的经济运行中，只不过传导的机制与欧美之间的开放金融体系有所不同而已。这也从另外一个角度表明，在全球化时代，在动荡的金融危机中，没有哪一个国家可以例外，即使是金融保持相对管制的国家和地区也不例外。

回溯金融危机的历史，我们会发现，在此前的金融危机中，往往是由处于金融体系外围的新兴市场引发危机，然后传染到其他市场；此次次贷危机却是由通常被视为金融业最为发达的美国市场爆发并且传染到全球，这种爆发和传染的路线是否意味着全球经济金融体系已经出现了重大改变?

布林德：是的，的确如此。我们以前常常认为金融危机始于新兴市场，但是2007—2009年的金融危机却源自美国，而2010年的主权债务危机始于欧洲。世界已经变得不同了。但是正如我在前面提到的，未来的金融危机会在哪里爆发，会在何时爆发，具有一定的偶然性，是很难预测的。全球经济金融体系的改变并不意味着金融危机都将源自发达经济体，它只是表明未来全球各个经济体之间的关联会更加紧密。

巴曙松：谈到金融危机的偶然性，您在书中也特别强调美国本次金融危机的“肇事卡车”是雷曼兄弟事件，那么如果假设没有雷曼兄弟倒闭这样一个偶然事件，本次金融危机的发生、发展会有哪些不同？全面的金融危机是否依然会出现？

布林德：在雷曼兄弟事件之前，金融危机就已经开始了，因此拯救雷曼兄弟并不能阻止危机的发生。但是，我仍然坚信，是雷曼兄弟事件让金融危机变得如此糟糕。当然，我们没有办法重演历史以寻求真相。

巴曙松：社会科学领域的研究确实是难以真正复盘的，也许我们需要关注的是，当时支持美国决策者不去拯救雷曼兄弟的理论逻辑是什么，这种理论逻辑是否需要在新的经济金融环境下进行调整。例如，根据我阅读的相关文献，当时美国的决策者存在着一种想要教训教训华尔街金融机构的想法，而这种教训的对象碰巧又落在了对国际市场影响较大的雷曼兄弟身上。

接下来，想请您谈一谈对本次金融危机的根源有何见解。在《当音乐停止之后》一书中，您专门用两章介绍了金融危机的七大祸源。在当前的环境下，如果请您把它们按重要性排序，您会怎样排序？为什么？

布林德：这是一个很难回答的问题，因为祸源之间是彼此关联的。我所列出的七大祸源包括：两个泡沫（房地产泡沫和债券泡沫）、过度杠杆、松散的金融监管、银行在次级抵押贷款方面的不规范操作、衍生品的泛滥、毫无底线的评级机构和疯狂的金融激励机制。我会把两个泡沫排在这份清单的最前面，接下来也许是过度杠杆与松散的金融监管。

巴曙松：如果回顾过去数百年金融危机的发展历程，我们会发现，其实似乎每次金融危机的导火索都是上述这些因素，只不过程度不同、表现形式有所差异而已。在每一次危机的形成和酝酿阶段，人们都会强调当时所处经济金融环境的不同；而等到金融危机爆发、一片狼藉之后，我们往往发现，实际上每次金融危机从形成逻辑到爆发，几乎大同小异。例如，资产泡沫、过度杠杆和松散的金融监管几乎是导致所有金融危机的必然要素。

这种回顾和反思也提醒我们，在金融危机这个重大的事件上，无论是监管者、市场参与者还是公众，往往都是健忘的，需要研究者和决策者不断提醒、不断改进。我想，这也正是金融危机之后包括本书在内的一系列研究成果的价值所在。希望这场对话能够有助于读者更好地把握这本书的脉络，并促使读者进一步思考。谢谢！

一场关于金融危机的复盘

从金融市场发展的历程考察，金融危机似乎是不可避免的，不同程度的金融危机，伴随着全球金融业发展的整个历程。换个角度我们也可以说，金融危机实际上从特定的侧面揭示了原有金融体系中存在的显著缺陷与不足，暴露了当时的金融体系已经与特定的经济环境出现了显著冲突。金融危机所带来的金融动荡，实际上是原有的金融体系的平衡被激烈地打破，并且，它试图通过这种动荡寻找新环境下的平衡的过程。

如果从这个角度来看金融危机，我们似乎可以把金融危机视为金融体系大树上的啄木鸟。如果要从正面来把握金融危机的本质，或者说要充分发挥金融危机所带来的正面价值，那么，对金融危机进行充分的反思，找准导致危机的根源并采取相应的校正措施，增进整个经济金融体系应对危机的能力，可能才是金融危机真正给我们带来的价值。

如果我们不能从每次危机中及时进行总结、反思并做出改进，而只是手忙脚乱地进行救火式的短期危机应对；或者说，我们依然还是“穿新鞋走老路”，导致金融危机的隐患和根源依然存在，那么，我们就有可能错过拯救一场金融危机的机会。

布林德先生的《当音乐停止之后》，就是一部对这次危机进行系统反思、同时具有理论和现实政策价值的著作。

本书反思金融危机的视角很独特，它并不是一般性的泛泛而谈，而是立足于作者的经验和研究，进行沙盘推演式的复盘和梳理。这就如同大侦探福尔摩斯曾对他的助手华生说过的那样："如果你想了解事情的真相，最好的办法就是回到过去。"通过回到金融危机的特定场景，我们可以从一个有一线监管经验的监管者眼中，看到金融危机及其演进的过程。

布林德，将金融危机历程复盘的一位合适的导游

布林德教授是活跃于美国金融界的学者，普林斯顿经济政策研究中心的创始人和联合主任，曾获全美商业经济学协会颁发的"亚当·斯密奖"，并担任海角国际金融网络公司（Promontory Interfinancial Network）副总裁。1994—1996 年，他是美联储副主席，也是克林顿总统经济顾问委员会的成员。此外，他还是《华尔街日报》的特约评论人。

在写作本书的过程中，作为总统经济顾问委员会昔日成员的布林德先生，多次参与美国政府关于金融危机的重要会议和关键讨论，并走访了伯南克、盖特纳、萨默斯和斯蒂芬·弗里德曼（Stephen Friedman）等亲历金融危机的决策者；同时，作为《华尔街日报》的特约评论人，他也从金融市场中汲取了大量关于金融危机的线索和观点。

一条精心安排的复盘和反思线路

围绕美国金融危机的演进过程，本书的章节安排以时间为轴，读者的复盘和反思之旅将沿着时间的轨迹延展。

本书共分为五部分 17 个章节。第一部分是旅行前的导览图，是对金融危机全景式的简要回顾；第二部分描述了危机的演进过程，布林德先生用 5 章探寻了危机的祸源、危机的前奏、危机的发生和深化，你会看到美国金融体系是如何一步步地滑向了灾难的深渊；第三部分的重点是危机发生后的政策应对，那些耳熟能详的救助措施的诞生场景——问题资产救助计划、美国复苏法案①、量化宽松、扭转操作等，将会依次

① 《美国复苏与再投资法案》（*American Reinvestment and Recovery Act*）的简称。——编者注

重现；第四部分则关注政策出台后对美国社会产生的影响，当时活跃在决策前台的伯南克、盖特纳、萨默斯和亨利·保尔森（Henry “Hank” Merritt Paulson）等人，将会重新回到聚光灯下，去演绎他们在当时处境中所经历的质疑、斗争和抉择，以及他们在当时处境中被激发的智慧、受到的专业考验与无奈；第五部分是面向未来，读者将回到过去，去发现美国次贷危机与美国财政危机、欧洲主权债务危机和美联储退出政策等热点问题之间的重要关联。

那些反思与复盘中的亮点

在布林德先生反思和设计的这场时光之旅中，他并没有平分笔墨，而是有重点地详述了一些关键事件的前前后后，让人印象深刻的有：

一是雷曼兄弟事件。关于雷曼兄弟事件的讨论至今尚未平息，有人认为雷曼兄弟事件不过是危机中的一个花絮，也有人认为雷曼兄弟事件是危机升级的罪魁祸首，显然布林德先生更认同后者。他在书中详细展示了雷曼兄弟事件前后美国经济数据所发生的明显变化，以及雷曼兄弟事件所带来的多米诺骨牌效应。更重要的是，他让读者了解到抛弃雷曼兄弟并非当时唯一的选择，也不是当时最公平和最经济的选择。

二是美联储对非常规货币政策的选择。通过布林德先生的描述，我们会看到美联储除了拥有影响巨大的决策权力，还有另一面，那就是各种各样的约束，来自美国政府体系内部以及外部市场的约束。只有看到一枚硬币的两面，读者才能体会到美联储利用权力在约束之上找到支点，并以此撬动经济由衰退转向复苏所付出的努力，同时，也才能够客观地批判美联储在政策制定和实施过程中存在的瑕疵。

三是美国各界对美国政府、美联储和救助政策的质疑。在众多的质疑声中，布林德先生更为关注那些“合理”的声音，这些声音大多来自失业的工人、受到损伤的企业主、失去了房屋的家庭等。同时，他也旗帜鲜明地反对那些他自认为可能“不合理”的声音，比如来自共和党的指责、来自学界的指手画脚和来自反凯恩斯主义者的嘲讽。在众多的声音中，读者可以清楚地了解到美国式经济决策过程的缩影，以及美国政党的政治斗争等。

复盘和反思金融危机的意义在于面向未来

美国有句很有趣的谚语，叫作“Once on shore, one prays no more”，直译成汉语是“一旦上了岸，人就不需要祈祷了”，意译过来则是“好了伤疤忘了疼”。危机既然已经爆发，人们就要充分汲取金融危机的教训，从中有所收获并放眼未来。

一是立足历史，迎接“后危机时代”的到来。在发端于美国的金融危机逐步喘定之际，国际经济金融结构正在发生明显变化，在危机之前的全球平衡被打破以后，如何在新的经济环境下找到全球以及各国自身经济运行的新常态，是包括中美两国在内的几乎所有国家的决策者和研究者在思考的重要课题之一。而在经济金融的研究领域，我们可以看到，以前以金融工程、衍生品为主导的微观金融技术研究，更多地被当前更宏观或者说更有顶层设计色彩的国际经济治理、国际金融结构调整、国际金融监管准则改进等“后危机时代如何面向未来”的课题所取代。显然，客观和全面地回溯金融危机，从金融危机的根源和演进中寻找解决问题的关键，是开展“后危机时代”课题的必要前提。

二是借鉴历史，为中国经济金融的转型之路寻找方向。在美国金融危机之后，中国经济已经开始出现一些新的变化趋势，经济结构方面面临的挑战和取得的进展都同样引人注目。我们可以看到，在中国的经济增长温和放缓的同时，经济结构已经发生了重要的变化，经济增长的动力已经不能仅仅依靠廉价劳动力等要素投入的累积，而是不得不转向依靠投入效率的不断上升；在经济增速回落的过程中，产业结构也在艰难地变化，但是我们同时也看到，中国并没有像此前增长放缓时那样出现显著的就业问题，社会各界对于经济转型的共识也在增多。可以说，中国经济增长的一种新常态正在逐步显露出轮廓。中国下一步如何化解转型的金融风险、如何提升投资效率并促进技术进步，及以服务业为重点促进改革开放和资源配置效率的提升，都是需要重点关注的课题。对这些问题的研究，需要在对美国金融和经济危机前后政策应对和转型的经验教训加以借鉴和吸收的基础上来完成，把握美国经济金融体系在危机之后可能呈现的变化趋势，并相应采取对策，才能充分地借他山之石，避免走不必要的弯路。

三是牢记历史，才不会重蹈覆辙。在美国金融危机期间，盖特纳曾将危机归咎于集体性的健忘症："人们忘记了曾经的大危机，忘记了当一个国家允许危险不断积累时，将产生怎样的后果。"当危机似乎在逐步离我们远去时，我们还是要记住经济学家海曼·明斯基（Hyman P. Minsky）经常告诫我们的那句话："市场和人类会经常遗忘。"我希望通过此书能够让大家静下心来，通过这样一场危机的复盘，去回想不久以前才刚刚发生的这场危机，去想想那些我们不应该遗忘的经验、教训和代价。

本书的翻译由我主持和组织。我与徐小乐博士共同进行翻译协调和统稿校订工作，此外，我还对全文进行了审校。我、徐小乐、丁倩、朱瑞珂、潘攀、徐扬皓、刘宝森、刘璇、杨爱琳、曾志、高英、郑子龙、赵斯彤等参与了初译，初译之后又经过了多轮交叉校订与统校，以及对语言、专有名词等各方面的修订，整个翻译过程历时一年多。然而，专业财经著作的翻译并不是一项容易的工作，因为水平所限，难免出现疏漏与不足，还望广大读者在阅读的同时不吝批评指正，以便我们不断改进提高。

最后，我要特别把这一辛勤工作之后的成果献给 Kiara，她到纽约之后在英语和相关课程方面的学习中所取得的迅速进步，十分令人欣慰；在一天的读书写作之后，傍晚与她一起散步、聊天，是我一天中最为快乐的时光。她十分肯定我在学习和研究方面的勤奋努力，也督促我要多锻炼身体，并且还热衷于给我的一些出版物提供建议，事实上，《巴塞尔资本协议Ⅲ的实施：基于金融结构的视角》[①]一书的封面，就是主要参考她的意见选定的。

是为序。

巴曙松

于哥伦比亚大学

2014 年 6 月 23 日

① 这本书基于金融结构的视角，对巴塞尔资本协议Ⅲ的实施问题进行深入剖析，并提出了可操作的解决方法。其中文简体字版已由湛庐策划，中国人民大学出版社 2014 年出版。——编者注

以史为鉴，面向未来
——后金融危机时代的反思

广发基金管理公司前总经理　林传辉

物换星移几度秋。自 2008 年金融危机以来，全球经济正逐步复苏，但仍未完全摆脱那场危机的阴影。治理危机和促进经济的健康发展仍然是包括中国在内的国际社会正面临的重要任务——我们现在正处于后金融危机时期。为了走出金融危机，各国当年均采取了应对政策。美国曾三次宣布量化宽松政策，如今以美国为代表的政府及央行采取的量化宽松政策，正面临着如何退出、何时退出等抉择，这将对中国乃至全球经济都会产生巨大的联动效应；金融危机之后，国际社会包括各国政府及央行对监管制度、监管标准、监管规则的改革仍在继续；美国与新兴市场对于国际货币基金组织（IMF）改革的分歧影响着全球金融治理的进程。

后危机时代的反思

目前，我国经济正处于增长速度进入换挡期、经济调整面临阵痛期、前期刺激政策处于消化期等“三期叠加”的特殊发展阶段。在人口、土地等要素红利日渐萎缩的环境下，唯有改革才能有望引领中国经济走出转型发展的困境，打造中国经济发展的升级版。而金融领域的改革，则是本轮改革的重要组成部分。

可以看到，在金融危机之后，金融监管制度正面临重大变革，金融发展模式也面临重要转型，金融危机带来的深刻反思将为我国金融和经济的稳健发展提供前车之鉴。

布林德的金融十诫

《当音乐停止之后》的作者艾伦·布林德，是美国经济学家、美联储前副主席、普林斯顿大学经济学教授。“美国人民仍然不知道究竟是什么伤害了他们，危机为什么发生以及如何发生。”布林德在说到写这本书的初衷时如此解释。作为国际知名经济学家，以及美国货币政策的推行和见证者，相较于其他书籍着重介绍“金融危机是什么”的视角，布林德在本书中首次集中向读者展示了“金融危机为什么会发生”。

在本书中，布林德通过重大事实和便于解读的政策为读者搭建起一个概念体系。更确切地说，是对三个重要问题进行解答：首先，我们是如何陷入这个困境的。与过往的要厘清各方责任的分析文章不同，布林德更想做的事情是指出并分析那些错误，以免今后重蹈覆辙。其次，如何解决问题并减少损失，政府为什么会采取某些政策来应对此次危机，以及相关政策是否明智。布林德认为，在危机发生后，美国政府的很多应对政策都是在匆忙中制定的，那么这些政策是否合理、可持续、易于评价呢？布林德表示，认真分析这些问题不是为了质疑政策制定者的决策水平，而是强调要从这些政策制定的过程中吸取经验教训，以便为将来做好准备。最后，我们是否充分“利用”了这次金融危机？特别是2010年美国政府颁布的金融改革措施，是否能够建立起一个强健的金融体系？改革是否有所遗漏？金融业是否进行了彻底整顿？更重要的是，下一步该怎么办？作为美联储前副主席，布林德结合其从政经验，为维持美国金融体系活力，还提出诸如“科技的进步也带来了无数风险；金融工程的复杂化趋势，无疑给金融市场带来了更多的不确定性”等十条建议，是为金融十诫。

布林德对金融危机的全景式回顾及对相关处理措施的深入分析，让人在全局下通览次贷危机，并且对次贷危机形成了一个更深层次的了解。在《纽约时报》评选的“2013年度十大好书”中，《当音乐停止之后》赫然在列，其价值获得了美国社会的高度认可。有评论称：“在判断美国如今在复苏之路上所处的境况，以及如何才能让全球金融系统避免遭受另一场威胁方面，布林德给了我们大家极好的启迪。”

为下一个十年启程

广发基金为国内读者引荐此书，希望在中国经济结构调整及金融体制不断变革之际，能够引发我们对危机发源地采取的应对政策的更深层次思考。

作为中国金融市场上的重要力量之一，中国基金行业已创立逾十年。其诞生的背景是更早的一场金融危机——1997 年东南亚金融危机。对危机的分析让当时的监管层意识到，整顿金融市场、阻止金融风暴蔓延、防范金融风险迫在眉睫。尽管中国资本市场当时尚未开放，市场尚有制度“护城河”的保障，但由于市场自身成熟度低，因此还是强烈地感受到了金融危机的惊涛拍岸，故培育、壮大规范的机构投资者，拓宽直接融资渠道，为证券市场健康、持续发展提供稳定的资金来源，成为当时完善资本市场的重要工作。中国基金业应时而生，它的发展既满足了中小投资者的理财需求，也引导了社会分散资金集中起来支持实体经济建设，在提升国民经济水平的同时，增加我国金融体系的力量，从而更好地抵御外围危机的冲击。

十余年来，基金业的发展历程对中国资本市场建设起到了积极的作用，基金行业积极倡导的价值投资理念逐渐成为市场的主流，投资基金也逐步成为居民的主要理财方式之一。成立于 2003 年的广发基金，秉持“专业创造价值、客户利益为上”的经营理念，希望通过专业的财富管理，为投资者的财富保值、增值提供优质服务，为我国资本市场的健康、长远发展尽一份责任。在十余年的发展过程中，广发基金得到了广大投资者的信任和支持，引荐《当音乐停止之后》一书，是怀着感恩之心向投资者奉上关于世界金融领域和资本市场风云的“饕餮大餐”，冀望与投资者更好地共同成长。

伴随新基金法的实施和一系列改革，基金行业更具想象力的发展空间正不断打开，一个更健康的业态正逐步形成，行业将更加健康、有活力，更加丰富、有厚度。站在十周年的新起点上，广发基金将一如既往地在更广阔的舞台上，至真至情地认真履行财富管理人的职责，并积极融入气势磅礴的中华民族伟大复兴的大潮之中。

AFTER THE MUSIC STOPPED

目 录

第三部分 收拾残局

第四部分 通往改革之路

测一测　　你能否从金融政策角度反思金融危机

1. 关于金融危机的爆发，下列说法正确的是（　）（多选）

A. 未来的金融危机会在哪里爆发，会在何时爆发，具有一定的偶然性，是很难预测的

B. 未来的金融危机会在哪里爆发，会在何时爆发，具有一定的必然性，是可以预测的

C. 全球经济金融体系的改变意味着金融危机都将源自发达经济体

D. 全球经济金融体系的改变并不意味着金融危机都将源自发达经济体，它只是表明未来全球各个经济体之间的关联会更加紧密

2. 金融危机的祸源包括（　）（多选）

A. 两个泡沫（房地产泡沫和债券泡沫）

B. 过度杠杆

C. 松散的金融监管

D. 银行在次级抵押贷款方面的不规范操作

E. 衍生品的泛滥

F. 毫无底线的评级机构

G. 疯狂的金融激励机制

3. 关于 2007—2009 年金融危机，下列哪种观点更能反映事实？（　）

A. 雷曼兄弟事件是危机中的一个花絮

B. 雷曼兄弟事件是危机升级的罪魁祸首

C. 抛弃雷曼兄弟是危机时期唯一的选择

D. 抛弃雷曼兄弟是危机时期最公平和最经济的选择

4. 2008 年末到 2009 年初的金融紧急救助，逐渐转变为（　）

A. 对金融体制改革的深度思考

B. 美国各界对美国政府、美联储和救助政策的质疑

C. 美联储从它的超级宽松政策中退出

D. 寻求财政退出

5. 为了金融行业能够继续前行，需要遵守哪些重要的原则？（　）（多选）

A. 不要依靠自我监管

B. 少使用杠杆

C. 提高风险管理的重要性

D. 将衍生产品标准化，并在有组织的市场里交易

扫码获取测试题答案。

当音乐停止，一切会变得复杂。
但是音乐仍在演奏，你必须起身舞蹈。
我们仍然在跳舞。

这是 2007 年 7 月 8 日，花旗集团首席执行官留下的一段话。它或许是整个金融危机中最有名或者说最臭名昭著的引述。就在一个月以后，音乐和舞蹈突然停止了。

这段话有一点是正确的，那就是事情变得复杂而丑陋，不是花旗集团，而是整个世界。当音乐停止之后，椅子的数量明显不够，许多金融企业在这个高风险的赌局中都摔在了地板上。美国经济随后进入了自 20 世纪 30 年代以来最严重的衰退。美国政府在那些信奉自由市场经济的领导者的带领下，实施了一连串复杂的救助行动。这当然不仅仅是因为要满足金融企业的需要，更重要的原因是，这场混乱正在把我们每一个人推向深渊。这是一个非同寻常的事件。

AFTER THE MUSIC STOPPED

前 言

一本放眼未来的书

现在，我们为什么还要讲金融危机

这个关于 2007—2009 年金融危机的故事——至少是其中的一部分，已经被以不同的形式反复讲述了许多遍，并有多部关于危机的书籍和文章问世。但是，为什么还需要另一本讲述危机的书呢?

一个原因是美国人民仍然不知道究竟是什么伤害了

他们，危机为什么发生以及如何发生，或者说美国当局究竟做了哪些工作，尤其不明白政府为什么采取了这一系列非比寻常的行动。对政府救助行动的误解正在妨碍目前政策的实施。政府究竟是在解决问题，还是其本身也构成了问题的一部分？这本书力图回答这些问题。本书展示金融危机为什么发生，而不是的视角将聚焦于介绍金融危机是什么。

还有一个原因促成了本书的出版：这段历史需要被真实地描述。许多畅销书籍，尤其是某些记者的作品，只是断章取义甚至歪曲事实。这本书不一样，它的作者不是记者，因此如果你很关注谁在什么时候对谁说了什么，我建议你还是换一本书。我的目的是展示危机的全貌，而不是片段。也许有一天，会有一位历史学家将这段历史写成一个篇幅有几千页的故事，但我的描述会更加简短和易于理解。当然，这本书也不是要探讨谁该为此负责。

另一个写作本书的重要原因，是对这次危机的回忆仍然在世界范围内回荡。你每天都能读到关于它的新闻，并且它依然影响着美国当局的决策。美国经济仍然在努力摆脱危机的影响和随之而来的大衰退：失业率仍然高企，预算问题仍然严重，抵押衍生品的问题并未杜绝。欧洲危机也仍然深重。关于危机对策的争论很激烈，比如2010年的《多德－弗兰克法案》，比如政府庞大的赤字政策，比如美联储为振兴经济所做的努力……而许多关于危机的书籍仅仅是在描述这场危机的灾难性，却对公共政策只字不提。

这本书是放眼未来的。金融危机和随之而来的衰退给我们留下了一个尚未完成的、很长的计划。我们应该如何完成这些计划？我们应该如何应对未来也许会出现的新的危机？我们是从这场危机中学到了更多，还是会将这场灾难迅速忘却？许多转变并未发生，我们是否仍然脆弱？未来是否会有新的问题导致新的灾难？

本书的结构

本书是按照时间顺序来叙述的，毕竟，这是讲故事最好的方式。但更重要的是，按照时间顺序有助于我们理解本书的观点。本书的核心问题是：我们是怎样遭遇这场灾难的，我们又是如何与之斗争的？决策者们何时做了正确的事情，何时又犯了错误？我们在一切结束前应该继续做些什么？

在本书第一部分的介绍性章节后，第二部分将描述和解释危机如何发生。第三部分和第四部分描述政策应对——首先，是在大厦坍塌时的救助行动；其次，是一些长期的措施；最后，试图揭示整个危机中最重要的内容：在缺乏监管的市场中，我们被冲出的卡车重创，此时政府究竟是在拯救我们，还是其本身就是祸源？为何政策生效了，却获得了倒彩？本书的第五部分则是面向未来的建议。我们该如何应对仍未结束的灾难？我们面临的危险是什么？我们应该从此次经历中学到什么？

致　　谢

我必须感谢和我探讨过金融、危机、监管、货币政策、政府政策以及相关话题的每一个人。我的观点和对相关问题的理解主要源自我这些年来的观察、阅读、交谈、思索、写作和教学，以及我在大学、金融机构和政府的工作经历。但是，关于本书，我还是深深地感谢一些政府机构的官员、金融领域的专家、记者朋友和与我探讨、争论的学术界朋友，以及对我的手稿提出过帮助和建议的朋友。特别真诚地感谢斯科特·布林德（Scott Blinder）、丹·克劳森（Dan Clawson）、约翰·杜卡（John Duca）、威廉·达德利（William Dudley）、埃丽卡·格罗森（Erica Groschen）、罗伯特·霍伊特（Robert Hoyt）、清泷信宏（Nobuhiro Kiyotaki）、爱德华·奈特（Edward Knight）、塞巴斯蒂安·马拉比（Sebastian Mallaby）、迈克尔·莫兰迪（Michael Morandi）、克雷格·佩里（Craig Perry）、里卡多·赖斯（Ricardo Reis）、罗伯特·鲁宾（Robert Rubin）、戴维·史密斯（David Smith）、朗尼·斯蒂芬斯（Launny Steffens）、菲利普·施瓦格（Phillip Swagel）和保尔·威伦（Paul Willen），以及伯南克、弗里德曼、盖特纳、萨默斯，感谢他们花时间与我分享他们的知识。尤其感谢菲利普·弗里德曼（Philip Freidman），他检查了我所有的手稿，并提出了许多宝贵的建议。本书不能代表以上任何人的观点。事实上，他们中的许多人对书中的观点都持有不同见解。

本书的大部分内容是2011—2012年间，我在普林斯顿大学工作时完成的，还有一部分内容是我在纽约拉塞尔·塞奇基金会（Russell Sage Foundation）工作期间完成的——那时我的观点也饱受争议。基金会的主席埃里克·万纳（Eric Wanner）为我提供了非常优越的研究环境。尤其值得一提的是，加洛·费耶特（Galo Fachettore）、克莱尔·加布里埃尔（Claire Gabriel）和凯蒂·威诺格拉德（Katie Winograd）为书稿的诞生提供了很多帮助。如果不是因为有足够的自由时间来写作，所有这些内容可能还保存在我的硬盘里。

我在普林斯顿大学的研究工作得到了格里斯沃尔德经济政策研究中心（Griswold Center for Economic Policy Studies）的支持，他们也为本书的写作提供了慷慨援助。我也非常感谢我的学生们——阿曼德·阿什辛－克罗兹（Armando Asuncion-Cruz），他全程参与了本书的创作过程，并且做了许多辅助工作；以及乔安妮·林（JoanneIm）和凯文·马（Kevin Ma），他们提供了“糟糕”的协助——相当长的时间，他们都和我的观点有所冲突；还有凯瑟琳·赫尔利（Kathleen Hurley），她用最短的时间成功地完成了这些看似难度很大的整合工作。

当手稿将要变成一本图书时，约翰·布罗克曼（John Brockman）成了我的图书顾问，并为我引荐了许多出版机构。企鹅出版集团就是其中之一，在这里我找到了可以让我还清债务并成为畅销作家的优秀团队。我的编辑斯科特·莫耶斯（Scott Moyers）是一位有许多好主意并且非常友善、严谨的专家，他从多个角度为本书提供了有价值的建议。斯科特的助手玛丽·安德森（Mally Anderson），什么问题都难不倒她，令我们无比佩服。朱莉安娜·西延（Juliana Kiyan）则扛起了推广本书的重任。

最后，我必须提到我的妻子玛德琳。我究竟亏欠了她多少？她帮我修改文章和观点；她帮我找到写作的准绳，并带我避开烦冗的辞藻和难解的行话；她在我需要鼓励时给我鼓励，在我需要提醒时给我提醒。这本书必须献给我亲爱的妻子。我们1967年结婚，对于我们来说，音乐永远不会停止。

AFTER

第一部分

祸端之始

THE MUSIC

STOPPED

AFTER
THE MUSIC
STOPPED

01

一个良好的经济体该是现在这样吗

我们濒临全球性金融崩溃。
——美联储前主席　伯南克

那辆肇事卡车有牌照吗？

这是2008年金融系统完全失控并碾压经济之后，无数美国民众想问的问题。那年夏天，美国经济发展缓慢，就业市场持续低迷，消费疲软，金融市场经历了令人心惊胆战的跌宕起伏，当然，是以“伏”为主。当时的经济形势虽不容乐观，但还不至于崩盘。当时，绝大多数美国民众都未曾预料之后会发生经济衰退，更不用说能预料此次衰退是自20世纪30年代经济危机以来最严重的一次了。随着臭名昭著的华尔街投资银行雷曼兄弟在2008年9月15日轰然倒闭，一切仿佛都在瞬间土崩瓦解。是的，那辆肇事卡车是有牌照的，上面写着：“LEHMAN”（雷曼）。

绝大多数美国民众是被无辜殃及的路人，无人知晓这辆“祸车”来自何方，为何失控，以及金融“交警”为何没有尽职地维护金融秩序。时光流逝，在一系列事件的促使下，民众的震惊已经转化为愤怒。对于政府推行的一系列金融举措，广大民众无法理解，更无从参与，只看到自己失去了生活来源，甚至流离失所；只看到大量公司破产，上万亿美元资产瞬间蒸发。这一切使得曾经无所不能的美国经济一蹶不振，各级政府只能靠税收残喘度日。美国民众感觉自己被抢劫了，而事实也正是如此。

这场发生在 2007 年夏天至 2009 年春天的金融“交通事故”带来了异常严重的后果，最先品尝这些苦果的是美国民众。他们中的大多数对政府在这场危机中采取的措施迷惑不解，甚至感到不满。他们质问政府，为什么要将危机转嫁到纳税人身上；他们试图厘清，为什么这么多不计后果的“卡车司机”仍然在马路上横行，使无辜的“行人”遭殃；他们希望了解，未来究竟会怎样。截至 2012 年总统大选，大多数美国民众仍然通过民意测验的途径表示，这个国家已“误入歧途”，或者说“朝着错误的方向前进”。

在选民的愤怒中，美国结束了一场四年一度的盛事——总统大选。奥巴马总统赢得了连任，当时尚无人知晓未来会有什么新气象。不过，当时的民众都知道，2007 年开始的这个故事远未结束。那么让我们从回顾历史开始，看清到底是谁撞倒了美国经济，以及这个事件发生的缘由。

对金融危机和大萧条的回顾

对历史的评价需要时间的积淀，况且我们仍然生活在这场金融危机以及随之而来的大萧条中。不过，此次事件毕竟经历了几年的时间，一些尘埃早已落定，所以是时候做出一些初步的判断了。[①] 当然，如果把这本书看作对历史的重新评价，那么它一定不是最终结论，未来还将有第三稿，甚至第四稿。

之所以这么快就形成一些基本判断，原因在于美国民众的愤怒正在影响，或者说

① 经济学家通常认为，通缩的停止意味着萧条的结束，这个时间在 2009 年 6 月就到来了。但是公众通常把“衰退”看作“艰难时光”的同义词，如果按照这个标准，我们显然还处在衰退中。

正在毒害美国的政治路线。本书将聚焦这场金融危机的“因”和“果”，重点评析“因”。当然，这不是一个轻松的话题，但对促进美国民主制度的良好运行至关重要。因此，在详细叙述前，本书将简要介绍金融危机和大萧条的历史，以及美国政府对每次危机的应对措施。这段历史会通过四个段落来阐述，也许第四段的内容会令人惊讶。

危机，是被浪费了，还是变成了推动变革的催化剂

美国金融系统变得越来越复杂、越来越脆弱，同时也越来越不受监管。而正是这样一个系统，却在2007—2009年间经历了一场风暴。风暴从房地产泡沫破裂开始，接踵而来的是债券泡沫的膨胀和破裂。在紧绷的链条下，股票市场崩盘，美国养老保险计划变成了一个黑色幽默，诸多养老基金的净值被腰斩，众所周知的“401K”计划变成了“201K”。当美国金融体系崩溃时，才充分诠释了它的破坏力，影响不仅深远而且广泛。危机波及所有臃肿的金融部门，只有少数机构或市场幸免于难。那些损失惨重的机构要么倒闭，如雷曼兄弟；要么寻求政府救助，如花旗集团。我们终于明白了什么是美联储前主席伯南克所说的“全球性金融崩溃”。

很多人将金融市场当作脱离实体经济的高级赌场，却忽视了市场参与者如企业、工厂和商店等都是实体经济的组成部分。金融市场更像是整个经济体的循环系统。如果血液停止流动……结果将无法想象。所有的现代经济体都依赖各种各样的授信机制将“营养”输送到整个系统当中，而美国这一经济体更为依赖“信用化”和“金融化”。所以当原本如同大江大河般的信用流突然缩减为涓涓细流时，这个经济体就好像患上了心肌梗死。原本在经济繁荣期间过剩的流动性和信用突然变得不足。这种信用枯竭不只来自银行，也来自所谓的影子银行系统，随之而来的就是各种财富的全面贬值，包括房地产、股市、保险等领域，并导致了可以预见的结果：更低的信用、更低的购买力，以及随之而来的衰退。

美国政府动用了大量资源来减轻金融压力，更重要的是，来抵御经济衰退。国会扩大了社会保障体系的覆盖范围，制定了广泛的财政刺激方案。美联储利率几乎降为零，创造出大量的流动性，同时还通过发放贷款、购置资产、提供担保等方式扩大

自身的资产负债表规模。政府的很多措施是前所未有的。还记得 2008 年 9 月的一天早晨，直到进入课堂时，我还挠着头自言自语："美联储从来都没有监管过保险公司，昨晚却直接宣布对其中的一家进行国有化！"这家保险公司就是美国国际集团（AIG）。

令人惊讶的是，这些措施起作用了！虽然并不完美，但是大部分金融部门的恢复速度都比观察家们预期的更快（请记住，此处的"恢复"并不是指回到原状）。同时，尽管经济依然在衰退，代价仍然高昂，但至少没有恶化，而且恢复时间也比很多人预期的短。只有占经济体很小一部分的房地产部门还在经历类似以前大萧条的情况，我们称之为"大萧条 2.0"。其他方面如失业率，远未达到 1983 年的水平，更别提 1933 年了。这并不是说到了 2012 年一切就万事大吉了，只不过是预期中最坏的结果的确没有发生。

这就是我所说的微缩历史，并且它有一个还算是皆大欢喜的结局——或者至少是让人松了一口气的结局。换句话说，经济正在沿着一条平缓的曲线缓慢上升，好消息是美国避免了之前宣称的金融系统完全崩溃和又一次的大萧条。实际上，自 2008 年秋天以来，面对美国宏观经济的表现，即使再宽容的人都难以给出一个"C"的评价。这是第二次世界大战后美国历史上最差的阶段，应该给一个"F"。

2010 年，国会重新发布金融监管规则以确保类似事件不再发生。但这些金融改革措施大多数还未发挥作用，也无人知晓这些重新设计的监管体系在实践中是否有效，尤其是在压力测试方面是否有效。同时，银行的代言人为了反对这些措施已经武装到了牙齿。我们可以把拉姆·伊曼纽尔（Rahm Emanuel）的名言变成一个问句：我们是浪费了这场危机，还是把它当成了推动变革的催化剂？[①] 恐怕只有时间才能给出答案。

三个重要的问题

这场危机的另一个特点促成了本书的创作，那就是截至目前，大量的著作都在描述这场危机，其中不乏经典之作。但大多数美国民众还是不明白，到底是什么使他们

① 2008 年 11 月，拉姆·伊曼纽尔任白宫办公厅主任时说过一句名言："绝不能白白浪费一场严重的危机。"

遭受了如此沉重的打击。民众对美国政府的作为或不作为都知之甚少，甚至还有误解。结果就是，2009 年茶党运动爆发；2010 年总统选举时，选民提出“把那些金融恶棍扔出去”；2011 年占领华尔街运动爆发；2012 年总统选举时，经济问题仍然是核心，民众对政府的信任度仍在创历史新低。

这也是可以理解的。回首这场金融危机、经济衰退以及政府针对它们所采取的措施时，我最大的困惑之一，就是美国民众得到的解释太少了，无论是来自他们的领导人，还是来自政府内部或外部。可悲的是，这种情况一直持续到现在。只有让民众更好地理解到底发生了什么，以及政府做了哪些事来帮助他们，才有可能重建民众对政府的信任。

乔治·W. 布什[①]总统在执政期间那些经济衰退的日子里，基本从公众视线中消失了。在国家经历经济危机时，民众可曾记得布什总统的一篇演说吗？奥巴马总统远比他的前任更积极、更活跃、更能说会道。但他也没有发表过解释性的演说——远比美国民众需要和应得的少得多。危机期间的两任财政部部长，亨利·保尔森和盖特纳也没有发表有效的演说来解释发生了什么，以及更重要的，他们为什么采取那些措施。美联储前主席伯南克虽然进行了相对较多的解释工作，但是他的听众有限，并且均为专业人士，况且他站在美联储的角度，而不是政府的角度。

反而是私人部门进行了更多的解释，但仍远远不够。举个例子，华尔街的精英都了解事实真相，但当时管理层都不愿意站出来解释到底发生了什么，更不愿意道歉。记者、学者针对危机的起因和影响撰写了大量的评论文章，去描述危机的开始和结局，以及政府的应对措施。可是多数媒体更偏爱简短、摘要性的报道，而不是详细描写和解释金融危机的来龙去脉，电视节目 12 秒就可以播放一则经济类新闻。

本书将按照一种我认为更易于理解的方式进行叙述，目的是通过重大事实和便于解读的政策来搭建一个概念性的框架。更确切地说，我希望对下面三个重要问题进行解答。

① 本书中提到的“布什”总统，均为乔治·W. 布什，即小布什。——编者注

1. 我们是如何陷入这个困境的？

这里我不想去指责谁，尽管有人不可避免地（或者说确实应该）要承担责任，但是我更想做的事情是指出并分析那些错误，以免今后再犯类似的错误。

2. 如何解决问题并减少损失，以及原因是什么？

危机发生后，很多应对政策都是在匆忙中制定的，但这些政策是否合理、可持续、易于评价呢？再次重申，我的目的不是质疑政策制定者的决策水平，而是强调从这些政策制定的过程中吸取经验，以便为将来做好准备。我最大的担心是 2008—2009 年危机期间那些被错误评价的政策，会在金融危机再次袭来时被阻挠而无法实施。

3. 正如伊曼纽尔所说，我们是“浪费”掉这次金融危机，还是充分利用它？

特别是，2010 年政府颁布的金融改革措施是否能够建立起一个强健的金融体系？改革是否有遗漏？金融业是否进行了彻底整顿？更重要的是，下一步该怎么办？

一个良好的经济体是现在这样吗

一部热播的电视剧提到，“在拉斯维加斯发生的事情，只会发生在拉斯维加斯”。可是在 2007—2009 年，美国经济遭遇的灾难却并非仅仅局限在金融市场。这场灾难很快波及与美国民众生活和工作息息相关的实体经济。在实体经济中，非金融机构或盈利或亏损，人们的生活水平或改善或恶化。实际上，很多美国人在急切地寻找工作以维持基本的生活开销。我们仍然没有摆脱金融危机的影响。

金融危机与衰退和失业之间的联系并不难捉摸。当信用变得昂贵，甚至是难以获得时，企业便无法筹集资金以满足日常所需，比如无法发放工资、无法购买原材料、无法购置新设备等。在高度依赖信用的行业，如房地产和汽车业，企业发现销售量正逐渐萎缩。随着销售量的下降和信用价格的上升，这些企业只好缩减生产规模，这也意味着更多的停产和更高的失业率。随之而来的是消费者的收入下降及其导致的其他企业的销售量下降。这一过程循环往复，经济进入衰退期。这次衰退在 2008—2009 年汹涌而来，给成千上万的美国人带来了无法估量的痛苦。

对危机的描绘

图 1-1 展示了这场危机的一部分内容：2008 年早期，美国失业率快速上升。上侧是自 2003 年以来美国国内失业率的表现。从 2008 年初到 2009 年末，失业率的急剧上升，演绎了一场全国性的悲剧。在本书英文版交付出版时（2012 年 12 月），失业率仍然保持在 7.9%，连续 46 个月处在高于 7.8% 的水平。

下图通过追溯 30 年来的同期失业率，从历史的角度考察了近期令人担忧的高失业问题。在 1984 年 2 月到 2009 年 1 月的 1/4 个世纪中，美国民众从未见过一个月失业率超过 8% 的情况。工作了几十年的一代人从未经历过 2009 年 2 月至 2012 年 8 月期间美国所经历的高失业率。图 1-1 显示在过去的 25 年中，失业率达到 7% 已属罕见。只有回到 1993 年春天，才能找到上一次失业率高于 7% 的情形。事实上，在 2007 年夏天，失业率略高于 4.5% 的时候，我们还认为那样的低失业率是正常水平，但接下来就发生了大衰退。

美国劳工统计局的数据显示，2008 年 2 月，就业人数开始小幅萎缩；2008 年 9 月雷曼兄弟倒闭后，就业人数开始急剧下降。2008 年第 1 季度，平均每月失业人数约为 4.6 万；到了第 4 季度，每月失业人数竟高达 65.1 万；而到了 2009 年第 1 季度，每月的失业人数已经蹿升至 78 万。劳动力市场的危机令人们陷入深深的痛苦和无尽的沮丧之中。总的来说，就业率在 2008 年 1 月达到峰值，而在之后的 25 个月连续下降，创造了自 20 世纪 30 年代以来持续时间最长的连跌纪录。

在这段时期，人们失去了约 880 万个就业岗位，而在劳动力市场健康发展时期，本应增加 310 万个就业岗位。所以我们可以理解为截至 2010 年 2 月，累加后的就业缺口已达到 1 200 万，相当于整个宾夕法尼亚州的人口总和。数以百万计的家庭陷入贫困和绝望，其中许多家庭现在仍然处于贫困和绝望之中。2010 年和 2011 年的就业缺口甚至更大：因为创造就业机会的速度乏力，无法满足自然人口增长的需求，所以，就业缺口以每个月约 12.5 万的数目上升。

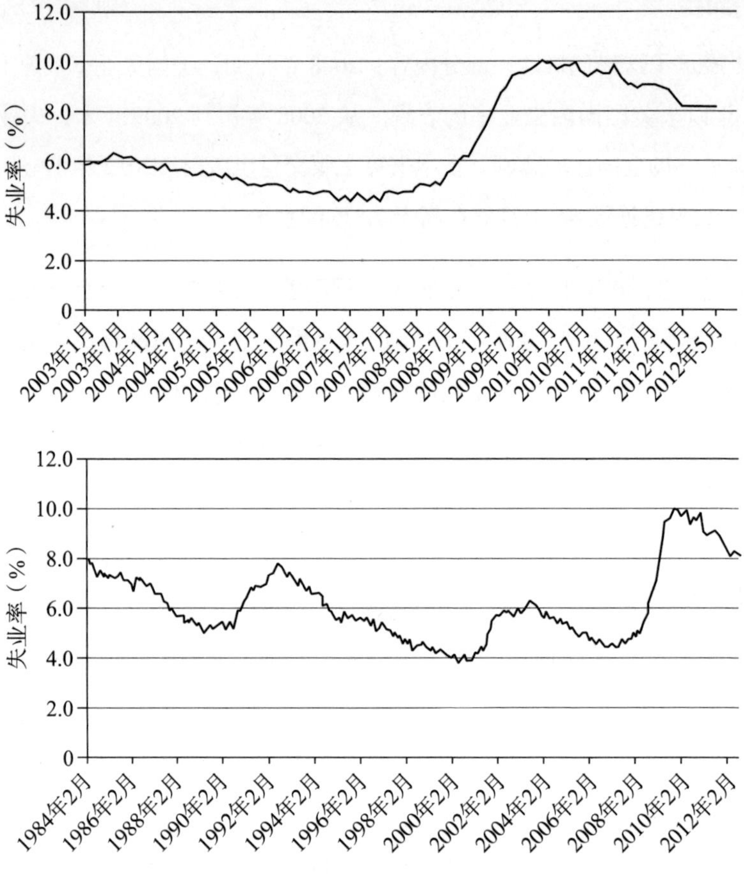

图 1-1　关于失业率的坏消息：来自两种不同的角度

资料来源：美国劳工统计局。

图 1-2 显示就业人数在 2008 年和 2009 年急速下跌，在 2010 年和 2011 年缓慢回升。到了 2012 年 8 月，就业人数才刚刚达到 2005 年 5 月时的水平。这意味着近 7 年来，美国的就业增长为 0！就业机会的匮乏既是人类的悲剧，也是经济的悲剧，它所导致的严重后果已经产生并将持续产生影响。

情况变得越来越糟。短期失业也许不是什么严重的问题，人口流动和跳槽甚至是人们喜闻乐见的。但长期失业则是具有破坏性的。研究表明，失去工作的人们再次就业时，工资收入通常都会低于前一份工作；在高失业率环境中毕业的学生，他们在薪酬方面的劣势会持续至少10年，甚至是20年。

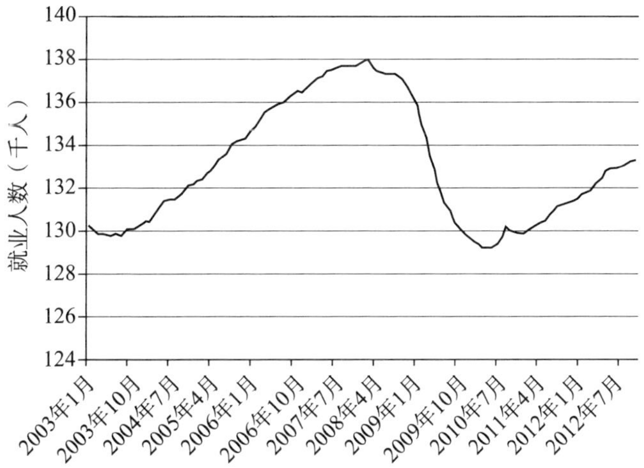

图1-2　职位短缺状况（自2003年以来的就业人数）

资料来源：美国劳工统计局。

长期失业并不是美国的常态。1948—2007年，平均每个月只有不到13%的失业者失业超过6个月，也就是处于所谓的长期失业状态；而到了2010年4月，这一指标在极端就业情况的压力下，令人惊讶地超过了45%，并且直到2012年1月也只有小幅下降。图1-3显示，我们在第二次世界大战后从来没有见过这么差的就业市场，而且差的还不只一点点。

就业是有形的，而用于衡量经济规模和发展水平的实际国内生产总值（GDP）却是一个抽象的概念。它作为经济的记分牌而被广泛使用。通常来说，衰退是指实际GDP连续两个季度以上下降。[①] 幸运的是，衰退并不经常发生。季度的GDP统计源于1947年，从那时到2008年大衰退发生时的61年间，实际GDP连续两个季度下降的

① 美国国家经济研究局是记录衰退的官方机构。这一私人研究组织成立于1920年，它使用更为复杂的方式定义衰退。根据美国国家经济研究局的说法，这次大衰退始于2007年4月，结束于2009年2月。

情况只发生了 9 次；连续 3 个季度下降的情况只发生了 2 次；连续一年下降的情况从未发生过。但 2008—2009 年，情况明显发生了变化。

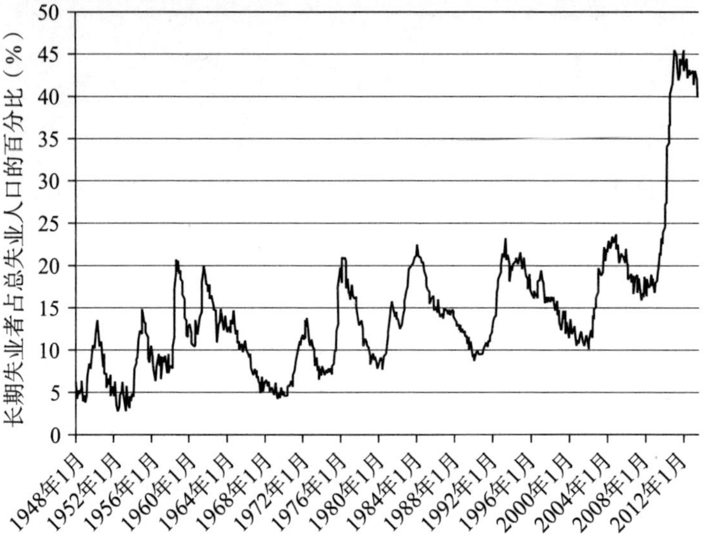

图 1-3　悲剧的征象

资料来源：美国劳工统计局。

2008 年和 2009 年上半年，实际 GDP 在 6 个季度中有 5 个都是下降的，包括一个失败的“四连降”。无论是从 6 个季度中的 5 个下降，还是从连成一排的“四连降”来说，这种表现都是自 20 世纪 30 年代以来最糟糕的。[①] 实际 GDP 在 2008 年和 2009 年交界的那个冬天跌到了谷底，也正是在那时，“大萧条 2.0”成为专有名词被记入了辞典。总的来说，在这段时间里实际 GDP 下降了 4.7%。由于那段时期的趋势增长率超过 3.5%，所以与趋势相比，我们失去了 8% 左右的实际 GDP。这意味着，每个美国人失去了 8% 的收入。如果流行音乐人弗兰克·辛纳屈（Frank Sinatra）在世的话，他也许会说，这是非常糟糕的一年。

① 众所周知，1937—1938 年的经济萧条非常严重，但是并没有这一时期官方的季度数据。戈登（Gordon）和克伦（Krenn）估计，从 1937 年第 1 季度至 1938 年第 1 季度，实际 GDP 下降了 7%。

2007—2009 年的衰退是美国第二次世界大战后的衰退也无法匹敌的，能够望其项背的只有 1973—1975 年和 1980—1982 年的两次严重紧缩，它们在那个时代都被称作“大衰退”。总而言之，从失业率和 GDP 的下降水平来看，2008—2009 年都是近 70 年来最差的时期。

还不止如此。通常 GDP 快速下降后都会随着经济复苏而强劲反弹。例如，在前两次“大衰退”之后的第二年，经济分别增长了 6.2% 和 5.6%。依据这种规律，2007—2009 年金融危机后的经济复苏也是反面案例。如此严重衰退后的第一年，我们的经济增长率起码也应该达到 7%，实际上却好不容易才到 2.5%。这对我们来说是双重打击，先是大衰退，后又弱复苏。难怪大多数美国民众持悲观态度，认为这场衰退的结束遥遥无期。

我们的方向

事实并非总是如此。在危机到来前的几十年中，美国经济的主角是经济增长和就业增加，而不是经济衰退和失业。自 2008 年以来代表着失败主义的“新常态”是任何人——无论是经济学家、政治家，还是公众，都无法接受的。

再次回到图 1-1。上次衰退以后，失业率最高只有 6.3%，这是一个在今天能够让我们起立欢呼的数据。2003 年 6 月，失业率达到这一峰值后，一直到 2006 年末都在平稳下降，最低时只有 4.4%。在这三年多的时间里，净增的就业岗位达到 600 万个，平均每年新增 200 万个。美国民众从劳动力持续紧缺的市场中受益匪浅。这正是我们所期望的经济环境。①

在克林顿执政时经济繁荣的后期，劳动力市场的形势还要更加乐观。尽管普遍认为美国经济在 1995 年已实现充分就业，但出人意料的是，在接下来的几年里，就业岗位仍在不断增加。1996 年新增了 280 万个就业岗位，1997 年新增 340 万个，1998 年新增 300 万个，1999 年新增 320 多万个。到了 2000 年，失业率一度低至 3.9%。当

① 对低失业率的担忧主要来自通货膨胀率的上升。核心通胀率，指剔除了食品和能源价格后的通胀率。核心通胀率在 2006 年上升了一点，但在 2007 年又很快下降了。这次经历让许多经济学家认为，4.5% ～ 5% 的失业率水平并不算太低。

时的情形是这样的：工作机会充足，劳动力资源紧缺，雇主为了争夺雇员不断竞争。有人这样评价1999年的就业市场：只要你的脉搏在跳动，你就能得到一份工作；即使你的脉搏停止跳动了，雇主也会让它重新跳动！

我之所以讲述当时的情形，并不是为了让我们面对现实时感到郁闷，而是为了阐述两个观点。一是那些断言美国经济不能连接多年维持年均300万的就业增长，或者说失业率永远无法回落到5%左右的说法是过于悲观了。事实上，这是胡言乱语，美国早已经历过这样的反弹，并且经历过多次了。因此不要抱有这种想法，想都不要想。就业增长和失业率下降的目标并不是南柯一梦，这些目标我们在近些年都实现过。

二是2000年和2007年，特别是2007年，距离我们并不遥远。让我们扪心自问，在这6年多的时间里有什么根本性的因素改变了美国的劳动力市场，并使之成为持续的、高失业率的市场？我的答案是没有。没有任何一个理由让我们相信失业率不能回到5%的水平。当然，这需要时间，毕竟我们刚刚才给自己挖了一个完美的深坑。作为借鉴，1982年底，失业率的峰值曾高达10.8%，之后4年经济的强势增长使失业率回落到了6%的水平，后来又用了一年时间回到了5%。这也许可以成为我们今天的目标：比如，可以制定一个5年计划，将失业率降至5%。“5年5%”是一个不错的口号。不幸的是，我们起步缓慢。

撞车前的序曲

在开始介绍后面的内容之前，有必要讲述一个与虚构的故事不同的事实，即从2005年开始逐渐消失的经济井喷式增长局面并不能完全归因于房地产。实际上，商业投资和房地产建设的增幅保持一致。从GDP构成看，房地产开发增速在2000年是4.5%，2005年仅过6%。5年贡献给GDP的比例为1.5%，年均贡献率只有0.3%。

但对房地产行业自身来说，这是一个大买卖。美国的开发商在2000年新建了160万套住房，在2005年增加到210万套，这意味着每年的新增住房平均超过50万套，现在回头来看确实是太多了。2005年下半年，新增住房数达到新高时，很少有人意识到增长下潜在的危机。毕竟当时的GDP仍然小幅上涨：2005年下半年以及2006年和

2007年的经济平均增长率为2.4%。的确，之后房地产泡沫破裂，房地产行业已经崩溃。但这也许只是回归常态的自我调节。

在大衰退到来前夕，经济的快速增长仿佛还将持续10年。失业率连续2年低于5%，GDP的增长接近假定的增长率。除了房地产行业，海面风平浪静。但危机的征兆已经出现了：房价不断下跌，房地产行业处于垂死边缘，2007年下半年就业增长乏力。除此之外，美国企业和家庭还背负了大量债务。一旦经济崩溃，这些债务将很难偿还。

下滑到来了。

众所周知，崩塌从房地产行业开始。房地产通常在GDP中的占比为4%，到了2005年第4季度，这一比例达到6.3%，之后开始下降。如果按照虚构的说法，这个故事就很简单了：房地产泡沫破裂，导致新的住房投资栽了跟头。但实际上并不是这样的，在房价达到顶峰之前，用于住房建设方面的支出就已经开始减少了。

这听上去很让人吃惊，但这就是事实。数据清晰地显示，住房建设的顶点在2005年。而房价走势则讲述了一个混乱的故事：房价的高点也许在2006年，也许在2007年，这取决于不同的测算方式。图1-4显示了全美平均房价的两种指数，黑线是由韦尔斯利学院（Wellesley College）的卡尔·凯斯（Karl Case）教授和耶鲁大学的罗伯特·希勒（Robert Shiller）教授提出，并由标准普尔公司进行商业运营的凯斯-希勒指数；灰线则是由美国联邦住房金融局提出的，这个机构同时也是房利美（Fannie Mae）和房地美（Freddie Mac）的监管者。你可以看到它们讲述了不同的故事。

根据凯斯-希勒指数，住房价格在2006年5月达到峰值；而美国联邦住房金融局房价指数表明，房价在一年后才达到顶点。这的确是相当大的差异。[①]然而，无论以

① 两种指数在很多方面都不同。美国联邦住房金融局房价指数局限于符合房地美和房利美证券化要求的抵押物。这种限制实际上砍掉了房地产市场的两个极端，一个是高端市场，也就是所谓的超出了“两房”掌控能力的巨额抵押；另一个是低端市场，大多数是次级抵押贷款。因为我们从其他数据源了解到，低端市场的价格要比中端和高端市场价格膨胀得厉害，所以美国联邦住房金融局房价指数实际上低估了繁荣和萧条。但是，20个大城市的房价，尤其是波动较大的东西部沿海城市的房价，在凯斯-希勒指数中的权重过大。因此，这个指数夸大了泡沫的程度。

何种方式衡量，房地产泡沫都是在住房建设支出开始减少很久之后才破裂的。所以，流传甚广的房价下跌扼杀了住房建设的说法是不正确的。

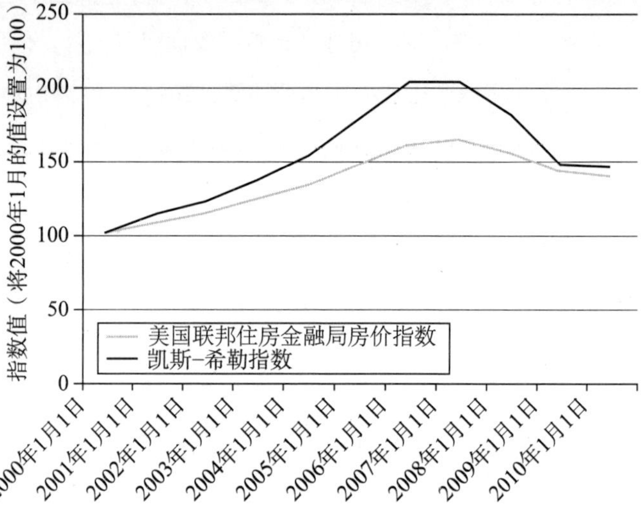

图 1-4　任选其一：国家平均房价的两种指数（2000—2010 年）

简单而正确的解释是，2004—2005 年，69% 的美国民众拥有自己的住房，而 10 年前，这一比例只有 64%。就像不是人人都喜欢香草味冰激凌那样，也并不是每个美国人都希望（或应该）拥有自己的住房。对于一些人来说，租房是更经济的选择，尤其是当房价相对租金飙升的时候。但是不管出于何种原因，图 1-4 的数据都显示民众在住房方面的消费明显下降，这导致房地产价格连续三年半下降，并最终跌至还不及峰值一半的价格。美国房地产业所经历的是一次衰退，更是一次萧条。

不过，单是房地产行业的崩溃，绝不会导致我们今天所经历的、在规模和时间上都如此严重的衰退。房地产业只占经济总量的 4%，其崩溃还不足以引发如此严重的后果。而且，根据官方数据，美国经济在 2007 年底才进入衰退期。但我个人的观点是，真正的衰退应该从 2008 年 9 月算起。也就是说，房价下降的两三年之后，美国经济才开始进入全面衰退。2006—2007 年，实际 GDP 的年增长率为 2.3%，失业率基本稳定，当然除了房地产行业。宏观经济学家把这种现象称为稳健的趋势性增长。许多人觉得这个结论没有意义，但它至少说明这不是真的衰退。

然而，从2007年冬天到2008年，形势开始恶化。就业人数自2008年2月开始下降，而这仅仅是这次可怕的、长达25个月的失业曲线的起点。自2007年11月起，失业率直线上升，经过长时间攀升后，在2009年10月达到了10%的高点，令人瞠目结舌。不过GDP的表现却是另一番景象，在2007年第4季度到2008年上半年间，它仅有小幅下降。美国经济虽然踉踉跄跄，但还没有跌倒。

有人看到那辆肇事卡车的牌照了吗

当一个经济体处于缓慢下滑，并伴随着就业率下降、消费疲软，以及金融系统在经历了跌宕起伏的一年后摇摇欲坠时，它是很难抵御任何不利打击的。但就在2008年9月15日，美国经济遭到了一个巨大打击，那就是雷曼兄弟宣布破产。很快，经济整体崩盘。请看一下图1-5，雷曼兄弟的破产是在2008年第3季度末，在那个季度，实际GDP以年均3.7%的速度下跌，而第4季度则达到了惊人的8.9%，2009年第1季度是5.3%。图表可以给我们一个很直观的印象，美国经济就好像从山上滚落一般，而这一切正是发生在那辆卡车肇事之后。

失业人数从2008年前8个月平均每月只有15.2万，迅速升至后4个月每月59.6万，然后这一数字在2009年前3个月升至了每月78万。图1-6描绘了这些数字，可以看出明显的下行——当时的情形确实如此。

随着工作岗位的减少，失业率从2008年9月仅有6.2%的水平开始飙升。对美国的劳动者来说，那是一段悲惨的时期。毫不夸张地说，从“雷曼日”开始，一切都崩溃了。这就是为什么不同于美国国家经济研究局的那些权威们，我将这次衰退的起点精确到2008年9月15日。这种案例非常罕见，我们确切地知道是什么撞到了我们：雷曼兄弟破产，引发了一场致命的金融危机。

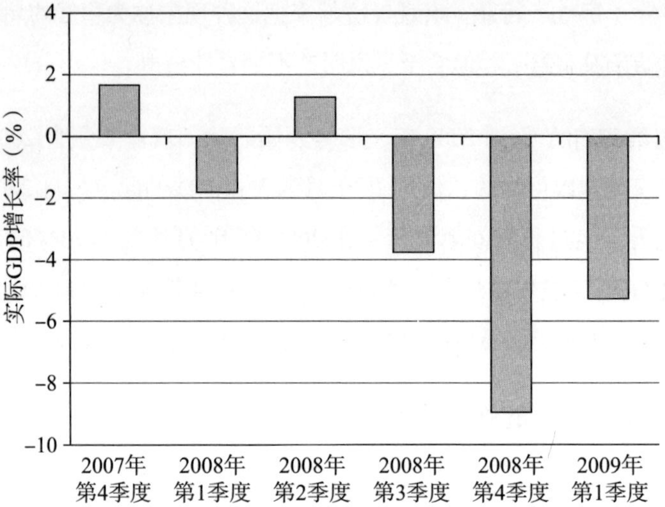

图 1–5　急转直下 I

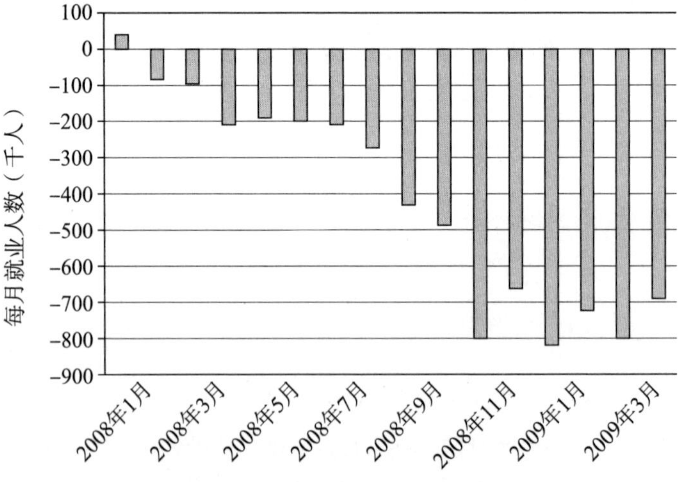

图 1–6　急转直下 II（2008 年 1 月至 2009 年 3 月）

如果你实时追踪观察这些数据，就会发现从雷曼兄弟倒闭之日至 2009 年二三月的某个时候，美国经济似乎正坠入深渊——“大萧条 2.0”。图 1–7 和图 1–8 将图 1–5 和图 1–6 中的数据延伸至 2009 年第 1 季度之后，你可以看到接下来发生了什么。现在你可以看到一个事实：形势恶化的速度趋缓，GDP 止住了跌势，就业人数仍在继续减少，但是速度有所减缓。这就是进步！

这两幅图给我们的直观印象，以及我可以展示的许多其他数据，都进一步证实了最黑暗的日子是 2009 年的 2 月和 3 月。（欢迎上任，奥巴马总统！）在那之后，美国经济进入一个“缓慢恶化”的阶段，并开始露出了几缕曙光。GDP 从 2009 年 3 月、就业率从 2010 年 3 月才开始真正回升。不幸的是，一旦某个经济体坠入了这样的深渊，通常需要花很长时间才能爬出来。2013 年，我们仍然处在缓慢的爬升当中。

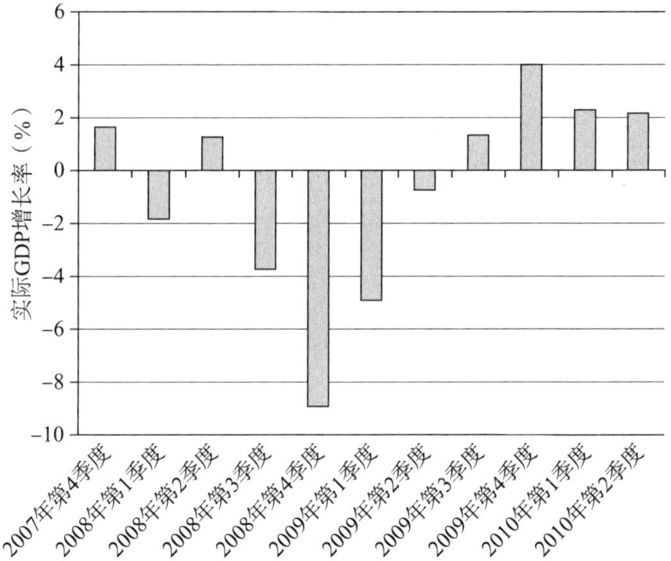

图 1-7　危机后的 GDP 增长率

现在是大萧条之后最差的时期吗

那么，2008—2009 年美国宏观经济的表现真的像之前很多人提到的那样，是自大萧条以来最差的吗？这取决于你如何定义“自大萧条以来”这个概念。大萧条开始于 1929 年 8 月，结束于 1933 年 3 月，它带来的痛苦远比我们这次所经历的要更长久、更深远。这真是万幸。

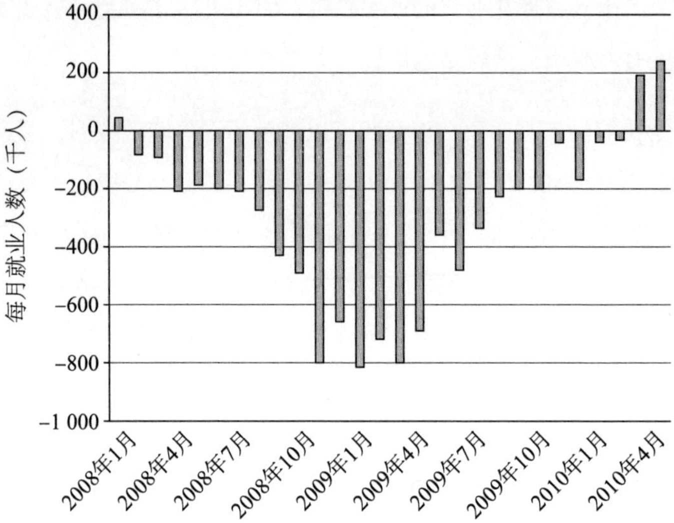

图 1-8　危机后的就业人数

但人们常常忘记的是，美国经济在 1933 年 3 月坠入谷底之后，很快就从这个巨大的深坑中爬了出来。你可以试着猜一下 1933—1937 年的年均实际 GDP 增长率。也许你猜得太低了。答案是令人惊奇的 9.5%！当然，这个“繁荣期”是从一个很低的起点开始，而整个过程也是非常痛苦的。

20 世纪 30 年代中期，经济迅速回升，到 1937 年 5 月被中断了——顺便一提，这是由于政策制定者的失误，之后就是“大萧条中的衰退”。尽管 1937—1938 年的衰退和 1929—1933 年比起来是小巫见大巫，但以现在的标准来看还是非常严重的。所以，如果把 2007—2009 年的衰退和 1937—1938 年的衰退放在一起比较，那么 2007—2009 年的情况还算是温和的。

是什么使得美国这个经济巨人在 2008 年轰然崩塌？答案是金融危机。现在是探究其崩塌原因的时候了：是什么让优美的经济乐章戛然而止？

AFTER

第二部分

金融业的疯狂

THE MUSIC STOPPED

AFTER THE MUSIC STOPPED

02

风暴的源起

此次金融危机本可以避免。

——来自金融危机调查委员会的报告

地理学家、化学家和银行家在一起争论谁的职业历史最源远流长。地理学家提出：“我的学科是随地球一起诞生的。”化学家对此嗤之以鼻：“早在地球形成之前，宇宙中就充满了大量的旋涡气体——化学物质，而在那之前，宇宙是一片混沌。”银行家则狡黠一笑：“那你们认为是谁创造了这片混沌呢？”

将金融体系的崩溃归咎于一个祸源，如贪婪的银行家，无疑是感情用事，尽管他们确实罪有应得，但这也只是其中的一个因素。虽然人们倾向于寻求简单的解释，但复杂的事件往往会有复杂的缘由。很难想象，像金融危机这样影响巨大且波及广泛的事件，只是由某一个原因引起的，或者说只有一个祸源。

事实也确实如此。我们很清楚，导致此次金融危机的因素有很多，在本章和第3章中，我们将着重阐述其中最关键的7个因素。这些致命隐患早在2007年那个夏天到来之前就已产生，它们才是此次金融危机的主要祸源（次要祸源将在之后的章节中提到）。它们是：

- 资产价格膨胀，特别是房屋（房地产泡沫）和某些证券（债券泡沫）；
- 整个金融体系和实体经济的过度杠杆（过度借贷）；
- 金融监管松散，这体现在两个方面：一是法律留下的监管空白，二是许多监管机构在履行职责方面的糟糕表现；
- 银行在次级贷款和其他抵押贷款方面的不规范操作；
- 以这些不良抵押贷款为基础的、不用监管的证券和衍生品泛滥；
- 数据评级机构给予上述产品的评级过高，名不副实，使得这些问题资产摇身一变成为市场新宠；
- 薪酬体系的不合理，使得一些金融机构甘冒风险，有恃无恐地游走在破产边缘。

本书旨在揭示这些因素如何共同作用，从而导致了金融危机，以帮助人们了解究竟发生了什么，政府为什么要采取那些措施，以及那些措施是否明智。下面我将逐一阐释它们是如何制造了原本能够或应该避免的漏洞。是的，正如金融危机调查委员会（美国国会专门建立的“调查美国当前金融和经济危机原因”的机构）所总结的那样，此次危机本不应该发生。

祸源1：泡沫交叠，麻烦不断

在过去的10年中，有两个泡沫逐渐胀大并最终破灭，先后给金融体系和经济实体带来了沉重打击。第一个泡沫是声名狼藉的房地产泡沫，关于这个问题已在许多著作中广泛讨论；第二个我称之为债券泡沫，相比之下几乎无人知晓。我将首先阐述著名的房地产泡沫，因为没有人会怀疑2006年之后房价的崩溃是导致这场危机和之后经济持续衰退的主要原因之一。但是在阐述之前，我们必须先弄清楚一个问题：什么是泡沫？

什么是泡沫

泡沫是指某种资产（如股票、债券或房屋）的市场价格与其基础价值发生较大且长期的偏离。通常是一个向上的偏离，我们很少听到有人说“负泡沫”。请铭记最高法院大法官波特·斯图尔特（Potter Stewart）对于色情文学的定义：只要看到就知道。让我们先来理解一下，上述定义中的三个关键词。

第一个关键词是“基础”。这个词的含义看似简单，但实际上却并非如此。理论上，一项资产的合理价格取决于某些基本面因素，这些因素决定了某项资产对一个实际或潜在所有者来说的内在价值。例如，我们在学习金融入门知识时便知道，股票的基础价值是未来期望能够产生的股利和资本利得的现值。原因是显而易见的。虽然可能有个别例外，比如购买绿湾包装工队（Green Bay Packers）的股票，但大多数人还是将一家公司的股票价值仅仅视作期望从中获取的收益。如果情感价值忽略不计，那么股票价值的基本决定因素是股利、期望增长率、利率。

为何股票价值与利率有关？因为当利率较高时，未来收到的股息和资本利得在当下的价值会较低；反之，当利率较低时，它们在当下的价值较高。原因就在于资金的时间价值：早收到的 1 美元比晚收到的 1 美元更值钱，因为如果钱能早点儿到你手里，你就可以用它来投资赚取利息。当利率下降时，两者的差别就会缩小，资金的时间价值也会越来越不重要；而当利率上升时，情况则相反。

类似的估值分析同样适用于房屋，如果我们不考虑情感依恋，而只将买房视作一项投资，这项投资的“股息”就是你每个月可以省下来的租金。由于房屋可以持有几十年，绝大部分租金收入在很久以后的未来才能收到，因此，利率下降意味着房屋基础价值上升，正如股票和债券，原理也是一样的，即金钱的时间价值。

当然，房屋基础价值的计算却不能像股票和债券那样直截了当。原因之一在于，个人房屋的千差万别使得我们难以准确地得知“省下来”的租金数目。比如现在是上午 10 点，你知道你的房子能够以多少钱出租吗？此外，比起绿湾包装工队的股票价值有过之而无不及的是伴随着房屋所有权的非物质价值。毕竟房子是私人所有，寄托着个人情感，人们在里面生活，它对于人们的价值也许已经超过每月所节省的租金。

第二个关键词是“较大”。众所周知，投机市场的特点是价格一直在起起落落。较小的资产价格波动属于正常的，不足以贴上“泡沫”的标签。那么，到什么程度，才算是大的波动呢？这就会产生第二个难题，即识别和计量现实世界中的泡沫，有时候泡沫被定义得太早了，有时候当我们识别出泡沫时就已经太晚了。

假设某套房子经专家计算的基础价值是 30 万美元。如果它卖到 33 万美元，那么它能被视作房地产泡沫的表现吗？恐怕不能，因为相对于估算一套房子本身的不确定性而言，10% 的价格偏离还没有大到可以称它为一个泡沫。也许买家就是很喜欢这个房子，愿意出高价来买它。但若是 20% 的偏离呢？ 30% 呢？泡沫的界限该在哪里划分？正如斯图尔特对色情文学的定义，泡沫的存在与否或许是在旁观者的眼中。

最后，看一看第三个关键词“长期”。一些资产价格（通常不是房价）每天都会有很大的波动。如果某只股票的价格受到市场谣言的影响，一周内大幅飙升 50%，之后又被打回原形，那么我们通常不会把它称为“泡沫”，因为这种价格上涨只是昙花一现。“长期”意味着价格在足够长的时间内始终处于高位，很容易让人们误以为资产本身具有很高的基础价值。

这就是我对“泡沫”的定义：资产价格大幅且长期偏离其基础价值。不可否认有些模糊不清。人们应该像大法官斯图尔特先生那样，在泡沫出现时就能识别它们。

然而不可避免的是，所有人看问题的角度并非都完全一样。更何况泡沫不是凭空出现的。在通常情况下，泡沫变大往往伴随着基本面的好转。以房地产为例，泡沫很可能是与人口增长、利率下降等现象一起出现的。泡沫通常产生于人们对房地产有利走势的过度夸大或不合理估计。其结果是，具有理性思维的人们对哪部分资产价格上涨属于泡沫、哪部分反映了基础价值的升高持不同意见。在泡沫时期，我们常常会听到伟大的新时代是如何淘汰过时估值标准的故事。还记得吗？互联网曾试图用一套全新的规则来构建完整的新经济，这套规则使得吸引眼球比利润更为重要。当然，这是不会成功的。

房地产泡沫

毫无疑问，美国在2000—2009年期间经历了一场规模空前的房地产泡沫，泡沫慢慢变大并最终破灭，带来了灾难性的后果。我们一起看一些数据，先来看图2-1，这幅图是罗伯特·希勒的工作成果，他是美国房地产泡沫方面最具洞察力的记录者。

图2-1中有两点值得注意。首先，图中使用的数据一直追溯到1890年，跨度超过120年，如此长的时间跨度足以让我们从历史的角度观察房价的长期变化。其次，该图中的数据在测算时，使用的是真实房价，即剔除了通货膨胀的影响，使用消费者价格指数（CPI）折减之后的房价。简而言之，我们在图中看到的房价是相对于同时期其他商品的价格。这也是你在图中看到的房价曲线与直观感受有所差异的原因，比如在大萧条时期，名义房价跌了很多，但由于其他商品价格也在下降，所以真实房价并没有下降。图中相对平缓的时段，比如20世纪40年代后期至90年代后期的半个世纪，这段时期内房价与其他商品价格波动大体一致。

现在，让我们比较一下凯斯-希勒指数在1890年和20世纪90年代的数值，它们看起来几乎差不多。具体来说，凯斯-希勒指数在1890年初始值设置为100，而到1995—1997年平均值为110。这种历史比较揭示了一个令人惊讶却鲜为人知的事实：总体而言，美国房屋的相对价格在一个多世纪的时间里几乎没有发生变化。确切地说，在1890—1997年期间，相对房价的年均增长率仅为0.09%。靠房地产投资可发不了财。

自那之后，情况发生了很大变化。图2-1显示，自2000年之后，房价开始火箭般地蹿升。根据凯斯-希勒指数，真实房价在1997—2006年飙升了85%，而在2006—2012年又急转直下。此前，美国从未经历过这样惊心动魄的场面。如此大幅的上涨和下跌是否构成了泡沫？我想斯图尔特先生会给出肯定的回答。这无疑是与基础价值巨大的、长期的、明显的偏离。

做这样的判断实在是轻而易举的，但这只是事后诸葛亮。更重要的问题是，当时身在其中的人们是否以及何时能够看清房地产泡沫的庐山真面目，然而回答这个问题却要困难得多。我们注意到，在房地产泡沫之前百余年的时间里，凯斯-希勒指数高的时候涨到 1894 年的 124 和 1989 年的 128，低的时候跌至 1921 年的 66 和 1942 年的 69。因此，尽管房价指数在超过一个世纪的时间里并未呈现出长期的大涨大跌，但还是存在一些明显的起伏。比如，真实房价在 1942—1947 年期间上涨了近 60%，而最近一次则在 1984—1989 年期间下跌了 20%。

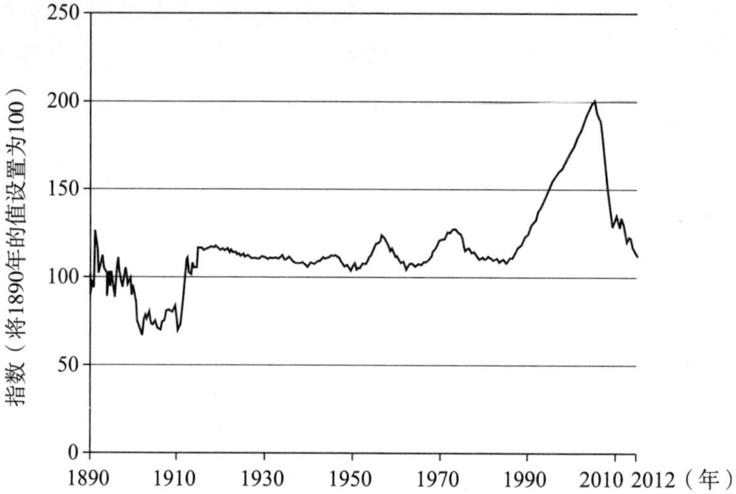

图 2-1　真实房价：长期观点

资料来源：罗伯特·希勒和作者的测算。

现在假设你生活在 2002 年。此时，真实房价在过去 5 年中已经上涨了近 30%，你能否意识到自己正置身于一场房地产泡沫之中呢？也许能，但当时仅有很少的专家有如此远见。保罗·克鲁格曼（Paul Krugman）于 2001 年和 2002 年在他的《纽约时报》专栏中，开始提及房价存在泡沫的可能性；认为似乎到处都有泡沫的《经济学人》杂志在 2002 年也暗示了这一点。我能够查到的最明确的警钟来自经济学家迪恩·贝克（Dean Baker），他在 2002 年的一篇论文中总结道："房屋价格突然飙升，唯一合理的解释就是存在泡沫"。到 2003 年，《经济学人》、《巴伦周刊》和《金钱》等杂志开始刊登一些关于有可能出现房地产泡沫的文章。但即使是罗伯特·希勒，在那时也不敢断言泡沫真的存在。直到 2004 年，关于房地产泡沫可能破灭的报道才开始屡见报端。也是从那时起，声名远扬的经济悲观论者努里埃尔·鲁比尼（Nouriel Roubini）才开始警告未来会有严重的麻烦。

为什么包括我在内的大多数人，会忽视房地产泡沫早期阶段的蛛丝马迹呢？要理解这一点并不困难。美国历史上已经出现过类似的价格上涨局面，在这些上涨周期中，抵押贷款利率下降，从而促使房价上升，这符合传统的基本面逻辑。我在第 1 章提到的一个细节，更使得做出是否存在泡沫的研判难上加难：图 2-1 中所示的凯斯 - 希勒指数并不是房价唯一的度量方式，甚至有可能不是最好的。在第 1 章中我们看到，政府房价指数的上涨幅度比凯斯 - 希勒指数要小得多。

现在，我们把观察的时间段聚焦在 2000—2010 年，图 2-2 显示了两种指数，都是剔除 CPI 因素之后的。我们再次看到，对于 2000—2006 年的价格上升幅度，使用美国联邦住房金融局的房价指数比使用凯斯 - 希勒指数衡量要小得多。两者差别还不算小：根据凯斯 - 希勒指数，真实房价从 2000 年 1 月至 2006 年 1 月上涨了 72%，而美国联邦住房金融局的房价指数仅仅上升了 34%。

当然，在现实生活中，美国人不会去研究这两种指数，但是他们在生活中切身体会到了房价的变化。因此真正重要的是，在泡沫期间哪种指数能够更加准确地反映现实。遗憾的是，即使是专家，在这一点上也难以达成一致。

图 2-2 还隐藏着更重要的一点。即便在 2009 年 5 月，真实房价开始走向平缓，但房价也只是回落到 2001 年的水平，而不是 1997 年的水平（其后又下跌了一些）。因此，即使站在事后的角度，有着出色的“后见之明”，也很难判断出 2002 年或 2003 年时房价存在泡沫。而要在当时做出准确的判断就更是难上加难了。

直到 2005 年 10 月，即使是时任布什总统经济顾问委员会主席的伯南克这样敏锐的观察家，也还在宣称“房价在过去两年中上升了近 25%……这些价格上涨在很大程度上反映了美国经济基础的强劲”。但是伯南克错了，当时国会山区域的房价已经达到了巅峰，伯南克在 2004 年 5 月还在该区域买了一套房子，但他不是唯一做出误判的人。2005 年 7 月，《华尔街日报》刊登了一篇题为《什么是房地产泡沫？》(*What Housing Bubble?*) 的文章，质疑泡沫的存在。到了 2008 年，两位房地产专家还出版了一本书，书名为《房地产经济学：为何拥有房产依然是好投资？》(*Houseonomics: Why Owning a Home Is Still a Great Investment*)，但该书对泡沫只字未提。

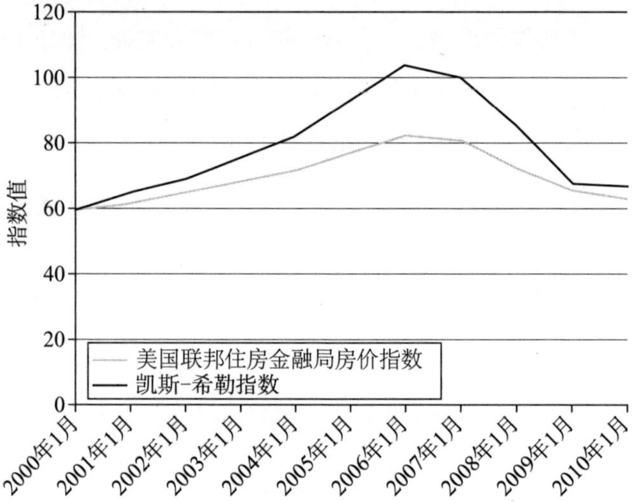

图 2-2　两种指数：两种衡量房价的方法

资料来源：标准普尔公司和美国联邦住房金融局。

是的，我们在 21 世纪初期经历了一场房地产泡沫和它的破灭。如果你置身当时，你会觉得这场泡沫并不是那么明显，直到 2003 年以后，也许是在 2005 年以后，我们才意识到我们处于泡沫之中。而到 2006 年和 2007 年，房地产泡沫已经变得巨大且危险。

大泡沫不仅对金融市场产生了影响，而且给实体经济留下了深深的烙印。19 世纪的铁路泡沫给我们留下了许多闲置的轨道；20 世纪 90 年代后期的互联网泡沫给我们留下了数千公里闲置的光缆；而房地产泡沫留给我们的是过多的房子，其中很多至今仍然闲置，更有很多尚未浮出水面，也就是说，这些房子的价值不及它们的抵押贷款。

图 2-3 显示的是房屋建筑业最常观察的指标：新建房屋数。从图中我们可以非常清楚地看到，房屋建筑业是一个繁荣与破灭交替的周期性产业，2006 年后期出现了一次非常大的泡沫破裂过程。1991 年 1 月，大萧条导致新建房屋数跌至每年 80 万套；自那之后，造房运动一路高歌猛进，到 2006 年 1 月达到一个令人惊叹的巅峰：每年约 230 万套，然后从万丈悬崖直落而下，在 2009 年 4 月下跌到每年不足 50 万套的谷底，是自 1959 年 1 月有数据记载以来的历史最低值。这简直就是一次过山车之旅。

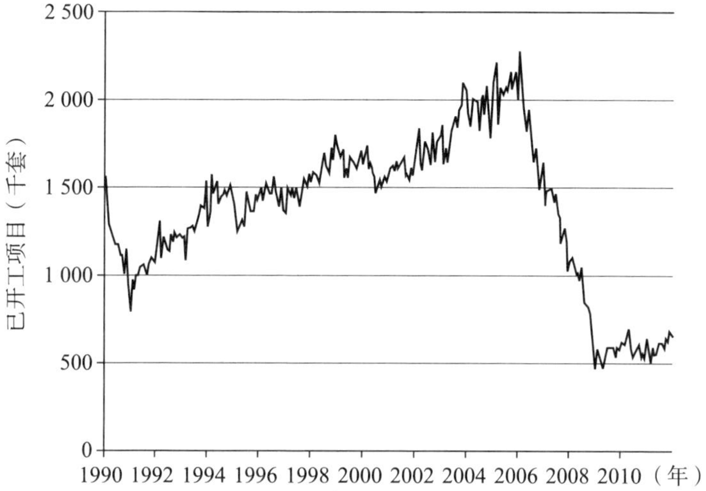

图 2-3　悲伤的故事：新建房屋数

这些数据向我们展示了一场关于巨大房地产泡沫渐渐膨胀，而后迅速破灭的两组生动形象显著一致的画面，一组是价格，另一组是建造活动。它们本应在 2002—2003 年就让人们认识到房地产泡沫及其内在的危害，本应在 2006—2007 年将泡沫清晰地呈现在人们眼前。但很显然，事实并非如此。

对这些事实的研读也留下一个长期困扰我们的问题：这一切为什么会发生？房地产从繁荣走向萧条的主要原因是什么？让我来列举一些可能的罪魁祸首。

第一个原因，也是我认为最重要的一个原因，用著名漫画人物波戈（Pogo）的话来说就是："我们遇到了敌人，他就是我们自己。"坦白地说，美国人对房子有些狂热，但也不仅仅是美国人，英国、爱尔兰、西班牙、澳大利亚和南非也有较大的房地产泡沫。人们坚定地认为，房价会年年上涨，这种信念就像流行病一样蔓延，并被奉为圭臬。人们认为投资房地产不可能亏损，因为房价每年都会上涨 10% 左右，并且会一直涨下去。根本没有人理会图 2-1 显示的历史数据。因此，很多美国人为他们根本负担不起的房价过度举债，接着他们又不断地拿房子再融资，来获取资本收益。而媒体又为虎作伥，大肆宣传房地产的利好消息。

下面是 2005 年的两个具体例子，来自加利福尼亚，泡沫的爆发地之一。凯斯和希勒对旧金山购房者进行的一项调查发现：人们对未来 10 年房价的预期平均涨幅是每年 14%，其中 1/3 的人的预期远远高于这个数字。而《经济学人》杂志对洛杉矶购房者进行的一项调查发现，同一时期人们预期的房价增长率为每年 22%。试想一下，如果房价真的在 10 年内以每年 14% 的速度上涨，那么累计涨幅将是一个令人难以置信的数字：271%，这意味着 2005 年一套价值 50 万美元的房子，到了 2015 年将价值 185.5 万美元。而如果按 22% 的年增长率计算，累积升值率将达到骇人听闻的 630%，也就是说同样的房子价值会达到 365 万美元，这实在令人心颤。如果你也相信这一点，那你就应该砸锅卖铁去买房子。毕竟，房地产是一项好投资，你到哪里能赚到 22% 的年收益呢？

一个令人感兴趣的问题是，既然在超过一个世纪的时间里，房价的平均增长率并未超过通货膨胀率，那么对于房价会永远上涨的信念究竟来自何处？这种信念部分来自对近期走势毫无根据的推测。毕竟，近年来房价飞速上涨，为什么不会一直持续下去呢？

第二个原因在于杠杆。我们用一个简单的例子来说明杠杆是如何混淆人们视线的。假设约翰和简买了一套价值 20 万美元的房子，首付 4 万美元，抵押贷款 16 万美元。由于他们仅用 4 万美元的自有资金就取得了 20 万美元的资产，我们称他们这笔投资的杠杆率是 5∶1，即资产是权益的 5 倍。为使计算简化，假设这笔贷款只付利息不还本金，那么 5 年后他们还是欠银行 16 万美元。根据历史经验，进一步假设房价上升与通货膨胀同步，5 年内累计上升 20%。5 年末，房子比他们购买时升值了 20%，即 24 万美元，而抵押贷款还是 16 万美元。他们对房屋的权益从 4 万美元涨到了 8 万美元，这意味着他们的原始投资在 5 年的时间里翻了一番。这在股票市场中是不可能实现的，因为他们无法使用 5 倍的杠杆。

即使剔除了通货膨胀因素（约翰和简可能不会做这样的计算），这对夫妇的房地产投资的真实收益也将以每年 10.8% 的速度增长。这实在令人震撼。并且请记住，这个例子里一旦剔除了通货膨胀因素，房屋的真实价值并未上升，这一切全都缘于杠杆。许多拥有房产的美国人有着与该案例相似的切身经历，有些人甚至已经数次这样做了。难怪他们将房产视为一项极佳的投资。

我发现这个解释似乎合情合理，但房地产泡沫是否完全基于人们的这种误区呢？当然不是。

第一，它并不是完全虚构的。正如案例中列举到的数字，即使按照历史平均的价格涨幅，你投资房产也可以获得较高的真实收益。

第二，在 2000 年科技股泡沫破灭、股票市场受到严重冲击后，许多美国人寻求一个更安全、更稳定的市场来进行投资。房地产市场看起来正是这样的地方。

第三，正如伯南克在 2005 年所评述的，房地产市场的基本面因素，如收入增长和利率，在 2003—2006 年间的表现是非常强健的。

第四，银行和其他贷款机构实际上都纷纷瞄准了潜在的新购房者和可以再融资的有房一族，并鼓励他们提高杠杆。你或许会问，监管者哪里去了？我们以后会讲到。

第五，许多有房一族学会了把房子变成取款机的办法：随着房价上升，他们可以拿抵押房产进行再融资，新的贷款通常利率更低、数额更大，还掉旧贷款后的结余就成了可支配的现金。

第六，美联储为了给疲软的经济注入强心剂，在 2003 年和 2004 年将短期利率维持在异常低的水平，这对于房地产泡沫无异于火上浇油。事实上，一些批评者甚至干脆将房地产泡沫主要归咎于中央银行。在我看来，这是一种无厘头的夸张，美联储的货币政策仅仅是泡沫的一个小小的推手。

你可以不相信我的话。请考虑以下三个相关事实，然后自己下结论：

- 在美联储于 2003 年 6 月采取超低利率政策之前，泡沫已经持续数年了；
- 2004 年 6 月，美联储提高利率后，泡沫依旧膨胀了至少两年；
- 其他国家如英国，虽然中央银行在 2003—2004 年保持了比美国高得多的利率，但是其房地产泡沫也和美国一样严重甚至更加糟糕。

这些事实应该使你质疑：宽松货币政策怎么可能被认定是房地产泡沫的首要因素呢？我也十分怀疑。

无论如何，有一点是可以肯定的，投机性泡沫（无论是房地产、股票还是其他）最终一定会破灭，这次也是如此。这场惨重的破灭始于 2006 年或者 2007 年，具体时间点取决于你使用哪一个指数。为何是那个时候，而不是早一些或者晚一些？没有人会知道，就像没有人知道为何纳斯达克泡沫于 2000 年 3 月破灭而不是早一些或晚一些，也没有人知道为何股票市场崩盘发生在 1987 年 10 月而不是 9 月或 11 月一样。

我经常用动画片里的歪心狼来形容泡沫的破灭，在热播的动画片《BB 鸟和歪心狼》（*Meep.Meep!*）里，歪心狼是 BB 鸟的倒霉敌人。你应该马上就会想起那一幕，歪心狼在拼命追逐 BB 鸟的过程中，时不时地冲下悬崖。他会在半空中悬浮一会儿，直到他往下看时，发现自己脚下没有半寸立足之地，然后才重重地摔落到地上。

泡沫破灭的过程与此类似。在某个无法预知的时刻，投资者开始“往下看”，意识到他们原先以为会永远持续的天价根本没有基本面的支撑，于是便开始抛售。显而易见，崩溃终将到来，基础价值终会回归，然而为何恰巧在那个时候发生却始终是一个谜。

我们现在知道，房价崩塌始于 2006—2007 年。是否有人在 2005 年预见到它的发生呢？是的，有人预见到了。如前所述，少数预言家早在 2002 年就预测房价即将发生一场大跌。但是那些预言家早早做出必会发生的事情的预判，就好比谚语里那只停止走动的时钟，一天总能指示两次正确时间，或者如同每年都预测股市大跌的悲观股评家一样，总有正确的那一天。

房价的“歪心狼”从空中摔下来之前并非毫无征兆。2004—2005年，一场关于“房价是否泡沫过度”的大讨论在美国国内和国际上如火如荼地展开。人们看法不一，莫衷一是。我们的大多数政策制定者认定不存在泡沫，最终他们都错了。但问题是，到了2005年末，再想让房地产泡沫软着陆为时晚矣。这也是大多数泡沫令人悲哀却相当真实的写照：较早识别泡沫并采取恰当措施极度困难，而当泡沫被人们广泛认知的时候，却又为时已晚。房地产泡沫正是如此。

债券泡沫

然而，房地产泡沫并不是过去10年膨胀起来的唯一一个泡沫，甚至算不上最具破坏性的一个。还有一个巨大的债券泡沫你也许闻所未闻。

债券及其他固定收益证券的名称是这样得来的：借款人负有在事先约定的时间，以美元（或者欧元、英镑等）向贷款人支付一笔固定金额的资金的法律义务。在此期间，即使借款公司运营得非常出色，贷款人也无法从中分一杯羹，他能收到的仅仅是事先约定的利息；同样，如果借款公司经营惨淡，贷款人也不会被拖累，除非借款人违约。这种收入流的固定性与普通股票截然不同，后者的股息和资本利得与公司财富的增减息息相关，并不会事先约定。

不考虑违约风险的话，固定收益证券的基础价值很容易计算出来：我们只需计算未来期间收到利息和本金的现值（这些现金流入是固定且已知的），然后把它们加总。由于资金有时间价值，所以利率越低，未来的现金流就越值钱，这意味着债券价值也就越高。

因此，对于不含违约风险的美国国债来说，其基础价值仅仅取决于规定的（息票）利率和当前市场利率。当市场利率下降时，债券的基础价值就上升；当市场利率上升时，债券的基础价值就下跌。但是对于其他类型的债券来说，则存在一定的违约风险。

违约风险不仅使债券的估值变得复杂，而且使泡沫的产生成为可能。具体来说，对于一个公司债券或者一个抵押贷款证券（Mortgage-Backed Security，简称 MBS）来说，其基础价值除了与既定的息票利率和相应的无风险国债收益率有关，还取决于对违约损失概率的预期。因此，低估违约风险就等同于高估债券价值，就会引起泡沫。房价中存在泡沫，与之相应，抵押贷款证券中也存在泡沫，因为房价的持续上涨使投资者误以为抵押贷款违约的概率很低。

在股票和房地产领域，基本面改善常常与泡沫膨胀相生相伴，债券及其他固定收益证券也是如此。在经济繁荣时期，违约率降至非常低的水平，因而补偿投资者违约风险的合理利差也降得非常低，因为合理意味着刚好能够补偿贷款人承担的违约风险。问题在于要低到什么程度才合理呢？市场也常常会失控。

违约风险和利差

违约风险是各类固定收益证券之间的一个重要的不同点。国债是没有这种风险的。从美国第一任财政部部长亚历山大·汉密尔顿（Alexander Hamilton）开始，美国政府一直妥善地履行着它的偿债义务，投资者认为今后也将如此。因此，美国国债被视为无风险证券。

沿着风险频谱图向上，大型蓝筹公司的债券隐含着小的违约风险。为了吸引投资者购买它们的证券，这些大公司必须付出比国债略高的利率。由此引申的结论是：为了补偿投资者承担的风险，高风险借款人必须支付比低风险借款人更高的利率。例如，“垃圾债券”（低于蓝筹公司的债务）比 IBM 或者美国电话电报公司（AT&T）的债券利率要高；新兴市场国家的债券比美国国债利率要高。风险债券的利率与相对应的无风险国债利率之间的差异，我们称之为债券的风险溢价或者利差。例如，一只 30 年期国债的利率是 3%，某公司 30 年期债券的利率是 5%，我们称该债券与国债的利差是 2 个百分点（或者说 200 个基点）。利差由市场每天的供求关系决定，它补偿了投资者承担的预期违约损失（这里是每年 2 个百分点）。显而易见，当预期违约概率增大（或者减小）时，利差扩大（或者缩小）。

在金融危机爆发前的几年里，许多债券利差显著缩小，意味着违约风险几乎可以忽略（也许并不符合实际情况）；接下来，随着危机的爆发及深化，利差急剧加大；随着金融体系在 2009 年 3 月后回归正常，利差再次缩小。

在繁荣时期，住房抵押贷款的违约事件实属罕见。1991—2001 年，银行在房地产抵押贷款上的损失率仅为 0.15%。这意味着平均每放出 100 万美元贷款，银行遭受的违约损失仅为 1 500 美元，几乎不值一提。总之，住房抵押贷款在超过 10 年的时间里，都是相当安全的贷款形式。其后，它们的安全程度又再上台阶。

图 2-4 显示的是 1991—2004 年银行住房抵押贷款的损失率，请注意纵轴的刻度。损失率看似在 2001 年经历了一次飙升，实际上仅仅上升到了微不足道的 0.45%。除了一些短暂的向上波动，损失率从 1992 年的 0.24% 下降到 2004 年的 0.1%，并在 2004 年第 4 季度降至 0.08%，为历史最低水平。简而言之，这些年实际发生的违约情况少得可以忽略不计。

现在，请想象你是身处 2005 年的一位银行家，房屋价格已经连续 8 年飞涨，而且这波上涨行情甚至连一次中断也没有，抵押贷款拖欠和违约现象降至历史最低水平。从你所处的位置看，作为曾经一直是安全放贷形式的抵押贷款，似乎比以往更安全了，安全得如同闲庭信步。你也可以想象自己是一名投资者，正在聆听债券销售员吹捧抵押贷款证券的优点，如抵押贷款从未违约等。听起来抵押贷款像是一项风险非常低而收益却高于国债的投资，是这样吗？是的，曾经是这样，后来却不是了。

你已经知道接下来发生了什么。在图 2-5 中，我将图 2-4 的数据序列延展至 2011 年，并将纵轴刻度调整到高得多的损失率。在这个更大的刻度范围内，图 2-4 中突出的两个峰值几乎不明显了。你能看到超低的贷款不良率又持续了好一阵子，但在 2006

年突然急转而上。到了 2008 年，抵押贷款看起来已经不再安全了，其后形势发展得更为严峻。请想象一下，如果你在 2009 年为一项抵押贷款走进银行，或者去听一个销售员推销抵押贷款证券会是怎样的情景。时过境迁了。

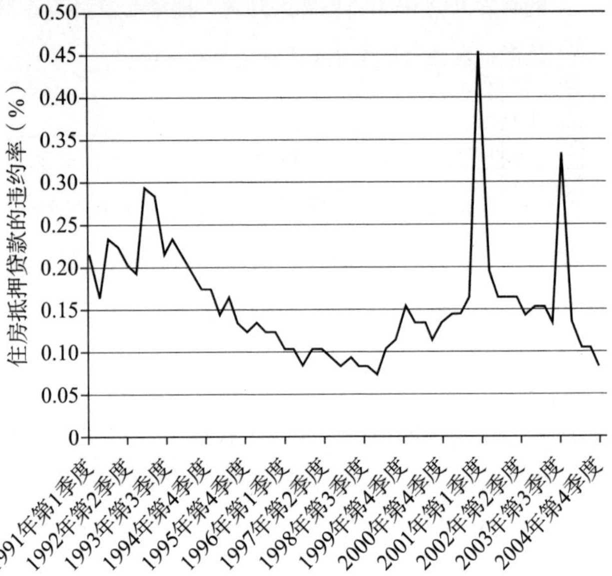

图 2-4　从数字上看很安全（1991—2004）

资料来源：美联储。

我在此并不是想说银行家们有多愚蠢，因为债券泡沫的破裂也让许多其他人大吃一惊。公平地讲，没有人能够准确地预见住房抵押贷款市场会有如此空前规模的崩塌。它的严重程度远甚于人们最害怕的噩梦。

但我想说的是，无论是银行家还是其他投资者，都不应该想当然地推测 2003—2006 年出现的、史无前例的超低违约率在未来会永远如此，尤其是在将其中大量基础抵押贷款称之为垃圾都算客气的情况下。然而，许多短视的投资者就这么想当然了。例如，大量花哨的风险模型仅仅基于 3 年或者更少的数据。3 年！低估违约率必然导致相对于国债的风险溢价极小，从而使得债券价值过高。结果如何？一个巨大的债券泡沫。

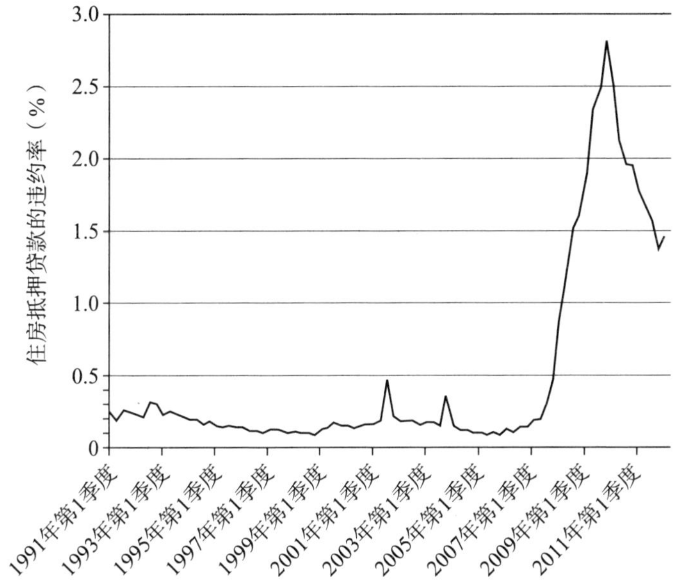

图 2-5　从数字上看不安全（1991—2011）

资料来源：美联储。

我以住房抵押贷款为例，是因为住房抵押贷款的崩塌是这场爆发于 2007 年的金融大地震的震中。但是，债券泡沫绝不限于抵押贷款，它无处不在。

2004—2006 年，我在做关于金融市场的演讲时，偶尔会提到潜伏在债券泡沫中的危险。当时我的看法是，风险溢价已经小得离谱，因此肯定会扩大，债券市场已如悬在空中的“歪心狼”，随时都有可能跌落悬崖。当然，我并不知道泡沫何时才会破灭。当时持这种观点的绝不只有我一人，但不用说，这种悲观却不具体的警告被广泛忽视了。

我至今对其中的一次演讲记忆犹新。那是 2005 年的某一天，在一个满是股票经纪人的酒店大厅里。那天早上我从报纸上得知，哥伦比亚政府债券仅仅比美国国债高 100 个基点，这使我大为震惊。诚然，哥伦比亚的经济运行得越来越好，而我对这个国家也所知甚少。但是高于国债区区 100 个基点，意味着年期望损失率是 1%，这似乎过于乐观了。因此，当我讲到债券市场泡沫并在屏幕中放映了一张歪心狼的图像时，我脑子里就想到了哥伦比亚政府债券。当我问及在座的经纪人有谁认为高于美国国债 100 个基点是一个合理的风险溢价时，没有一个人举手。然后我公布了这则消息：市场就是这么认为的，因为哥伦比亚债券今天已经卖到这个价格了。

到了 2006 年初，我已经对自己总是在讲债券市场泡沫而听众却充耳不闻感到心灰意冷，所以我放弃了。也许我应该坚持的。

债券泡沫从何而来？这个源头，恐怕要从美联储的货币政策说起。美国经济并非大步流星而是跌跌撞撞地走出了 2001 年的小规模衰退。在“以失业为代价的复苏”的近两年时间里，GDP 缓慢增长，就业率持续下降，通货膨胀率很低且还在下跌。实际上，到了 2003 年，美联储已经开始担心美国有可能陷入通缩。为了刺激疲软的经济，美联储将隔夜拆借利率（即联邦基金利率）降至 1%，这是自 1954 年以来的最低值。这种激进的货币政策奏效了，经济为之一振。但这也意味着，投资美国国债等安全资产的投资者收益甚少。

这反过来导致投资者“追逐收益率”。如果国债仅仅支付你 4.5% 的利率，但一个声称违约风险可以忽略的抵押贷款证券愿意支付 6% 的利率，那为何不卖掉国债而购买抵押贷款证券呢？从这过程中可以获取额外 150 个基点的收益。似乎不需要动脑筋，对吧？的确如此，如果违约风险真的可以忽略不计的话。但风险当然不能忽略不计。投资者绝不应该将 2004—2006 年极小违约率的好年景外推至无穷期。但是他们却这么做了，正是这种想法导致了债券市场的泡沫。

随着投资者将资金从国债转移到风险较高的固定收益证券，如哥伦比亚政府债券或者次级抵押贷款支持的抵押贷款证券，高风险证券价格被抬高，收益率由此下降。投资者必须为同样的利息收入支付更多。因此曾经为承担更多风险而得到的 150 个基点的回报，减少到 100 个基点，甚至 50 个基点。而投资者对于固定收益证券收益率日益下降的应对之策，是千方百计提高杠杆来放大收益率，而杠杆正是我们将要讨论的第二个祸源。

如果承担一点额外风险只会给你带来 50 个基点的额外收益，你可以运用 10：1 杠杆投资的方式使得回报率达到 500 个基点。我们这里讨论的是自有资金的回报率，是实实在在的钱。我将简短地解释杠杆如何起作用，但先让我们停下来想一些补救措施，哪怕是权宜之计。

我们能在未来阻止资产价格泡沫吗？很可惜，答案大多是否定的。只要存在投机市场，就会有不时爆发的泡沫。例如，作为最早发行股票的公司之一，英国南海公司的股票曾被炒作成第一个股市泡沫，即著名的 1720 年“南海泡沫”，因为它破产的人不计其数，其中还包括一个非常聪明的家伙，那就是大名鼎鼎的艾萨克・牛顿。荷兰人也曾弄出过一个巨大的泡沫：郁金香泡沫。它比南海泡沫几乎早了一个世纪。

尽管我们也许能够幸运地将少数泡沫扼杀在萌芽阶段，但我们却永远无法将它们斩草除根。制造泡沫的羊群行为[①]已经深深植入我们的基因。我们最大的希望是当泡沫破灭时（这当然是不可避免的），将它带来的影响最小化。这也是值得我们去做的。

祸源 2：过度杠杆

杠杆是放大投资收益率的一种方式，它本身并无过错。杠杆与酒精类似，小酌怡情，大饮伤身。适度的杠杆对投资者有好处，但是过度使用杠杆可能会导致灾难。套用一句俗语，杠杆就是一把双刃剑，在投资者所期望的上升通道中确实能放大投资收益率，但在下降通道中也会放大投资损失，给投资者带来致命打击。因此，一家靠高杠杆经营的公司、个人或者家庭就如同脆弱的玻璃瓶，需要被贴上“易碎，小心轻放！”的标签，它本身的“防震器”可能会失灵。不幸的是，截至 2007 年，杠杆已渗入美国经济体系的方方面面。

① Herd Behavior，是指金融市场中的一种特殊的非理性行为。它是指投资者在信息环境不确定的情况下，自身行为受到其他投资者的影响，模仿他人决策，或者过度依赖舆论。——编者注

THE FINANCIAL CRISIS,
THE RESPONSE, AND THE WORK AHEAD

杠杆和金融收益率

AFTER THE MUSIC STOPPED

杠杆是指利用借来的资金去购买资产。这个词本身来源于阿基米德，他说过一句很著名的话："只要给我一根足够长的杠杆，我就可以撬动地球。"（有人质疑他杠杆的支点该放在哪里。）我们这里需要强调的是，杠杆既能在市场向上时放大收益，也能在市场向下时放大亏损。为了阐明这个基本原理，我们来比较简和约翰迥异的投资风格。简比较注重资金的安全性，她将 100 万美元投资于利率 6% 的一年期公司债券。年底她收回 100 万美元本金并得到 6 万美元利息。因为她收到的金额比原始投资额多 6%，她的投资回报率自然是 6%。

约翰能够承受更高的风险，他也用自有资金 100 万美元来购买相同的债券。但是他使用了 10 倍的杠杆：先从银行贷款 900 万美元，年利率为 3%，然后将总计 1 000 万美元的资金全部用于投资债券。年底时，约翰得到了 1 000 万美元本金加上 60 万美元利息，总共 1 060 万美元。他归还银行 900 万美元本金以及 27 万美元利息，即 927 万美元。因此他这笔投资最终的净流入是 1 060 万－927 万 =133 万（美元）。这样，约翰的投资收益率是 33%，是简的 5.5 倍。

那么，这是不是意味着使用了杠杆的约翰比没有使用杠杆的简聪明呢？不见得。假设债券价值在这一年中下跌了 5%，简和约翰要将它卖掉。这种情形下简只获得 95 万美元本金加上 6 万美元利息，总计 101 万美元，收益率只有 1%。而约翰得到 950 万美元本金以及 60 万美元利息，总计 1 010 万美元。但他还需要归还银行 927 万美元，自己只剩下 83 万美元，而其初始投资额是 100 万美元。此时约翰的投资收益率是－17%。这时他就显得不那么聪明了。

关键在于，上升通道时约翰 33% 的丰厚回报（相比于简的 6%），仅仅是为补偿他在市场下降时遭受损失的风险（此时收益率为－17%，而非 1%），而不意味着他具有高人一等的投资天赋。投资者不可能不承担风险就获得收益，包括那些拿自己的房子再融资的人。

家庭杠杆率

我们先讨论美国购房者。过去人们买房一般需要支付 20% 的首付款，正如我们前面 5∶1 杠杆的例子。但在房地产繁荣的那些疯狂的日子里，人们不可能从房地产投资上亏损，过去的那套法则早已过时，首付 5% 甚至更少的抵押贷款已成为常态。20∶1 的杠杆其实相当危险：房价仅仅下跌 5%，投资者就会倾家荡产。然而有时甚至首付款也是借来的，比如通过一个二次抵押。一个零首付的房屋产权者使用的其实是无穷大的杠杆，即使一点点微小的损失也会将他拖下水。从严格意义上来说，他都不能算是一个"所有者"，因为他在房屋上的自有权益是零。他更像是一个投机者，把宝押注在持续上升的房价上，一旦房价下跌则满盘皆输。

尽管杠杆存在着危险，2000—2008 年还是出现了债务井喷。图 2-6 显示出家庭负债量（住房抵押贷款加上个人贷款）在仅仅 8 年的时间里，从 GDP 的 100% 上升至 140%。绝大部分的增长来自抵押贷款。美国家庭的杠杆率大幅上升。

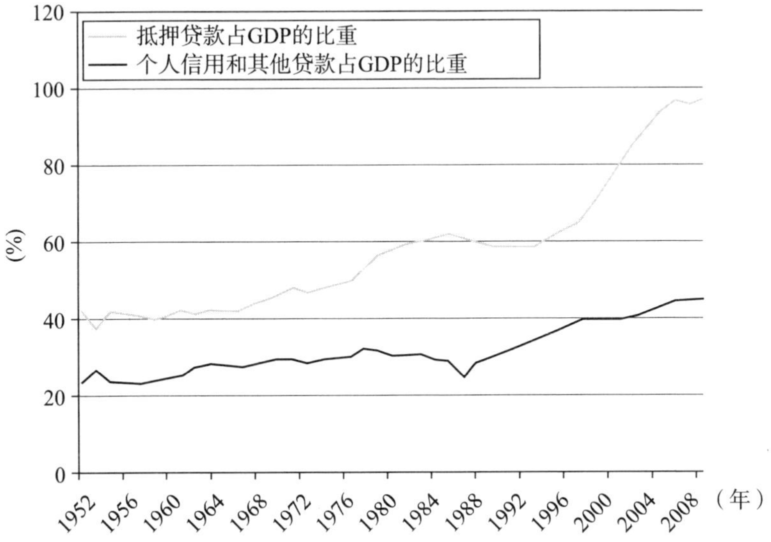

图 2-6　增长的债务负担：家庭债务占 GDP 的比重（1952—2008 年）

银行杠杆率

银行杠杆率也在提升。银行业一直以来都是高杠杆经营的行业。虽然很多人不这样想，但银行实际上是从储户那里“借”来钱，然后把这些钱“投资”在贷款上。如果一家银行的资本金是其资产的 10%，它的杠杆率就是 10∶1。这很正常，也很安全，因为贷款损失率几乎不可能接近 10%。但是在繁荣时期，很多大型银行雇用了法律和会计人才来提高它们的杠杆率。其中一种方式是创建表外实体，如结构性投资工具（Structured Investment Vehicle，简称 SIV），这在危机之前几乎闻所未闻，但正是它的崩溃导致了危机的深化。

下面我们来说明结构性投资工具是如何起作用，接着又是如何失灵的。表 2-1 是“大而简单银行”（Big-But-Simple Bank，简称 BBSB）的资产负债表。这家传统银行拥有的股东权益是 100 亿美元，它通过储蓄存款筹集了 900 亿美元（杠杆率为 10∶1），放出 1 000 亿美元贷款。只要其贷款损失不超过 10%，它就是安全的。

表 2-1 “大而简单银行”的资产负债表

资产	负债和所有者权益
1 000 亿美元贷款	900 亿美元存款
	100 亿美元权益

但这显得过于保守。如果管理层想要在无须筹集更多资本金的前提下扩张业务规模，当然也顺便提高他们自己的工资和奖金，银行可以发起一个结构性投资工具然后卖掉它，即 500 亿美元贷款。由于银行对大多数贷款损失提供了默认或明确的担保，这个结构性投资工具看起来是相当安全的。因此，银行仅需拿出 10 亿美元资本金，再从票据市场上筹集剩下的 490 亿美元，票据市场是高评级公司筹集短期资金的地方。这将创造出表 2-2 的资产负债表。案例中的结构性投资工具的杠杆率是 50∶1，似乎很高。但不管你是否相信，实际中的结构性投资工具的杠杆率往往更高。

表 2-2 “大而简单银行”发行结构性投资工具后的资产负债表

资产	负债和所有者权益
500 亿美元贷款	490 亿美元商业银行票据
	10 亿美元权益

同时，回到银行角度，这个“大而简单银行”已经卖掉 500 亿美元贷款，收到结构性投资工具的 10 亿美元股权和 490 亿美元现金。但它不可能让这 490 亿美元躺在现金账户上，而是将其再贷出去，这样，其资产负债表就变成表 2-3。

表 2-3 “大而简单银行”的新资产负债表

资产	负债和所有者权益
990 亿美元贷款	900 亿美元存款
10 亿美元结构性投资工具	100 亿美元权益

看起来杠杆率还是 10：1。真的是这样吗？如果我们将两张资产负债表（表 2-2 和表 2-3）合并，我们会得到表 2-4。

表 2-4 合并后的“大而简单银行”及其结构性投资工具的资产负债表

资产	负债和所有者权益
1 490 亿美元贷款	900 亿美元存款
	490 亿美元商业银行票据
	100 亿美元权益

会计是不是很奇妙？结构性投资工具是母银行的一个附属子公司，该银行的真实杠杆率应该是表 2-4 所示的 14.9：1。但是，银行只会按表 2-3 中的 9.9：1 上报给他们的监管者。这就是他们聘请会计师和律师的原因。

只要杠杆率达 50：1 的结构性投资工具有偿付能力，一切就都没问题。但如果市场的风向标不幸转向，那么结构性投资工具几乎没有资本来缓冲其贷款损失。一旦损失超过2%，这个虚设的结构性投资工具就会全军覆没。到那个时候，损失自然会殃及银行。因此从经济而非会计意义上来说，银行实际的资产负债表是表2-4（近15：1的杠杆率），而不是表2-3（近10：1的杠杆率）。结构性投资工具是一种绕开杠杆限制的法律和会计手段。

华尔街的杠杆率

相比于大型投资银行在金融海啸前的所作所为，上述案例中商业银行15：1的杠杆率实在是小巫见大巫。过去的五大投行——贝尔斯登、雷曼兄弟、美林证券、摩根士丹利、高盛经营的杠杆率高达30：1，甚至40：1。想想这意味着什么：在40：1的杠杆率下，资产价值仅仅2.5%的下跌就会造成股东价值悉数尽毁。这是相当危险的企业经营方式。他们是怎么想的？监管机构在哪里？

极端杠杆的最终结果可以预见，尽管时机永远无法预知。当房地产和固定收益证券泡沫破灭后，资产价值下跌，许多高杠杆经营的公司难以消化损失。雷曼兄弟倒闭了，贝尔斯登和美林证券被商业银行收购，摩根士丹利和高盛躲在美联储的保护伞下，变身为至少是形式上的银行控股公司。

然而，即使这样高的杠杆也无法满足投行追逐风险的贪婪胃口。如果你回头看一下表2-1中“大而简单银行”资产负债表的负债方，会发现该银行的资金来源全部是客户存款和资本金。这对于逐利的投行来说几乎不可能，它们的资金渠道广泛且复杂。不管怎么说，商业银行拥有存款，这是我们称它们为“银行”的原因。投资银行却不，它们的资金几乎全部都是借来的。

记住，在40：1的杠杆率下，资本金仅仅占资产的2.5%，剩下的97.5%都需要通过借款筹集。有些借款是长期的，例如中长期债券。但在危机之前甚至直到现在，许多借款是超短期，甚至隔夜的。例如，在贝尔斯登2006年底的资产负债表中，列示的长期借款仅占负债的16%，其短期借款是资本金的8倍多，顺便提一下，它申报的杠杆率为29：1。

长短期融资的结构安排只是看重细节的人才感兴趣的？并非如此。如果风险投资银行（Risky Investment Bank，简称 RIB）出售了一份 10 年期债券来筹集资金，那么这些资金在 10 年里都是稳定的。但是，债券的利率远远高于隔夜抵押贷款（也叫回购协议）的利率，因此风险投资银行会发现到回购市场上通过便宜的方式获取资金更具有吸引力。但是，如果风险投资银行通过回购隔夜拆借的话，它就必须每天到资本市场上还旧借新。一旦市场对风险投资银行的信用评估结果恶化，该公司就会陷入危机。事实上，无法持续不断地获取短期资金是一种现代意义上的银行挤兑。这种形式的挤兑或多或少造成了贝尔斯登和雷曼兄弟的破产，并差点使美林证券、摩根士丹利、高盛陷入绝境。

合成杠杆

最后，我们别忘了还有衍生品。衍生品可以扮演很多角色，其中一些是很有价值的。但使用衍生品的一个常见目的是创造大量合成杠杆，这种杠杆一般内嵌在合同的设计里。

作为最常见的一种衍生品，股票期权便是一个很好的例子。2012 年 2 月底，谷歌股价为 610 美元。就在同一天，一个 7 个月的看涨期权赋予买家一项权利而非义务，即以 610 美元每股的价格（称之为“执行价格”）购买谷歌股票，该期权的价格为 48 美元（期权费）。想想这意味着什么？如果谷歌股票在 2012 年 9 月价值 658 美元，期权买方不亏不盈：他可以支付执行价格 610 美元获得谷歌股票，这样加上他之前付出的 48 美元期权费，正好相当于股票的市场价格 658 美元。不考虑资金的时间价值（在 7 个月的时间里可以忽略不计），他在期权上的投资收益率正好为零。

如果到了 2012 年 9 月，谷歌股票价值 710 美元呢？通过 610 美元的执行价格购买股票，然后立即按 710 美元的市场价格卖掉，他能获得 100 美元利润。因为之前支付了 48 美元期权费，他的净收益是 52 美元，是原始投资额 48 美元的 108%，尽管股价本身只上涨了 16%。

现在来看看双刃剑的另一面。如果期权到期时，谷歌股价仍然是 610 美元呢？当股价保持不变，即股票收益率为 0 时，期权损失了全部价值，100% 的损失。欢迎看到杠杆的黑暗面。

表 2-5 比较了 6 种组合的投资结果，取决于投资者买的是股票还是期权，以及到期时谷歌的股价是 610 美元、658 美元还是 710 美元。无论股价走势向上还是向下，期权放大投资收益的效果都非常明显：随着基础股票的表现从没有盈利到升值 16%，期权的收益率为 -100% 到 +108%。期权投资的结果酷似采用了高杠杆，尽管投资过程中并未涉及借款。因此，这种杠杆是“合成的”。

表 2-5　嵌入式杠杆（一个案例）

股票的潜在价值	610 美元	658 美元	710 美元
购买股票			
投资的最终回报率	610 美元，0%	658 美元，8%	710 美元，16%
购买期权			
投资的最终回报率	0 美元，-100%	48 美元，0%	100 美元，108%

只要能够被人理解并善加利用，这种合成杠杆本身并无过错。但是，许多在危机中扮演了重要角色的新奇衍生品，相比于这种简单的股票期权而言却过于复杂，有些很难被理解。它们进行的都是高风险赌博，押注于诸如某个抵押贷款组合的损失是否会超过一定限度，或者一家公司的债券是否会违约之类的事件。它们具有表 2-5 所展现的共同特征，但是它们创造了合成杠杆，而且有时会达到令人惊叹的规模。所以，抵押贷款证券中的泡沫破裂的同时，基于抵押贷款证券的高杠杆衍生品中的泡沫也会破灭，后者规模远远大于前者，这一切造成了一团混乱。

监管松懈与放纵

杠杆无处不在。事实上，许多时候杠杆还会层层叠加，比如当一家公司资产负债表上的杠杆率很高，并且购买了具有高合成杠杆的衍生品时。这里对于监管改革的启示再明显不过：我们需要一个低杠杆率的金融体系。

一个金融体系如果有很高的杠杆率，且对繁荣的虚假泡沫过于倚恃，那它注定要发生一场金融交通事故。但这还不是问题的全部。政府本可以构建防火墙，如采取严格的监管和谨慎的贷款方针，但是在21世纪初期的美国，我们并没有做到，请看第3章。

AFTER
THE MUSIC
STOPPED

03

空中楼阁

> 矗立在脆弱地基上的房子无法持久。
> ——引自哈里·贝拉方特的《和撒那》

如果让狐狸看守鸡舍，鸡群就面临着致命的危险。如果狐狸身边还有许多帮凶，这种危险就会与日俱增。再加上，如果蒙蔽监管者的动机和方法俱全，狐狸就可以安心享用鸡肉大餐了。不幸的是，这正是美国繁荣时期的写照，当时监管机构不再监管，担保机构停止担保，金融工程与创新走火入魔。

前两个祸源是泡沫和杠杆，我们现在来看看被钉在耻辱柱上的其他 5 个祸源，首先从国家金融监管机构的糟糕表现说起。

祸源 3：松散的金融监管

与你经常从业界听来的诸多抱怨截然相反，金融监管有其存在的正当理由：一是为了避免当前我们正经历的这种金融崩溃；二是限制危机在机构间的蔓延；三是尽量减少纳税人的成本；四是确保市场公平交易。理由还有很多。金融监管的作用可以用一句冠冕堂皇的话来概括，那就是确保银行和其他金融机构安全并稳健运行。

当然，我们说金融监管必不可少，并不意味着所有金融法规的设计都合理并被有效执行着。相反，在金融危机爆发前的那些年里，监管失败的例子不胜枚举。

监管机构放松管制

美联储在4个联邦银行监管机构中占据首要地位，它在艾伦·格林斯潘领导下已经有18年之久，格林斯潘自我标榜为自由主义哲学家艾恩·兰德（Ayn Rand）的信徒，并深以为豪。[①]我们可以说格林斯潘是一个倾向于无为而治的监管者。正如他后来所承认的，他当时过度迷恋银行的风险数学模型，并对银行纯熟、正直地使用模型的能力深信不疑。就像电影《卡萨布兰卡》中的雷诺船长那样，他后来非常震惊地发现，这些竟然都是在赌博。

在美联储睁一只眼闭一只眼的时候，银行创造并大量发行之前我们讨论过的结构性投资工具。它们发放了上千亿美元的不良次级抵押贷款，其中很多贷款在设计之初就注定违约（后面会详述）。它们将巨额资金投资于他们所描绘的甚至深信为安全的高风险资产。正如他们所说，每一个不规范的银行实务操作，都隐藏在监管者的眼皮底下，而这些疏忽大意的监管者却视而不见。

不过，人们常常将监管的缺失完全归咎于美联储，这是有失公允的。事实上，尽管美联储在4个银行监管机构中最有名，但它并不是最大的。大多数银行家日常打交道最多的监管人员，实际上来自美国财政部金融局、现已取消的美国储蓄管理局以及美国联邦存款保险公司。但这些机构与美联储一样在监管中打起了盹，尽管美国联邦存款保险公司主席希拉·贝尔（Sheila Bair）敏锐地捕捉到了即将到来的海啸般的止赎潮，并且耻于与其他机构混为一谈。这场金融危机最大的悲剧之一是，银行监管机

① 伯南克于2006年6月出任美联储主席职位，那时恰恰是泡沫开始破灭之前。颇具讽刺意味的是，在此危机之前，伯南克也将自己视作自由主义者。

构本可以将日益猖獗的不当实务操作拒之门外，却没有那样做。每一个机构当时的领导者都是由布什任命的。这是一群满脑袋放松管制思想的监管者，他们沉浸在一片欣欣向荣的景象中而不知危机将近。

银行监管机构哪里出了问题？很多地方。但我只想强调一点，那就是：他们对于次级贷款过于放纵的态度，而且这种态度随着时间的流逝更加令人费解。2001 年，次级抵押贷款在所有抵押贷款中仅占据 7%。尽管这种掠夺性贷款的做法在市场上已经引起了注意，仍可姑且认为这是个小问题。但截至 2005 年，次级贷款占所有新增抵押贷款的 20%，次贷余额总和剧增至 1.25 万亿美元左右时，这就绝对不是一个小问题了。

既然这四家监管机构应该是金融安全与稳健的监管者，人们就很难不指责他们玩忽职守。首先，任何一种特定类型贷款的爆发式增长，尤其是形式新颖的贷款爆发式增长，监管机构都应该敲响警钟。这是银行监管员一直使用的标准危险信号。监管机构真的相信次级抵押贷款能够在不降低质量的情况下迅速扩张吗？其次，监管机构收到了大量主动提供的预警。例如，一些敏锐的记者早在 2004 年就开始报道次级抵押贷款领域的风险借贷操作。这是公开的秘密。再次，在美联储内部，已故理事爱德华·格拉姆里奇（Edward “Ned” Gramlich）早在 2000 年就警告格林斯潘情况正在失控。当时任布什财政部官员的希拉·贝尔也曾发出警告。最后，这四家监管机构发表声明，称他们正准备打压不规范的次级债券承销业务，但是他们自始至终没有这么做，直到为时已晚。

为什么没有那么做呢？历史学家会为此争论一段时间，但是答案肯定包括这些理由：放松管制和自由市场意识潮流风头正盛；近期的违约记录相当良好；监管机构可能已经陷入过分乐观的“泡沫”心态。依我看来，监管失败是不可宽恕的，因此以上种种都不足以成为他们的借口，只能够解释他们后来惊人的被动状态。

还有一些理由可能是实际或者被感知到的政治压力。毕竟，众所周知，克林顿政府和布什政府为了提高包括低收入家庭在内的自有住房率，推出了很多鼓励购房政策。还记得布什总统的“产权社会”（Ownership Society）吗？但是我们给予监管机构一定程度的独立性恰恰是为了抵制这种压力，所以这也不能成为一个借口。

或许最重要的一个原因是，没有一个监管机构，就连四大监管机构加到一块，也没有从兵败如山倒的全局图中看出所以然。在最糟糕的次级抵押贷款中，很大且日益增大的那部分根本不是由银行发放的，而是由非银行贷款机构发起了那些巧立名目的抵押贷款，也许贷款人仅持有了几天，就把它卖给了证券化机构（我们很快会提到）。例如，在2005年排名前十的次级抵押贷款发放者中，只有一个是受监管的商业银行——富国银行。[①] 截至2007年，超过半数的次级抵押贷款来自抵押贷款经纪人，而不是银行。实际上，格拉姆里奇估计，在2005年，只有20%的次级抵押贷款来自受监管的银行和储蓄机构。

非银行贷款机构游离于联邦监管系统之外，这意味着它们在完全不受监管的情况下经营着，问题的严重性因各州而异。也就是说，联邦监管机构应该识别出更多的诡计，必须打起精神并加以注意。但它们没有做到。

野蛮无序的影子银行系统

非银行抵押贷款机构只是我们所称“影子银行系统”（Shadow Banking System）的冰山一角。影子银行系统是一个包括金融机构和资本市场在内的复杂体系，它们积极参与借贷的方方面面。对于影子银行系统来说，没有一个标准的定义，但是在危机前夕所牵涉的机构包括非银行贷款发放机构；两家政府支持的住房机构：房利美和房地美；其他所谓的私人证券发行机构；大型投资银行（也经常是证券发行商）；前面所提到的结构性投资工具；各种信贷公司（有些专注于住房贷款）；对冲基金、私募股权基金和其他资产管理公司；数千家共同基金、养老基金和投资基金。影子银行系统所覆盖的市场包括抵押贷款证券，其他资产支持证券（Asset-Backed Securities，简称ABS），商业票据（Commercial Paper，简称CP），回购协议，各种令人眼花缭乱的衍生品，包括声名狼藉的担保债务凭证（Collateralized Debt Obligation，简称CDO）和时运

① 在其余9个银行中，有两个是雷曼兄弟和贝尔斯登。

不济的信用违约互换（Credit Default Swaps，简称 CDS），这些产品我们将一一分析。

一般来说，影子银行体系的规模远远大于传统的银行系统。你能想象所有的金融活动几乎完全不受监管吗？就像一大群野生动物在动物园里到处撒野，却没有管理员看守一样。事实上，你不用去想象，因为这种情况已经发生了。

对于衍生品，有一小段颇值得借鉴的历史。虽然衍生品的起源可以追溯至几个世纪前，但是现代金融衍生品真正诞生于 20 世纪 80 年代末 90 年代初期。据该行业的贸易协会——国际互换和衍生品协会估计，1987 年末，私下协商交易的衍生品（绝大多数是利率互换）敞口的名义价值不到 1 万亿美元。但它们如野草一样疯狂生长，在 1992 年底达到 11 万亿美元，2001 年更是达到 69 万亿美元，实在令人心惊肉跳。

虽然所有这些事件只有专业人士才能看到，但是在 1994—1995 年期间，这个新兴行业里发生的一系列衍生品事件吸引了公众的高度关注。其中一起事件发生在美林证券和加利福尼亚州奥兰治县（Orange County）的一笔交易，这笔交易让奥兰治县蒙受重大损失，并成为美国历史上规模最大的市政破产案。另一起是信孚银行与宝洁公司的一笔衍生品交易，这笔交易导致宝洁公司提起诉讼，以及公布了一些充满粗鲁咒骂声的录音带。还有一起是流氓交易员尼克・利森（Nick Leeson）的越界行为，他在新加坡的豪赌断送了英国最古老的投资银行——巴林银行。你也许会说，这确实是一个不祥的开始。

但这与 1998 年美国一家对冲基金——长期资本管理公司（Long-Term Capital Management，简称 LTCM）所遭受的损失相比，都不算什么。作为引起全球金融危机的罪魁祸首之一，长期资本管理公司现在已是臭名昭著。当然，与此次（2007—2009 年）危机中一些惊世骇俗的事件相比，有点小巫见大巫。由于长期资本管理公司的过度自信，它在多起规模巨大的衍生品赌博中站错了边，这些赌博同时还被附加了很高的杠杆。更可怕的是，它的资产负债表本身也是高度杠杆化的。该公司很快就到了破产的边缘。为了避免引发更多的连锁反应，美联储迅速介入，安排华尔街巨头对其进行了紧急救助。

你也许会认为，这样一场生死危机会引起针对对冲基金的严格监管和对爆发式增长的衍生品市场的限制。但事实是你错了。在这件事情发生以前，也就是 1998 年早些时候，美国商品期货交易委员会主席布鲁克斯利·博恩（Brooksley Born）曾建议，应当将场外衍生品交易市场纳入其监管范围，但她的建议遭到了严厉的批评。她的努力被当时政府金融部门的一些重量级人物"礼貌"地拒绝了。这些重量级人物包括时任美联储主席格林斯潘、财政部部长罗伯特·鲁宾、财政部副部长萨默斯、美国证券交易委员会主席阿瑟·莱维特（Arthur Levitt）等。可以肯定地说，这牵涉到地盘之争，小小的美国商品期货交易委员会显然想跳上驾驶员的位置，但它却没有找到足够的帮手。四大巨头公开批评了博恩，警告说对衍生品的监管会导致法律上的不确定性，阻碍金融创新，引发衍生品交易逃离海外，甚至终结我们所熟知的资本主义制度。她还受到了萨默斯的斥责。

但是几个月之后发生的长期资本管理公司危机，总该改变这些绅士的想法了吧？令人惊奇的是，你又错了。相反，他们反监管的立场变得更加坚决了。自 2000 年以后，博恩离开了美国商品期货交易委员会。鲁宾也离开了财政部，他对衍生品交易的态度比萨默斯更谨慎。作为新一任财政部部长萨默斯一心推动《商品期货现代化法案》（*Commodity Futures Modernization Act*）在国会通过。法案明确地排除了美国商品期货交易委员会对"成熟交易者"之间衍生品合约实施监管的规定。成熟？想到后来的那些愚蠢之徒，"成熟"这个词听上去真的很荒唐。也许只有"交易者"这个词才有实质意义，"监管免入"的牌子刚一竖起，这些家伙就开始为所欲为。根据国际互换和衍生品协会的数据，美国衍生品市场的交易额从 2001 年的 70 万亿美元飙升至 2007 年的 445 万亿美元。即使不采纳博恩的主要观点，衍生品至少也应该以某种方式被纳入整个监管体系当中。但遗憾的是，"放手"成了衍生品监管的准则。

为什么这么多聪明人相信自由市场主义的童话？这是一个好问题。一些人指责说，这是因为他们对自由市场过度信赖，在他们眼里，自由市场就是万能的仙丹。还有人认为，应当责备那些相信并颂扬有效市场假说（Efficient Markets Hypothesis，简称 EMH）的经济学家，因为他们教会了他们的学生，而这些学生大都成了华尔街的金融工程师。

还有一个原因，就是人们对过去的选择性失忆。当市场环境不错时，资产价值一路上升，贷款违约的情况几乎绝迹，人们很容易忘记金融界的定律：那些上涨过快的东西往往摔得更惨。一位重要却被忽视的经济学家海曼·明斯基，在关于金融危机为何频发的理论中，提出了“选择性失忆”这个概念。近年来，许多华尔街人士都把 2007—2009 年的这场危机叫作“明斯基时刻”。[①] 目前正是这样一个时刻，遗憾的是，在崩溃发生前，交易员都忘记了自己遭受过的挫折，监管者也忘记了。

THE FINANCIAL CRISIS,
THE RESPONSE, AND THE WORK AHEAD

衍生品

AFTER THE MUSIC STOPPED

任何证券或者合同的价值如果依附于某种基础证券，如股票或者债券，都可以通称为衍生品。与拥有某项资产，随着资产价格的上升或下跌而盈利或亏损这种情况不同，衍生品是拿资产的某种表现来做赌注。我们在第 2 章讨论的看涨期权就是一个简单的例子，其他比较常见的衍生品通常以利率产品或外汇产品作为基础资产。接下来，我们将了解一下信用违约互换，其价值取决于某种基础债券是否会违约。

除了衍生品的基础资产特征，衍生品还可以分为：在交易所交易的标准产品，如在纽约证券交易所上市的股票期权，或者在场外定制和交易的产品，如绝大多数信用违约互换。专家通常认为，交易所交易衍生品远比场外衍生品安全和透明。

但对于经纪自营商来说，标准产品的盈利能力却要小得多。从原则上来说，经纪人是撮合买家和卖家的纯粹的中介人，而经纪自营商无论是作为净买家还是净卖家，其自身都占据着交易席位。现在两者的角色开始融合，因为经纪自营商将衍生品先卖给一方，然后再寻找

① 该术语由经济学家保罗·麦考利（Paul McCulley）提出。

买家。目前，大的衍生品交易商的数量非常少，甚至比危机前还要少。在美国公司里，绝大多数交易是由五大银行操作的：高盛、摩根士丹利、摩根大通、花旗集团和美银美林集团。

衍生品既可以用来对冲风险也可以创造风险，这是它的另一个鲜明特征。例如，一家航空公司可以使用衍生品来对冲未来需要以某个不确定的价格购买燃料的商业风险。但是对于他们的交易对手方来说，就是获得而不是消除了风险，纯粹拿飞机燃料价格的涨跌做赌注。

飞机燃料的案例引出了另一个重点：大多数衍生品都是零和博弈，一方盈利，另一方亏损，而所有投资者作为一个整体则不受影响。听起来衍生品对整个社会来说并无危害，然而需要注意的是，绝大多数衍生品内嵌着很高的合成杠杆，正如前面股票期权案例所解释的那样。所以风险尽管是双向的，但还是很高。

衍生品规模的数据常常骇人听闻，远远高于整个世界的财富。原因在于数据记录的通常是基于基础证券的“名义价值”，而不是衍生品的价值。我们前面提到的股票期权案例正是如此。看涨期权要买方每股支付 48 美元，这样 100 股就是 4 800 美元。而基础资产 100 股谷歌股票的名义价值是 61 000 美元，几乎是期权的 13 倍。如果期权不值钱了，所有者仅损失 4 800 美元，而不是 61 000 美元。但是 61 000 美元作为名义价值被记录在册。

有效市场假说

“有效市场”中的形容词“有效”是指投资者如何利用信息。在一个有效市场中，每一个新消息的精华都会被投资者迅速而准确地吸收。结果是，相关消息能够迅速、准确地反映在相关资产的市场价格上，不管它是股票、公司债券、衍生品，还是其他产品。因为资产价格会迅速调整，因此，正如谚语中所说，不会有百元大钞躺在路边等着迟来者去捡。要从新消息中获利，你必须跑得比兔子还快，否则就迟了。有个再三引用的谚语可以反映有效市场的基本原理："你无法打败市场。"

强式有效市场假说认为，市场价格不会对非相关消息做出反应。如果是这样，市场价格就会自动忽略那些子虚乌有的未经证实的传言和羊群行为，以及其他不相干的因素，而将注意力集中在基本面上。如果是这样，市场价格将不会偏离基本价值，也就是说，市场价格将永远"正确"。在这个夸张形式的市场有效性（有时会被评论家嘲笑为所谓"自由市场主义"）下，将永远不会出现资产价格泡沫。

几乎不会有人把强式有效市场假说奉为真理，正如没有物理学家会认为牛顿力学 100% 准确一样。然而，牛顿力学常常能够极好地模拟现实世界。那么，有效市场假说是不是也可以在特定领域很好地模拟现实世界呢？经济学家对此争论不一。举例来说，有效市场假说能够很好地适用于交易比较活跃的股票。

但是对于交易不活跃或者大家不熟悉的证券则是另一番场景。相关的例子是：基于有效市场假说的理论估值模型，被华尔街的金融工程师用于设计和定价所有的奇异衍生品。历史记录显示，其中一些证券的计算价格错得离谱。

如日中天的新型衍生品：信用违约互换

2000 年，一种叫作信用违约互换的新型衍生品开始出现。信用违约互换起源于 20 世纪 90 年代摩根大通一群年轻有为的金融工程师。20 世纪 90 年代中期，我在美联储担任副主席时，我的同事还讲解过这种全新的金融工具，我们当时为弄清它的庐山真面目而绞尽脑汁。那时我们都没有想到，它会在接下来的金融危机中扮演重要的角色。

信用违约互换是一种以衍生品的形式存在的保险合约，合约的卖方就要特定债券的违约损失为买方提供保险。如果标的债券真的发生了违约，合约的卖方就赔偿买方一定的金额；作为回报，买方定期向卖方支付一定的保险费，就像你买人寿保险或汽车保险时一样。通常情况下，标的债券不发生违约，卖方盈利，买方亏损；然而，一旦标的债券发生违约，卖方就会遭受巨额损失。这是很典型的保险：提供保险的人只在极少数情况下遭受损失，然而一旦遭受损失，金额就会很大。

为什么会有这样的衍生合约出现呢？起初是为了让投资者对冲违约风险。假设我有 100 万美元通用汽车的债券，如果我担心通用汽车可能会违约，我就可以去找一家大的保险公司，比如美国国际集团（这可不是乱举的例子，在金融危机前，美国国际集团出售了大量的信用违约互换），购买一份以该债券为标的的信用违约互换。根据合约，我定期支付美国国际集团保险费。如果接下来通用汽车违约了，美国国际集团会承担相应损失。因此，美国国际集团就把我从通用汽车的违约风险中解救出来了，当然，这是要收费的。这正是保险公司做的事情。

然而很快，信用违约互换的赌博功能就让其对冲功能相形见绌。人们开始赌通用汽车到底会不会违约，而不需要持有通用汽车的债券。假设史密斯和琼斯都没有通用汽车的债券，史密斯认为通用汽车会违约，而琼斯认为不会，史密斯就可以买一份以通用汽车债券为标的的信用违约互换，而琼斯就卖一份。用交易术语来讲，这样的交易就叫“全裸信用违约互换”，因为买卖双方都没有标的债券。让我们看看接下来会发生什么，在买卖信用违约互换之前，通用汽车违不违约与史密斯和琼斯两人没有任何关系，但在这之后，情况就不同了。如果通用汽车违约，史密斯盈利，琼斯亏损；反之，如果通用汽车没有违约，则琼斯盈利，史密斯亏损。这样的交易不仅没有消除风险，反而创造了风险。这种从对冲到赌博的演化在金融创新中是非常典型的，新的金融工具起初（或许只是宣称）都是用来对冲风险的，却常常变成人们在本无风险的地方创造风险的工具。社会的总风险因此而增加了。

信用违约互换还有三个普适的重要特征，说它们普适，是因为这也是衍生品的典型特性，并非信用违约互换所独有的。

第一，这种交易本身含有很高的合成杠杆。买方在通用汽车违约之前仅需支付少量的费用，就可能赢得数倍的收益，而卖方则遭受相应的损失。因此赌注可以很高。

第二，综合考虑，买卖双方是零和的。史密斯赚的就是琼斯赔的钱，史密斯赔的钱就是琼斯赚的钱。衍生品的热衷者常常辩称成年人之间的自愿赌博不会给社会带来危险。听起来没错，但如果输的一方无力偿付呢？谁来为卖方再提供保险？而这恰恰是 2007—2008 年发生的令人头疼的问题：人们之前感知到的对手方风险大规模爆发。2008 年 9 月，政府认定美国国际集团无力偿付其信用违约互换对手方的巨额负债，因而实质上将其国有化，将这笔巨额负债转嫁给了纳税人，却没有放任美国国际集团破产。

第三，衍生品交易商可以从买卖双边的交易中赚钱。史密斯和琼斯也许相互并不认识，因此，为了买卖信用违约互换，他们就要去找一个大的互换交易商，由该交易商为他们寻找交易对手，当然，这是要收费的。在实践中，交易商银行很可能会自己吃下这笔交易，然后再找机会将其售出。在危机中，很多银行都陷入了存货无法售出的泥沼。

尽管有例外，但这三个特征都是定制化衍生品的典型特征，我们有必要铭刻在脑海中。在繁荣时期，衍生品内在的高杠杆使得风险承担数额剧增。定制化衍生品的超高利润率驱使交易商银行疯狂地扩张规模。而当事态开始失控时，对于对手方违约的恐慌情绪蔓延，是市场崩溃的主要原因。

信用违约互换可能是衍生品市场“从繁荣到崩溃”的故事中最突出的一个。国际互换和衍生品协会从 2001 年底才开始统计信用违约互换敞口名义价值的数据，当时仅有 9 190 亿美元。在此之前，信用违约互换交易是很少的。到了 2007 年底，信用违约互换的交易额突破了 62 万亿美元，在过去 6 年年均复合增长率达到惊人的 102%。2008 年，人们估计市场上的信用违约互换中约 80% 是“全裸”的，即纯粹的金融赌博而不是风险对冲。这就是信用市场的冰山一角——次级抵押贷款能够造成如此广泛破坏的主要原因。潜在的抵押贷款风险，被那些建立在摇摇晃晃的“纸房子”上的、数万亿美元的信用违约互换极度地放大了。

这就是2007年的情形：我们的金融体系极其脆弱；监管者一心要放松管制，痴迷于创新而不是安全；没有联邦层面的抵押贷款监管机构，却有一个在规模和范围两方面疯狂增长的、几乎不受任何监管的巨大的影子银行系统；监管者无法插足的、尚未健全的衍生品世界；已经开始恶化的、大量的次级抵押贷款。至少可以说，这一切都在酝酿风险。结果是，每一个美国人，无论是否知晓、是否情愿，都不幸地置身其中。

至此，未来金融改革的启示已经非常清楚，它们都暗含在上一段落中了。我们需要更好地对银行进行监管，我们需要监管影子银行系统和衍生品市场，我们还需要一个联邦机构来监管疯狂扩张的抵押贷款。最后这一点引出了这一悲剧中的下一个祸源。

祸源4：银行在次级抵押贷款方面的不规范操作

众所周知，次级抵押贷款把我们带入了混乱的泥沼。许多次贷本身就很疯狂，而且它们还成为更疯狂的抵押支持证券和衍生品的基础产品。监管者本不应该允许发放如此多不规范的抵押贷款，因而它们应当受到谴责。但是那些发放次贷的胆大妄为的银行和非银行贷款机构，那些不负责任地购买了它们又打包成抵押支持证券，卖给无辜而没有警惕性的投资者的证券发行商呢？他们也应受到谴责。然而，这场悲剧的始作俑者，是那些本不应该产生的天量风险抵押贷款。

来看一看发生在拉米雷斯夫妇身上的悲剧。他们是居住在加利福尼亚州的墨西哥裔美国人，从事草莓采摘工作，年收入在1.2万～1.5万美元之间，他们的英语水平甚至不足以应付日常交流。在一个想赚取大额佣金的无良房地产经纪人的煽动和帮助下，拉米雷斯夫妇从臭名昭著的新世纪金融公司（New Century Financial Corporation，现已破产）获得了72万美元的抵押贷款，购买了一套价值72万美元的房子。是的，你没看错：他们没有付一分钱的首付，而抵押贷款是他们年收入的48～60倍。该房地产经纪人很显然把他们的收入登记为每月1.2万美元，他们的职业则登记为“农业技术员”。毫厘之差而已。拉米雷斯夫妇搬进了他们的“豪宅”。然而，即使靠着房地产中介的融资服务，他们也没能支撑几年就违约了，最后把房子赔给了银行。

现在，有一个简单测试银行智商的问题：是否应该向拉米雷斯夫妇发放抵押贷款？你也许不是一名有经验的银行家，但如果你给出否定的回答，那么你是正确的。然而，新世纪金融公司在2005年发放了这笔贷款，以及许多诸如此类的贷款。其他银行也发放了类似的、不规范的贷款。是的，你问的没错：这些家伙究竟吃错什么药了？显然，他们吃了一种叫作“贪婪”的药。发放贷款，赚取佣金，将贷款打包给下游买家，让其他人来承担后果。

公平地说，并非每一个抵押贷款都如拉米雷斯夫妇的案例那样疯狂。其实，次级抵押贷款背后本身的逻辑并无过错。次贷借款人都是自身信用纪录不足以使他们获得传统“优惠”抵押贷款的人。具体来说，这意味着他们的FICO信用分低于620。[①] 但是，有些借款人只是错过了截止日期，他们是“准优惠”的借款人。有些人落入了下一档，所谓次优（Alt-A）抵押贷款。还有一些人尽管FICO信用分低，但他们有特殊的理由（如没有借款历史），或者其他客观的原因。放款给这类人并不是愚蠢或者不负责任的，特别是在房价一直上升的时期。政府帮助这些人成为有房一族也未必是决策失误。

但是，为了向能够负担购房款的“几乎合格”的借款人提供服务，与挖空心思地寻找能在抵押贷款合同上签名的人相比，性质是截然不同的。过犹不及，次级贷款也是如此。交易数字本身就能说明问题。1994年，次级贷款放款额仅350亿美元，低于总贷款额的5%；而在2005年达到惊人的6 250亿美元，占总贷款额的20%，11年几乎翻了18倍。**这种爆发式增长有两种可能的解释：要么是大量有信誉的次贷借款人突然凭空出现，要么是发放贷款的标准急剧下降。**你认为是哪一种呢？

---

① FICO信用分（美国费埃哲公司评分）虽然不是考量的全部，但这个分数也的确重要。一个潜在借款人的FICO信用分是银行对个人信用的标准量化指标。该分数的分布值在300～850之间，均值是725。620虽然未到极限，但已是一个相当低的分数。据报道，约30%的借款人FICO信用分低于630。详情可见费埃哲公司发布的新闻《FICO信用分普遍下跌，作为经济因素影响消费信贷风险》。——译者注

如果你需要一点点提示，那我来告诉你，在21世纪10年代的初期和中期，比较盛行的抵押贷款有："缺材料"的抵押贷款（贷款档案中仅有少量材料）、"无材料"的抵押贷款（档案里根本没有材料），甚至"假材料"的抵押贷款（你可以从拉米雷斯夫妇的案例中明白何意）。据估计，在所有次级贷款中，几乎1/3是"缺材料"或"无材料"的抵押贷款。我个人认为堪称奇葩的一种贷款是"忍者贷款"（NINJA loans），即贷给那些没有收入、没有工作、没有资产的人。无人知晓这种"忍者贷款"到底发放了多少，但是银行业的基本知识告诉我们，这一数字理应是0。

贷款给高风险的借款人是一方面，许多次级抵押贷款的结构让情况变得更糟是另一方面。事实上，美国国际集团公司顾问、经济学家加里·戈顿（Gary Gorton）认为，许多次级抵押贷款是"注定要违约"的。最常见的一个例子是"2/28ARM"，这是一种30年期可变利率抵押贷款（Adjustable-Rate Mortgages，简称ARMs），前两年仅仅是一个能够勉强负担起的"诱惑利率"，比如8%，之后28年重置为一个可能更高的利率，比如LIBOR+6%。①

此类抵押贷款的持有者很少能负担得起两年后的更高利率。他们怀揣着泡沫心态，实际上是在押注房价上涨。如果房价涨幅足够，两年后他们可以再融资获得抵押贷款，还掉过去的可变利率抵押贷款，这样就避开了更高的利率，甚至还可以从交易中获得一些现金。但如果不是这样，他们将无力支付。到了那个时候，将由贷款人而不是借款人来决定，是否需要发放一笔新的抵押贷款或者保留抵押品。收入微薄的人不应该让自己陷入这么大的财务风险。即使他们想这样做，银行也应该拒绝。

还有其他更奇异的次级抵押贷款形式，如"期权可变利率抵押贷款"（Option ARMs）和"负摊还贷款"（Negative Amortization Mortgages）。期权可变利率抵押贷款是这样的：借款人每月都可以选择或者偿还债务，包括一些摊销；或者只支付利息，而抵押贷款余额不变；或者借款人甚至可以支付少于到期利息的金额，将未偿还的部分加至本金，但是这样借款人会陷入更深的债务泥潭。将诸如此类的期权推荐给财力

① LIBOR是伦敦同业拆借利率，2006年LIBOR均值在5%以上。次贷借款人对LIBOR几乎毫无概念，更别提它的影响因素了。当危机爆发时，LIBOR最先飙升。

充足的成熟投资者是无可厚非的，说不定这些人就喜欢玩一些房地产投资的数字游戏，或者说这些人已经计算好了得失，准备在房地产上赌一把。但银行不应该将贷款提供给那些经验不足甚至勉强能识字的借款人，后者承担损失的能力很弱。银行这样做是可耻的。

这里给金融监管者上了一课，他们本不必再学，但显然他们需要这一课。将“注定要违约”的贷款发放给那些财务基础薄弱的借款人（他们很可能连自己借入的贷款是什么都不知道），违反了银行稳健运营的每一条原则。它应该被禁止。然而一系列观察数据显示，“注定要违约”的抵押贷款可能不是危机的主要原因。那些“并不是注定要违约”的抵押贷款也常常违约。

房利美和房地美这两家政府背景的企业加入这场次贷派对的时间相对较晚，但从它们加入的那刻起，其庞大的规模就为这场派对增添了几分狂热。

这两家企业在 1992 年由美国国会批准设立，以支持中低收入家庭购房。它们在 20 世纪 90 年代开始逐步试水，蹚水过河。然而在 2003 年之后，来自私人部门证券发行商的激烈竞争，迫使它们降低了承销标准。正是在那个时候，次级和次优抵押贷款开始膨胀，房利美和房地美的市场份额遭到吞噬。“两房”如此大举进军次贷，有人说是它们经过深思熟虑的商业策略，有人说它们和其他机构一样贪婪成性，也有人说是被国会和白宫逼的。但不管原因是什么，它们发放及担保了太多的垃圾贷款。

值得一提的是，“两房”整体的资产负债表在 2003—2007 年间略微萎缩，其在抵押贷款业务上的市场份额显著下降。[①] 与此同时，私人银行和投资银行的资产负债表大约扩张成了原来的两倍。事实上，“两房”购买的次级抵押贷款证券在 2004 年达到巅峰，并且集中在最安全的优先级上，而“两房”的抵押贷款违约率比其他抵押贷款要低得多。[②] 这些事实让人很难相信，房利美和房地美在即将到来的危机中扮演主角，金融危机调查委员会的绝大多数成员也同意这个判断。然而，其他人并不认同。

① 房利美和房地美的会计丑闻毫无疑问也是限制其业务增长的原因之一。

② 截至 2011 年 9 月 30 日，房利美和房地美持有所有优先抵押贷款的 56%，但是其中仅有 28% 是严重不良的优先抵押贷款。

祸源 5：愈演愈烈的金融工程复杂性

为何当初会出现了那么多不良贷款？答案是每一个下游买家都以为自己会有利可图。这让我们把目光聚焦到前面提到的证券发行商身上。这里我将以高度简化的方式来描述抵押贷款证券化的过程。

假设“风险银行”发行了 1 000 笔平均金额为 20 万美元的次级抵押贷款，且都在拉斯维加斯地区。毫不夸张地说，“风险银行”这组总值 2 亿美元的抵押贷款过于集中，且风险很大。其中，许多贷款也许“注定要违约”，许多借款人的信用状况存在疑点。一旦拉斯维加斯市场遭遇经济低迷或者自然灾害的袭击，许多房贷者很有可能还不起贷款，从而把“风险银行”拖下水。所以“风险银行”希望寻找一个买家，在这些贷款还没有出现问题的时候就把它们销售出去。

“风险银行”找到了“友谊投资银行”，一家华尔街的证券发行商。“友谊投资银行”给“风险银行”提供了一项颇具诱惑力的交易：“把你 2 亿美元的次级抵押贷款卖给我们，我们立即给你兑付现金，你可以把这些现金再贷给其他借款人。我们将把这些抵押贷款与全国各地的其他贷款放在一起打包，变成高度分散化的抵押贷款证券。由于地域分散，这些抵押贷款证券的风险要低于基础抵押贷款。接着，我们会将这些证券分割成标准化的产品，卖给世界各地的投资者，将风险分散出去。”当然，“友谊投资银行”不是不求回报的利他主义者，它会从该项服务中赚取可观的佣金。

表面看来，这么一点点金融工程似乎很有意义。“风险银行”摆脱了可能威胁其生存的巨大风险。如果一切照计划进行，“友谊投资银行”对所有抵押贷款的证券化确实可以从其宣称的两方面来降低风险。尽管拉斯维加斯的房价可能下跌，但是房价在拉斯维加斯、洛杉矶、芝加哥、奥兰多等地同时下跌的可能性不大（一旦同时下跌会发生什么？不必问了）。当风险分散给世界各地成百上千的投资者时，没有一家银行会承担全部责任，至少从理论上来看是这样。不幸的是，实践中却没有这么简单。

故事还远没有结束，许多抵押贷款相关资产远比这个例子复杂得多。最早的抵押贷款证券只是简单的抵押贷款池，在某种程度上有点像抵押贷款的共同基金。如果一家投行将 2 000 笔平均利率为 7% 的抵押贷款（本金平均为 20 万美元）放入资产池，扣除一些小的违约损失，它就相当于发行了一笔票面价值为 4 亿美元、利率为 7% 的证券。如果某个投资者买了 100 万美元该证券，就相当于购买了与基础抵押贷款风险特征（主要是来自利率波动、提前还款和违约的风险）完全一样的资产。假如整个资产池的平均损失率是 0.5%，他将获得的利息并非 7 万美元（100 万美元的 7%），而仅仅是 6.5 万美元，即将相应的违约损失也考虑在内。以这种方式投资抵押贷款的风险，比投资于某个单项抵押贷款的风险要小得多。如果金融创新的复杂性止步于此的话，那么这确实是个好办法。

然而事实并非如此。在市场繁荣的那些年里，华尔街创造并销售了大量令人眼花缭乱的证券，进而给投资者带来了复杂的风险组合，其资产池里不仅有抵押贷款，有时甚至还有其他类型的贷款。有些证券是如此复杂，以至于没有几个投资者明白他们持有的到底是什么。我们先从其中一种复杂性说起，即所谓的分档技术（tranching）。

不同于共同基金直接卖掉抵押贷款池中份额的做法，“友谊投资银行”对资产池进行分档，形象点说就是对其“切片”。最低的一档被称为“有毒废品”，即初级档，无论是哪些抵押贷款违约，初级档都将吸收资产池前 8% 的损失（3 200 万美元）；中间档吸收接下来 2% 的损失（800 万美元）；这样最高级或优先档只会遭受这 10%（4 000 万美元）以外的损失，而这种情况看起来几乎不可能发生。我们将这种划分成三档的证券称为担保债务凭证。顺便说一下，实践中根本没有这么简单的例子。典型的担保债务凭证有七八档，有些甚至更多。

当抵押贷款的损失从微不足道上升到无比惨重时，请想想担保债务凭证的各档会发生什么。只要贷款损失低于 8%，那么只有初级档的持有者承担该损失。两个更高档的持有者还是会得到全部现金流。所有人都觉得应该是这样的结果，因为抵押贷款损失率过去一直很低，历史上从来没有出现过 8% 的损失率。但是损失率一旦超过 8%，中间档开始吸收额外损失。由于中间档规模通常很小，被损失蚕食的速度也会很快。只有当损失超过资产池的 10% 时，优先档的持有者才会受到影响，这就构成了一种对贷款损失的免疫机制。因此，在好年景时，只有初级档才会按期望损失打折出售，其他两档则按票面价值平价出售，就像高评级的公司债券一样。评级机构给予这些优先档罕见的 AAA 级评级也没有什么不正常的。

现在，请想象一次真实的抵押贷款市场崩溃，别忘了基础资产池中充满了劣质贷款。随着越来越多的抵押贷款发生恶化，初级档的风险急剧上升，价格狂降。恐慌开始蔓延，投资者开始担心中间档可能也要遭受很大损失，因而它们的市场价值也开始骤降。在最坏的情形下（这恰恰是当前我们面临的），甚至优先档也丧失了对损失的免疫能力，价值下降。从而，抵押贷款证券化所有级别的市场价值都要下跌，尽管下跌幅度不一，但此时那些 AAA 级评级都已是浮云。

这是一个很容易理解的例子。对于复杂性和不透明度都很高的证券来说，没人真正知道它们包含什么或者价值几何，一旦人们产生疑惑就会引发恐慌。让我们进一步看一个例子。

有一天，华尔街某位天才金融工程师看着这些信用等级低得可怜的初级档，自言自语道："耶，我可以点石成金！"为了把他的想法具体化，请想象有 5 个上例中的担保债务凭证，在每一个担保债务凭证中，初级档占 20%，即票面价值 8 000 万美元。如果你将全部 5 个初级档打包成一个全新的担保债务凭证，票面价值 4 亿美元，你也可以对这一新担保债务凭证再进行分档。以上冗长的废话要说明什么？请准备好，下面是见证奇迹的时刻。

这些基于担保债务凭证所产生的担保债务凭证［华尔街形象地称之为"担保债务凭证平方"（CDO^2）］的最低档，将吸收所有 5 个基础抵押贷款池累积损失的前 8%。如果你将每个资产池产生的风险看作独立的（人们犯下的又一个巨大错误），那么其他 4 档没有什么违约风险，[①] 它们被最低档保护了。瞧，我们的金融工程师成功地将 3.2 亿美元的"有毒废品"摇身变成一个新担保债务凭证的 80% 的安全资产。情感已经完

① 请想一想投掷一枚硬币 3 次，背面朝上代表违约。出现 3 次背面的概率为 1/8，不大可能，但有这个概率。但是连续出现 6 次背面的概率是 1/64，连续出现 9 次背面的概率是 1/512，就是说几乎不可能。由于每次投掷都是独立的，因而随着投掷次数增加，出现所有背面朝上现象的概率陡然下降。但是如果你仅仅是一再重复投掷 3 次硬币，风险并没有降低，这个概率依旧是 1/8。——译者注

胜理智，“担保债务凭证平方”的高等级档甚至被命名为“超优先级”，暗示着它们安全到你甚至可以卖给你的祖母。

现在你也许已经头晕目眩了，但是还有最后一步。到目前为止，我们对各种复杂抵押贷款进行打包，其中许多贷款是“注定要违约”的，且贷款的人口和地理分布过于集中。它们还被分档成复杂的担保债务凭证和令人难以置信的“担保债务凭证平方”，以及其他混合产品。这已经够糟糕的了，但还不够。恣意妄为的华尔街还发行了基于这些摇摇欲坠的证券的复杂衍生品。例如，你可以买卖一个基于担保债务凭证的信用违约互换，该证券承诺在担保债务凭证违约后支付。如果这还不够复杂，华尔街还有其他方式让你去押注次贷市场的成败。虽然国家博彩委员会没派代表出席，但这仍是一个颇为壮观的赌场。

是的，我们承担了太多的风险。但是我这里的主要观点略有不同，是关于复杂性和可理解性的。这个链条上的每一个环节（还有一些我在这里没有提到），都增加了复杂性，进而又制造了不透明度，甚至是全然的迷茫。

一般而言，除非是骗子贷款，否则贷款发放机构应该对当地市场和借款人的资信情况都比较了解。而将贷款证券化的投资银行对这些了解得较少，那它们在乎什么？它们本来就打算将成千上万的抵押贷款放入资产池，做成抵押贷款证券然后迅速出售。那些创造了担保债务凭证和“担保债务凭证平方”的华尔街金融工程师，对这些复杂的证券进行了大量的数学运算，但他们对里面到底是什么所知甚少，也没有兴趣。作为最终投资者，从成熟的投资组合经理到小镇上的财务主管，更加一无所知。他们所知道的是，某些杰出的华尔街天才在这些证券的幕后，而且标准普尔或穆迪（Moody）已经给予了这些证券 AAA 级评级，安全得可以推荐给祖母。如果无知是福，那么市场崩溃前这种“福气”在四处弥漫。

2008 年 10 月，《交易》（*Deal*）杂志发布了下面这幅描绘 2006 年整个抵押贷款融资系统运作的“线路图”（见图 3-1）。尽管看起来像是讽刺，但它并非如此。如果你看不懂这幅图，也不必难过，因为几乎没有人能看得懂。复杂性已经失控。

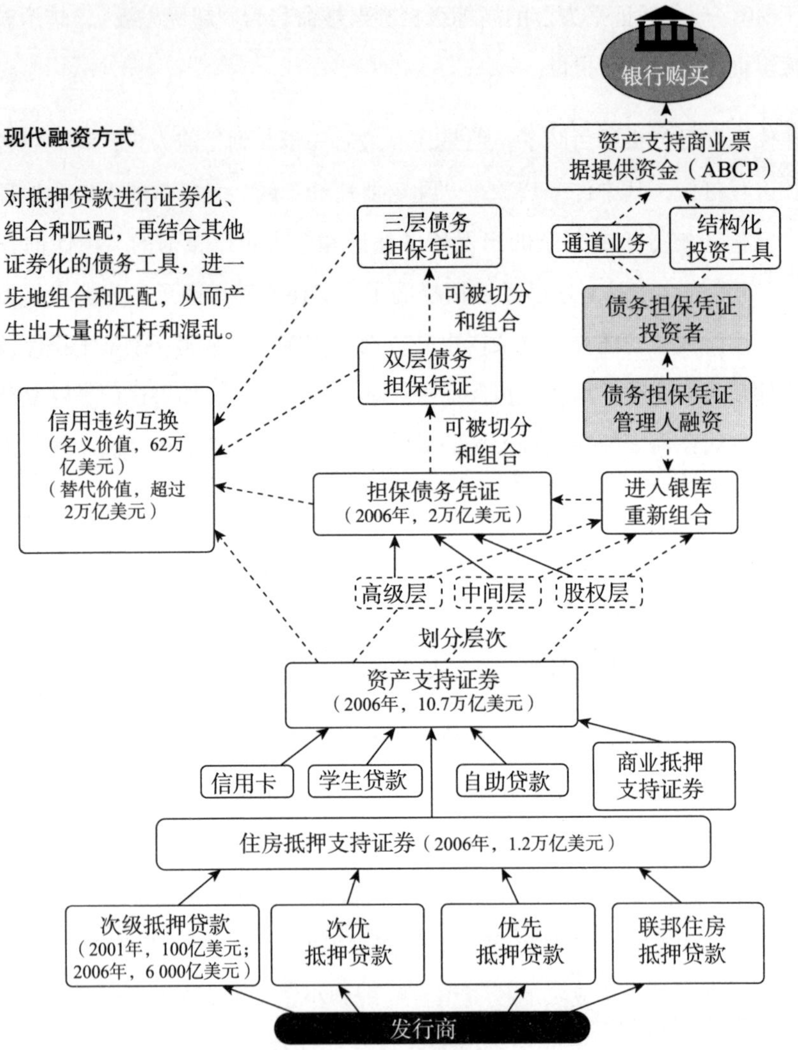

图 3-1　图解现代融资方式

你现在可能有一个疑问：为什么创造一个如此复杂的系统？难道没有人记得 KISS 原则[①]了吗？答案很简单，却一点也不傻：复杂性和不透明度是巨额利润的潜在来源。

① “Keep It Simple，Stupid”的首字母缩写，意为“保持简单化、傻瓜化”。

对于买家来说，证券的复杂性和定制化程度越高，货比三家购买最优产品的难度也就越大。而没有货比三家，也就没有有效竞争。比较一下购买一只基于复杂“担保债务凭证平方”的场外市场定制衍生品，与购买一只基于谷歌股票的看涨期权，经纪自营商从鲜有竞争的前者身上可以获取更丰厚的利润，而在竞争激烈的后者身上只能赚得皮毛。这当然也是华尔街为何如此强烈地反对将衍生品标准化并在规范的交易所交易的原因，他们声称标准化会终结自由市场。确实会，如果在 2000 年就对衍生品进行管制，市场也就不会如此“自由”。

不透明度又如何呢？这可是聪明人玩弄傻瓜的法宝。当臭名昭著的高盛交易员，“无与伦比的”（根据其自我评价）法布里斯 · 托尔雷（Fabrice Tourre），为传奇对冲基金操作员约翰 · 保尔森（John Paulson）量身定制合成担保债务凭证，以助其押注特别不良次级抵押贷款时，你认为他把谁视作买家？[①]托尔雷自己的答案是：比利时的孤儿寡母。不错吧？在他写给女朋友的被广为引用的邮件里，他得意扬扬地炫耀自己是“唯一可能的幸存者，无与伦比的法布里斯……置身于他创造的这些复杂的、高杠杆的、奇异的衍生品中，甚至不必理解这些畸形物的内涵”。对你来说，这就是不透明度。此外，他最后还加上一句“对此并无愧疚感”。

不是所有的交易员都像托尔雷，这原本可能是一出喜剧。基本度的问题在于：只要这场派对持续不息，那些创造并主导市场的“华尔街人士”就热衷于复杂性和不透明度，这两样法宝帮助他们获得了数百万甚至数亿美元的财富。然而一旦音乐戛然而止，他们最好的朋友——复杂性和不透明度却反目成为最坏的敌人。随着价格下跌，投资者开始醒悟他们并没有真正了解自己持有的是什么，或者提供给他们的是什么，更不必说“这些该死的东西到底值多少钱”了。

财政部的鲍勃 · 斯蒂尔（Bob Steel），之前是高盛银行家，他用疯牛病做了一个形象的类比：市场上也许只有极小部分牛肉染上了这种病，但这种病是如此令人惊恐，以至于消费者避开了所有牛肉。金融市场也与此类似，达尔文主义的求生本能告

① 高盛于 2010 年 7 月了结了该案件，承认是“失误”而非欺诈，并支付了 5.5 亿美元的罚款。

诉交易员们要考虑最坏的结果，很多人也确实是这么做的。因此当一家又一家机构开始将他们不想要的证券抛向供大于求的市场时，价格自然一落千丈。恐慌肆虐市场，不透明度又使这种恐慌更趋严重。

关于复杂性的这番讨论给必要的金融改革留下了一些线索和启示，包括提供更简单的证券，要求更高的透明度，对衍生品进行标准化，在有组织的交易所进行交易，要求抵押贷款发起人和证券发行机构保留部分贷款所有权，而不是像烫手山芋一样将它们传递下去。

祸源 6：毫无底线的评级机构

导致危机的连锁效应中的关键一环，在于信用评级机构给予了大量优先级和超优先级抵押贷款相关证券 AAA 级评级。为了让大家直观地了解这种泛滥成灾的评级通胀，我们得知道在危机前夕，仅有 6 个美国蓝筹股公司，如通用汽车、强生、埃克森美孚等，以及 6 个州能够被评上这令人称羡的 AAA 级。这可是至高无上的标准，如黄金一样稀缺。那么，怎么会有如此多的破石头被贴上黄金的标签呢？

以标准普尔、穆迪、惠誉（Fitch）为首的信用评级机构，本应该是防止金融系统脱轨的安全护栏。但它们却辜负了我们，变成了问题的一部分而非解决方案的一部分。为什么会这样？一部分原因是这些机构能力不足，没有想到会发生当前这种程度的房价暴跌场景；而且很多人都没有想到，里面还有更深层次的问题。

问题之一在于激励体系。你认为是谁在为评级机构的服务买单？投资者？不是。政府？不是。交易所？也不是。为评级机构买单的，过去一直且现在依然是每只证券的发行人。在抵押贷款证券化、担保债务凭证、担保债务凭证平方等例子中，这些评级机构最大的顾客是华尔街的证券发行机构。这种“惬意”的安排引发了很多问题。

第一，任何公司都有想方设法取悦客户的天性。这不是见利忘义，而是正常的商业法则。在评级领域，则意味着被“打分”的公司正在雇用自己的“打分者”并支付薪水。如果我给我的学生打分，让他们为此给我支付薪水，大家肯定认为我发疯了或者是想贪污，或者两者兼有。然而，即使在今天，这仍是公认的评级机构的支付方案。《多德－弗兰克法案》要求美国证券交易委员会和政府责任办公室研究其他的支付办法，但到目前为止，依旧维持原状。

第二，"协商"等级的做法变得司空见惯。假设我们虚构的投行"友谊投资银行"将某个结构很复杂的证券提交给一家评级机构，后者经过研究回答说这种证券只能获A级。这时，"友谊投资银行"会提出一个明目张胆却又无可厚非的问题："我们怎样做才能获得AAA级？"当评级机构回答了这个问题，"友谊投资银行"会相应地调整原先提交的证券化过程的细节，并再次申请评级。评级机构除了给这个新提交的证券一个AAA级还能怎么做？再者，这一反馈调整的过程本身并无欺骗性，这就是产品得以改进的过程，但这也导致了一大堆可疑的AAA级评级。

第三，评级机构之间的竞争许可，不对，应该是被招引来的一种"挑选评级"的不当形式。比如说，标准普尔给某特定证券A等级，而穆迪给了AA级，你觉得哪个机构会做成这笔生意？这样的竞争不仅引起了评级通胀，还鼓励（在这个假设案例中）标准普尔与穆迪保持同样的步调。这不是亚当·斯密脑海中的良性竞争。

第四，投资者、监管者以及分析师等常常只参考评级机构出具的意见和评价，而没有自己做调查。对于普通投资者来说别无选择，他们资源有限，还能做什么？但是，大型资产管理机构、监管机构和市场专业人士应该研究得更深一些。这些人未能勤勉尽责，才使得评级机构获得了它们本不应得到的、某种程度的无上权威，在所谓的专业领域形成了有效的垄断。虽然这并非它们的本意，它们也根本当不起。你是否还记得那个古老的谚语："把所有鸡蛋都放在一个篮子里，然后看好篮子。"到了评级机构这里，金融市场仅做到了前半句，却忽略了后半句。

显而易见，这个问题的解决途径至少有三种。一种是找某个第三方，比如交易所或者美国证券交易委员会，来聘请、支付评级机构。另一种是随机指派评级机构，如法庭随机指派法官一样。还有一种是赋予评级机构更多的法律责任，使得它们更加小心谨慎。无论哪种办法都会比我们现有的方式好。

祸源 7：疯狂的金融激励机制

华尔街的高管、交易员等人赚取了巨额不当财富，而出发点显然不是为了整个社会的最佳利益，这一点已经被大量笔墨披露。人们对这种无耻行为的愤怒是可以理解的。然而华尔街薪酬的真正问题并不在于多少，而在于结构。具体地说，许多金融公司的薪酬计划创造了其核心员工用“别人的钱”（Other People’s Money，简称 OPM）铤而走险的不当动机，他们也确实将这种动机转化成了实际行动。

来看看银行、投资银行、对冲基金及其他财务公司里的交易员们。达尔文的自然选择学说告诉我们，这是一群聪明的年轻人，对金钱和风险有着狂热渴求。他们的薪酬体系使得他们这种倾向变本加厉，激励他们在金融大赌场亡命狂赌：若赌赢了，一夜暴富；而赌输了，也只是没有奖金，相当于美国平均水平 4 倍的工资照拿不误，只不过可能需要（也可能不必）寻找另一份工作。他们是一群聪明的年轻人，他们中的很多人并不需要养家。面对这样不对称的激励惩罚措施，他们自然投下了许多大赌注。如果赌赢，他们则财源滚滚；一旦赌输，“别人的钱”将会承担几乎所有损失。

到底是谁想出如此疯狂的薪酬制度？这是一个好问题，答案直接指向了高管层。想一想大型银行或者投行的首席执行官和其他高管面临的激励机制（不包括对冲基金，我将稍后解释）。对他们来说，常常是：赢了，富可敌国；输了，会得到丰厚的离职补偿，同样家财万贯。所以，他们也想投掷硬币大赌一场。

站在公司股东（提供“别人的钱”的人们）的角度来看，这无疑是疯狂的。对他们来说，这场赌博是这样的：赢了，能分得一杯羹；输了，则要承担全部损失。结论不言而喻：交易员和高管相比于股东（如果股东有控制权的话，但显然他们没有）愿意投掷更多硬币，冒更大的风险。债券持有者更处于劣势了，赌赢了，他们一无所获；一旦输了，他们可能会赔掉全部投资。问题的根源水落石出：如果你给了这些聪明的家伙铤而走险的动机，他们真的会铤而走险、放手一搏。

从前的情况并非如此。银行之前一直在规避这种证券的大赌注，而投行则是合伙制而非公司制。在合伙制下，公司资产属于合伙人，他们会以投资“自己的钱”的姿态谨慎行事。回到当时，华尔街的高管并不会放任一群 28 岁左右的年轻人进行过度豪赌。

对冲基金介于新旧体系之间。它们确实大量使用“别人的钱”，但是它们的高级合伙人，也就是老板，往往也占有大量股份，将自己的个人财富与基金捆绑在一起。所以对冲基金经营杠杆远远小于投行和商业银行并非偶然。30：1 的杠杆率对于“自己的钱”来说风险确实太大了。尽管如此，他们对交易员设立的薪酬体系却也是如出一辙。为什么会这样?

这些疯狂的薪酬体系让我困惑了超过 20 年。1995 年，就这个话题的一次交流中，一名聪明、有名的对冲基金经营者告诉我，他的公司如此支付交易员是因为“其他公司都这么做”。我的忧虑并没有因此而减轻，这实在是一个糟糕的回答。听到这句话之后，你就应该捂紧你的钱包跑得远远的。设立这种体系的行为可以被认为是求贤若渴，看起来确实如此，直到 2007 年市场探底才推翻这个事实。

疯狂的薪酬体系并不仅限于交易员。例如，抵押贷款经纪人通过让人们签署抵押贷款来赚取佣金，即使签署人信用状况极差，看起来基本不可能还款。实际上，许多公司的经纪人从那些不靠谱的抵押贷款中可以得到更多的佣金，因为这些贷款要支付更高的利率和费用。即使其中一些可疑贷款随后违约，经纪人也不会有损失，所以他们也有很强的动机亡命赌一把。他们的激励机制只重数量而非质量。

只要这种愚蠢的薪酬体系被控制在公司内部，就不会引起公众关注，尽管股东本来应该担心被骗。但是当世界金融体系在这场不负责任的狂欢派对中轰然崩塌时，情况急剧转变。我们都被拖下水，而不当的薪酬体系正是祸首之一。

该怎么办？我们很容易想到的办法是，政府应该对薪酬体系进行监管，以消除或者至少在很大程度上削减这种孤注一掷的动机。然而，在这个方面取得成功的希望却很渺茫。我在 1993 年为克林顿政府工作过，当时我们尝试了，却不幸失败了。那些设计薪酬体系的高管、律师和会计师老谋深算，手法繁多，为了维护自己的利益挖空心思。在这个他们擅长的领域里，国会和政府官员很难击败他们。

修正薪酬方案应该是公司董事会的责任。董事会应该代表股东而非高管的利益。坦白地说，许多董事会都玩忽职守，结果损失惨重。董事会这种普遍的安逸和懒散作风带来的后果很沉重，必须终结。但是说起来容易，做起来难。

脆弱的空中楼阁

总的来说，从 20 世纪 90 年代后期开始，我们美国人一点一点地搭建起了一座脆弱的金融空中楼阁，直到 2007 年金融危机爆发。这项复杂而危险的工程，以资产价格泡沫为基础，被超理性的杠杆放大，借由疯狂的薪酬体系和过度复杂的金融工具推动，还得到了银行糟糕透顶的放贷标准、统计评级机构的拙劣表现，以及松散的金融监管的支持和纵容。

在一种神奇的内部逻辑下，空中楼阁的部件之间互相支撑，形成了所谓的良性循环。首先，以前达不到信贷标准而被拒之门外的购房者被带入市场，下降的贷款标准助推房地产市场，尤其是低端房地产市场的繁荣。其次，抵押贷款经纪人不计后果的佣金激励机制加剧了这一过程，而房屋价格的持续上涨，又使这种“注定要违约”的抵押贷款持续地正常履约。由于违约率较低，怠于思虑的银行家更加确信（并也说服别人相信）这种贷款是安全的。松散的监管机构在这个关键时刻没有及时出面遏制，反而纵容它发生。毕竟贷款损失根本微不足道，不是吗？华尔街的公司呼吁要把越来越多的产品转变为抵押贷款证券化、担保债务凭证、担保债务凭证平方，以及其他花哨的产品，那些大赚特赚的销售员和交易员却像处理烫手山芋一样将这些产品迅速出售。评级机构尽职却不尽责，给予这些可疑合约名不副实的过高评级。因为如果房价持续上涨，一切就都变得没有问题了，不是吗？当然，在每个阶段杠杆都被充分运用以放大收益，让赌徒们看起来都像是天才。

空中楼阁伫立在那里，并且在膨胀，但是它的脆弱性注定了推倒它几乎不费吹灰之力。它有内在的矛盾：这场骗局依赖于房价泡沫的持续，当然不会永远这样。神话终将破灭，就好像歪心狼必须受制于地球引力一样。事实确实如此，在2006年左右，当房价停止上涨以后，这座空中楼阁摇摇晃晃进而轰然坍塌。

但是随后发生的大灾难真的不可避免吗？当然不是。无论如何，这个国家总会出现房价泡沫，这是无法改变的，房价会像歪心狼那样跌回地面，这也是无法改变的，但是：

- 如果银行监管机构在2000—2006年打击这种如毒草般蔓延的不规范次级贷款操作，泡沫会小得多，且破灭后的危害程度也要小很多。
- 如果布鲁克斯利·博恩在1998年同格林斯潘、鲁宾、萨默斯、莱维特的争论能够有所进展，场外交易的衍生品也许就能以某种形式被纳入监管体系，而不是在2000年以后任意发展（当然设计这样一个体系并非易事，且当时无人担心信用违约互换）。
- 如果美国大型商业银行和投资银行的管理层（无须提普通家庭）能够以一个较低的杠杆率来运作，能够保持一个稳健的风险管理体系，那么泡沫破灭的危害也会小得多。
- 如果华尔街没有炮制这样一个复杂性过高而流动性过低的系统，那么恐慌也许会有所控制。

遗憾的是，所有这些都没有发生。相反，我们让这些粗心大意的人与炸药共舞，而剩下的人则在自掘坟墓。在20世纪30年代，威尔·罗杰斯（Will Rogers）戏谑地指出："如果能认清我们这些大人物有多么的无知，那么这场大萧条也算发生得有价值。"当然，他是在开玩笑。以一场危机为代价是不值得的，过去那场不值得，如今这场也不值得。但是，我们确实已经认清了这些大人物究竟有多么的无知。

AFTER THE MUSIC STOPPED

04

当音乐停止

> 但是音乐仍在演奏，你必须起身舞蹈。
> 我们仍然在跳舞。
> ——查克·普林斯（Chuck Prince）
> 花旗集团前首席执行官，2007 年 7 月

时至 2006 年，美国已经制订了一项错综复杂的金融计划，一个集烦冗与脆弱于一身的混合体，像空中楼阁一样不切实际。与大多数不切实际的计划一样，这项计划的出台缓慢而艰难。计划的构思的确令人钦佩，然而，一旦失败，它就会在瞬间崩塌，一片狼藉。移除任意一根主要支柱都会触发纸牌屋的坍塌。随着房价漫长上升周期的结束，欢快的舞曲戛然而止；自此，相关行业的崩溃如约而至。然而，事先洞察到这一扭曲逻辑的人凤毛麟角，而为其破坏性后果做好准备的人更是少之又少。

房价泡沫的破灭本身不足为奇。2006 年，关于“泡沫是否存在”的争论行将结束，

似乎每一个人都在猜测房价还能在高位维持多久。问题的严重分歧，集中在房价会下跌到什么程度上。乐观者认为，房价走势将仅仅是趋于平缓以结束其不可持续的攀升，或者可能会有小幅的下跌。而持悲观论调者则抛出房价将有 20%、30% 乃至更大降幅的观点。那么，市场是怎样的呢？2006年9月16日，芝加哥商品交易所（Chicago Mercantile Exchange，简称 CME）的期货交易情况显示，投资者预期凯斯－希勒十城市综合指数有 6.4% 的跌幅。事实证明，这一预期实在太过保守。最终，预期越悲观的人越显得有先见之明。

空中楼阁倒塌

对于大多数人来说，债券泡沫远比其他泡沫微妙、复杂，且很难察觉，其爆发导致的后果也是灾难性的。但它爆发的过程却是渐进式的。

一旦房价停止上涨,“注定要违约”的次级贷款将按照其设计初衷开始发力。最初，我们错误地认为，仅占金融市场小小一隅的次贷无力对整体经济造成太大的损害。然而，我们很快变得警觉。举两个例子，财政部部长亨利·保尔森曾在 2007 年 4 月的一次演讲中表示，次贷问题已经“基本得到控制”。一个月以后，美联储前主席伯南克在美联储会议上表示：“我们预期次贷市场将不会给其他经济领域或金融系统带来明显的溢出效应。”

不幸的是，巨大的杠杆成倍地加剧了其破坏程度，而几近扭曲的复杂性则为其四处扩散推波助澜。金融界的高管们——据称是业界最聪明的一群人，有着充分的动机竭尽所能地维持这场派对，他们也的确这么做了。而监管者却无知地以为自己手握利器，纵容他们在错误的道路上越走越远。因此，审判日被延迟了，却并未幸免。为什么这座“纸房子”倒塌得如此猛烈和迅速？其实大多数原因已经在前两章中有所暗示。

让我们先来回想一下我们假想的投行——“友谊投资银行”，它成功地说服了我们假想的商业银行——“风险银行”，或许也说服了它自己，使得大家相信，抵押贷款相关证券通过将不同地域的抵押贷款组合起来，并向全球出售的方法能降低自身所承担的风险。不幸的是，当房价泡沫破裂时，这种分散风险的方法未能奏效。为什么会这样呢?

第一，当整个国家的房地产泡沫破裂时，全国的房价应声而落——这是自大萧条以来发生的最“不可能”的事件。客观来讲，没有观察者预料到了这次前所未有的大崩溃。(真诚地忏悔：我也没有预料到。)数十年来，美国人民见证过周期性的房地产泡沫，这些泡沫在国家局部地区被吹起而后破灭。但是，当一座城市如波士顿的房价下跌时，另一座城市如洛杉矶的房价却在上涨，反之亦然。而2006年以后的情形则不同于以往。放眼望去，房价一片哀鸿，侵蚀着从大肆鼓吹地域分散化中获得的收益。

这仍然算是一个可以原谅的过失。我们所遭遇的的确是俗话说的“百年一遇的洪水”。但是，当房地产市场开始毁灭时，我们对一项事实是心知肚明的，那就是有许许多多抵押贷款支持证券，并非像其所声称的那样做到了地域分散化。事实证明，大量的不良抵押贷款都出自同一个州——加利福尼亚。其余的大部分则出自佛罗里达州、亚利桑那州和内华达州，这几个州通常被合称为“沙州”。一些纷繁复杂的原因，导致抵押贷款支持证券实际上蕴含着比它所宣称的大得多的风险。

第二，这些证券也并未如大家所想的那样分散到各地。是的，它的持有人的确遍布世界各地——从挪威的小村庄到意大利养老基金，乃至新加坡的亿万富翁。然而，当震荡来袭，我们发现，许多主流金融机构显然认为抵押贷款相关资产有着巨大的吸引力，直到已经触底时它们仍大量持有这类资产。原因之一在于出售抵押贷款支持证券和担保债务凭证获利丰厚，而投行也乐于持有这部分最低评级贷款(“有毒废品”)。贝尔斯登、雷曼兄弟、美林证券、美联银行、花旗集团、美国银行以及其他金融机构的失败或几近失败，都直接或间接地归咎于抵押贷款风险的超量积聚。

系统性崩溃始于2007年7月。当贝尔斯登向投资者宣告旗下的一只抵押相关基金“已无实际剩余价值”时，查克·普林斯发表了本章开篇那句臭名昭著的言论。乐声渐歇。各类金融市场开始紧张地抽搐，这本来应该被视为一个预兆，但这也只是我们的一厢情愿。

直到 2007 年 8 月 9 日，人们才真正觉醒。彼时，一家大型法国银行——法国巴黎银行，停止赎回旗下三只次级抵押贷款基金，声称这是由于“美国证券化市场某些领域的流动性彻底蒸发，导致无法对某些资产价值进行公允的评估”。一段生硬的法译英声明送到客户手上：“亲爱的客户，您无法获得您认为属于您的财富，因为我们也对财富的规模不知情。”对于熟悉美国历史的人而言，巴黎银行的声明将他们带回了周期性“暂停铸币兑付”的 19 世纪——当时一些知名银行拒绝将其票据兑换成黄金或白银，从而造成了突如其来的银行挤兑。这家大型法国银行恰恰就拒绝了将其基金份额兑换成货币。无论是对法国人还是对美国人，这一举动所传递的信号是清晰的：恐慌的时候到了。而市场也的确是这样反应的，世界各地概莫能外。

在某一时点，高杠杆率的资产价值下滑，对于贝尔斯登和法国巴黎银行这类风险高度暴露的金融机构，市场开始质疑其偿付能力。因此，本已严重且日趋加重的市场价格风险，使人们在脑海中浮现出对交易对手风险的想象：担心欠钱的机构无力偿还债务。

怀疑的种子一旦播下，对流动性的抢夺正式拉开帷幕。因为，无论你是否乐意，市场都是建立在信任基础上的，尤其是对债务人能够全额、按时偿还债务的信任。最坏的情形就是市场失灵。在不太严重的情形下，巨额的“优质资产转移”将被触发，其中比较典型的是流向美国国债。无论如何，2007 年 8 月 9 日，建立在愉悦的、无视风险基础上的债券泡沫在一片喧嚣中破灭了。

银行间拆借利率的急剧上升证明了交易对手间的信任开始瓦解。人们最为关注的指标就是 LIBOR，它用以表明一家大型银行如何对另一家银行的短期借贷进行收费。这是一个仅限于大块头的市场：汇丰借款给花旗，诸如此类。这些令人敬畏的巨人无力偿还隔夜贷款的风险真的存在吗？从 LIBOR 反映出的风险溢价来看，答案是肯定的。在短短的三个工作日内，略高于国债利率的 LIBOR 从数月来的稳定状态，飞速攀升了 30 个基点。对于格外安全的 LIBOR 世界来说，30 个基点可不是一个小数目。金融的传统是市场由贪婪和恐惧交替主导。眼下，恐惧变成了主导。

一年一度的杰克逊霍尔会议

每年的8月下旬，联邦公开市场委员会的大多数成员都会脱下他们的灰色西服，穿上牛仔靴（如果他们有的话），奔赴怀俄明州的杰克逊霍尔。在那里，他们与主流的经济学家以及被精挑细选出来的银行家、华尔街人士会面。因此，杰克逊霍尔会议的邀请函是曼哈顿下城区最受欢迎的门票。虽然有大量的时间用于远足和漂流，杰克逊霍尔会议的重头戏还是行业研讨。2007年8月的会议时间是非常宽裕的。

2007年，美联储的头等大事——召开年度会议，是由堪萨斯联邦储备银行主办的，会议筹划者在会议主题上做出了非常正确的选择，即选择了"住房、住房金融和货币政策"这一主题。8月30日晚上，大家相聚一堂，彼时住房一蹶不振，住房金融濒临崩溃，能够应对这一切的货币政策变得日益迫切。没有人试图谈论天气，即使它一如既往的美好。

会议没能在8月之前召开，这实在是很糟糕。而在2007年8月7日的一场会议上，联邦公开市场委员会做出推断，认为"尽管经济增长的下行风险有所提升，但委员会的主要政策考量仍在于通货膨胀未能如预期那样温和"。当看到这一表述时，我们当中的很多人都在想："怎么又是这样？当前主要关注的是通货膨胀吗？"许多美联储观察员不信任地眨着眼睛。"这群家伙在想什么"？

两天后的巴黎，金融界开始分崩离析。到了8月10日，联邦公开市场委员会安排了一场紧急电话会议。这一次，他们的阐述使得金融界确信美联储正在"为促使金融市场有序运作提供流动性"，换句话说就是，"我们在疯狂地大量抛出现金"。但是，联邦基金利率仍维持在自2006年6月以来的水平——5.25%。美联储是否还在将通货膨胀视为"主要政策考量"？好吧，给他们一点儿时间。距离他们8月7日的会议才过去3天时间。美联储很快就会把问题解决的，对吗？

事实并非如此。6天后，委员会才再次召开电话会议，这次他们正确地认识到"经济增长的下行风险加剧"。这是迈向健康的一步，他们将通货膨胀独一无二的主要风险地位降级了。但是联邦公开市场委员会仍然拒绝降低联邦基金利率（他们的确降低了不那么重要的贴现率）。回过头看，很难看出8月16日是一次侥幸的脱险，彼时许多美联储评论家也这么认为。但是13天后，当华盛顿乃至全国各地的联邦公开市场委员会成员，飞往美丽的大提顿国家公园时，联邦基金利率仍维持在5.25%的水平。

那一年，杰克逊霍尔会议呈现的经济学家论文来源广泛，有的沉闷，有的危言耸听，因此与走廊谈话一般无二。罗伯特·希勒再次发出房价暴跌的警示。他是对的。加州大学洛杉矶分校的埃德·里默（Ed Leamer）提醒众人，从历史角度来看，房地产崩盘是经济衰退的核心要素。他也是对的。患病的美联储理事爱德华·格拉姆里奇起草了一份午餐致辞，由于他生病不能参加，这份致辞是由他人代读的，致辞警告说"（次级贷款市场上）可预见的后果是毁灭性的"。他也说对了。即使是时任美联储理事的弗雷德里克·米什金（Frederic "Rick" Mishkin）也强力暗示利率应该下调，他已经尽可能地谨慎了，因为联邦公开市场委员会已刚刚决定保持不变。通过对这些事项的总体分析，哈佛大学的悲观派学者马丁·费尔德斯坦（Martin Feldstein）根据自己的观察说道："如果……住房领域的威胁全面来袭，经济将会遭遇严重衰退。"这的确应验了。

然而，这只是会议可以看到的一面。后来我们了解到，伯南克还见缝插针地将几位联邦公开市场委员会成员请到楼上的会议室，去研讨下一步该如何应对，因为他们最初的努力显然是不够的。其他有趣的非正式交谈肯定还有很多。但尽管如此，直到9月18日联邦公开市场委员会召开定期会议，才对利率有所调整，此时距巴黎银行事件发生已整整40天。是的，在这40个日日夜夜里，会有很多风风雨雨，事实也的确是这样。观察到"信贷条件的收紧有可能加强住房调整，并且更广泛地限制经济增长"，美联储于9月18日将联邦基金利率下调了50个基点。

最后一个想法非常重要。在雷曼兄弟一年后灾难性地破产之前，对于危机到底是什么，一直存在着两种对立的观点。从更狭隘的技术性角度来看，金融界正在经历一次流动性危机——一次剧烈的，但仍仅仅是流动性的危机。说得浅显一些，这意味着受到惊吓的投资者和机构，想要在手中攥有比他们实际所需的更多的现金，一部分原因在于刚刚提到的高企的交易对手风险，一部分原因在于以往被视作安全的资产当下变得危险，还有一部分原因则在于银行和投资基金担心其客户某天出现在电子门前，要求巨额赎回。“对客户说不”的巴黎银行做派并不是一个解决此类问题的好办法。

现金争夺战拉开帷幕。一般而言，在任何一国，能够在很短的时间内提供无限量现金的机构就是中央银行。自 2007 年 8 月 9 日巴黎银行事件发生后，美联储和欧洲央行做了大量这样的工作。在此期间，他们扮演着央行数百年来一直扮演的角色：为使他们的金融体系渡过流动性危机而充当“最后贷款人”。从两家世界最大的央行喷涌而出的货币量超乎市场预期。然而，央行的这一行为却是经过实践检验的常规动作，它已经成为每一位央行行长基因中的一部分。

早在 1873 年，沃尔特·白芝浩这位中央银行的先哲，就给出了央行在应对流动性危机时的行为指引。他的三和音（三个核心要素）为：自由借贷、优质抵押物和惩罚性利率。为什么呢？因为在恐慌情绪中，面对流动性的巨大短缺，即使是偿付能力充足的机构也有可能被推向崩溃边缘。客户纷纷前来取走现金，一旦银行现金不足，就会流言四起，继而银行挤兑现象将扩散开来。这种疾病具有高度的传染性。

作为最后贷款人，央行理应阻止这种情形的发生。世界各国的央行行长对白芝浩原则都耳熟能详。因此，在 2007 年 8 月，他们中的大多数都是按部就班地应对。事实上，人们可以这样认为，直到 2011 年底，欧洲央行一直遵照着白芝浩的箴言。欧洲央行始终拒绝降息，直到 2008 年 10 月（是的，是 2008 年，而非 2007 年）才勉强做出了让步。自 2007 年 8 月以来维持在 4% 的欧洲隔夜利率，直到 2008 年 11 月才降至 3.25%，2009 年 1 月降至 2%。相比之下，2008 年 12 月的美联储利率已经逼近零点。

这场危机真如欧洲央行的举措所显示的那样，仅仅是一轮较大的流动性危机吗？未必如此。另一种比较悲观的观点将正在发生的一切归结为经济体正常授信机制的严重损伤。从这一更广的视角来看，流动性仅仅是冰山一角。真正的问题仍然潜伏着——巨大的财富流失、大量的去杠杆化、主要机构或将出现破产情况，以及刚才提到的对银行系统、影子银行系统和其他授信机制的巨大损害。如果这些真的发生（在 2007 年 8 月尚未发生），整体经济将陷入巨大困境。信贷匮乏的经济将陷入衰退，甚至更糟。商业凋敝，工人也将面临失业。

美联储迅速行动

好吧，或许不能称为“迅速”。伯南克，这位著名的大萧条学者正在缓缓地让他的鹰派委员会认识到这是一件大事——不只是一次大的流动性事件，而是更有可能导致一场大衰退。[①] 但是，积习难改，尽管美联储走在了欧洲央行的前面，但它其实还没有真正准备好。在 9 月 18 日的会议上，联邦公开市场委员会通过增加“某些通胀风险仍然存在”的表述，纠正了它此前所述“信贷条件的收紧有可能……限制经济增长”的观点。这是一个非常周全的风险评估，从即将涌现的情况来看，它太过周全了。就在 5 天前，英格兰银行通过大力干涉拯救了北岩银行（Northern Rock）这家大型存款机构，使英国免于发生自 1866 年以来的第一起银行挤兑。[②] 英国的事件越来越让人心烦意乱。我们的问题也惊人地相似。我们怎能落后？

虽然美联储的速度令欧洲央行看起来像谚语里的龟兔赛跑，但其实这只兔子并没有跑得那么快。自 2007 年 9 月 18 日降息 50 个基点后，美联储又等了 6 周，直到其下一次定期会议时才再次行动。彼时已有多家抵押贷款公司倒闭，而包括花旗集团在内的其他公司宣布了对次级抵押贷款的重大减记。然而，美联储的应对措施仅仅是在 10 月 31 日将利率下调了 25 个基点——在 12 月 11 日召开的下一次例会上，美联储又做出了同样的决定，而这两次的步伐都太小了。许多联邦公开市场委员会成员仍未确信放松银根的必要性。

---

① 在早期的一篇学术论文《金融危机的非货币因素如何加剧大萧条的蔓延》中，年轻的伯南克用大量的原创性文字论述了信贷市场的崩溃是如何将 1929—1930 年那场十分严重但并非没有预见到的衰退转变成了旷日持久的萧条。该论文引起了广泛的关注，并在或许是世界上最具声望的经济学杂志《美国经济评论》上发表。

② 这次救助被证明是暂时性的。英国于 2008 年 2 月将北岩银行收归国有。

然而，自那以后，美联储似乎有所进步。翌日，它公布了两项新的流动性措施。第一项措施是与美元严重短缺的他国央行的一系列货币互换额度。例如，在货币互换交易中，美联储向欧洲央行借出美元并换回欧元。在欧洲渡过美元流动性危机后，欧洲央行再将美元偿还并拿回欧元。最初宣布的互换金额仅为 240 亿美元，这在当时被认为是一个不小的规模。然而，截至 2008 年 12 月，互换额度最终突破极限，达到了 5 830 亿美元的巨大规模。

第二项措施是定期拍卖工具（Term Auction Facility，简称 TAF），它被银行设计用来进行白芝浩式贷款，其贷款期限相对较长——将近 4 周时间。美联储贷款给银行的早期尝试被银行家因向央行贷款而招致非议的担忧所干扰。这不就意味着你已经濒临绝境了吗？定期拍卖工具通过两种途径解决了这一问题：首先，它被设置为一种任何银行都可以出价购买的拍卖，银行不需要现出窘态；其次，由于银行不会在短短几天内收到资金，定期拍卖工具贷款无法用来救济处于灾难边缘的银行。定期拍卖工具的重要性体现在两方面，一方面是它自身的成就——在 2009 年 3 月，定期拍卖工具贷款峰值达到了 4 930 亿美元；另一方面则是它对后续政策的影响。正如我们即将看到的，美联储关于污点问题的记忆导致了定期拍卖工具的停滞，影响着未来的政策决定。定期拍卖工具自身也在 2010 年 3 月关停。它已不被需要。

然而，美联储才只是热热身。在整个圣诞—新年假期，伯南克必然会想到 20 世纪 30 年代的情形，抑或是做起噩梦。2008 年 1 月 9 日，他召集了一次联邦公开市场委员会会议，表面上是回顾近期进展，而实际上或许是为了将委员会从沉睡中唤醒。这次会议的纪要中写道："自 12 月的联邦公开市场委员会会议以来，经济增长的下行风险明显增大，但是委员会仍未做好降息的准备。"不屈不挠的伯南克在 1 月 21 日又召集了电话会议。这次电话会议纪要中指出："根据自 1 月 9 日会议以来获取的信息，经济活动前景低迷的观点得到了更多支持。"这两次会议只隔了 12 天。其间能产生多少变化？

确切的变化是联邦公开市场委员会准备行动了——这是一场引人瞩目的行动。翌日清晨，在只有一位反对者[①]的情况下，委员们通过了将联邦基金利率下调 75 个基点的决定，这一力度史无前例。格林斯潘在任的 18 年半时间里，联邦公开市场委员会仅有一次对联邦基金利率做出过 75 个基点的调整——而且那一次是升息。不仅如此，联邦基金利率调整的决定一直是下午 2:15 准时发布，而此次调整则在早间 8:30 宣布，很明显，美联储希望市场在 1 月 22 日就听到消息，事实也正是如此。8 天后，在定期会议上，也是只有一位反对者[②]。联邦公开市场委员会再次将基金利率下调 50 个基点，从而降至 3% 的水平，使得联邦基金利率较 9 天前下降了 125 个基点。美联储进入了最高戒备状态。

联邦公开市场委员会的大多数委员现在清楚地意识到，摆在他们面前的是两场战争，他们正在紧急备战。基于白芝浩在 135 年前发表的著名论断，联邦公开市场委员会需要提供巨额流动性。但是，按照凯恩斯在 72 年前开出的药方，为了挽救一场迫在眉睫的衰退，降息也刻不容缓。伯南克主席可不希望在他的任期内让 20 世纪 30 年代的大戏重演。然而，欧洲的隔夜利率却未有变动。欧洲央行正在奋力应对流动性短缺，或许比美联储还要努力。但是它并不相信衰退就在眼前。位于法兰克福的欧洲央行总部里有不少“白芝浩”，却鲜有“凯恩斯”。

失踪的人

与此同时，有人或许会问，美国财政部在干吗？大致的答案是：努力工作，但多数在幕后。布什总统于 2008 年 2 月在国会通过了临时减税议案，以此为萧条的经济提供急需的刺激——减税是他应对一切的药方。在那以后，他基本上放手将经济管理工作授权给了他的财政部部长——亨利·保尔森。

布什政府当时已是强弩之末，但是保尔森似乎是这项工作的不二人选。一场以华尔街为中心的、复杂的金融危机正在酝酿。布什总统的前两任财政部部长分别是铝业

① 这位反对者是圣路易斯联邦储备银行主席威廉·普尔（William Poole），他倾向于在 8 天后召开的定期会议上再做决定。

② 这次是达拉斯联邦储备银行主席理查德·费舍尔（Richard Fisher）。

高管和铁道员，美联储主席则来自与世隔绝的学术殿堂。而保尔森曾任高盛公司总裁，他是华尔街的雄狮，“宇宙之王”，一个在金融界风雨飘摇中度过一生的人（他以收集猛禽为爱好，有些人断定这透露着一些信息）。谁还能比他对摆在面前的困难工作更有准备？至少我们是这么认为的。

在这段时期内，当美联储正为扑灭威胁到保尔森的老街坊（甚至是他的老雇主）的熊熊烈火而焦头烂额时，这位财政部部长在公众面前却非常平静。除了在 2008 年 2 月促成国会通过减税方案，财政部部长似乎很乐意在幕后工作，而将美联储摆在引人瞩目的领导位置上。当然，一个重要原因在于美联储掌控着财政部部长没有的东西：金钱。

幸运的是，伯南克领导下的美联储有着充裕的资金，它支撑着战斗的继续。2008 年 3 月 11 日，美联储宣布了一项扮演最后贷款人的新方式（接下来还会有更多）。神经紧绷的市场渴望国库券，尤其是短期国债，以此作为一把保护伞。美联储持有大量的国库券。定期证券借贷工具被设计用来将国库券出借给所谓的一级交易商——华尔街的众多机构，以及协助构成了国库券交易市场的国外同行们。美联储也吸纳了白芝浩所说的“优质抵押物”以保证贷款安全。当然，并非所有的抵押物都是超级优质的。我们姑且称它们为相当体面的抵押物吧。

这一想法非常简单。市场极其缺乏高流动性的国库券，但它们却拥有大量的其他物品。如果美联储乐于用短期国债换取市场的其他物品，那么将有助于缓解流动性紧缩。毕竟，短期国债可以在短时间内转换为现金。并且，美联储的掉期交易不会扩大其资产负债表抑或是银行储备，后者通常会导致货币供应量扩大。因此，定期证券借贷工具（Term Securities Lending Facility，简称 TSLF）诞生了，更确切地说，是被公布出来了。不过，它的第一笔实际贷款直到 3 月 27 日才发放。这个日期是一个极其糟糕的时机，因为此时有家主要交易商正在进行生死之战，那就是贝尔斯登。

AFTER THE MUSIC STOPPED

05

从贝尔斯登到雷曼兄弟，不一致性是心魔

> 愚蠢的一致性是头脑狭隘人士的心魔。
> ——拉尔夫·沃尔多·爱默生

正如中国的一句古话：宁为太平犬，莫作离乱人。从贝尔斯登倒闭并被摩根大通收购，到雷曼兄弟倒闭并破产清算，这6个月颇为有趣。或许是因为在无序中倒掉的贝尔斯登可能会摧毁金融系统，在财政部的支持下，美联储于3月斥资近300亿美元，勉强促成了贝尔斯登和摩根大通的联姻。但是在9月，虽然同样获得了财政部的全力支持，美联储却拒绝为促成雷曼兄弟的出售提供一分钱，即使雷曼兄弟的倒闭的确摧毁了金融系统。请想想看吧。

这两个里程碑式的决定是整个金融危机中最重要的事件。尽管很难说哪个决定更具争议性，但显然让雷曼兄弟倒闭的决定影响更大。毕竟，伴随着雷曼兄弟的沉没，我们也被一同拖下了水。金融专家和历史学家将对解救贝尔斯登而舍弃雷曼兄弟的决

定是否明智进行长期的争论。本章将探索当局为什么会这么做。

看空贝尔斯登

贝尔斯登是华尔街五大投行中规模最小，也可以说是最好斗的机构。这家机构长期以来以特立独行为傲。这意味着，它通常奉行逆向投资策略——例如，购买问题资产并持有至市场正常化，而后售出并获取可观的利润。因此，当次贷市场开始动荡时，贝尔斯登的高管们并未被轻易吓倒，即使在 2007 年 7 月，他们旗下的两只次贷基金破产时亦然。这家机构的回报非常丰厚，对于它的高管来说尤其如此。职务最高的 5 位高管在 2000—2008 年的现金和股票销售收益逾 14 亿美元。

另外，贝尔斯登同样是一个持相反意见者。10 年前，在 1998 年金融危机最严重的时刻，它独自拒绝了对垂危的对冲基金——美国长期资本管理公司的剩余资产，按比例分配的紧急购买计划，并因此被华尔街其他银行敌视。贝尔斯登的拒绝，令华尔街的金融家时至 2008 年 3 月仍耿耿于怀。

在泡沫时期，贝尔斯登为自己设定的航向之一就是成为抵押贷款业务尤其是次级抵押贷款业务的大玩家。抵押贷款证券化成为贝尔斯登固定收益部业务的最大组成部分，也是公司获利最丰厚的业务，为公司贡献了将近一半的利润。尽管比华尔街其他竞争者的规模小得多，但是在 2000—2007 年间，贝尔斯登在自有品牌[①]抵押贷款支持证券承销业务方面始终位列三甲。此外，一系列的并购和扩张使得贝尔斯登变成了一台为抵押贷款提供全方位、垂直整合服务的机器。它的各个分支都将住房抵押贷款打包并证券化，而后将包装好的证券售出——在这一链条的每个环节中榨取利润。

自巴黎银行事件后，开始摇摇欲坠的金融界普遍认为，贝尔斯登是所谓的巨无霸公司中最脆弱的，原因之一就是其对抵押贷款融资的过度倚重。2007 年 11 月，《华尔街邮报》头版对贝尔斯登的首席执行官詹姆斯·凯恩（James “Jimmy” Cayne）进行

① 文中“自有品牌”是指非房利美或房地美发行的证券。

了报道，但这则报道对其公司形象有害而无益。报道中提到，他在桥牌方面的造诣已经达到世界级水平，并且在桥牌上投入的精力超过了管理公司。报道刊登后两个月，凯恩离开了贝尔斯登，总裁艾伦·施瓦茨（Alan Schwartz）晋升到公司最高职位。然而，施瓦茨注定只能在这个位置上逗留两个月的时间。

恐慌市场中的投机者被恰如其分地形容为一群豺狼，他们正伺机袭击兽群中逃离速度最慢的羚羊。这群豺狼有着锋利的牙齿：他们可以将资产从目标公司中撤出，停止向目标公司贷款，卖空公司股票，或者购买公司的信用违约互换，以此大肆押注违约。他们甚至可以散布公司行将倒闭的谣言。

在 2008 年 3 月，市场已广泛认为贝尔斯登就是那只最慢的羚羊，而雷曼兄弟仅稍快于贝尔斯登。评级机构已经开始质疑贝尔斯登的信誉度。一些著名的交易对手，包括花旗集团和摩根大通，也开始与贝尔斯登保持距离。沃伦·斯派克特（Warren Spector），这位贝尔斯登海外固定收益业务顶级专家被赶出了公司，其业务交由施瓦茨—— 一位想要在短期内成为债券市场行家的投资银行家来负责。不过，正如一位贝尔斯登的顶级固定收益经理所归纳的，他的速成课就像是“债券 101”[①]。

2008 年 3 月 10 日，星期一，称贝尔斯登正经历流动性问题的谣言开始流传，但该公司极力否认。还有谣言说，贝尔斯登在华尔街的一家抑或是更多的竞争对手正在散布谣言——这是一个棘手的问题。别忘了，和华尔街的其他巨头们一样，贝尔斯登运用廉价、超短期信贷（主要是回购债券）为自己融资，达到了惊人的程度。截至 2007 年末，贝尔斯登从回购市场借款逾 1 000 亿美元，其中大部分为隔夜回购。

隔夜贷款必须每天滚动，这是理所当然的。通常来讲，这都是例行公事而已。然而，一则坏消息，甚至是坏消息的谣言都可以在一夜之间将一家在市场眼中拥有良好信用的公司转变为不良信用的公司。在那个决定性一周里的某一天，一位首席助理向财政部部长亨利·保尔森报告，贝尔斯登正承受着巨大的压力，或许只能勉强维持一

① 债券 101，英文 Bonds 101，学习债券知识的入门课。——译者注

个月左右。保尔森绕着办公楼走了几圈，然后慎重地回答道："我不这么认为。当市场对它失去信心时，它就会倒下。"他说得对。贝尔斯登没能挺过那一周。

这家公司周一早上开门营业，手握 180 亿美元现金和高流动性证券。足够维持运营了对吗？差得远呢。当天营业结束时，在四处散播的谣言中，贝尔斯登的流动性降至 125 亿美元。它在流失现金。交易对手和贝尔斯登做交易感到越来越不安，有些已经将其拒之门外。周二下午，高盛拒绝了一笔日常交易，令贝尔斯登大吃一惊，这条消息也像山火般蔓延开来。直到周三晚间，回购市场的大门也向贝尔斯登关闭了。周四清晨，施瓦茨与时任纽约联邦储备银行主席盖特纳通了电话，警告说他的公司正面临严峻的困境。的确很严峻。到周四晚间，贝尔斯登的流动性已经降至 20 亿美元——它在不到一周的时间里耗尽了手里的现金。即使贝尔斯登的经营者坚称公司的问题是流动性不足，而非资不抵债，但破产已经近在眼前了。

资不抵债与流动性不足

资不抵债与流动性不足的区别可能是经济学家和金融市场参与者掌握得最好的课程之一。此次危机促使我们对其重新思考。

原则上讲，两者的差异是明显的。当一家公司的负债价值超过其资产价值，从而导致其资本净值为负时，这家公司为资不抵债。它的下一步或许就是去法院申请破产。一家公司缺乏现金时被称为流动性不足，即使它的资产负债表仍呈现出健康的净值。在这种情况下，公司需要的是短期信贷，而非"安乐死"。资不抵债是致命的疾病；而流动性不足是一场感冒，也许是一场非常严重的感冒。1873 年，正是考虑到这样的区别，白芝浩向央行发出忠告，提出由央行自由借贷（以缓解流动性问题），并以优质抵押物作担保（因为只有有偿付能力的机构才能提供足够的担保）。

然而问题就出在这里。一家公司在面临严重的现金周转困难时——尤其是在它一贯的资金供应商拒绝提供帮助时，将不得不降价出售其流动性较差的资产。这可能意味着将这些资产以异常低廉的价格出售，如果可能，它会将这些资产全部变卖。这将会降低资产净值。如果它是一家金融公司，问题就更加严重。原因至少有两点：一是这家公司的业务就是现金的流动，因此这家公司的现金日吞吐量有可能非常庞大，可以说近乎一家同等规模的制造企业。二是这家公司的财务杠杆可能会非常高，这使得资产价值很小比例的降低，都将演化为净值的严重下降。而比这些还要糟糕的是债权人和交易对手对这家公司失去信心，因为彼时信贷龙头或将被关掉。这就是保尔森所说“当市场对它失去信心时，它就会倒下”的含义。

综上所述，严重的资金紧缩可以毁掉一家金融公司，例如商业银行或者投资银行，即使它的资产负债表基本上没问题。流动性不足可以转变为资不抵债——正如现在的贝尔斯登和后来的雷曼兄弟所经历的那样。

然而，在实践中，这种区别无关紧要。在谣言的蛊惑下，许多对冲基金从贝尔斯登撤出了经纪账户，从信用违约互换市场购买保险以应对银行违约，然后开始疯狂地做空股票——这自然而然地推高了信用违约互换的价格。无论是否如此，看起来这家公司似乎即将死在自己赖以生存的利剑之下。

周四晚上，来自美联储、财政部、证券交易委员会和其他机构的金融消防员彻夜未眠，就“紧急援助”的利弊展开辩论，并试图弄清楚如果这是高层的决定，该如何施行。这一决定在周五清晨开市前发布了：美联储将以摩根大通银行作为中介向贝尔斯登提供 130 亿美元的贷款以帮助其度过这个周末（具体金额并未公布）。这一决定既令人震惊，又具有里程碑意义。它是决定性的一步。

为什么呢？要记住，贝尔斯登不是一家银行（从技术上来讲，贷款是提供给摩根大通的）。它从未受过美联储监管。美联储副主席唐·科恩（Don Kohn）将这一决定称为“一个当时还无法断定后果的、无可挽回的决定”。正如记者大卫·韦塞尔（David Wessel）评论的那样：“事实是，陷入困境的美联储此举是如此背离传统，以至于当熟悉华尔街内情的人们听到保尔森和伯南克在周五早上所做的简短报告后，并没有立即明白到底发生了什么。”

为了证明这一史无前例的行动是正当的，美联储援引了一则鲜为人知的《联邦储备法》（*Federal Reserve Act*）条款，第 13 条第 3 款，它注定将成为一则广为人知的条款。第 13 条第 3 款规定了一项绝对多数授权，当 7 位委员中的 5 位同意时，可以在“非常且紧急的情况下”向“任何个人、合伙企业或者公司”发放紧急贷款。这是美联储拥有的一项鲜为人知的权力，且自 1936 年以来从未启用过。这段历史的小注脚之一是，联邦储备委员会当时只有 5 位在任委员，而其中之一（弗雷德里克·米什金）正在飞越大西洋的航班上。幸运的是，后“9·11”时代的应急方案认为，在少于 5 位委员而贷款需要确属紧急的情况下，只要参与投票人员意见一致即可生效。情况确属紧急，因此一次 4∶0 的投票生效了。整个危机期间对现已著名的第 13 条第 3 款多次运用，而那次贷款被证明是始作俑者。美联储已经破冰。

美联储提供给贝尔斯登的这笔具有历史意义的贷款，仅够该公司支撑到 3 月 14 日周五营业结束。美联储仍可宣称他们坚守了白芝浩原则：以优质抵押物作担保，贷款给有偿付能力而流动性不足的机构，尤其是这笔初始贷款还是带息全额还款的。美联储将周末的时间完全花在了另一项任务上：为贝尔斯登的剩余资产寻找买家。最终的结果是，只有一个具有可行性的买家：摩根大通。这家金融巨头过去曾担任贝尔斯登在回购市场的清算银行，它对贝尔斯登的资产状况有着充分的了解，因而能够迅速完成必要的尽职调查。它对获取贝尔斯登的部分业务也颇感兴趣。或许最重要的是，摩根大通有着吸收贝尔斯登以及随之而来的风险所需的“堡垒式资产负债表”。

在这场引人瞩目的角色互换中，美联储和财政部变成了一对投资银行家，他们努力促成两家华尔街公司的交易，即刚刚接受美联储 130 亿美元贷款的贝尔斯登和美联储所管控的摩根大通。诚然，这是一个棘手的问题。而且在这场特殊的扑克游戏中，政府并没有拿到一手好牌。摩根大通的首席执行官杰米·戴蒙（Jamie Dimon），这位广受赞誉的交易人，手握最后的王牌：摩根大通是这场酷似周末减价销售的交易中唯一一家可行的买家。保尔森意识到：“由于我们只有一个买家而且无暇做尽职调查，我们几乎没有谈判的筹码。”因此情况就是：“开价吧，戴蒙先生。”

那个周末，一支名副其实的摩根大通银行家部队突袭了贝尔斯登总部，审阅账册。这很方便，这两家公司在曼哈顿市中心几乎是邻居。他们看到了一些不招人喜欢的东西，尤其是贝尔斯登有着大约300亿美元的问题抵押贷款相关资产。这是摩根大通根本不愿意接受的，因为它自己已经身陷大量的垃圾抵押贷款中了。这也正是戴蒙告知美联储和财政部的。

对伯南克和盖特纳来说，那300亿美元正是主要的绊脚石。通过摩根大通向贝尔斯登提供几天的借款是一回事（即使这一举动极其反常，至少第13条第3款对它是允许的），真正要买入一系列摩根大通认为对其股东来说过于冒险的抵押资产则是另外一回事。毕竟，美联储的实际“股东”是纳税人。[①] 如果美联储将这些问题资产装进自己的资产负债表，纳税人将承担那些戴蒙不愿让自己的股东负担的风险。这不是法律条令的问题。美联储的律师可以轻易地将这笔交易构造为一笔贷款而非买卖，而这正是他们最终的做法。[②] 恰恰相反，它实质上是一个政策问题：美联储承担那么多风险合适吗？毕竟，在真正的白芝浩原则中，每一笔美联储贷款都需要以优质抵押物作担保。美联储不应该吸收亏损。

央行对跨过传统的白芝浩原则持谨慎的态度，首先试图让财政部提供现金。被选举出来的政府应当负责任，对吗？或许吧。但这就需要国会通过一项法案，然而在如此短暂的期限内显然是不可能的，或许在任何情况下都是不可能通过的。然后，美联储请求财政部为贝尔斯登的损失作担保，财政部的律师同样拒绝了这一提议。

美联储陷入了两难的境地。伯南克可以让贝尔斯登在那个周末倒闭，无论这将导致什么后果；或者把头放在砧板上，去买入300亿美元的问题抵押贷款相关资产，让纳税人暴露在损失不可预知的风险中。他选择了后者。

---

① 准确地说，12家联邦储备银行是私人公司，它们的股东是会员银行。但是会员银行既不控制联邦储备银行，也不分红或承担亏损。利润和损失都归属于美国财政部。

② 从技术上来说，他们创造了一个叫作“仕女巷”（Maiden Lane）的特殊目的载体，以纽约联邦储备银行（简称纽约联储）的地址命名，并且借款给它。仕女巷随后购买了这些资产。

这个决定不仅敲定了这笔交易，也让他为接踵而至的问题做好了准备。摩根大通同意先吸收10亿美元的亏损，将剩下的290亿美元不确定的亏损留给美联储。握有这一担保，摩根大通才同意以每股2美元的价格买下了贝尔斯登的所有普通股，这个价格甚至低于这家垂死挣扎的公司在麦迪逊大道上的总部大楼的市值！其后，摩根大通的董事会会议记录显示，他们将买入价由4美元降至2美元，“因为政府不会允许出更高的价格……由于联邦政府用纳税人的钱去‘紧急援助’投行的股东，这一行为充满‘道德风险’”。买入价后来被调高至每股10美元，以确保贝尔斯登的股东不会对“并购”投否决票。在几乎无人看见的幕后，他们用了大概3个月才对这桩周日仓促安排的勉强婚姻的全部细节达成一致。

关于道德风险的辩论

“道德风险”是那些不能通过字面含义理解的短语中的一个。尤其是，这个从保险行业舶来的短语无论如何都与道德沾不上边。与之相反，它是关于承担风险的动机，以及人们对其做出的反应。

道德风险背后的核心思想是，对某些风险拥有充分保险的人不太可能会尽力（或者付出成本）去规避风险。举一些常见的非金融范畴的例子，比如：购买了完备的水灾险的人，更有可能将房屋建在洪泛平原上；购买了完备的火灾险的人，或许不会将大笔的钱花在购置洒水系统上；驾驶着拥有优越安全性能车辆的人，安全驾驶意识可能差一些。很明显，这些行为与保险公司如何对水灾险、火灾险和车险进行定价息息相关。他们肯定考虑到了购买保险的行为会导致人们承担更大的风险。在金融领域，一旦某个第三方——通常是政府，插手为风险损失保险，抑或是减轻其后果，人们对道德风险的担忧势必加剧。例如，那些抱怨道德风险危险的人从来不喜欢存款保险，这种保险用来消除被保险存款人由于将钱存放在一家不安全银行而遭受损失的可能性。他们不喜欢政府为任何事情提供担保——比如拜房利美和房地美所赐的（收费的）抵押担保。并且，他们当然也不喜欢那些“紧急援助”，它们通过减轻失败的痛楚而使承受风险变得不那么可怕，因而加大了损失的可能性。毋庸赘言，他们一点儿也不喜欢对贝尔斯登的“紧急援助”。没有人否认道德风险的存在：辩论集中在风险的计量和权衡上。以贝尔斯登作为具体案例，华尔街的其他公司会不会列队等候享受复制贝尔斯登经验的殊荣呢？许多存在道德风险的鸽派认为未必如此。或许更重要的是无辜旁观者的命运。伯南克、盖特纳以及其他人并未将拯救贝尔斯登视作慈善或者宽容的行为。他们这样做是因为他们惧怕混乱的破产会对第三方和经济本身造成大范围破坏。

这一权衡浓缩了道德风险争论的精华。“紧急救援”可以缓解目前严重的问题，但是它也为未来埋下了隐患，它给了市场参与者一个信号，即日后政府也会为其他公司提供“紧急援助”。

为什么拯救贝尔斯登

被称为对贝尔斯登“紧急援助”的行为立即引起了争论，直至今日。从这个有点轻蔑意味的短语“紧急援助”说起，美联储并未将这次行动视作“紧急援助”，贝尔斯登亦然。毕竟，这只股票在 2008 年 2 月每股曾高达 93 美元。到了 3 月，股东却只能得到每股 2 美元（后来变成了 10 美元）。仅吉米·凯恩一人就损失了 10 亿美元。此外，公司并未被拯救，它已经死亡——被并入了摩根大通。在贝尔斯登总部看来，它更像一场葬礼而非“紧急援助”。那么究竟是谁得到了“紧急援助”呢？基本看来，是贝尔斯登的债权人，它们大多数是那些有可能在破产程序中遭受损失的金融机构。

批评纷至沓来，纷纷指向美联储的决定。它们来自各个方面，包括美联储内部。财政部仍身处幕后，它丝毫没有涉险。尽管财政部部长亨利·保尔森私下参与了每一个环节，但在外界看来，这更像是美联储的行动，由盖特纳领导并得到了伯南克的支持。因此，美联储承担了大部分责任。但是由于责任重大，保尔森也承担了他的那份。

道德风险的拥护者们以一贯的理由对“紧急援助”进行了严厉的责难。毕竟，根据这一教条，为了缓解破产之痛而采取的任何行动，都会使未来的投资者对于承受风险放松警惕，而这些风险几乎毁掉了贝尔斯登。例如，米尔顿·弗里德曼（Milton Friedman）的作品合著者安娜·施瓦茨（Anna Schwartz）[①]称之为“流氓行动”。4月3日，伯南克、盖特纳和财政部的罗伯特·斯蒂尔出现在参议院银行业委员会来解释贝尔斯登的交易。参议员吉姆·邦宁（Jim Bunning），棒球大联盟明星前投手及美联储的宿敌，表示他对“紧急援助”感到“非常困扰”：“这不应该是我们的做法，至少从我学到的知识来看是这样的。”而后，他补充了一个不祥的但有先见之明的问题：“如果美林、雷曼兄弟或者类似机构成为下一个，你们会怎么做？”对于伯南克和盖特纳来说，幸运的是，邦宁的提问时间到此为止，他们无须回答这一问题——至少在9月前是这样的。

然而，来自美联储“内部知情人士”的批评更让人刺痛。在4月8日的那份引人注目的陈述中，保罗·沃尔克对纽约经济俱乐部表示，美联储已经触及了“其合法和隐含权力的边界，超越了若干央行长期遵循的原则和惯例”。这听起来像是谴责，鉴于沃尔克在美联储令人敬畏的声望，他的话像是直接从奥林匹斯山上传来的责难一样。文森特·莱因哈特（Vincent Reinhart），这位2006年退休的美联储前高级雇员，打破了美联储以往牢不可破的团结，他公开批评关于贝尔斯登的决定是“这一代最严重的政策错误”，并预言这将树立起一个先例：从此以后，一旦有大型金融机构处于摇摇欲坠的边缘，美联储都将会施以援手。（他会想到雷曼兄弟吗？）3个月后，里士满联邦储备银行主席，或许是联邦公开市场委员会中最为保守的成员杰弗瑞·莱克（Jeffrey Lacker）的一次演讲登上了伦敦新闻的头条，演讲中以道德风险为由，公开指责了有关贝尔斯登的决定。

正如我们即将看到的，对道德风险的批判和“紧急援助”的费用对未来的决策影响颇深，包括对雷曼兄弟的决策。但先让我们询问一下美联储和财政部，为何在清醒地意识到隐含道德风险的情况下，仍决定“紧急援助”贝尔斯登的债权人。

---

① 米尔顿·弗里德曼曾与安娜·施瓦茨合著过《美国货币史（1867—1960）》。——编者注

最初的想法当然是错误的：即对贝尔斯登的拯救是遵循了由来已久的“大而不倒”（too big to fail）理论。“大而不倒”的理念是指一些企业，无论是不是金融机构，其规模如此之大，以至于它的破产，尤其是突如其来的破产，都将会对其他的企业、消费者乃至整个经济造成巨大破坏，这种破坏大到政府不得不以某种方式干预。[①]这一理论的命名有失偏颇。有些情况下，更好的解决方法或许是让企业缓慢、平和地休止，将对相关方的损害降至最低。因此，这一理念或许应该被称为“大而不混乱地倒”。但是，标签一旦被贴上，就会产生黏性。无论怎样，这一理论就是被称为“大而不倒”。

但是，我刚才是不是说过，贝尔斯登或许并非“大而不倒”？当然，它的确是一家大企业，其 2007 年 11 月 30 日的资产规模达 3 950 亿美元。但请记住，它仅仅是华尔街第 5 大投行。当时其他几家的资产规模从 6 910 亿美元（雷曼兄弟）到 1.12 万亿美元（高盛）不等。相比之下，贝尔斯登的规模很小，而且我还没有提及大型的银行和保险公司。在 2007 年底，资产规模超过 3 950 亿美元的银行控股公司有 7 家。全美最大的互助储蓄机构——华盛顿互惠银行资产达 3 270 亿美元。4 家大的保险公司的资产规模都超过了 3 600 亿美元。这些数据均为公开信息，为金融爱好者所熟知。因此，如果贝尔斯登属于“大而不倒”之列，那么至少还有 16 家其他公司也是如此。如果你在 2008 年 2 月就该问题开展一次专家意见调查，我相信大多数观察者都会认为贝尔斯登是低于“大而不倒”的门槛的。我就是这样认为的。

那么，为什么美联储和财政部不愿意让贝尔斯登在那个周末倒下呢？最主要的原因是它们担心贝尔斯登在以下几方面“牵连太多而不能倒”（too interconnected to fail）。

第一，它与许多金融企业密切关联，尤其是对冲基金。贝尔斯登的主要业务线之一就是担任数以百计的对冲基金的主要经纪公司，负责为它们执行交易、持有抵押物、接收和支付款项等。这些基金在各类市场占据大量交易份额。当局担心的是，一旦贝尔斯登倒闭，全球市场将会陷入严重混乱。记得多米诺理论吗？那才是适用的学说。

第二，与上一条相关联，贝尔斯登是成千上万笔衍生品交易的交易对手。没有人

① 2009 年对通用汽车和克莱斯勒的救助是“大而不倒”理论在非金融行业的主要应用。——译者注

知道这个数字是多少。正如亨利·保尔森后来向金融危机调查委员会所说："如果贝尔斯登倒下了，数以百计乃至数以千计的交易对手就不会再继续持有它们的抵押物，而是试图出售抵押物、压低价格，这会造成更大的损失。"很明显，这正是10年前美联储安排私营机构救助美国长期资本管理公司的基本原因，而贝尔斯登当年拒绝参与这项救助行动。

第三，根据伯南克随后的证词，即使贝尔斯登"并不是一家那么大的公司（因此它并非'大而不倒'的案例）……我们的观点是，鉴于它在至关重要的回购融资市场中参与度如此之高，以至于它的破产将会击垮这个市场，这也将对其他公司产生影响"。

第四，贝尔斯登的风险状况远非个案。如果贝尔斯登倒下，那么其他公司也会紧随其后。就像保尔森后来所说的，"如果贝尔斯登的情况仅仅是独立的个案，我们或许会任它倒下。但是我们意识到，贝尔斯登的破产可能会使人们对其他面临同样窘境的金融机构的命运产生怀疑。市场会寻找下一只受伤的鹿，然后是再下一只，这样整个系统将会遭遇严重风险"。当然，在其他人眼中，这一论调恰恰被相反地解读：拯救贝尔斯登意味着一种心照不宣的承诺，即如果需要的话，政府也会拯救雷曼兄弟、美林证券、摩根士丹利和高盛。事实上，政府随后即将拯救这四家中的三家。

总之，贝尔斯登被认为是"牵连太多而不能倒"。但这是真的吗？我们永远不得而知，尽管6个月后雷曼兄弟破产所导致的多重灾难给予这一说法实质性的凭证。不管怎样，美联储和财政部相信这是真的，并且遵照这一信念在行动，但财政部依然小心行事。这不足为奇。你怎样去向选民解释，政府刚刚承担了290亿美元的风险，去拯救对冲基金、衍生品交易者和三方回购市场？

尽管已有10年前美国长期资本管理公司的案例在先，"牵连太多而不能倒"的理论在当时看来很新奇，而且多少有些晦涩，并且从某种意义上来说确实如此。然而，在那个案例中，美联储并没有为促成交易而掏一分钱。相反，它从中斡旋，软硬兼施，说服了除贝尔斯登外的华尔街所有大型企业，帮助美国长期资本管理公司勉强维持下去，以免由于它的破产而触发一系列连锁反应。因此，2008年3月对贝尔斯登的拯救行动，其实是“牵连太多而不能倒”理论的第二次重大实践，但是与上次的巨大不同是：这一次，美联储在所不惜地投入了大量金钱。

那么，另一阵营的论调是什么呢？**第一种论调已经提到过，正如莱因哈特所说，这次行动开了先例**。美联储一旦参与进来，便很难脱身了。

第二种论调是，这一先例诱发了道德风险。道德风险与其说是来自其他华尔街公司的高管和股东——毕竟贝尔斯登的高管和股东遭受了巨额的个人损失，不如说是来自为不可靠的贝尔斯登提供贷款的个人和机构。毕竟，他们才是真正被纳税人紧急援助的对象。他们会更加小心吗？还是会寄希望于政府的下一个“紧急援助”？如果是后者，维护金融体系的制衡机制之一——警示债权人，将会受损。

第三种论调是，有人认为对贝尔斯登的救助超出了美联储的法定权力。当然，他们错了，第 13 条第 3 款很明确地赋予了美联储这次行动的合法性。但是或许这代表了国会的意图。的确，在大约两年后的《多德－弗兰克法案》中，国会剥夺了美联储的这项权力。经过修正，第 13 条第 3 款不再授权为特定金融机构提供紧急贷款——仅供给“具有广泛适用性的项目或设施的所有参与者”。

另一个重要的历史脚注是：3 月 16 日，周日，摩根大通宣布对贝尔斯登进行收购和美联储宣布批准收购的同一天，联邦储备委员会创造了一级交易商信贷工具。它通过诸如扩展合格抵押物范围等措施使得借款给证券公司变得更加容易。贝尔斯登的管理者仍然认为，如果他们被允许使用一级交易商信贷工具，那么无须获取援助，他们也可以避免破产。詹姆斯·凯恩表示，一级交易商信贷工具晚到了“仅仅 45 分钟”，否则他的公司就可以获救。但时间不会逆转，没有人知道会不会这样。

为“两房”烦恼

或许是由于贝尔斯登获救，“贝尔斯登日”过后，一时间风平浪静。市场出现了一些恢复常态的假象，金融灾难的故事不再占据新闻头版。从 2007 年 10 月 9 日到 2008 年 3 月 14 日已经下跌近 18% 的标准普尔 500 指数，在 3 月 14 日到 5 月 2 日回升了其下降幅度的一半。风险利差和通过信用违约互换来防止违约的成本均有所下降。例如，广为关注的3个月泰德利差①竟然从204个基点下降到了77个基点。许多大型银行和余下4家投行纷纷进入市场并成功融资。

尽管如此，在平静的表面下，水正在沸腾。房价、按揭贷款和止赎权（即丧失抵押品赎回权）问题日趋严重。没有人确切地知道，这几家大型银行的表内（和表外）究竟还隐藏着多少垃圾资产。庞大的、缺乏监管的场外衍生品市场仍然是一块黑暗而可怕的大陆。贝尔斯登的迅速解体是一声鸣枪预警，它使人们对高杠杆率和低流动性相结合的这种高风险的华尔街商业模式产生了怀疑。雷曼兄弟接替贝尔斯登成了羊群中最慢的羚羊。随后是两家一瘸一拐的抵押贷款融资巨头：房利美和房地美。

房利美即最初的联邦国民抵押协会，成立于1938年。作为政府资助企业，它的任务是增加进入住房领域的流动资金，并建立可供抵押贷款交易的二级流通市场。1968年，它转变为一家公众公司而从联邦预算中脱离。房地美即最初的联邦住房贷款抵押公司，于1971年注册成立并与房利美竞争，以此来提高二级抵押市场效率。两家公司的股东均谋求资本收益和红利，这与所有股东所谋求的一样；管理者则努力讨好他们的股东，这与所有公司的管理者的做法一样。

一切看起来都很正常，除了一个至关重要的事实：这两家公司有着相似的特征，它们留给市场的印象都是准政府企业。最重要的是，房利美和房地美均能从美国财政部获取信用额度的事实使市场断定，一旦震荡来袭，财政部会为它们的债务提供支持。②实际上，美国政府对“两房”并无明确的法律担保义务。尽管如此，大家还是几乎一致地认为存在着隐含担保：政府绝不会允许房利美或房地美拖欠债务。并且，事实是当震荡来袭时，政府确实是这样做的。

除了国库券，房利美和房地美的证券被认为是人们可以买到的最安全的资产。许

① TED Spread，伦敦同业拆借利率和美国国库券利率之差。——编者注

② 此外，房利美和房地美在美国证券交易委员会注册，要求国税和地税方面享受豁免，并且有几位董事是美国总统任命的。

多风险规避型投资者，包括银行、市政府和外国政府，都认为房利美和房地美的债券像美国国债一样安全并且有着更高的收益率，这是一笔很好的资产。因而，这对抵押贷款双雄能以最低的利率发行债券，比最优质的蓝筹公司举债所需支付的利息还低。这一优越性赋予了房利美和房地美在抵押贷款业务上的巨大竞争优势，它们也由此成长为金融巨头。这两家政府资助的企业因而成了掺杂着公共目的和私人利益的尴尬混合体，之后它们将反过来纠缠纳税人。

隐含的政府担保和“两房”只做等级较高的抵押贷款的传统使得一些事情纷至沓来。正如危机初期房地美的一位管理者对我说的，“我们拥有的是好东西”。这是相对而言的。

第一，抵押贷款双雄被允许在极为宽松的监管制度下以极高的杠杆经营。2007 年底，当楼市崩盘蓄势待发时，房利美和房地美的杠杆率大约是 75：1。是的，那意味着其资产 1.4% 的损失就会使“两房”陷入资不抵债的境地。

第二，按照规定，房利美和房地美是不允许投资到其他资产类别的。抵押贷款、抵押担保和抵押贷款相关证券构成其所有收益性资产。在某种程度上，这三大要素其实是同一资产的不同形式而已。一旦百年一遇的洪水吞没了房地产市场，房利美和房地美注定要破产。2006 年，当这些真的发生时，房利美和房地美的末日也随之降临。

第三，在房地产泡沫时期对业务策略的调整使得它们更加脆弱。在住房和城市发展部（也来自国会）保障性住房目标，以及来自华尔街市场份额竞争的双重压力下，在利润的诱惑下，“两房”开始担保并购买风险更大的抵押贷款。“两房”所拥有的次级抵押份额由 2001 年的 16% 上升到了 2004 年的 33%。双雄不再只是拥有“好东西”。然而，正如格拉姆里奇所说，“政府资助企业在次级抵押贷款市场中所扮演的角色，远不如其在优质抵押贷款市场上那么伟大。许多次级抵押贷款并未达到房利美和房地美的承销标准”。幸运的是，2007 年夏天，当市场开始瓦解的时候，“两房”的次债份额已经降到了 17%。尽管如此，这仍然意味着它们背负了大量的风险抵押证券。

少数几位观察者指出，房利美和房地美的低税收和次级抵押贷款组合是破坏整个金融体系的显著弱点。例如，金融危机调查委员会委员彼得·沃利森（Peter Wallison）在他的反对意见中表述“我相信金融危机的必要条件是美国政府的住房政策”。另一则直言不讳的批评来自《纽约时报》的格莱金·摩根森（Gretchen Morgenson），她在自己的《鲁莽濒危》（*Reckless Endangerment*）一书中声称，“房利美是放松贷款承销标准的始作俑者”。

然而，大多数专家将这一描述看成是一种讽刺。例如，“房利美和房地美（政府资助企业）的商业模式，即作为私人部门，公开交易，属于营利性企业，却隐含着政府支持和公共使命，从根本上来说，是有缺陷的”。尽管如此，它的结论是“政府资助企业的抵押贷款证券，在危机期间基本保持了它们的价值，并未造成显著的金融企业损失或对金融危机产生至关重要的影响”。我曾与许多其他金融专家讨论过这一问题，他们也都认为房利美和房地美只是配角，远非剧中的主角。我也这样认为。

无论它们在危机中扮演的角色大小，没有人会谴责财政部部长亨利·保尔森未能在酝酿阶段看到房利美和房地美的问题。就在“贝尔斯登日”的几天后“，两房”的不力监管机构——美国联邦住房企业监督办公室降低了对政府资助企业的资本金要求。它允许两家公司以比之前更高的杠杆率运营。为什么呢？因为这样他们可以为萎缩的房地产市场提供更多的支持。作为报答，“两房”含糊地承诺进入市场并筹集更多的资金没有具体金额。

尽管如此，你可能还在惊讶：更高的杠杆率？那听起来近乎疯狂，直到你回想起当时的金融危机的大火几乎已经吞噬了房利美和房地美所有的私人部门竞争者。当它烧到住房信贷领域时，“两房”已经是唯一幸存的机构了。但是，且不论联邦住房企业监督办公室的行动正确与否，它削弱了房利美和房地美本已脆弱的防御体系。

房地产市场上的损失在不断增加，房利美和房地美的市场份额不断扩展，这使得它们的资本基础进一步萎缩。人们对“两房”的信心石沉大海，而不断下跌的还有它们的股价。在信用违约互换市场中，为它们的债务提供保险的成本一路飙升，它们的借款利率亦然。这看上去越来越像是一个死亡旋涡。

2008年7月中旬，保尔森请求国会授权自己向房利美和房地美注资，并且提高它们的信贷额度，从而使隐含政府担保变得明确，以防止财政部不得不亲自支持它们。布什总统犹犹豫豫地批准了这一行动。他不喜欢政府资助的企业，但他知道它们对正在沉没的住房金融市场必不可少，他说："第一要务就是'拯救它们'。"保尔森曾在一次参议院委员会上表示他需要一个"火箭炮"，这个不那么精彩的隐喻很快就会回来困扰他。为什么需要如此重型的火炮？因为，用他的话来说，"如果你怀揣着一支水枪，你需要把它亮出来。如果你拥有火箭炮，并且人们知道你拥有它，你可能无须将它亮出"。

7月末，国会赋予了保尔森他想要的"火箭炮"，同时提高了财政部对房利美和房地美的信贷额度并强化了监管。联邦住房企业监督办公室被新成立的联邦住房金融局替代，除了别的职能之外，联邦住房金融局被赋予在必要时对"两房"进行托管或接管的权力。数周内，保尔森将会发射那枚他曾表示可能不会使用的"火箭炮"。

9月7日，政府将房利美和房地美纳入托管，不可能发生的事情再度发生。"托管"这个词语十分恰当。截至2012年8月，政府已经耗资约1 400亿美元使房利美和房地美得以存活并正常运营，预期能收回大部分资金。2008年9月的那一天，保尔森和伯南克一定深感释然。正如财政部部长在回忆录中所描述的那样："政府资助企业危机差点儿让我累死。我告诉（白宫首席顾问）乔什·博尔顿（Josh Bolten），应对它是我处理过的最棘手的事情。"但是保尔森和伯南克并没有任何喘息的时间。请注意这个日期：2008年9月7日，正是金融体系中的"泰坦尼克号"撞到冰山的前一周。对他们来说，最大的一场闹剧——雷曼兄弟破产，即将上演。

末日决战真正到来

负面经济事件的后果总是被"末日论者"夸大，那是一群跟着感觉走的专家、预言家和靠做最坏预测谋生的记者。末日将近的预言引起了大量关注，它出现在电视上，有时甚至出现在畅销书的书名上，例如《如何在即将到来的××灾难中获利》。

但是，“末日论者”几乎永远是错误的。经济，即使是更不稳定的金融体系，都比那些悲观论者所评价的更具韧性。火车事故不会频发。因此，20 世纪 70 年代的石油输出国组织 OPEC 并没有使西方国家屈服，那个时期的大通胀也没有摧毁美国的货币体系。如我们所知，1993 年的高税收也并未使资本主义走向终结，而 2000—2002 年的股市崩盘，除了股市自身之外并未摧毁任何事物。

然而，雷曼兄弟破产带来的后果则是这一规则的反例。几乎所有事情在急转直下，超出了大多数人的预料，使得最悲观的预言成了最准确的预言。速度之快令人惊诧。2008 年 9 月 15 日必将成为经济史上的灾难日，也将成为危机的转折点。当下的问题是：为什么？

雷曼兄弟是华尔街的老字号之一，远比贝尔斯登的历史久远。这家 158 岁高龄的公司经历了南北战争、1907 年大恐慌、1929 年股市崩盘、大萧条等诸多历史事件，均得以幸存。它也曾多次被豺狼视为缓慢的羚羊。每一次金融骚动，雷曼兄弟似乎都被推测是岌岌可危的。在 2007—2008 年拉开帷幕的众多金融危机里最严重的一场中，人们清楚地看到，雷曼兄弟已经满载了抵押贷款相关证券，尤其是商业不动产抵押贷款，甚至还有写字楼和购物中心等高价房地产。对于一家专门从事金融的企业来说，这可能并非明智之举。但是狂喜总能影响人的判断，雷曼兄弟在那场泡沫中获利颇丰。

在商业不动产领域的巨大敞口是雷曼兄弟与包括贝尔斯登在内的华尔街兄弟的区别所在。然而，在其他方面，雷曼兄弟和几家大型投行别无二致。要特别指出的是，它是华尔街新型模式的最好例证，即通过高杠杆化、倚重廉价的短期借款以赚取巨额利润。2008 年第 1 季度末，雷曼兄弟有价值近 2 000 亿美元的回购协议尚未偿还。贝尔斯登被收购后，这一让人兴奋却又容易引火烧身的混合体的脆弱性，引起了许多观察者的注意——其中当然包括伯南克和保尔森[①]，也包括许多投机者和卖空者。新的华尔街模式看起来不太可靠，而且在市场眼中，雷曼兄弟很可能是下一个倒下的金融机构。

① 正如保尔森在其回忆录中写道：“我们从对贝尔斯登的处置中学到了很多，我们学到的东西吓坏了我们自己。”

在“贝尔斯登日”，雷曼兄弟的首席执行官理查德·富尔德（Richard“Dick”Fuld）知道他的公司已经被瞄准，当周一股票开盘时，雷曼兄弟的股票也确实遭遇了连番攻击。正如他之后向金融危机调查委员会所抱怨的那样，“贝尔斯登因谣言和信心的流动性危机而倒下。紧随其后，谣言和无担保卖空向我们袭来”。确实如此。但是雷曼兄弟成功地稳住了大局，又勉强维持了 6 个月。

雷曼兄弟的主要监管机构与贝尔斯登一样，是“嗜睡”的美国证券交易委员会。然而，在拯救贝尔斯登后，尤其是当美联储开始借款给经纪自营商后，央行开始监管雷曼兄弟和其他三家华尔街巨头——采取监控、压力测试、要求提供数据以及类似措施。央行担忧雷曼兄弟的安全和稳定，更多的是，担忧一旦雷曼兄弟破产所造成的系统性风险。除此之外，雷曼兄弟还是近百万笔衍生工具合约的交易对手，是回购市场的大额借款人。不幸的是，贝尔斯登倒下后的几天乃至几个星期的时间里，雷曼兄弟的一些衍生品和回购市场交易对手开始减小对雷曼兄弟的敞口；有几家则取消或者限制它们的信用额度。正如保尔森的观点，“当市场对它失去信心时，它就会倒下”。继贝尔斯登之后，市场对雷曼兄弟的信心似乎也正在快速消失。

贝尔斯登被“紧急援助”后的第一周，富尔德和其他雷曼兄弟高管开始在公开声明或接受采访时，强调公司拥有充裕的资金和流动性，并且（低声地说）它现在也可以向美联储借款。雷曼兄弟有充裕的资金和流动性，无须担心。这不正是贝尔斯登曾经说过的话吗？

2008 年 5 月 31 日，在向美国证券交易委员会递交季报的时候，雷曼兄弟的资产负债表上显示的股东权益还有 260 亿美元，它宣称这对于支撑其 6 390 亿美元的资产来讲绰绰有余（这个杠杆率为 25 : 1）。它还夸口说自己有着 450 亿美元的储备流动性。但是，同样的资产负债表上还显示着大约 210 亿美元的不动产和大约 720 亿美元的“抵押贷款和资产支持证券”。没有人相信这些东西值 930 亿美元。如果它被减值约 30%，那么股东权益将不复存在，这令美联储和财政部对雷曼兄弟的偿付能力深表怀疑。更糟糕的是，人们后来发现雷曼兄弟曾运用会计手段隐藏部分负债，因而使得其净值和杠杆看起来比实际情况好些。

在决定性的 3 ～ 9 月期间，富尔德知道自己的公司需要筹集更多的资金并改善其流动性情况。但两者均非易事。在 6 月之前，雷曼兄弟的确成功地通过发行优先股和长期债务筹到了 150 亿美元资金，但这远远不够。雷曼兄弟的流动性蓄水池仍然太过依赖于以抵押贷款相关资产为担保的短期贷款——正是这一策略葬送了贝尔斯登。市场对这一策略越来越警觉。抵押物到底如何？雷曼兄弟真的有偿付能力吗？

2008 年 7 月，富尔德一度建议美联储通过将雷曼兄弟转变成一家银行控股公司以得到保护。但是盖特纳拒绝了这一提议，认为这是“耍花招儿”。这是在后来摩根士丹利和高盛命悬一线时，美联储迫切想要使出的一个花招儿。在富尔德的请求被拒绝后不久，纽约联邦储备银行的比尔・达德利（Bill Dudley），盖特纳的继任者，为雷曼兄弟提出了一个与贝尔斯登类似的解决方案，其中包括美联储的 550 亿美元贷款。这是一个非正式建议，未经充分研究，而且很明显在当时也未受到重视——或许达德利本人也是这个态度。然而回过头来看，它或许是一笔非常划算的交易。

它不是唯一未被采纳的主意。整个暑期，雷曼兄弟与韩国发展银行展开的一场旷日持久的股权投资谈判，在几经波折后还是破裂了，而且恰好在房利美和房地美被政府托管的时点上；与美国银行的非正式接触延续了一段时间，也还是无疾而终，因为政府不愿意掏一分钱。在这场游戏的后期，美国银行的首席执行官肯・刘易斯（Ken Lewis）告诉保尔森他愿意买下雷曼兄弟，只要政府愿意接手大部分风险和一个 400 亿美元的问题资产池。回头来看，这是一笔很小的开支，但是保尔森拒绝了。就在雷曼兄弟破产的当天，美国银行转而收购了美林。

雷曼兄弟与巴克莱资本这一英国投行巨擘的恋情可谓分分合合，但几乎要谈成了。这要回溯到 2008 年 4 月，财政部的鲍勃・斯蒂尔，高盛公司的前银行家，打电话给他伦敦的朋友鲍勃・戴蒙德（Bob Diamond，时任巴克莱资本总裁）。斯蒂尔的直率令戴蒙德震惊，他问道：“你对出价购买雷曼兄弟有兴趣吗？如果有的话，你需要我们做什么？”美国政府重操投行旧业。惊诧的戴蒙德答应考虑一下——他的确这样做了。以低廉的价格收购雷曼兄弟可以使巴克莱资本得到英国公司垂涎已久的东西：

华尔街圆桌上的一个大大的席位。但是，这个念头在几个月后消失得无影无踪。

到了9月初，雷曼兄弟的处境进一步恶化，看起来它似乎走到了峭壁的边缘。大约就在那时，巴克莱资本的管理者认为是时候重拾雷曼兄弟计划了，倘若能够以极其便宜的价格买到这家纽约投行——正如它看起来的那样。说得委婉一些，财政部和美联储批准了这笔交易。除了这是一家英国公司之外（不过这不是他们担心的问题），巴克莱资本是为数不多的、能够顺利渡过难关的金融巨头之一。正如摩根大通有着足以挽救贝尔斯登的资产负债表，巴克莱资本也有着能够挽救雷曼兄弟的资产负债表——如果价格足够低的话。而且，斯蒂尔已经强烈暗示美国政府不仅会促成这笔交易，甚至还会掷进去一笔现金。在9月12日至14日那疯狂的几天，巴克莱资本中向纽约派出了一支由戴蒙德带队的小组，匆忙地完成了尽职调查。

3～9月期间，情况发生了变化。一部分归咎于贝尔斯登的负面宣传，另一部分归咎于对房利美和房地美无限制的承诺，如今保尔森划定了底线：公众的钱不会投给任何与雷曼兄弟有关的交易，与4月斯蒂尔对戴蒙德的建议大相径庭。事实上，保尔森随后以担心产生道德风险为由来解释让雷曼兄弟破产的重大决定。

在与伯南克和盖特纳的电话会议中，保尔森明确表示他不赞成花费公众（包括美联储）的钱来挽救雷曼兄弟。“我已经被称为‘紧急援助’先生，”他说道，“我不能再这么做了。”为了坚定自己的立场，我猜想，9月11日，星期四，保尔森的助手将他“不花费纳税人金钱”的誓言泄露给了出版社。到了星期五，这一消息中已经充斥着媒体——一个既成事实。这激怒了纽约联邦储备银行的盖特纳。据《华尔街日报》大卫·韦塞尔的报道，盖特纳认为“在金融危机期间，公开划清‘界线’是愚蠢的”，他对保尔森说：“你将不得不花的公众资金金额正在上升，比你原本要花的更多！你的声明简直太过分了！”经过测算，为促成巴克莱资本达成交易，美国政府需要投入的公众资金将介于120亿～600亿美元。与美联储和财政部后来的承诺相比，这当中的任何金额都是小数目。

仅仅动用私人资金来完成交易的决定使得雷曼兄弟的问题更加难以解决。尽管如此，那个周末，盖特纳和保尔森为了促成这笔与美国长期资本管理公司类似的交易，所做的最后努力几乎就要成功了。在这笔交易中，巴克莱资本所要填补的窟窿需要华尔街的公司组成财团才能合力填补。然而，应了那句老话，“差之毫厘，谬以千里”。

最终，问题延伸到了雷曼兄弟那张充满疑点的资产负债表之外。美国人尚不知情的是，按照英国的法律规定，这笔交易必须由股东投票批准，而这将耗费很长一段时间——远超出雷曼兄弟在没有援助的情况下所能勉强维持的时间。与此同时，必须有人对雷曼兄弟的债务进行担保。这大概还得是巴克莱资本，因为美联储不会这样做，而且为时尚早。英国的金融监管机构，金融服务局以及财政大臣阿利斯泰尔·达林（Alistair Darling）正横跨大西洋处理他们自己的问题。达林对保尔森说，英国政府不愿“进口糟粕”。但无论如何，当雷曼兄弟倒下后，他们还是这样做了，而且规模很大。

要免除股东投票要求，需要给予特殊豁免，而英国金融服务局不愿意这样做。达林也没有推动他们去这样做。因此，9 月 14 日，星期日，巴克莱资本的这笔交易和美国银行以及韩国开发银行的交易一样，无疾而终。具有讽刺意味的是，扼杀了对雷曼兄弟的“私人部门解决方案”的竟是英国政府。当晚，雷曼兄弟申请了破产保护。

谁丢掉了雷曼兄弟

你可以说是英国政府。不过，那样就忽略了一个事实，即在那个灾难性的星期天到来之前，情况已然十分危急。

保尔森，这位共和党成员及曾经执掌高盛的商海巨擘，或许过度估计了贝尔斯登余波所产生的道德风险。不过，他也有他的道理。公众资金已经被调用来挽救贝尔斯登、房利美和房地美。如果对雷曼兄弟亦是如此，那就再次暗示了美国政府将会对任何大型金融机构伸出援手。道德风险将会扩散，保尔森将实实在在地成为“紧急援助”先生。不过，毫无疑问，他已经成为“紧急援助”先生。

然而，这些曾经正当的想法只代表了道德风险的一个侧面。简而言之，这个权衡大概是这样的。一方面，挽救雷曼兄弟会加剧已有的道德风险问题。另一方面，贝尔斯登已经被挽救了，尽管产生了道德风险，但是避免了殃及各种无辜的旁观者——或许多达3.1亿美国人。如果这在3月是一个制胜之举，那么在9月雷曼兄弟走上砧板时，这又何尝不是制胜之举呢？这正是盖特纳焦虑的缘由。在他看来，如果能为雷曼兄弟找到一个买家，就像他们为贝尔斯登所做的那样，那么再耗费一笔公众资金也是值得的。

但是让雷曼兄弟破产的道德风险辩论，并不是保尔森或者伯南克的第一道防线。他们首先阐明一个信念，即贝尔斯登事件已经过去了半年，市场有充分的时间为雷曼兄弟或将破产做好准备——无论是从资金还是心理上。他们指出，交易对手风险也已考虑在内。对冲手段，更不用说卖空操作，都已经就绪。即使破产真的发生，市场理应做好了准备。下文是雷曼兄弟破产9天后，伯南克向众议院金融服务委员会所做的陈述：

> ……雷曼兄弟的问题在一段时间内广为人知，投资者已经清楚地认识到，该公司破产的可能性极大。作为证明，例如，为雷曼兄弟债务提供保险的信用违约互换工具成本高企。因此，我们判断投资者和交易对手有时间去采取预防措施。

诚然，这是一种乐观的论调，而保尔森和伯南克并不孤独。一些杰出的市场“专家”，包括高盛首席执行官劳埃德·布兰克费恩（Lloyd Blankfein），发表了同样的观点。但在雷曼兄弟破产后的几个小时内，他们就被证明是错误的。

还有一种合理的解释是，尽管雷曼兄弟有着更大的规模和遍布全球的分支机构，但实际上它却并不像贝尔斯登那样与其他公司互相牵连。例如，它不是上百只对冲基金的主要经纪人。按照这一推理，贝尔斯登之所以会被挽救，不是因为它“大而不倒”，而是因为它“牵连太多而不能倒”，在回购市场上尤其如此。因此，人们应该理性地看待救助贝尔斯登而舍弃雷曼兄弟的决定。

或许是吧。但是这种解释总是让人起疑，而且美联储并未强调这点。毕竟，雷曼兄弟的规模是贝尔斯登的两倍，而且它那难以计数的衍生品和回购合同，使它与遍布全球的众多交易对手相关联。没有雷曼兄弟各项业务详细的内部信息，外部人士很难确切判断这一网络的疏密程度。的确，没有人质疑当局对此的了解程度。然而，当雷曼兄弟破产之后，结果立即呈现在大众眼前：雷曼兄弟也属于“牵连太多而不能倒”。

还有一点，也是最重要的一点，那就是直到今天财政部和美联储仍采取的姿态：它们没有法定权力去挽救雷曼兄弟。请记住，至关重要的决定是在9月12日至14日做出的，就在国会批准7 000亿美元问题资产救助计划（Troubled Assets Relief Program，简称TARP）的前几周，如果没有雷曼兄弟的破产在先，这笔经费或许永远不会获批。财政部没有足够的资金挽救雷曼兄弟。然而，一旦危机真正变得可怕，财政部将很快找到这笔资金，正如我们即将看到的那样。

当然，美联储并没有请求国会拨款。因为在第13条第3款中提到可以借款给任何人——只要贷款抵押物的安全性“获得满意”……令谁满意？就是美联储自己！ 3月14日，美联储评估了贝尔斯登的风险抵押资产——那些杰米·戴蒙不要的资产，它们通过了这个宽松的评估。然而，9月14日，雷曼兄弟更为糟糕的抵押贷款和不动产资产却未能通过评估。为什么两家公司会有不同的境遇？随后，伯南克对此做了如下解释：

> 为了避免贝尔斯登破产，我们通过动用美联储贷款，并且以贝尔斯登的资产和摩根大通的部分担保作为支持，促成了摩根大通对贝尔斯登的收购。在美国国际集团的案例中，我们断定美国国际集团的资产足以为美联储的紧急信贷做担保。然而，这两种方法在雷曼兄弟的案例中都行不通。没有现成的收购者，并且可提供的抵押物都不足以满足美联储信贷的担保要求。

简而言之，以雷曼兄弟的资产为担保的贷款没能“安全到满足”美联储的抵押贷款要求，因为雷曼兄弟不仅缺乏流动性，而且资不抵债。

基于这一理由，保尔森、伯南克、盖特纳在仅存的私人买家（巴克莱资本）退出之前就做出一个重大决定：如果没有找到私人部门解决方案，他们将任由雷曼兄弟破产并承担其后果，因为使用美联储的贷款来拯救雷曼兄弟是违法的。这个关键的决定将在许多年内产生了深远的影响。保尔森、盖特纳、伯南克以及美联储的法律人员判定，以那些几乎无法被真正地评价为“良好”的抵押物做担保来贷款给雷曼兄弟的行为触犯了法律。他们认定自己别无选择。

事实证明，任由雷曼兄弟倒闭的后果之严重超出了任何人的想象。金融系统开始崩塌。为什么呢？我们将在第 6 章站在一个更好的立足点去回答这个问题，第 6 章审视了在雷曼兄弟倒闭后随之而来的一连串破产和濒临破产事件。但是大部分问题的答案已经渐渐浮出水面。

贝尔斯登——在较小程度上还有房利美和房地美，确实开创了一个先例，你可以称其为道德危机，但鲜有公司愿意重走贝尔斯登的老路。但是无论你怎么称呼它，市场的一致观点是政府不会对任何大型金融机构在混乱中倒闭坐视不礼。市场参与者的适应能力极其强大。根据一种民间智慧：只要清楚游戏规则，就可以在任何规则下赚钱。保尔森等对雷曼兄弟的决定突然且出人意料地把大家熟知的规则手册撕成碎片并扔出窗外，市场参与者因此举棋不定，他们不知道自己正在参与什么游戏。这是恐慌的一般定律，恐惧取代了贪婪——这恰恰是“雷曼日”的真实写照，那一天是 2008 年 9 月 15 日。

分水岭

人们几乎普遍认为，雷曼兄弟的破产是整个金融危机的分水岭事件，那个放任其破产的决定则是分水岭式的决定。事实上，在每一场关于金融危机的讨论中，大家都把历史划分为两个时代：“前雷曼时代”和“后雷曼时代”。正如我们曾提到的，9 月 15 日之后，整个经济形势急转直下。当然，个中缘由源自更大的金融系统，正如我们接下来将看到的。

AFTER
THE MUSIC
STOPPED

06

2008 年的金融恐慌

> 你将经历美国有史以来最令人难以置信的一周。
>
> ——杰米·戴蒙
>
> 摩根大通首席执行官，
>
> 2008 年 9 月 13 日

2008 年 9 月 15 日，雷曼兄弟破产，整个世界都乱套了，保险巨头美国国际集团基本上被美联储国有化。美国著名的股票经纪商美林证券为避免破产，匆忙地把自己出售给美国银行。高盛和摩根士丹利被美联储宣布为银行控股公司而得以保存。全球最悠久的货币市场共同基金股票价格，跌到净值 1 美元以下，引发了货币基金和商业票据市场的崩溃。美国最大的储蓄银行华盛顿互惠银行和美国第四大银行美联银行崩盘，均以低廉的价格被卖给了美国储蓄保险公司。美国财政部部长保尔森和美联储前主席伯南克到国会山乞求国会领导层，如果没有至少 7 000 亿美元的及时救助，世界就将完蛋。从没有人见过如此情形。谁能说这些与雷曼兄弟破产没有关系呢?

本章将集中讨论危机中的重要时刻，即所有问题恶化的历史端点，亦即音乐真正停止后，所有舞者争夺仅有的几个剩余座位的时刻。由于这些令人难以置信的事件对于后续问题非常重要，所以我们需要掌握一些细节。然而我的关注点并不在事件本身，而是更多地关注“为什么”、“怎么样”以及“意味着什么”这类问题。

我们现在所说的“雷曼日”，在当时的真实情景就好比一个大型马戏团，名为伯南克、盖特纳和保尔森的三名狂热的杂耍演员，试图让许多球，诸如雷曼兄弟、美国国际集团、美林证券等，同时停在空中。这时，一个不守规矩的象群出现在附近，它们沉重的脚步使地面震颤，一股强风将要把马戏团的帐篷吹倒。我们知道这个马戏团是怎样倒下的：它的倒下伴随着雷曼兄弟破产、美国国际集团被国有化、美林证券被美国银行收购等。但是这个简单的总结并没有涵盖事件的全过程，而了解事件的全过程并不容易。

没有被保险的保险公司

保险行业是一个枯燥的行业，不要试图在鸡尾酒会上聊起这个行业。然而在住房抵押贷款债券泡沫中，美国国际集团在没有安全网的情况下，表演惊险动作的行为则完全不枯燥。我们中很少有人知道，其实我们也被迫与之一同陷入了惊险。

美国国际集团是一家历史悠久的公司，它于 1919 年在中国成立，其创始人是第一位在上海卖保险的西方人史带（C. V. Starr）。在 1949 年中华人民共和国成立之前，该公司的总部一直设于上海，随后迁至纽约。虽然美国国际集团在亚洲的根基很深，但是其业务并不局限于亚洲。2004 年，按市值计算，美国国际集团已经成为全球最大的保险公司，其员工人数达到 11.6 万人，业务遍布 130 个国家。当时，美国国际集团的标志也被印在了英国最著名的足球队——曼联的球衣上。曼联或许是当时全球最受关注的职业球队，这些球衣意义重大。而美国国际集团本身也发展为全球性的保险公司。

20 世纪 90 年代末，该公司发现自己有两大竞争优势可以转变成巨额收益。然而，深度挖掘这些优势差点儿毁掉这家公司，也使纳税人损失惨重。

美国国际集团最大的优势就在于其 AAA 级信用评级，这在美国的公司中很罕见，当时一共只有 6 家这样的公司。这张“质量许可证”使得美国国际集团能够以低于其竞争对手的利率融资。更重要的是，这张 AAA 级证书使得该公司能够销售大量的信用违约互换。需要明确的是，当债券或者担保债务凭证违约时，信用违约互换的买方将会从卖方处得到收益。所以当你考虑购买信用违约互换时，你需要确保卖方即便是在艰难的环境下也一直具有偿付能力。如此说来，还有比拥有“镀金”的资产负债表，以及令人垂涎的 AAA 级评级的美国国际集团更加保险的卖方吗？即便在这场游戏的晚期，美国国际集团仍然不需要向对手方交付抵押物，因为它具有 AAA 级评级。

但是好景不长，当泡沫破裂时，美国国际集团滥用特权的行为使其陷入了巨大的麻烦。在 2006 年初期，当美国国际集团停止销售信用违约互换时，它已经成为市场上最主要的卖方，其失败的局势已经不可避免。

这家公司第二大竞争优势是极其宽松的监管——尤其是与商业银行相比。由于美国国际集团收购了一些小型储蓄银行，因此它将巨大的信用违约互换业务放在金融产品子公司中运营，并受储蓄机构监理局监管。储蓄银行？它们难道不是角落里那些吸收存款并给房主发放抵押贷款的储蓄机构吗？不，看起来，它们像是囤积了全球最大数量衍生产品的神奇场所。然而，美国国际集团金融产品子公司（AIG’s Financial Products）实际上并非这些衍生产品的寄居处，其存在完全出于监管目的，我们可以称之为巧妙的“监管便利设施”。

可以说，在复杂的现代金融衍生品市场中，失败的储蓄机构监理局的经验着实有限。其有限的程度就好比美国国际集团金融产品子公司正在玩三牌赌一张的游戏，却没有裁判。于是，它以惊人的高赌注不停地在玩。

更进一步来说，监管有时甚至不存在。我在前面提到过，尽管信用违约互换属于保险产品，但是它们并没有按照保险产品来被监管，而是被归类为衍生品。事实上，它们确实也属于衍生品的范畴。信用违约互换的卖家在正常情况下积累小额的收益，而在债券或者担保债务凭证违约时却有责任支付大额资金。这是保险产品的标准属性，正如火险和寿险的属性一样。然而国家保险监管机构并没有把信用违约互换当作保险产品，这是一个致命的错误。针对其衍生产品的属性，美国国际集团受到了宽松的银行监管，甚至还逃避了保险监管。

一个严重的结果是，保险监管机构并没有像他们要求火险和寿险公司那样，要求美国国际集团持有资本公积（capital reserve）来应对潜在的损失，一点儿也没有。而且正如前面提到的那样，这家公司也没有任何抵押物。那么金融衍生品的监管机构呢？你应该了解，衍生品监管机构根本不存在。因为极具误导性的《商品期货现代化法案》早在 2000 年就禁止对衍生产品实施监管。

对于美国国际集团的管理者来说，这种情况就好比给予了他们印钞的虚拟牌照，而且没有人监视着印钞机。正如后来伯南克所说，“美国国际集团是在钻监管系统的大漏洞，金融产品部门对其缺乏监管。从本质上说，这是一种依附于庞大且稳定的保险公司的对冲基金，做了许多不负责任的赌注。”他补充说，“如果在整个（金融危机持续的）18 个月以来，有一件让我生气的事，那么没有哪一件比美国国际集团的所作所为让我更恼火。”

从 1998 年第一份信用违约互换问世以来，到 2007 年，美国国际集团在信用风险上积累了 5 000 亿美元的头寸，赌的都是同一面——不会发生违约。不仅如此，它的信用违约互换业务高度集中，大部分交易对手是华尔街的五大银行，而它们没有一个进行了风险对冲。

你只要稍作思考就可以发现，美国国际集团暴露于巨大的风险敞口下——这种风险集中在几个对手方手中，且信用违约互换之间高度关联：如果一组次贷违约，其他的也会随之违约。同时，美国国际集团既没有对冲风险，也没有设立资本储备，这不是一个谨慎的保险公司应有的行为。它没有抵押品，这也不是一个衍生品公司应有的行为。这种保险公司高风险、低保护的行为，在保险公司历史上即使不是最失败的，在公司治理方面也一定可以入选最失败的案例之一。风险管理者在哪里？审计员在哪里？美国国际集团的董事会在哪里？监管机构在哪里？上述 4 个问题的答案是一样的：根本就没有。

美国国际集团像被灌了迷魂药。尽管公司暴露在巨大的风险下，但是它却认为自己处于安全的境地，这些建立在次级抵押贷款债券之上的信用违约互换，就好像跟健康人群签订寿险保单一样稳赚不赔。它是 AAA 级评级，不是吗？直到 2005 年，美国国际集团才开始担心自己的风险问题。直到 2006 年初，它才停止发行新的信用违约互换（不幸的是，其他机构进入信用违约互换市场，填补了美国国际集团离开后留下的空缺）。2007 年 8 月底，大势已去，美国国际集团金融产品子公司负责人约瑟夫·卡萨诺（Joseph Cassano）公开表示："慎重地说，在任何情况下都很难看到我们集团像现在这样，平均每笔交易损失 1 美元。"慎重？ 1 美元的预期严重低估了美国国际集团的损失。但是卡萨诺的老板马丁・沙利文（Martin Sullivan）也赞同地说："这就是为什么我最近晚上能够睡得好一些了。"沙利文一定是一个睡眠质量很高的人。

2007 年 7 月，情况开始恶化，美国国际集团担保的证券价值大幅下滑，对手方开始要求追加抵押物。这一需求主要来自它最大的对手方高盛。"巴黎银行日"（2007 年 8 月 9 日）之后情况进一步恶化，一股紧张的气氛席卷全球。美国国际集团对于大量的已售信用违约互换提出的抵押物要求完全没有准备，因此它尽全力驳回了追加抵押物的要求。特别值得一提的是，它还陷入了与高盛关于抵押债券价值的长期斗争，高盛认同较低的价格，而卡萨诺领导的美国国际集团则认同较高的价格。这场斗争一直持续到美国国际集团破产，你一定可以猜到，它的破产正是由于无法应对越来越多的追加抵押物的要求。

2008 年 2 月，卡萨诺被迫辞职，但是他却获得了每个月 100 万美元的咨询费。是的，每个月 100 万美元。你应该明白为什么那么多人对美国国际集团的案例感到恼火，他们既对美国国际集团的管理层不满，也对金融产品子公司的巨额亏损不满。2008 年 6 月，美国国际集团董事会成员罗伯特・维尔伦斯坦德（Robert Willumstad）代替沙利文出任公司的首席执行官，他是一名相当成熟、老练的银行家，就像一名老道的演员一样。但是，正如贝尔斯登的艾伦・施瓦兹一样，他掌舵的船已经快下沉了。

维尔伦斯坦德和盖特纳早期就讨论过为美国国际集团提供美联储贴息窗口贷款的

可能性。维尔伦斯坦德递给盖特纳的一份文件显示，美国国际集团衍生品可能承担风险的余额名义价值为 2.7 万亿美元，其中有 1 万亿都集中于 12 家主要的金融机构。可怕至极！就在 9 月 11 日星期四，美国国际集团的新掌门人首次警示纽约联邦储备银行主席，公司陷入了困境，难以获得贷款。投资者不会热衷于将资金借给一家负债累累、面临亏损的公司。根据大卫·韦塞尔的报道："当美国国际集团困难重重时，盖特纳震惊了，尽管美国国际集团令人担忧，但它本不应该陷入这种迫在眉睫的险境。"纽约联邦储备银行主席也表示："很难想象一家保险公司能给金融系统带来这么大的风险，以至于需要美联储帮它走出困境。"[①] 这是否像是一家保险公司内部隐藏着一个巨型对冲基金？

到了"雷曼日"，美国国际集团已经被迫向信用违约互换的对手方交付了价值 190 亿美元的抵押物。其中，价值 76 亿美元的抵押物交付给了高盛，同时穆迪和标普均警告应下调美国国际集团宝贵的 AAA 级评级。这一调整将触发更多的追加抵押物的要求，而美国国际集团根本没有那么多抵押物。到了那时，在储蓄机构监理局极度玩忽职守的行为下，美联储将接管美国国际集团并成为其监管机构。它会是美国国际集团的救星吗？那个周末，伯南克、盖特纳和保尔森的注意力都放在了雷曼兄弟身上，但美国国际集团规模更大，并且它和雷曼兄弟一样正步入崩溃。这只是那个致命周末的回响。具有讽刺意味的是，与雷曼兄弟破产的原因一样，美国国际集团也陷入了流动性危机的旋涡。

在 9 月 12 日星期五与纽约联邦储备银行官员的紧急会议上，美国国际集团的管理者报告称：严重的流动性短缺正威胁着公司的存亡。那天晚上，一名职员发邮件给纽约联邦储备银行的比尔·达德利，称"来自对冲基金的风险更令人恐慌。现在是关注美国国际集团的时候了，听说它比雷曼兄弟的情况更加糟糕，几乎所有的银行和交易员都和它有业务往来"。这听起来像是典型的系统性风险案例。"比雷曼兄弟更加糟糕"这一不祥的判断，一定牢牢地吸引了达德利的注意力。

盖特纳、达德利和纽约联邦储备银行的其他官员，迅速了解了大量有关美国国际

① 与雷曼兄弟的 6.4 万亿美元资产相比，美国国际集团当时拥有的资产是 1.1 万亿美元。

集团的情况（记住，他们从未监管过这家保险公司）。但是联邦委员会不确定是否应该援引第 13 条第 3 款法案向美国国际集团发放贷款，而它们也并没有打算这样救助雷曼兄弟。人们相信（或希望）某种形式的私营企业的解决方案会出现，或许是收购，抑或是资本注入。毕竟，美国国际集团和雷曼兄弟不同。在美联储眼中，雷曼兄弟是一个毫无剩余价值的投资银行；相比之下，美国国际集团则拥有大量未被金融产品顽疾毒害的、健康的保险业务。它应该被卖掉吗？事实上，维尔伦斯坦德正在积极联络一批潜在的投资者。当然，靠私营交易来拯救美国国际集团可能会遭到抨击。

不幸的是，到周日晚上雷曼兄弟申请破产之前，这一切都没有发生。在那之后，一切都太晚了。世界上每一个主要的金融机构都开始力求自保，靠私营交易拯救美国国际集团的幻想，在雷曼兄弟的破产面前也变得烟消云散。美国国际集团不再努力吸引新资本的想法，并放弃了尝试说服银行财团向自己发放 750 亿美元的贷款。百年不遇的洪流吞噬了每一个主要的金融机构，每个人都只为自己着想。

第二天早上，三大评级机构纷纷下调美国国际集团的信用评级，触发了价值 130 亿美元的额外追加抵押物的要求。它们的行为刚好应验了市场对它们的偏见，即评级机构总是在战斗结束后才会出现在战场上，去射杀那些已经受伤的人。美国国际集团的股价一天之内下跌了 60%。它曾经每股最高被卖到 146 美元，而这天收盘时却不到 5 美元。

巧合的是，9 月 16 日的星期二，刚好是联邦公开市场委员会会议日。尽管不情愿，美联储还是行使了第 13 条第 3 款法案，向美国国际集团发放了 850 亿美元的巨额贷款。这一贷款极大地偏离了白芝浩原则。在所有问题中，美联储最担心的还是美国国际集团的偿付能力，而不是它的流动性。它以母公司而不是子公司的资产以及大量受监管的保险分公司的股票作为贷款的抵押物，这些真是不错的抵押物。作为支付的一部分，美联储也接手了可转换优先股，如果优先股转换了的话，美联储可以拥有 79.9% 的美国国际集团的普通股股权。最后一个条款意味着美国国际集团实际上被一个政府机构（美联储）国有化了，然而这一机构从来没有监管过它，这一行为也没有经过国会批准，这是非常奇怪的。

尽管850亿美元在当时是一个不可想象的庞大数目，但这笔钱很快就不够用了。美国国际集团报告美联储，在紧急救助的当天它就需要40亿美元的资金。实际上，美国国际集团用了140亿美元作为它开始枯竭的信用及抵押物来源。之后几天，它又用掉了230亿美元。美联储承诺的贷款额度从850亿美元上调到了1 350亿美元，最后又提高到了1 820亿美元，这确实是一个惊人的数目。[①]令人惊奇的是，尽管在当时，美国国际集团看起来就像是一个拥有庞大坏账的失败的公司。但它不仅偿还了收到的全部贷款，而且还令政府从股票中获得了一些利润。

这场救助引起了市场激烈的争论。尽管美国国际集团是金融危机中美联储和财政部最重要的紧急救助对象之一，但它也是最受诟病的一个。原因之一是它巨大的规模。在问题资产救助计划资金池建立之前（这部分内容将在第7章讨论），1 820亿美元是不可想象的巨额数字。请记住，收购贝尔斯登也“仅仅”花掉了美联储290亿美元。原因之二是美联储厚颜无耻的行为：“通过美国国际集团，美联储和财政部开了先河，他们让美国的纳税人为营救一家失败的公司承担了全部的风险和损失。”更不要说它们将美国国际集团国有化了的行为本身。原因之三是大部分债权都被给予了高盛，这看起来像是保尔森为老东家开了后门。

然而，原因之四，也是最根本的原因在于，美国国际集团随后为400名金融产品子公司雇员发放了巨额奖金，包括一些高薪交易员和公司高管，其中7人的收入超过400万美元。一个普通的美国人根本不知道什么是信用违约互换，他们也没人拥有1 820亿美元的巨款（谁会有吗），但是他们明白，为那些将公司经营破产并把担子留给纳税人的管理者支付1.65亿美元的奖金，是不公平的。

早在美国国际集团被国有化之前的2008年3月，董事会就批准了该奖金计划。但一年以后，美国国际集团在披露奖金的发放时，给初出茅庐的奥巴马政府带来了公共关系的难题，政府在是否该发放奖金这件事上举棋不定。2009年3月15日，美国国家经济委员会主任萨默斯在周日的脱口秀节目上表达了他的愤怒。他在美国广播公

① 事实上，美国国际集团从来没有从它1 820亿美元的信用额度中拿出超过1 260亿美元。

司（ABC）电视上表示："在过去 18 个月中发生了太多可恶的事情，但是美国国际集团事件是最令人发指的。"但是，他在哥伦比亚广播公司（CBS）电视上说："我们的国家并不是一个合同可以随意终止的地方。"两个评述都是真实的，但是它们传递了一些让人相当混乱的信息。

总统本人声称，他希望财政部部长盖特纳"使用一切必要的法律手段来取消美国国际集团的奖金计划"。但是事实证明，"一切法律手段"都是一种严峻的考验。根据记者诺姆·塞贝尔（Noam Scheiber）的评论，"当政府律师发现他们找不到任何法律依据来阻止发放这 1.65 亿美元的奖金时……一名助理建议盖特纳无论如何都要阻止他们。财政部部长瞟了他一眼，好像他刚刚讲了一个笑话，露出一丝纯粹的、被冒犯的怀疑"。最后，盖特纳和萨默斯得出结论，合同是不可更改的。于是，美国国际集团的奖金如期发放了。然而，为了应对公众的愤怒，公司员工返还了 25% 的奖金。

人们都说，救助美国国际集团带来的最严重的经济问题（相对于公共关系），就是给予美国国际集团的债权人足额清偿，而不要求他们承担任何损失。高盛就是最突出的例子，美国国际集团的所有交易对手都得到了这样的待遇。房利美和房地美早些时候的债权人也一样。6 个月前，贝尔斯登的债权人也是这样。此时，道德风险又冒出头来。

没有人想要重新遭受痛苦，在某种情况下，美国国际集团的高管、股东和雇员的命运也是灾难性的，不过这方面不存在道德风险顾虑。但是，当政府足额清偿那些毫不眨眼地给美国国际集团贷款的对手方时，就是在向其他公司的债权人表示：你们也可以得到一样的待遇。这时道德风险的隐患才真正出现。不仅如此，这还促使许多"事后诸葛亮"责怪美联储和财政部，说他们不但没有对美国国际集团的债权人强行折价，还让纳税人承担整个风险。他们该强行折价吗？

一个正义的呐喊：是的！美国联邦存款保险公司的希拉·贝尔当时强烈反驳保尔森和伯南克的观点。多年以后再回首，她得出的结论是："美国国际集团那些债权人当时连 10% 的损失都没有遭受，这简直没有天理。"我们很难不赞成贝尔的观点。100 美分的补偿（指美国国际集团交易对手借出 1 美元，收回 100 美分），似乎确实太过离谱。

但现在想想，单纯从法律和善后方面很难安排折损（洽谈）的时机。谁会与美国国际集团的众多交易对手去谈判？如果他们当中的一些人就像美联储和财政部认为的那样，不同意自愿折损呢？我们是否会废除合同，稀里糊涂地使用萨默斯的短语（“合同是不可更改的”）？如果交易对手不是美国企业呢？此外，把美国国际集团带入“雷曼日”的恐慌是不理智的。美联储和财政部必须拯救即将下沉的船，不能让它下沉得更快，债权人知道这一点。

请记住，伯南克、盖特纳和保尔森的决策时间非常有限。刚开始，他们忙于雷曼兄弟，顾不上美国国际集团，也没有掌握美国国际集团的实际情况（这令人难以置信）。雷曼兄弟破产以后，他们突然发现自己已经置身于没有人见过的、巨大的、复杂的金融危机之中了。他们就像一艘正在下沉的船上的船员，四处奔跑，试图尽可能挽救更多的乘客。在那种情形下，他们自然而然地选择了让救生艇加载甚至超载，而不去顾虑是否会有政见不同的人来搅局，这可以理解。

在没有危机的平静氛围下，折损也许可以取得良好效果，但财政部和美联储左右为难。他们不希望通过强迫美国国际集团的债权人承担损失，来加重雷曼兄弟倒闭带来的恐慌；他们不希望到处都是吵着要求收回贷款和增加抵押品的对手方；他们也不希望看到打折销售的资产，这样会造成更大的损失；他们也不想让动荡的金融市场的传闻蔓延，打赌谁将是下一个倒闭者。

当局要让美国国际集团的债权人整体止血，至少要做一次尝试。于是盖特纳后来向国会解释道：

> 一旦一家公司拒绝向一名客户履行全部义务，其他的客户就会迅速到别处做生意。如果我们强迫对手接受比他们依法享有的要少的权益，那么所有市场参与者的信心都将遭受打击，评级机构也将再次下调美国国际集团的评级。这可能导致公司的倒闭，威胁到我们重建金融体系的信心，对于美国的纳税人来说则意味着更深的衰退、更久的金融动荡和更高的代价。

有一句谚语说，你持有的观点取决于你所处的立场。对于许多舒服地坐在一旁的批评家来说，偿还债权人 100% 的权益过于慷慨，甚至会带来道德风险。但保尔森、伯南克和盖特纳当时就坐在火烧眉毛的位置，如果救市是一个错误，那也是一个可以原谅的错误。

当然，政府保护美国国际集团债权人全部权益的措施直到今天都备受争议，也可能永远都是有争议的。就在宣布美国国际集团救助方案的第二天的听证会上，国会议员弗兰克打趣地说，他可能会提议通过一项提案，宣布 2008 年 9 月 15 日为自由市场日，“国家对自由市场的承诺只持续了一天，”他说，“这一天是星期一。”

传染和金融恐慌

AFTER THE MUSIC STOPPED

从童年开始，我们就被教导不要盲目做有罪推定。比如，小约翰尼是一个混蛋，并不意味着他的兄弟也是混蛋；如果一个二手车推销员欺骗了你，并不意味着所有推销员都会欺骗你。也许最重要的是，如果一个群体中的某个成员在某些方面表现不好，我们不应该谴责整个群体。人们从理性上懂得这个道理，但还是有许多人难以发自内心地接受它。

比如，金融市场的参与者就不这样认为，有罪推定是他们的基本操作原则。如果贝尔斯登可能会破产，那么在某种程度上像贝尔斯登的公司或者与贝尔斯登相关联的公司，便立即面临被怀疑或定罪的危险，这就是金融危机蔓延的本质。一个“坏苹果”可能导致整个群体被有罪推定。这给整个金融市场，甚至是整个经济环境带来不安。

金融危机的蔓延在某些方面是合理的。如果一家银行倒闭，就会留下大量背黑锅的对手方——就像雷曼兄弟倒闭引发贝尔斯登和美国国际集团恐慌一样。如果某类资产（如房子、股票或次级抵押贷款）价格下降，由此导致的资金损失就有可能危及大量的金融机构。这些联系是显而易见的，而其他类型的合理蔓延要少一些。例如，在 2008 年，多家华尔街大公司的经营模式都类似于贝尔斯登：结合高杠杆和对短期债务的过度依赖。当这种模式在贝尔斯登身上失败时，就引出了雷曼兄弟、美林证券、高盛和摩根士丹利的安全问题。相比之下，美国国际集团是唯一一家隐藏着巨大的对冲基金的保险公司，因此美国国际集团的灾难并没有使投资者逃离到其他保险公司。

如果恐慌是以理性的方式袭来，那么应对措施虽然痛苦却是显而易见的，诸如保护交易，提振资产价格，通过流动性和资本支持等手段帮助那些原本坚实却为交易所牺牲的公司。

然而，在有些时候，金融危机的蔓延并非出于理性。若雷曼兄弟拖欠商业票据，你就有理由怀疑通用电气可能违约吗？好吧，它们确实都依赖发行商业票据。另一个例子就是著名的华尔街格言：恐慌出现时，“卖掉你能卖的，而不是你想卖的”。这样的建议更加速了危机从一个市场蔓延到另一个市场。

在这种情况下，政策制定者必须以某种方式安抚市场，但是如何做呢？做什么？安慰的话语总显得苍白无力，他们需要准备现金——通常是公共资金，而且数额巨大。

政策制定者发现，在实际案例中，很难区分是理性蔓延还是非理性蔓延，而通常情况是二者的混合表现。例如，当雷曼兄弟倒下时，乘机攻击美林证券、摩根士丹利的行为是理性的吗？也许吧，但是攻击高盛呢？它不但比贝尔斯登损失小、资本化程度更高，而且管理更完善。也许这样就不理性了，但谁知道呢？

货币基金赎回潮

雷曼兄弟破产除了引发众所周知的恐慌外，对美国国际集团的危机应该没有更多责任，因为后者出问题似乎是不可避免的事情。但是，一些观察员认为，这一切是从 2008 年的恐慌开始的，这显然有悖于“雷曼兄弟公司与美国国际集团的破产没有太大联系”的观点。当然，大部分人都不知道，雷曼兄弟与全球最好的货币市场共同基金有密切的联系。揭示这层关系后，多米诺骨牌效应就逐渐显露出来了。

2006 年，当发现刺激经济发展的努力无法换来及时的回报后，美联储就开始大举投资商业票据。到了 2008 年 9 月，它以 7.85 亿美元持有了占雷曼兄弟公司资产 1.2% 的商业票据。美联储管理者自以为他们投资雷曼兄弟的高价票据十拿九稳（请谨记道德风险：就在 6 个月前，政府已经设计了一个拯救贝尔斯登公司的计划，并足额清偿所有的债权人）。然而，这种自信是一个致命的错误。

就在雷曼兄弟宣布破产后的短短两天内，如雪花般的赎回申请摆在美联储面前，金额累计约达基金余额的一半。在 9 月 16 日星期二结束营业后，管理层宣布其持有的雷曼兄弟公司的票据一文不值，因此不得不“跌破面值”，即以低于 1 美元的面值赎回股份。在大量投资商依照票面价值退出后，加上其他商业票据价格在恐慌中暴跌，它的价值仅为 0.97 美元。3% 的亏损跟当时发生的所有情况比起来并不算什么。但事实上，它也是 2008 年恐慌事件的一个信号。为什么呢？

具有讽刺意味的是，货币市场共同基金是由美联储于 1971 年设立的，在当时轰动一时。它们就像支票账户，可以开具不超过余额的支票，只不过收益更高一些。此货币基金的价格从未波动过：始终是 1 美元，没有任何资本收益或亏损风险，因为这些基金全部被投资到价值一成不变的货币市场工具中了，比如短期美国国库券。

时间一天天过去，零售货币基金产生的亏损还没有大到迫使货币市场共同基金“跌破面值”，而商业票据和其他短期工具被认为足够安全，可以纳入货币基金投资组合中。并且，因为商业票据的报酬比国库券略高一些，所以提高了基金的收益。投资商自认为即便没有美国联邦存款保险公司担保，货币基金余额也像银行存款一样安全。这个行业欣欣向荣，到 2008 年 9 月，它的余额达到 3.4 万亿美元。重申一下，3.4 万亿美元，大约相当于当时美国联邦存款保险公司担保银行所有存款的一半。

因此，当投资商认识到货币市场基金的价值仅为 2008 年 9 月 16 日营业结束时价值的 97% 时，公众也因此受到了不小的打击（最初的传言称价值甚至比这还低）。这种感觉就像是支票账户亏损了一样。但是，两者之间有个很大的差别：基金没有存款保险补偿亏损的 3 美分。投资商们幡然醒悟：我的天呀，这些不是银行账户！

美国联邦存款保险公司成立于1933年，目的是防止银行挤兑，并且效果一直很好。储户认为即便第一家国家银行破产，只要其余额低于保险上限他们就不会亏损1分钱，目前设置的上限为25万美元。因此，他们没有理由挤兑银行。而且，显然他们也没有理由挤兑旁边的第二家国家银行。然而，货币市场基金的情况就不同了。货币市场基金的股东确实亏损了，尽管只有3%。因此，他们当然有理由挤兑美联储。而且，由于担心亏损的心理，也使投资于其他货币市场基金的资金快速流向其他地方。

这是一件很严肃的事情。几天之内，“毫无疑问，我们开始跌入深渊——简直就是无底洞，星期三和星期四，资本在源源不断地从货币基金中流出”。短短一周内，投资商从主要的货币市场基金中撤出了约3 500亿美元。当然，这意味着基金经理必须清算等量的商业票据、国库券等，以满足赎回需求。但是在雷曼兄弟诱发美联储出现亏损后，没有一名基金经理想购买商业票据，不仅包括雷曼兄弟的，还包括其他任何公司的。在需求陨落时，大量提供某种产品的结果就是价格一落千丈。这就是商业票据在9月中旬出现的情况。收益率飙升，价格却急剧下滑。

具体情况并不限于此。很多美国的大公司依赖商业票据短期借款以填补其收支。盖特纳后来告诉金融危机调查委员会：“大范围的商业票据挤兑……造成了全球一些最大的公司……无法进入商业票据市场而丧失了融资能力。”就像流言所称的那样，通用电气和IBM等蓝筹公司将无法支付工资。商业票据市场几近关闭，迫使伯南克宣布：“我们濒临金融崩溃的边缘。”财政部和美联储在此次灾难的萌芽期迅速做出了反应，但是在前一种情况下，反应有一点点慢。

在贝尔斯登事发时，财政部部长保尔森就坚称没有足够的资金处理这些危机，除非美联储成为“富翁”。然而，有志者事竟成。财政部进行一些内部讨论后，保尔森决定动用汇率稳定基金（Exchange Stabilization Fund，简称ESF）。他的理由是什么呢？是一些货币基金的投资者是外国人，“货币基金行业的沦陷很容易导致挤兑美元”。但是，在财政部看来，使用汇率稳定基金的监管法令其杠杆太低了。毕竟恐慌仍在继续，不是吗？这不会使美元陷入危机吗？

无论如何，保尔森决定使用汇率稳定基金的 500 亿美元，作为货币市场平衡的新保险基金（需要获得布什总统的批准）这件事情，至少在四个方面具有重大意义。

第一，对于开证人来说，这笔钱是急需的。尽管没有挤兑美元，但货币市场基金产生的冲击已经波及了商业票据市场。如果那时没有这么做，事态可能已经无法阻止。财政部这一次真的是绞尽脑汁了，他们应该受到嘉奖。

第二，货币基金的保险机制标志着美国财政部第一次将美元置于危险中，而它之前藏在美联储强大的保护伞后面。很多观察者认为现在是时候了，因为财政部甚至需要从政治高度做出将纳税人的钱置于风险中的决定（当然，保尔森之前称没有钱）。

第三，使用汇率稳定基金是一个很大的突破。汇率稳定基金设立于 1934 年，当时主要是为了保证大萧条时期的美元汇率稳定。然而这笔资金几乎没有进行过任何购销活动，因此一直放在那里。但是现在，没有外汇交易作为借口，财政部就将汇率稳定基金用来担保货币基金。这种宽泛的法律解读与几天前就向雷曼兄弟放贷的法律态度相去甚远，并产生了一个尖锐的问题：为什么可以通过修改法律来让财政部使用汇率稳定基金，却不能通过修改法律来证明美联储贷款给雷曼兄弟的合理性？的确，为什么不能将汇率稳定基金用于雷曼兄弟？历史学家可能需要几年的时间才能搞清楚这个问题。但部分答案是明确的：这两个决定是在不同的环境（政治与技术）、依照不同的法律，并且由不同的法学家做出的。

第四，保尔森在匆忙之中制定的货币基金的原条款如果保持不变，可能会威胁全美银行系统。特别是，为了保证充足，他提出无论货币市场共同基金账户中的所有余额究竟有多少都要担保它。让我们来想一想。当时，联邦存款保险公司担保银行账户的上限也只有 10 万美元。现在，财政部计划担保银行的主要竞争对手之一——货币基金的账户，却不限金额。整个早晨，我都在想这个疯狂的决定；它必定会加速银行挤兑——联邦存款保险公司早在 1934 年就终结了的事情。如果把钱转入货币市场共同基金是绝对保险的，为什么还会有人将 10 万美元以上的钱存在银行账户中呢？美国联邦存款保险公司的希拉·贝尔显然与全国数千个银行家有相同的想法。财政部为什么会想要这样做呢？

答案很简单：它也不想。在雷曼兄弟破产后那些忙乱的日子里，财政部异常迅速地、兢兢业业地工作，根本没有考虑到后果。他们“先行而后三思”，几天内就对银行家及其说客的抗议做出反应，计划修改为仅担保在 9 月 19 日及之前存入货币市场共同基金的金额，不包括在该日之后增加的基金存款，从而修正了这一错误。这也避免了银行遭到挤兑。没有伤害，就不算犯规吗？可能吧。但是，这一插曲并没有让人们对财政部产生信心。

美联储也在尝试解决问题：通过制定资产支持商业票据货币市场共同基金流动性工具（Asset-Backed Commercial Paper Money Market Mutual Fund Liquidity Facility，简称 AMLF）来辅助解决此问题。此工具创建的目的是延长银行提供低利率的无追索权（nonrecourse）贷款，以便从货币市场共同基金中得到优质的资产支持商业票据——当然它们必须被拼命地销售，以应对这个市场正在遭受的快速赎回。现在让我们来看看“无追索权”一词，因为它很重要，而且后面还会见到这个词。

无追索权指的是如果相关资产违约，出借人只可以追回贷款抵押品，不能索取借款人的任何其他资产。然而在谁承担风险的问题上，无追索权贷款被严重曲解了。借款人有上行风险：如果资产价值高于贷款价值，他就获益了。而出借人有下行风险：如果资产价值下跌，他可能遇到抵押品贬值从而产生亏损的问题。因此，无追索权的借款将出借人置于劣势。这就是“正面你赢，反面我输”的情况。

在此特殊情况下，如果商业票据的价值上涨，购买商业票据的银行将盈利。但是，如果商业票据价值下跌，亏损将由借款给这些银行的美联储承担。对银行来说，这真是一笔不错的交易。到了 10 月 8 日，美联储总共贷款 1 500 亿美元给银行采购资产支持商业票据。

不用怀疑货币市场共同基金的挤兑是否让美联储产生了危机感。美联储在 9 月 19 日宣布，计划设立资产支持商业票据货币市场共同基金流动性工具，并且在三天后就开始运营。相信我，在短短的 6 天时间就找到解决问题的全新方案绝对不是美联储正常的工作节奏。此外，直到 2009 年 1 月 30 日，美联储才宣布详细管理细则。是的，这是他们第二次“先行而后三思”。但财政部修订的货币市场担保计划和美联储设立的流动性工具成功地阻止了对货币市场共同基金的挤兑。在 2010 年 2 月 1 日，美联储关闭了资产支持商业票据货币市场共同基金流动性工具，尽管很长时间余额都为零，但净额结算结果是有小额盈利。

但是，挽救货币市场基金和商业票据市场的战斗并未在 9 月 22 日结束。在 10 月 7 日，随着金融恐慌达到高潮，委员会调用第 13 条第 3 款法案证明创建商业票据融资工具的必要性，用美联储的话说，“为美国商业票据发行商提供流动性支持工具”。让我们来细细品味这句话，因为商业票据融资工具是一个转折点。

流动性支持工具？听起来好像没什么用，但它是安全网亟须的重要部分。市场在躲避资产支持商业票据——用于为车贷、助学贷款及很多其他贷款融资的工具，因为它们的风险太大了。没有资产支持商业票据，这些贷款就随时处于危险中，但资产支持商业票据市场正在关闭。因此，美联储提议，使用专门为此设立的特殊用途工具介入并代表纳税人购买商业票据。如果美联储赌赢了，采购商业票据可以盈利 50 亿美元以上。但是，这不是最终目的，中央银行再次尝试理顺经济，并让濒死的金融市场重焕生机。

商业票据的发行商？它们是否包括金融机构，以及诸如通用汽车、通用电气、IBM 和美国电话电报的工业公司呢？是的，美联储还在其情况说明书中附上了一份合格的发行商清单，“具有海外母公司的美国发行商”。因此，实际上美联储所做的，就是在某种程度上直接借款给工业公司和外国银行。

尽管令人吃惊，但这一举措发挥了作用。商业票据市场得以稳定并重新开始运行。有了美联储支持工具的二次担保，那些曾经拒绝与蓝筹公司交易的公司和投资商返回了商业票据市场。到 2010 年 2 月，市场已经可以脱离政府支持并独立运行。商业票据融资工具的贷款余额曾达到 3 500 亿美元的峰值，现在已经低于 90 亿美元。

尽管当时很少有人意识到这一点，但是顺利地使商业票据市场恢复健康，显现出美联储政策的一个重要的概念性转折点。在 9 月 19 日之前，美联储的焦点必然是挽救特定机构（挽救还是不挽救，这是个问题）：贝尔斯登、雷曼兄弟、美国国际集团。每次干预都是有针对性的，市场也在艰难地区分各种原则（为什么是救贝尔斯登，而不是救雷曼兄弟？）。但是在 9 月 19 日后，美联储开始将注意力转移到救市上。商业票据是第一个目标，抵押支持证券是下一个。但是，该创新还需要等待一段时间。

美林证券：危机波及零售银行

在 9 月大舞台上出现的第三个重磅炸弹是美林证券。在雷曼兄弟和美国国际集团谢幕后到货币市场共同基金被挤兑之前，世界最大的经纪公司与美国银行打得火热。我们需要谨记的一点是，在 9 月 11 日之前，伯南克、盖特纳和保尔森还希望美国银行成为雷曼兄弟的买家。但是，美林证券的首席执行官约翰·塞恩（John Thain）及其副手格雷格·弗莱明（Greg Fleming）暗暗打着算盘。因为如果美国银行对更小的、情况更严重的雷曼兄弟感兴趣，为什么不能对更大型的、情况更好一些的美林证券感兴趣呢？最后，美林证券得到了“私人交易解决方案”，该方案没有提及雷曼兄弟，也没有提及美国国际集团。

在公司质量方面，美林证券无须多言。在危机发生前，（从员工人数看）美林证券是华尔街五大“投资银行实力集团”之一，其资产负债表规模也几乎是最大的。如果你在 2008 年 9 月（或发生危机前一周）要求美国人说出一家经纪公司的名称，最常见的回答肯定是美林证券——没人知道哪家公司会排名第二位。美林证券在华尔街巨头中以“庞大”的 1.5 万名员工队伍而独树一帜，而且“美林”也是一个家喻户晓的名称。很难想象还有哪个美国人没有在“看好美国形势”（Bullish On America）电视商业广告中看到这个名字。

美林证券濒临破产时，得到了贝尔斯登和雷曼兄弟所没有得到的公众关注。随后，华盛顿互惠银行和美联银行破产，金融危机达到新的、骇人的阶段。

在美林证券走到崩溃边缘之前，美国大众已经遭受了信用违约互换、担保债务凭证、银行间拆借利差、批发银行的交易对手（如贝尔斯登和雷曼兄弟）等名词的困扰。谁知道这些公司究竟是做什么的？谁曾见过贝尔斯登或雷曼兄弟的办公室？但是当美林证券、华盛顿互惠银行及美联银行遭到毁灭性威胁后，危机真的波及了零售银行。目前，美林证券支行的普通经纪人账户遭到威胁，美国两大银行的普通支票和存款账户均受到威胁，危机大火已经蔓延到华尔街以外并袭击了商业街。这已经是公开的秘密。毕竟，美林证券的分支机构有约 700 家，华盛顿互惠银行有 2 239 家，而美联银行则有 3 355 家，令人咂舌。大部分美国人至少进出过这三大零售巨头的其中一间办事处。

像美林证券这样的传奇公司为什么会濒临毁灭？美林证券凭借其巨大的规模和营业范围参与了很多金融方面的业务，但是在扩张期间，专横的首席执行官斯坦利·奥尼尔（E. Stanley O'Neal，以下简称奥尼尔）认为，公司在次级抵押贷款、证券化产品、担保债务凭证等类似热点市场的业务太少。他决定快速补救这个“问题”。在 2003 年，奥尼尔从瑞士信贷集团雇用了一名抵押证券化专业高手，且吹嘘美林证券在两年内将成为“担保债务凭证的全球第一承保人”。真是豪言壮语。美林证券并没有就此罢手。与贝尔斯登一样，美林证券在想办法提供一条龙服务：发行抵押贷款，将它们包装成证券，然后把它们分割成担保债务凭证。在 2006 年 12 月，它甚至收购了美国最大的次级抵押贷款公司——加利福尼亚州圣何塞的第一富兰克林公司（First Franklin）。

美林证券太不会挑时候了。当次级抵押贷款和相关市场从 2006 年开始恶化后，公司就处于糟糕的境地。从美林证券借款的两家抵押公司都破产了。为了销售正在制造的担保债务凭证，美林证券和其他证券商一样，往往不得不将（放款方拥有最先受偿权的）“超级优先债”留在自己的库存中。然而，这会加剧风险。通过保留优先债券并销售剩余部分，公司认为他们留下了有价值的东西而拒绝了无用的东西。正如美林证券的高级固定收入执行官所言，“公司的每个人及行业中的大部分人认为，超级优先就表示超级安全”。但是当次级抵押贷款和担保债务凭证市场沦陷后，这就成了一个笑话。奥尼尔的确成功地使美林证券成为一个较大的运营商，但他最终却输掉了这场游戏。

2007年底和2008年，美林证券在不断亏损。到了2008年9月，据报道，公司持有的抵押贷款支持债券累计亏损约520亿美元，比美林证券的剩余净值还高。当时，奥尼尔已经辞职很久了，他在2007年10月被迫提前退休，然而美林证券委员会还是很感谢他的杰出贡献。为了奖励他将世界最大的经纪公司带入崩溃边缘，公司授予他价值超过1.6亿美元的“黄金降落伞”大礼包，其中的9 100万美元是为了奖励他在2006年的出色工作。然而，有些观察员并不认为奥尼尔值这么多钱，比如美国全国广播公司财经频道（CNBC）就曾将其列入“美国最差首席执行官”名单中。

无论如何，“雷曼日”来临了，美林证券仍持有大量垃圾股，公司的几个高级执行官在弗莱明的暗示下看到了公司破产的命运。作为羊群中最弱的羚羊，雷曼兄弟吸引了大部分捕猎者的注意。但是，美林证券可能就是这些捕猎者的下一个目标。弗莱明决定在这一切发生之前说服塞恩采取行动，为股东挽回尽可能多的价值。他成功了。塞恩和美国银行的首席执行官在雷曼兄弟崩盘前达成了500亿美元的交易。如果这两者的发生时间颠倒一下……谁知道会怎么样呢?

将美林证券出售给美国银行，使紧盯着雷曼兄弟的购买者少了一家，有人甚至觉得塞恩也会与其他华尔街顶级首席执行官一起“拯救”雷曼兄弟。尽管情况有点尴尬，但是保尔森、伯南克和盖特纳并没有皱起眉头。他们都没有意识到，美林证券正面临破产。9月14日，美国银行以每股29美元的价格收购了美林证券，美林证券的原股东可能并不高兴，因为美林证券在4月时的股价还高于47美元呢。但是，29美元的股价已经高出12日收盘价格的70%，并且比美林证券账面价值高出38%。大部分观察者认为，塞恩和弗莱明达成了一笔不错的交易，但从美国银行的刘易斯的角度看，这是一笔赔本买卖。不过，之后发生的事情也让塞恩的交易看起来更好了。

成为美国银行的财务管理部门以后，美林证券存续至今且声名远扬，它还雇用了1.5万多名员工。它仍然是全球最大的经纪商，管理2.2万亿美元的客户资产。但是不久以后，美国银行就遭到了买家的责骂。通过回顾，美国银行虚报资产负债表和法律责任的实际情况比预想中的还要差。

美林证券跟随贝尔斯登的步伐投入银行怀抱后，雷曼兄弟却头也不回地去法院申请了破产，华尔街之前的五大投资银行现在变成两家：摩根士丹利和高盛。这两家公司的情况要比雷曼兄弟和美林证券好很多，比如：摩根士丹利的流动资金超过 1300 亿美元。但是，这两家公司都是华尔街模式（高杠杆与严重依赖短期借款）的狂热执行者。因此，它们也很脆弱。

摩根士丹利资深首席执行官约翰·麦克（John Mack）明白哪些公司是“老弱羚羊”。“我们星期一（9 月 15 日）上班后，就开始讨论美林证券和雷曼兄弟破产的事情。现在，我们就是捕猎者的下一个目标。”麦克之后告诉金融危机调查委员会。实际上，从当天起，使用信用违约互换担保摩根士丹利违约的成本大约上涨了一倍。不久之后，摩根士丹利成为对冲基金的目标。这些对冲基金当然是要赚钱的，但是他们仍担心其一级经纪人持有的资产不安全（这与贝尔斯登的情况类似）。他们觉得把资产藏在金融危机调查委员会担保的银行里更加安全一些。

因此，摩根士丹利的资金开始大量流出，但是与贝尔斯登在 3 月的情况不同，前者在 9 月借助了新一级交易商信用工具。公司在星期二向一级交易商信贷工具借了 130 亿美元，并在星期三上升到 270 亿美元，然后在星期五上升到 350 亿美元。这是一大笔现金。但信心再次来了又走，而且走得很快。摩根士丹利没有现金满足抵押要求、扣留资金及削减正常的信贷流，其流动资金在一周内从 1 300 亿美元下降到 550 亿美元。

高盛也遭遇了类似的问题。但作为最快的羚羊，它的情况还不算太糟。高盛的首席执行官劳埃德·布兰克费恩说：“我们准备了充足的流动资金，但是情况在不断恶化……比我们想象的还要严重……我们每天结束工作时所面临的风险超出了任何经理的想象。”当然，高盛也通过一级交易商信用工具四处借款。伯南克之后告诉金融危机调查委员会，“我们当时真的觉得高盛要撑不住了”。

美联储再次找到了一个极具创意的紧急应对方案。9 月 21 日，星期日，摩根士丹利和高盛向美联储申请成为银行（严格地说，应该是银行控股公司）——尽管之前两者都对此深感厌恶。毕竟像银行一样接受监管可能会在许多方面破坏它们的风格，更别提此举还会带来多少双窥探的眼睛了。不过，随着2008年的恐慌将各方力量凝聚到了一起，联邦储备规章的负担似乎也不像以前那么繁重了，当这种负担与美联储能够提供的避风港相比时更是如此。美联储和司法部眨了眨眼，点了点头，以闪电般的速度批准了它们的申请，将这两家陷于困境的公司拉入了美联储的安全网中。这一举措阻止了货币基金的流失。在雷曼兄弟的案例里，盖特纳曾将这个主意斥为“噱头”，但如今，它却成了B计划（或者说是C计划或D计划）的核心部分。标准被降低了。

9月22日，星期一，时隔雷曼兄弟破产刚好一周。当华尔街开始营业时，所有大型独立投资银行都消失了。贝尔斯登和美林证券被银行吞并。雷曼兄弟正在经历破产程序的早期阶段。摩根士丹利和高盛变成名义上的商业银行。在危机开始前，大型投资银行曾是金融界的翘楚。最高级的MBA和金融工程师做梦都希望能在自己的名片上印上它们那金灿灿的大名。它们是世界精英的故乡，但现在，它们全没了。

更多家喻户晓的银行宣布破产

美林证券并非唯一一家破产的知名企业。华盛顿互惠银行是美国最大的储蓄与贷款机构，也是全美第六大商业银行。当时，它在美国15个州设有2 000多家分行，资产超过3 000亿美元。通过一系列收购活动，它成为全美第三大抵押贷款机构，首席执行官克里·基林格（Kerry Killinger）曾公开宣称，他的目的是让华盛顿互惠银行成为“银行界的沃尔玛”。如果那时要对“大而不倒”下一个具体定义的话，华盛顿互惠银行肯定能稳稳地坐在一般标准之上。它的失败是人们难以想象的。

但2008年9月，华盛顿互惠银行也不幸成为大量风险抵押贷款的持有人，其中大部分是期权可变利率抵押贷款，而这正是泡沫经济时期银行自己制定的宽松信贷标准的产物。在“雷曼日”，它的信用评级就被降低了，随之而来的是一个小规模的货币资金流失。截至9月25日，华盛顿互惠银行已经失去了约9%的存款。由于必定会失去更多的存款人，美国储蓄管理局决定关闭银行。这一时间的选择非同寻常，因为

9 月 25 日是星期四。通常情况下，对破产银行的扣押都在星期五营业结束后执行，然后在第二周星期一早上重新开张。但美国储蓄管理局和美国联邦存款保险公司甚至连一天都不愿再多等。它们必须及时制止货币资金的流失，以防止其进一步扩散。

就这样，华盛顿互惠银行成为美国历史上最大的倒闭银行。它的银行业务立即被摩根大通收购（是的，就是收购了贝尔斯登的那家公司），由于低廉的交易价格（19 亿美元），后者对华盛顿互惠银行的兴趣持续已久。剩下的部分在第二天申请了破产保护。[①] 美国联邦存款保险公司和存款人一分钱也没损失——就连账户里存有超过 25 万美元的未投保存款人也没有任何损失。但在一项极富争议的举措中，美国联邦存款保险公司主席贝尔决定，让控股公司——华盛顿互惠公司的无担保债权人加入破产法庭行列，公司旗下的储蓄银行除外。这是一项创举。如前文所述，贝尔斯登、房利美、房地美和美国国际集团的债权人都 100% 地受到了保护，但华盛顿互惠银行的债权人却没有。

贝尔此举的目的是想给人们上一堂道德风险课，从而恢复一点“市场约束”的假象。她本就不赞成向贝尔斯登伸出援手，也不赞成保全所有美国国际集团的债权人。至于财政部和美联储，她后来说道：“他们不想让债券持有人蒙受损失，但我们想。我们一直都在强调‘债券持有人是没有付保险费的’，你知道吗？针对大街上那些有银行存款的小家伙，我们向银行收取保险费……但我们却没有向债券持有人收取任何保险费。”在处理华盛顿互惠银行的案例时，贝尔是有发言权的——而且是最大的发言权，因为与贝尔斯登和美国国际集团不同，华盛顿互惠银行是一家由美国联邦存款保险公司担保的银行。

给债券持有人和其他无担保债权人估值折扣，同时也能确保美国联邦存款保险公司在这单生意上不会有任何损失，这恐怕不是偶然的。贝尔是一名激进的美国联邦存款保险公司保护者。事实上，她在一些针对财政部、美联储和其他机构的批评言论中也说了，她关心的只是美国联邦存款保险公司的成本问题。但无论其动机如何，让华

① 2009 年 3 月，华盛顿互惠银行余下的人员起诉了美国联邦存款保险公司，其中一个原因是收购价格太低了。然而，他们于 2009 年 12 月又放弃了诉讼，留下股东自己为争取利益做无谓的挣扎。

盛顿互惠银行的债权人蒙受损失的决定立刻引起了极大争议，并立即成为一场灾难。根据金融危机调查委员会的说法，“华盛顿互惠银行债权人蒙受损失的事情，使其他陷入危机的银行的无担保债权人恐慌不已，尤其是美联银行的无担保债权人——这导致了非常严重的后果”。

贝尔有自己的支持者，但美国财政部却一直尝试为美联银行寻求解决方案，很明显它不是贝尔的支持者。保尔森的高级助手、财政部的尼尔·卡什卡利（Neel Kashkari）后来对金融危机调查委员会说：“我们一直强调，那是很伟大的，我们可以坚强一点，我们可以坚强到将金融体系拖入大萧条。”

在纽约美联储，盖特纳对贝尔的决定感到愤怒至极。“是的，”他说，“我们应该提醒投资者不要期待政府援助，但在严重的金融恐慌中追求这一目的，实在是太过轻率、太过危险。”盖特纳试着说服贝尔改变决定，但没有成功。根据大卫·韦塞尔的报道：“在恐慌期重创而非保护债券持有人，公众对此决定的反应是盖特纳最害怕的……这一举措导致了美联储、财政部和美国联邦存款保险公司根本无法解决的严重问题……银行的哪个投资者将受到保护，而哪个将不被保护呢？”

历史将长期争论贝尔的决定是否明智。在恐慌中规避道德风险而给予债券持有人重击是明智的（贝尔的观点），还是愚蠢的（盖特纳的观点）呢？也许不明智，至少没有事先大声、明确地警告就是不明智的。毕竟，继贝尔斯登、房利美、房地美和美国国际集团之后，投资者已经开始期望会有相反的结果了。但无论如何，贝尔这一处于道德风险窘境的决定很快就遭到了报应，正如盖特纳害怕的那样——报应从北卡罗来纳州的夏洛特市开始了。

美联银行是全美第四大银行，其规模是华盛顿互惠银行的两倍，华盛顿互惠银行破产时，它正处于十分危险的境地。与通常情况一样，问题的起源也是次级抵押贷款和相关资产，其中一些正是美联银行在2006年与加利福尼亚最大的储蓄银行黄金西部金融公司（Golden West Financial）合并期间收购的。事实上，美联银行是一系列并购的产物，其中的一些并购，如黄金西部金融公司等，并没有被好好地消化。也许，美联银行并不是美国经营得最好的银行。

随着贷款损失，尤其是抵押贷款损失的变大和持续增长，美联银行的货币资金开始“悄悄地流失”，华盛顿互惠银行破产后，货币资金的流失也加速了。之所以说悄悄地流失，是因为美联银行的经纪人大部分都是坐在电脑前、用键盘操作一切的经验丰富的金融专业人士，而非在银行的分行里排队的零散存款人。在一个令人不安的日子，美联银行 10 年债券的市场价值从 73 美分降到了 29 美分。29 美分？这意味着市场认为违约很快就会降临。此时，美国第四大银行的债券比垃圾更一文不值。

财政部、美联储和联邦存款保险公司就两件事情达成了一致：第一，美联银行要在周末，也就是 9 月 27 日至 28 日，被卖掉或通过其他方法得到担保；第二，美联银行要在 9 月 29 日星期一早上，像平常一样开门营业。这又是一次周末的紧急救援行动，但这次的对象是一间位于拐角处的银行——或者更确切地说，是一间处于成千上万个拐角处的银行。美联银行当时在美国 21 个州有超过 3 300 家分行，超过 1 500 万名客户。就算你没把钱存在美联银行，那你也极有可能认识几个把钱存在美联银行的人。

具有讽刺意味的是，当时美联银行的首席执行官不是别人，正是鲍勃・斯蒂尔，那位曾经尝试劝说巴克莱收购雷曼兄弟的美国财政部官员。斯蒂尔于两个月前离开财政部——随后便受雇美联银行，拯救银行，或者把它卖掉。他在这两方面都有努力。作为一个前投资银行家，斯蒂尔忙于四处为美联银行寻找买家，他找过高盛（对方的回答是“不，谢谢”），找过摩根士丹利（同样的回答），找过富国银行（可能有机会），找过西班牙国家银行（其回答是“不”），甚至还找过同样处于危险境地的花旗集团——花旗集团倒是表现出了强烈的兴趣，因为它也在极力寻找一个更大的存款基础。当时间来到那个决定命运的周末时，一共出现了两名严肃的请购人：富国银行和花旗集团。这时，严肃性退到了第二位，出售过程开始像启斯东警察[①]一样。那么，就让戏剧开演吧。

---

① 启斯东警察，1914—1920 年，由美国启斯东电影公司（Keystone Studios）拍的影片喜剧中，经常出现的一些愚蠢而无能的警察。——编者注

序幕：斯蒂尔更钟情富国银行。事实上，他一直在回避花旗集团的新任首席执行官维克拉姆·潘迪特（Vikram Pandit），以至于两人直到9月26日星期五凌晨4点30分（是的，凌晨）才通过电子邮件联系上。盖特纳则对富国银行的兴趣表示怀疑，他希望看到美联银行与花旗集团（这是受他监管的一家银行）合并。我一直没搞懂——但可能盖特纳搞懂了，两家病恹恹的银行要怎样合并才能组成一家健康的银行。不过，日本人在10年前可是成功过的！贝尔显然对这个问题也很好奇。她后来对金融危机调查委员会说："我们现在是在向一家有麻烦的机构出售另一家有麻烦的机构。我认为如果（与花旗集团的）交易成功的话，花旗集团肯定需要再次被保释。"事实上，贝尔的主要兴趣似乎只是再一次完成一项让联邦存款保险公司花费最低成本、最好是零成本的交易。这是一个很有价值的目标，但明显不是唯一目标。而与此同时，在财政部，保尔森被迫退居二线，因为他的前任副手斯蒂尔正是出售美联银行的人。

第一幕：9月27日，星期六，富国银行主席理查德·科瓦塞维奇（Richard "Dick" Kovacevich）为斯蒂尔和联邦监管机构带来了一个在当时看来非常好的消息：富国银行有意购买美联银行的所有股票，并且不打算向政府开口要一分钱的援助。但不幸的是，第二天，他又通知斯蒂尔、美联储和其他监管机构，称如果没有联邦的援助，富国银行无法在周末出价，他们需要更多的时间做尽职调查。

第二幕：美联储打算根据《联邦储备法》第13条第3款，发放另一笔"少见而急需"的贷款，帮助美联银行渡过这个难关，但没有成功。毕竟，应该是美国联邦存款保险公司解救濒临破产的银行。但贝尔希望遵循华盛顿互惠银行的先例：接管银行、抛售股份、清扫股东，并将损失转移到债券持有人身上。但盖特纳对关于华盛顿互惠银行的那项举措非常不满，它的估值折扣已经让市场非常恐慌。盖特纳爆发了。美联银行必须在星期一开业，就算它需要政府的援助，而且债务持有人必须受到保护。"美国政府的政策是不可以再出现第二个华盛顿互惠银行"，他坚持道。事实上，当时伯南克和保尔森已经去了国会山，就拨出7 000亿美元救助基金这一想法（最终成为问题资产救助计划）进行商讨。

贝尔让步了。在她眼里，目前花旗集团和富国银行处于一个更加平等的地位——两笔交易都可能会要求联邦存款保险公司援助。正如一句玩笑话所说，只是价格的问题而已。富国银行提出用价值 1 270 亿美元的资产池补偿最初的 20 亿美元的损失，再加上剩余部分的 80%——并保证美国联邦存款保险公司的损失不会超过 200 亿美元（当时存款保险基金的余额是 346 亿美元）。花旗集团提出用价值更大的资产池（3 120 亿美元）补偿最初 420 亿美元的损失，而联邦存款保险公司只需处理高于该金额的损失即可，并且作为回报，还将得到美联银行价值 120 亿美元的优先股。贝尔的数据分析师认为，富国银行的提案可能会让联邦存款保险公司花费 56 亿～ 72 亿美元，而花旗集团的提案则可能不会造成任何损失。不出所料，贝尔选择了花旗集团——就在星期一早上凌晨 4 点，美联银行开门前的几个小时。美联储也保证，在必要的时候会提供流动性援助。

第三幕：星期一早上，这笔交易被公之于众：花旗集团将收购美联银行。可以交易并没有继续进行。两大银行之间的谈判一拖再拖；斯蒂尔说它们“极其复杂、非常困难”。然后，星期二傍晚，富国银行的理查德·科瓦塞维奇再次给美联储打电话，他说他带来了一个重大消息！“我希望收购美联银行……无须政府的任何帮助”。啊？他们不是星期六才从科瓦塞维奇那儿听说了之前的消息吗？据说，这一转变缘于美国国税局一条新的规则，该规则使富国银行对收购美联银行更加感兴趣了。美联储官员凯文·沃尔什（Kevin Warsh）接完科瓦塞维奇的电话后，带着这个消息走进了伯南克的办公室：“您肯定不敢相信。”经过一番快速的讨论，震惊中的美联储领导层将决定权交给了联邦存款保险公司。

结果是很容易预测的，贝尔很高兴能让联邦存款保险公司避开风险。10 月 2 日，星期四，贝尔给斯蒂尔打了一个电话，当时斯蒂尔正在机场的停机坪上。“富国银行准备以每股 7 美元的价格购买你的公司。”她对他说。斯蒂尔肯定笑得合不拢嘴——这比花旗集团的报价高了整整 6 美元。几小时后，美联银行董事会投票，一致同意抛弃花旗集团，转而接受富国银行的报价。

第四幕：消息一直传到了夏洛特市。盖特纳气得脸色发白。这不仅是因为急需存款的花旗集团再次陷入了危机，还因为政府的交易信誉在讨价还价中遭受了质疑。“在目前的金融危机下，你不能这样经营一个政府”，盖特纳说道。而在花旗集团内，维克拉姆·潘迪特也是又惊又气。根据《华尔街日报》的报道，“他在与花旗集团高管的一场电话会议上，激动地对贝尔破口大骂”。

花旗集团的股票在公告当天就下跌了 18%，一周内又降了 43%。在这些天里，花旗集团提起诉讼，要求停止富国银行与美联银行的并购，但诉讼失败。

后记：这是多么糟糕的拯救银行的方式！难道我们想要的是这样乱七八糟的结果吗？任何情况下，虽然并购事件让我们对富国银行的安全性产生了一些忧虑，但事实表明，富国银行是一家非常有实力的巨头银行。

救助没有结束？

富国银行与美联银行的并购事件并没有结束恐慌或银行救助。事情离结束差得还远。国会于 9 月 29 日（星期一）投票否决了问题资产救助计划条例草案，在同一天，命运多舛的花旗集团宣布与美联银行达成并购协议。在国会否决问题资产救助计划后，市场立即受到重挫，于是，受到惊吓的国会于 10 月 3 日（星期五）通过了经大量修改的问题资产救助计划，而就在同一天，富国银行与美联银行宣布已达成并购事实。在 11 天以后，问题资产救助计划便被用来平息混乱。在并购的千钧一发之际究竟是什么情况？我们永远不会知道。

美国联邦存款保险公司提出了一个新的方案，担保主要金融机构新发行的债券（marketable debt），而非银行存款（bank deposits）。它被称为临时流动性担保计划（Temporary Liquidity Guarantee Program）。只需一笔 0.75% 的费用，一些获批准的金融集团就可以发行由美国联邦存款保险公司全额担保的债券。符合条件的企业不仅限于银行。美国联邦存款保险公司的新闻稿中概括道：“商业银行、储蓄机构和一些控股公司。”一些控股公司？当你发现临时流动性担保计划的第一个客户竟然是高盛集团时，一定大吃一惊吧！在那时，高盛刚成为银行还不到 3 周的时间。

临时流动性担保计划在很多方面是前所未有的。首先，美国联邦存款保险公司之前从来没有担保过银行之外的机构。其次，美国联邦存款保险公司在其 75 年的历史中，从来没有担保过存款之外的任何东西，即使为存款担保也是有一定上限的。而从它的新闻稿中我们得知，它现在担保的对象为：期票、商业票据、银行间同业拆借，以及所有抵押债务中无担保的部分。是的，甚至包括新成立公司的债券！整个华尔街都意识到这是一件很好的事情。临时流动性担保计划下的债券发行迅速涨至 2 250 亿美元，并于 2009 年 5 月达到顶峰，近 3500 亿美元。这份计划担保的最后一笔债券直到 2012 年 12 月 31 日才到期。

像美联储和美国财政部之前一样，美国联邦存款保险公司现在孤立无援。在没有国会的帮助下，是什么促使美国联邦存款保险公司冒险进入这些全新的领域呢？简而言之就是“市场风险异常情况”。什么意思呢？

1991 年，当储蓄和贷款出现大混乱后，国会修订了《联邦存款保险法》，该法规定各机构必须使用“最低成本解决方案”，这意味着，它将用对纳税人来说成本最低的方式，来整顿各家银行。仅有一种情况例外，那就是财政部部长和美联储所说的市场风险异常情况。在这种紧急情况下，法律允许美国联邦存款保险公司不使用最低成本的解决方案，并“根据本条采取其他行动或提供必要帮助，以避免或减轻市场风险”。虽然这最后一句使用了缓和的语气，但它的标准却十分严格。回顾 1991 年，那时国会被储蓄贷款危机严重挫伤，如果没有强有力的理由，国会没有动力给美国联邦存款保险公司更大的自由裁量权来花费大量的资金。

17 年后，美国联邦存款保险公司主席希拉·贝尔女士有了上述同样的感觉。直到 10 月 14 日，她必须坚定不移地拒绝援引“市场风险异常情况”，那只是勉强为美联银行放松原则。但是，如果她及时了解到后雷曼时代所表现出的市场风险紧急情况，可能就没有那些曾经了。所以，在保尔森和伯南克的敦促下，贝尔同意大胆开拓那些之前没有人去碰触的地方。在那时，尽管没有银行迫切需要拯救，但他们都认为整个银行系统正在遭遇“市场风险异常情况”，并决心挽救整个系统。这是一个让人震惊的消息，除其他事项外，它也意味着否定了贝尔对华盛顿互惠银行的决定，但它有助于结束市场的暴跌。联邦存款保险公司担保的债务找到了一个现成的市场。

然而，它只是起到了帮助的作用。这场危机远未结束。

花旗集团是当时美国最大的银行，持续溃败到11月份。比起其他金融机构，花旗集团由于背负更多的结构性投资工具和表外问题资产，从而出现了危机。由于没有获得更多的存款，当其试图收购美联银行时遭遇了失败。最初财政部（在第7章中讲述）注入的250亿美元临时救助计划资金被证明是不够的，而寻找更大投资机会的私人资本也完全敲不开花旗集团的大门。该银行的股票价格曾一度突破60美元，但在11月21日，股市收盘时已跌至3.77美元。美国最大的金融企业集团会就此破产吗？市场曾指向一个可怕的答案：是的。

但是，财政部、美联储和联邦存款保险公司给出的答案是否定的。2008年11月23日，周日，这三家机构再次发出了联合新闻公报救助花旗集团。这是又一次“市场风险异常情况”。根据救助条款，美国财政部和联邦存款保险公司同意合伙注入3 060亿美元的资产“包括住宅地产和商业地产支持的贷款和证券，以及其相关的对冲交易”。请注意这庞大的金额：3 060亿美元，大约相当于华盛顿互惠银行整个资产负债表的规模！赌注正在上升。

根据协议条款，花旗集团将从这笔资金里补充其290亿美元的损失，再加上剩余资金的10%。财政部和美国联邦存款保险公司将吸收剩余的150亿美元。即使这样，损失仍然巨大，美联储将对花旗集团使用无追索权贷款吸收剩下的资金。作为贷款担保的回报，花旗集团发行了价值270亿美元的优先股给财政部和美国联邦存款保险公司，股息为8%，加上认股权证，财政部最终获利。和之前的高盛集团和摩根士丹利一样，花旗集团现在基本上躲过了这次灾难。次日，其股价上涨了58%。这是好消息。坏消息是，美国纳税人将面临更多的新风险。

救助花旗集团后，还剩三艘大船仍然航行在惊涛骇浪中。第一艘是摩根大通——这个幸存的大集团以便宜的价格收购了贝尔斯登和华盛顿互惠银行。摩根大通看起来很安全，事实也证明了这一点，它既不希望也不需要政府的援助。第二艘是富国银行，通过刚刚收购更大的美联银行，富国银行把自己变成又一个银行巨头。沉重的新负荷会把马车（富国银行的著名标志）压倒吗？监管机构像鹰一样盯着富国银行，但看起来结果很好。

第三艘就是摇摇晃晃的美国银行，由于收购了美林证券和巨大的抵押贷款美国国家金融服务公司，增加了其本土抵押贷款问题，它现在成了最慢的羚羊。美国国家金融服务公司是由总裁安杰洛·莫兹罗（Angelo Mozilo）和其合作伙伴于 1969 年成立的，在经济繁荣时期有惊人的增长。但是，这种增长仅建立在数量上，而非质量。在某种意义上，美国国家金融服务公司是错误的次级抵押贷款的典型代表。美国银行于 2008 年收购了该公司。是的，在 2008 年。这一年见证了太多的浮躁心态和糟糕的商业判断力。

2008 年 12 月，美国银行的高管们对收购美国国家金融服务公司和美林证券心生悔意。由于美国国家金融服务公司的交易已经成为历史，所以银行的管理层转向美林证券的交易，他们告知美联储和财政部，他们越来越害怕。美林证券的损失看起来比他们在 9 月预见的要糟糕得多（是的，约翰·塞恩在 9 月时做了一笔不错的交易）。监管机构感到震惊。难道美国银行的高管们在反悔前没有预知到会发生这些吗？保尔森说，美国银行的肯·刘易斯打退堂鼓证明了“美国银行巨大的判断失误”，并可能促使作为银行监管机构的美联储更换银行管理层和董事会。这是一种不加遮掩的威胁。

就像美联储的凯文·沃尔什所说的那样，美国银行看起来想要更多的“糖果”？可能真是如此。尽管保尔森和伯南克很生气，但他们不希望美林证券和美国银行的合并告吹，不然美林证券（2.2 万亿美元的资产）和美国银行（2.3 万亿美元的资产）可能会成为国家昂贵的“收容对象”。怎么办？这似乎看起来确实需要更多的“糖果”，但是，尽管没有对外宣布，美国银行和美林证券于 2009 年 1 月 1 日关闭了它们的交易。

碰巧的是，美国在那个时候举行了总统大选，盖特纳取代了保尔森。

监管机构最终于1月16日宣布了求助计划，这与花旗集团11月的救助情况类似，不过谢天谢地，救助金额较小。新闻稿称，有问题的资产“仅为”1 180亿美元，且其中大部分来自美林证券。美国银行将承担最初的100亿美元的损失，再加上剩余损失的10%。其次，财政部和联邦存款保险公司吸收了200亿美元，美联储使用无追索权贷款吸收了剩下的资金。（在这次事件中，政府机构没有吸收任何资金。）就像花旗集团一样，财政部获得了优先股和认股权证，这些最终证明都是有利可图的。

这个协议被很自然地看成是花旗集团救助的重演，美国银行被视为又一个求援者。所有忙乱后，美国银行在短短4个月后就要求终止协议，其损失低于100亿美元。然而，政府坚持收取4.25亿美元作为其提供保险的费用。具有讽刺意味的是，到2011年时，美林证券成为美国银行最赚钱的单位。银行的其他方面看起来都显得相当薄弱。

雷曼兄弟破产的恐慌平息之后，残骸随处可见。贝尔斯登、美林证券、高盛集团、摩根士丹利、花旗集团、美国银行、美联银行、华盛顿互惠银行、房利美、房地美，以及其他一些公司，都被联邦政府以政府领导或其他的方式解救出来。顺便说一句，当时的领导者保尔森是一名出身于高盛集团的财政部部长，自称“自由市场的坚定信仰者”，还有一名极为保守的美联储主席，自称“自由主义者”。

表6-1总结了从2008年3月的贝尔斯登开始，美国金融体系在不到一年的时间内被迫发生的惊人转变。事实上，它们大部分发生在2008年9月15日接下来的两周里。纵观这个列表，只能感叹一个字：哇！美国的金融系统已经面目全非了。美联储、财政部和联邦存款保险公司早在2008年以前就采取了行动，这很少有人能够想象到。美国纳税人可能会被令人难以置信的款项牢牢地吸引住眼球。但是该系统在美国政府的大力协助下，已经紧紧团结在一起。这是故事的幕后部分。

表 6-1　十四大巨头：变革后的金融体系

机构名称	2007 年末资产（美元）	2009 年末资产（美元）	2007 年末首席执行官	2009 年末首席执行官	主要转变
投资银行					
高盛	1.12 万亿	8 490 亿	劳埃德·布兰克费恩	劳埃德·布兰克费恩	成为“银行”
摩根士丹利	1.05 万亿	7 710 亿	约翰·麦克	约翰·麦克	成为“银行”
美林证券	1.02 万亿	—	斯坦利·奥尼尔	—	并入美国银行
雷曼兄弟	6 910 亿	—	理查德·富尔德	—	破产
贝尔斯登	3 950 亿	—	詹姆斯·凯恩	—	被摩根大通收购
银行					
美国银行	1.72 万亿	2.22 万亿	肯·刘易斯	布莱恩·莫尼翰[a]	并购美林；得到紧急救助
花旗集团	2.19 万亿	1.86 万亿	查克·普林斯	维克拉姆·潘迪特	得到紧急救助
摩根大通	1.56 万亿	2.03 万亿	杰米·戴蒙	杰米·戴蒙	收购贝尔斯登和华盛顿互惠银行
美联银行	7 830 亿	—	肯·汤普逊	—	破产；被富国银行收购
富国银行	5 750 亿	1.24 万亿	理查德·科瓦塞维奇[b]	理查德·科瓦塞维奇	收购美联银行
其他					
美国国际集团	1.06 万亿	8 480 亿	马丁·沙利文	罗伯特·本默切	被美联储“国有化”
房利美	8 830 亿	8 690 亿	丹尼尔·马德[c]	米歇尔·威廉姆斯	政府托管
房地美	7 940 亿	8 420 亿	理查德·塞隆[d]	查尔斯·霍尔德曼	政府托管
华盛顿互惠银行	3 280 亿	—	克里·基林格	—	破产；被摩根大通收购

注：a. 刘易斯并非辞职，而是退休了。b. 科瓦塞维奇实际上是主席，而不是首席执行官。c. 马德的接班人是赫伯特·艾利森（Herbert Allison），不过后来跳槽到了财政部。d. 塞隆的接班人是戴维·莫菲特（David Moffett），不过只在房地美工作到了 2009 年 3 月。

我们不再属于堪萨斯州

雷曼兄弟破产后的恐慌迅速蔓延到了美国以外。当然，早在雷曼兄弟破产之前，英国就已经深深陷入了金融危机。英国停止了北岩银行的运营，在短时间内临时实行存款保险制度，并且出手拯救了大部分银行或将其国有化。爱尔兰银行在房地产热潮中不计后果地放贷，在雷曼兄弟破产之前就遭受了巨额亏损。这些“公开的秘密”在雷曼兄弟破产时被毫不留情地揭穿。冰岛也是如此，相对于它微小的经济规模来说，其亏损规模巨大。西班牙也遭受了房地产崩盘的重创，但其主要的银行在危机中幸存下来——至少在第一反应上已超出预期（然而它们以后会成为欧洲债务危机的核心）。澳大利亚也出人意料地经受住了这场暴风雨。

但大多数欧洲大陆国家，亚洲和拉丁美洲直到 2008 年 9 月 15 日前，都没有出现严重的后果。雷曼兄弟倒闭以后，这场危机才真正在世界范围内蔓延开来。紧随雷曼兄弟公司在纽约申请破产保护，多米诺骨牌在世界各地开始产生效应。全球投资银行迅速介入 18 个国家的大约 80 个破产程序，而每个国家都有自己的法律和流程。最大的破产是雷曼兄弟主要业务开展国英国——其破产法与美国的（法律）并不是太吻合。例如，根据《美国破产法》，雷曼兄弟能够在申请破产保护后继续开放其衍生品仓位；而根据《英国破产法》，所有这些仓位都要被原地冻结，抛下大量的资产和众多对手方不管不顾。

这里也有一个重要的教训：世界各地的破产程序不同，即使只是一小部分国家，对全球的金融体系也是至关重要的。各国不太可能很快就共同的破产法达成国际协议。这个小小的细节令一个申请破产的全球性国际银行在未来几年内很难高枕无忧。特别是我们稍后将会提到的美国《多德－弗兰克法案》，它为本国系统重要性金融机构设计了一个合理的破产清算机制，然而其他国家并没有类似的法案。因此，下一个破产的大型全球性金融机构就要小心了。尽管当局正在努力达成国际协议，但每个国家依然只会考虑自己的事。

9 月 25 日，关于富通[①] 遇到了麻烦的传言四起。富通的首席执行官辞职，而第二天富通银行就遭受了大规模挤兑。欧洲各国政府一般都不像美国政府那样，为实施紧

---

① 富通（Fortis），一个庞大的银行、保险、投资集团，总部位于比荷卢（Benelux，比利时、荷兰、卢森堡）经济联盟。

急救助而感到良心不安，而是惯于实行“柠檬社会主义”，即政府干预在市场竞争中本应被淘汰出局的企业，让该倒闭的公司不倒闭。想象一名欧洲中央银行的银行家，惊奇和不屑地看着美国决定让雷曼兄弟倒闭，挖苦道：“我们不会让银行倒闭，我们甚至不会让干洗店倒闭。”

因此，比利时、荷兰和卢森堡政府快速决定对富通提供支持。9 月 28 日，他们宣布银行将被部分国有化，这 3 个国家一共投资了 112 亿欧元，获得了 2/3 所有权。一场多国参与的混战接踵而至。最后，富通被分成几部分出售给荷兰、比利时和法国的金融公司。

几天后，比利时大银行德克夏（Dexia）——一家业务遍及世界各地的银行，受到了严重的压力，其交易对手方对损失变得格外敏感，且穆迪下调了其长期债务信用评级。然而德克夏银行申请的国家救助很快得到批准，这预兆了之后花旗集团和美国银行将受到同等待遇。德克夏银行获得注资和政府为其债务的担保，随后该银行进行了重组并重新开展业务。令人大跌眼镜的是，德克夏银行于 2011 年 10 月再次被国有化，此时正值欧洲主权债务危机时期。一个二次失败者！

大约在同一时间，德国的许珀不动产银行（Hypo Real Estate Bank），从它的名字就可见其明显的专业性，正遭受严重的流动性危机。德国财政部（以及德国银行组成的财团）急忙安排了巨大的信用额度（350 亿欧元）才阻止了挤兑。几天后，银行财团抽身，其业务土崩瓦解。

因此，在 2008 年 10 月 6 日，几乎不支持紧急救助的德国联邦银行安排了新的信贷额度，这次为 500 亿欧元，并再次联合了银行组成的财团。而受官方支持的许珀不动产银行，最终获得突破 1 000 亿欧元的救助——这是一大笔钱，因为在危机爆发前，许珀不动产银行的资产也只有约 1 700 亿欧元。在 2009 年 10 月，许珀不动产银行最终被国有化。

9 月 29 日，在无穷无尽的恐慌中，爱尔兰保证承担六大银行所有的负债——包括未保险的存款和债务工具，此举震惊了整个世界。这个匆忙的决定可能会使该国后悔，因为它把银行的债务变成公共债务，并把爱尔兰置身于难以为继的财政状况中。

但是无论对错，爱尔兰的行动都迫使其他国家如法炮制。当你能够将钱转移到爱尔兰，并且能够获得 100% 的保证时，为什么还要将钱存在其他国家呢？德国忘记了它对道德风险的盲目崇拜，很快就屈服了。美国也考虑了 100% 的存款保险，但是最后拒绝了这个主意。

在一个完全不同的故事里，弱小的冰岛已经在繁荣时期从小型的渔业经济，转变为具有巨大杠杆作用的对冲基金经济——部分通过从海外筹集大量存款，尤其是在英国，并将这些资金投资到风险资产中。当“基金”在雷曼兄弟之后崩溃和耗尽，冰岛的 3 家大银行都以“国有化”的方式倒闭。

金融危机就这样席卷了一个又一个国家。也许大部分都是灾难性的，在雷曼兄弟之后，金融危机也吞没了许多新兴市场国家。相对于信贷流动在富裕国家中的破坏，这些国家没有受到大的伤害。这标志着过去全球金融危机以来的一个大的变化，在这次危机中，一个或几个新兴市场通常都起到了带头作用。当时担任墨西哥银行行长的吉列尔莫·奥尔蒂斯·马丁内斯（Guillermo Ortiz Martinez）说了一句很著名的双关语，“这一次不是我们搞的。”很明显，美国把更穷的国家拖入了泥潭。

与此同时，回归农场

对于美国而言，就像许多经济学家可能会说的那样，雷曼兄弟的失败也标志着美国宏观经济表现的急剧恶化。正如本书之前所说的，在雷曼兄弟破产后，就业和 GDP 立即崩溃。信贷耗尽，公司陷入困境或破产，工作岗位消失了。那些认为美国可以在没有严重萧条的情况下，顺利度过金融震荡的想法很快被打消了。相反，人们开始讨论并预测这是否会是“大萧条 2.0”。我记得我自己也是在那时改变态度的。

在雷曼兄弟之前，我相对乐观——相对于普遍的萧条和崩溃论来说。事实上，当经济明显受到了一定损害时，我并不十分肯定我们将会迎来一次严重的萧条。毕竟，2007 年实际 GDP 增长率平均为 2.2%，而 2008 年的前两个季度为零。但是在 2008 年 9 月 15 日，我开始深感消极。其他大部分人也是如此——也许最严重的是那些做出聘用和解聘决定的人，失业率急剧攀升。

图 6-1 所示的季度经济增长（上图）和工作增长（下图）同第 1 章出现的一样。它们展示了 2008 年 9 月后，已经很脆弱的经济再度急剧下滑。雷曼兄弟的倒闭引发了金融市场的大海啸，并严重打击了所有人的信心。它让所有事情变得更糟。

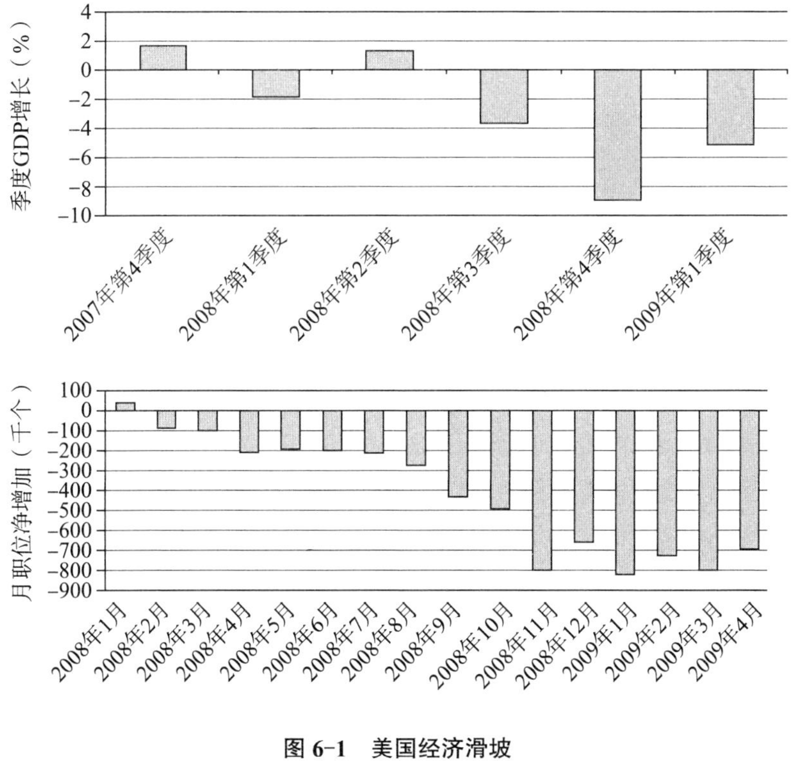

图 6-1　美国经济滑坡

如前所述，联邦公开市场委员会碰巧在 9 月 16 日安排了一次会议，这正是雷曼兄弟破产的第二天，也是美国国际集团获得政府援助的当天。但是很明显，联邦公开市场委员会还没有对宏观经济的紧迫性有任何觉察，因为委员会没有改变利率——在委员会的声明“增长下降的风险和通货膨胀上升的风险都是重点关注的对象”中没有任何反映。真的吗？这是否意味着相同的关注？也许我们应当原谅委员会一次，因为9月16日距离危机开始爆发只有一天。也许他们不会随机应变。当联邦公开市场委员会会议在9月29日举行临时电话会议时，恐慌已经四处蔓延，并且出现了大量受害者。但是美联储仍然没有使用他们的利率武器。联邦公开市场委员会似乎在驾驶座上睡着了，或者至少是昏昏沉沉的。

但是伯南克主席留了一手。虽然10月8日没有安排联邦公开市场委员会会议，但是美联储在上午8点发布了一条令人意外的通知，即将利率下调了50个基点。不止如此，欧洲央行、加拿大银行、英格兰银行、瑞典央行和瑞士国家银行都和美联储一起下调了利率。多国的央行联合改变利率是前所未见的。基本上它们从没有这么做过，因为每家央行只从本国的最大利益而不是全球的最大利益出发。所以，2008年10月8日的联合下调利率是令人吃惊的。首先，它标志着这个问题是全球性的；其次，它标志着这不再仅仅是金融问题。世界经济的健康面临巨大危险。

有人可能会认为，这次戏剧性的多国利率下调将会刺激全球市场。我猜6家央行的领导也是这么想的。他们肯定是这么打算的。但事实上，市场没有任何反应，这也是当时消沉的情绪有多低落的一个证明。实际上，道琼斯工业平均指数当天下跌了大约2%，在6天里共计下跌了14.6%！这就像6家央行同时用火箭炮开火——但是却没人注意。

美联储在9月一直纠结于其利率政策，保尔森、伯南克和盖特纳三人组也在不停地救助公司，同时，伯南克和保尔森也在绞尽脑汁地想，还有什么办法能阻止危机的蔓延。最后他们得出结论，是时候到国会山上争取国会的赞助了。不久，问题资产救助计划诞生了。

AFTER

第三部分

收拾残局

THE MUSIC

STOPPED

AFTER THE MUSIC STOPPED

07

问题资产救助计划

如果不放松钱的管制，这场危机还会继续下去。
——乔治·W. 布什，2008 年 9 月 24 日

对于棒球迷来说，防水布是场地工作人员在内场撑开用来防雨的东西，它存放在比赛场地旁边，一旦有需要，可以随时拿出来。防水布是设计用来救场的，幸运的话，它可以使比赛在一个小小的延时后继续进行。但是，有时候因为下雨，比赛会延迟很长时间，有些比赛还因为下雨取消了。

备受非议的问题资产救助计划亦是如此，它是在美国国会非常不情愿的情况下颁布的，当时正处于 2008 年金融恐慌的最高峰，环境十分恶劣。但棒球防水布和金融“防水布”有一个重要的区别。与在棒球场地经过考验而可靠的防水布不同，当金融风暴来袭，问题资产救助计划并没有在场地的一边准备好，并由一名训练有素的场地工作人员随时准备把它铺开。相反，法规被匆忙地起草好并获得批准（在第一次被否决之后），连细节也是在匆忙中完成的。正如财政部部长保尔森后来说的：“坦白地

说，我们没有别的选择，只能摸着石头过河，在经历危机的过程中把它制定好。”尽管如此，与许多浮夸的政治评论相反，它是有效的。事实上，除了一些失误，它的效果还很显著。

问题资产救助计划也许是美国历史上最成功的、却最不被理解的经济政策创新之一。直到今天，这个计划在国家中的名声依然很糟糕。比如，2012 年 2 月的一项佩尤民意调查（Pew Poll）显示，只有 39% 的美国人认为，问题资产救助计划中，在 2008 年“给银行和金融机构发放大量的贷款来保持市场安全，对于政府来说是正确的做法”。52% 的人认为这是错误的举措。调查还询问了美国人“有多少钱已经还了？……所有的钱，大部分钱，只有一部分钱，或者一点儿也没有”，当时只有 15% 的人给出了正确的答案——“所有的钱”或“大部分钱”。相反，72% 的人选择了“只有一部分钱”或者“一点儿也没有”。在问题资产救助计划过后的数年里，或许现在也还是这样：在国会中，扼杀一项提案的最有把握的办法之一，就是给它贴上“类似问题资产救助计划”或“一个永久的问题资产救助计划”的标签。这是为什么呢?

“打破玻璃备忘录”与问题资产救助计划的起源

问题资产救助计划的诞生来得很突然，正如孕妇在去医院途中的出租车上分娩一样。计划的起源要追溯到五六个月前，一个相对平静的时期。其诞生之时已是危急关头，但即使如此也是通过吓唬国会议员才获得通过的。

在 2008 年 3 月的贝尔斯登救援计划之后，财政部立即得出结论：“我们最好着手制订应急计划，以防情况变得更糟。”财政部部长保尔森任命了两位年轻且聪明的助理部长，一位是经济学家菲利普·施瓦格，另一位是来自高盛的投资银行家尼尔·卡什卡利，让他们起草了一份文件，这份文件后来被称为“打破玻璃备忘录”（Break-the-Glass Memo）。保尔森是希望能想出一些创造性的计划，在政府面临真正的金融灾难时可以用得上。正如它的名字所暗示的，这样一个备忘录列出的激烈的政策选择，你永远都不会希望采用。

在经过施瓦格描述为“不下十次的反复修改”，以及财政部和美联储的大量讨论以后，一个10页纸的备忘录在4月15日产生了，概述了以下4个基本的选择：

- 买入问题资产（有毒资产），这是财政部从市场参与者中听到最多的建议，也是后来问题资产救助计划名字的由来。
- 给资产提供担保而不是买下它们，这是在最终立法的政治强迫下，很不情愿地加入的一条选择。
- 通过购买股票直接向银行注入资本，这后来成为问题资产救助计划的标志性计划。
- 对住房抵押贷款进行再融资，使之成为政府担保贷款，问题资产救助计划的资金后来并没有用来做这件事。

根据当时银行在抵押贷款相关证券上损失的估值，卡什卡利和施瓦格推测一个约5 000亿美元的政府基金能够达到理想的效果。可是，财政部没有人相信这样一个基金能够在2008年4月获得批准。在当时，这只是理论性的，它存放在一个众所周知的盒子里，盒子上写着：“如果发生火灾，请打破玻璃。”

美国国际集团的类国有化没能阻止恐慌，在这之后，保尔森决定要打破玻璃了。他害怕事情拖延下去会失去控制，他说“我们不能一直使用管道胶带和扎铁丝来试图保持系统的稳定”。他的这个观点得到了时任美联储主席的伯南克的强烈支持。伯南克迫不及待地要求国会给美联储拨用一些资金以摆脱困境。正如他和保尔森所说：“我们不能再继续这样做了。”

他们推行问题资产救助计划的动机很多。**第一，金融灾难正在蔓延，而不是减弱**。而且他们渐渐发现，这次灾难是“很大的一次”，“打破玻璃备忘录”预期到了，但他们希望这个灾难永远不会到来。

第二，尽管可以使用汇率稳定基金来稳定货币市场共同基金，保尔森仍然急切地需要国会明确地拨付一大笔钱来应对金融危机。毕竟，谁知道接下来会发生什么呢？拨付给货币基金的500亿美元远远不够。

第三，美联储冒了很大的风险去拯救贝尔斯登和美国国际集团——在其他方面也

是如此。"打破玻璃备忘录"里面设计的每一条选择，都是为了"将金融市场政策的重心从美联储转回财政部，这是合适的，因为问题反映的是资本的不充足而不是流动性的不充足"。也就是说，公共资金之前是由非政治性的和未经选举的美联储拨付的，尽管这种决定应该在政治的层面上做出。用伯南克的话说："不仅因为我们在美联储没有必需的资源，而且出于民主合法性的原因。"

保尔森和伯南克的三个考虑都是正确的，尽管保尔森可能注意到，有美联储作为靠山不仅使其冲在了救援的前线，而且也避免了他作为共和党人的财政部部长，向敌对的民主党国会讨钱的局面。保尔森把"打破玻璃备忘录"中概述的措施看作"一个经济上的'9.11'"——这并不是什么值得期待的东西。

备忘录中的4个选项中哪一个最有意义呢？在这个问题上，伯南克和保尔森持不同的看法，这也许反映了一个非政治界的前经济学教授和一个中途介入政治界的华尔街交易人不同的思维模式。他们的分歧被证明是极为讽刺的。

聪明的美联储主席倾向于向银行直接注入资本。作为经济史专家，伯南克知道，银行危机发生后不可避免地需要注入公共资金。而且，给银行提供新的资本会使政府的钱产生杠杆效应。至少在理论上，每增加1美元的银行资本可以支持大约10美元的新的贷款（我们很快会回到这个荒谬的推断上来）。很多金融市场专家都竭力主张这个选择，比如著名的投资家乔治·索罗斯，以及著名的经济学家保罗·克鲁格曼和约瑟夫·斯蒂格利茨（Joseph Stiglitz）。

但是没那么理智的、更以行动为导向的财政部部长，在政治和市场两方面都否决了伯南克。从政治角度来说，购买银行股份，使得政府成为美国最大银行的股东，这个提议会被共和党人描述为"社会主义"，被民主党人诽谤为"给有钱有势的银行的礼物"，它在国会通过的概率渺茫。此外，从市场角度来说，仅仅是银行的一部分国有化都足以吓跑私人投资者，而财政部和美联储仍然期待着给面临困境的银行以资本支持。由于这些合理的原因，保尔森不想在公共场合谈论购买银行股份的可能性。事实上，他甚至不希望财政部内部讨论这个话题，因为害怕会泄露出去。但是向银行注入资本这个想法始终在他的脑海里，也在“打破玻璃备忘录”里。

每当提到政治问题，尤其是应对国会时，美联储主席一般都遵从作为国家财务总监、代表总统的财政部部长。伯南克认识到了这个现实，所以当他们在国会出现并请求援助时，伯南克一般都支持保尔森最喜欢的想法（购买问题资产），而不是自己的想法（注入资本），尽管伯南克对前者持有保留意见。美联储主席别无选择。考虑到危机环境，他不得不与来自华尔街的、善变的财政部部长保持一致。但同时，他必须保卫美联储一直大肆吹嘘的独立。由政治家组成的财政部和由技术专家组成的美联储的机构利益并不总是完全一致的，所以问题资产救助计划的决定注定是高度政治化的。

提前了的万圣节

（2008年）9月18日星期四的晚上，在一次不同寻常的会议上，这场戏剧正式开始了。在事先与布什总统商谈过后，美联储主席和财政部部长挽着手——我猜想只是象征性的，沿着国会山走下去与国会官员会面。参议院和众议院议员被紧急召集到众议院议长南希·佩洛西（Nancy Pelosi）的办公室外面的会议室，他们可能没有预想到会发生什么，但这其实是一个提早了的“不给糖就捣乱”游戏。

当时，几乎没有国会议员同伯南克和保尔森一样，看到了这是一个可怕的金融混乱的画面。政治家们还无法理解这场灾难的规模会大得令人恐惧。他们仍然把它看作华尔街的问题——只是金融巨头们在蹒跚而行，而不是“缅因街”（Main Street）的问题，因此他们对紧急救助怀有敌意。重要的是，他们认为冒险地使用大量纳税人的钱，去抚平银行业自己造成的伤口是没必要的，当然他们也没有认识到这个计划的政治可行性。贝尔斯登救援和美国国际集团紧急救助行为在他们的选民中非常不受欢迎。

相比之下，使用美联储充足的资金看上去更加吸引人。毕竟，国会不需要掏一分钱；伯南克会为此造成的不良后果负责；而且国会议员可以斥责美联储越权的行为或者其他任何他们不喜欢的行为，即便钱流向了他们行政区内的银行。伯南克当然希望降低美联储的政治曝光率。在其位，谋其政。

包括国会议员的所有人都这样认为，9 月 18 日的会议很有趣。保尔森并没有期望这是一次友好的聚会。作为前华尔街巨头，他将被民主党、并很快将被整个国家，看作在恳求救助那些有钱阶层。正如他向伯南克透露说："他们非当场杀了我不可，然后把我吊起来风干。"在保尔森出发去国会的那一夜之前，他的办公室主任，吉姆·威尔金森（Jim Wilkinson）警告他："除非你把他们吓得屁滚尿流，否则这不会成功的。"虽然粗鲁，但这也许是一个忠告，保尔森接受了。

显然，他和伯南克不仅仅描述了如果国会不迅速行动，国家金融大灾难即将爆发的场景，但这个更容易接受一些，因为大灾难已经在他们面前展开了。根据出席会议的一些国会议员所说，他们描述的远远不止这些，事实上他们描绘了这样一幅画面：美国的公共秩序一片混乱，街上还有暴乱。"如果不能顺利渡过这场危机，只有上帝来救助我们了。"虔诚的宗教徒保尔森总结说。根据在场的人描述，围绕在红木桌子周围的很多人都倒吸了一口气。保尔森后来写道，伯南克对未来经济黯淡的评估"足以让国会议员脸色发白"。伯南克自己后来也说，"我有点吓到他们了，我也有点吓到自己了"。

在会议争辩没有那么激烈的时候，有人推测，保尔森概述了他第二天早上将要宣布的问题资产救助计划。根据他描述的计划，财政部将会从银行购买问题资产，使其脱离银行的账面，提升他们的市场价值，让银行更加健康地运营，从而帮助经济恢复。这将需要数千亿美元，而财政部希望立法能在几天内通过。

在遭受了大灾难预警的惊吓后，国会的领导层很不情愿地信服了，但仍然提出了许多问题。一个突出的问题一次又一次地萦绕着财政部：怎样限制高管的薪酬？保尔森厌恶这个想法。但是众议院金融服务委员会主席巴尼·弗兰克（Barney Frank）坚持说："你不是在向一个董事会推销这个计划，你是在向全美国人民推销这个计划。"这是一个很好的建议，但没有被接受。

随着会议进入尾声，参议院多数党领袖哈利·里德（Harry Reid，内华达州）对紧迫的时间安排表示质疑："让共和党人同意冲洗这周围的厕所都花了 48 个小时。"

幸运的是，少数党领袖米奇·麦康奈尔（Mitch McConnell，肯塔基州）足够恐惧，以至于选择了糖果而不是恶作剧。“我认为我们需要这么做”，他告诉里德。这是很少见的两党合作的时刻，但这并没有预示即将发生的事情。

仅仅是会议召开的新闻就引起了第二天股票的强劲反弹。但是，里德、麦康奈尔、佩洛西，尤其是众议院少数党领袖约翰·博纳（John Boehner）很快就会发现，他们的成员并没有准备好对金融体系开展保护性的问题资产救助计划。

第二天早上，9 月 19 日，星期五，保尔森在新闻发布会上公布了他的计划，这次他宣布了他的第一个尝试：拯救货币市场基金。保尔森概述并辩护了他的基本观点：这些非流动性资产阻塞了信贷流动，而这对美国经济是生死攸关的。他坚信这种大胆的方法会让美国家庭的花费，远比其他替代的方法（大概是放任主义）要少。但是他没有给问题资产救助计划贴上价格标签。

这不是意外，财政部确实还没有决定索要多少钱。“打破玻璃备忘录”中使用了一个相当随意的数字 5 000 亿，这个数字由保尔森提出并征询了布什的意见。但是危机从 4 月份就开始恶化了，这需要更多的钱去平复这场危机。那一晚，保尔森、卡什卡利，以及财政部的立法联络人凯文·弗罗默（Kevin Fromer），再三考虑了到底要向国会申请多少钱。这是记者安德鲁·索尔金（Andrew Sorkin）[①] 对他们谈话的记录：

> “1 万亿美元怎么样？”卡什卡利说。
> “我们会被否决的。”保尔森冷酷地说。
> “不可能。”弗罗默对这个金额表示怀疑，“国会不会通过的，不可能。”
> “好吧。”卡什卡利说，“7 000 亿美元怎么样？”

随着他毫无依据地说出这个数字，卡什卡利自己都对这荒谬的一切笑出声来。

保尔森在新闻发布会上宣布了问题资产救助计划第 5 天后，我开车到亚特兰大城附近的一个度假酒店，给新泽西银行家协会发表了一篇演说。说到问题资产救助计划

① 安德鲁·索尔金，《纽约时报》首席记者及专栏作家，他的《大而不倒》一书中文简体字版已由湛庐策划，四川人民出版社出版。——编者注

还悬而未决，他们对这个计划提出了很多问题，大部分问题都是我无法回答的。但是对于一个问题，我信心十足：

> 新泽西银行家："他们是怎么想到 7 000 亿这个数字的？"
> 我说："我很确定他们是凭空捏造的。"

谁会指责他们？没有一个人知道多少钱才是足够的。

一场三页纸的"暴行"

9 月 20 日，星期六，保尔森的问题资产救助计划第一版草案在网上发布了。很多人看到后都倒吸了一口气，包括我在内。

作为有史以来最大一笔因为单个项目对国会的拨款请求，只有短短三页纸的篇幅。它给了财政部部长几乎完全自由的裁量权来决定如何使用这 7 000 亿美元，而要求的条件仅仅是在最初的三个月向国会进行报告（之后每半年报告一次）。该法案的目的如下："在财政部部长认为的特定时期和条件下，财政部部长被授权购买任何总部在美国的金融机构的'抵押贷款相关资产'……"

这意味着购买问题资产，是吗？在计划草案中，将"抵押贷款相关资产"定义为"住房或商业抵押贷款，以及任何与抵押贷款有关联的证券、债务或者其他的金融工具"。有关联？这么说，我跟我的表兄妹的表兄妹也有关联。财政部的律师为保尔森提供了足够宽松的词汇，即使他想往银行直接注资也是有可能的，不是吗？

这就是声名狼藉的第 8 条，一个鲁莽的句子，我引用了一整句话，否则你们都不会相信我：

> 根据此法案所授予的权限，财政部部长所有的决定都不需要被审查，并由财政部自行裁量，也不需要经过任何法院或政府机构的审查。

当我读完这段话的时候，我不可置信地摇了摇头，其他人肯定也会这样。你们甚至也做了同样的动作。部长的权力不需要任何法院的审查？这是在吹嘘自己拥有三权分立制衡体系的美利坚合众国吗？难道我们不是为坚持法治而非人治而骄傲吗？难道我们的法律体制不是任何事情都需要经过法庭的审查吗？难道首席法官约翰·马歇尔（John Marshall）在200多年前没有创立司法审查的准则吗？

在使用问题资产救助计划的资金时需要灵活性是可以理解的，但这三页纸上所表现出的傲慢的确令人匪夷所思。财政部门的人都在想什么？虽然我不是一个宪法律师，而且也不习惯夸张，但我当时对美国国家公共广播电台（NPR）的一个采访者说，这项法案丝毫没有表示出对宪法的尊重和理解。保尔森单单是推行这项法令就足以被弹劾。

保尔森后来解释说，国会的领导人曾经劝他不要提出一个完整的方案，而是把他需要的东西列一个大纲给国会，让国会来撰写法令。“所以，我们准备了一个短小且极其简单的提案，并使用了开放性的表述语言，因为我们知道国会成员随后会在里面增加条款。”好，既然如此，为什么只有三页纸的提案能够经过财政部立法起草人重重审核，最终以一份草案的形式呈现？拒绝司法审查的想法是哪里来的？我想肯定不是来自国会。

正如保尔森后来用一种极其轻描淡写的口吻说的那样：“没有制定司法审查的条款给人的感觉是有点过分了。”不过问题不在于没有制定司法审查的条款，而是在于保尔森在臭名昭著的三页纸草案中制定了不需要司法审查的条款。他的草案给了他可以任意支配7000亿美元公共资金的权力，而不需要经过任何法庭的审查。这严重违反了美国的商业规则，而且它的出现并非偶然。

这份计划令各方都大吃一惊，甚至在财政部内部。对自由裁量权没有限制？没有监督？不需要审查？仅仅只有三页纸？索尔金提到了以下这个对话，这是没有参加制定这项法案的两名财政部助手的对话：

丹·杰斯特（Dan Jester）对杰里迈亚·诺顿（Jeremiah Norton）说：“你已经见过法案了，是吧？”

诺顿说：“我只见过大纲。”

杰斯特回答说：“不，那就是法案。”

关于这份草案的争议很快就爆发了。周日早上，当保尔森参加《与媒体见面》（*Meet the Press*）节目时，汤姆·布罗考（Tom Brokaw）质问保尔森："如果在高盛，你原来的工作岗位，你将这份方案带给你的合伙人，他们会把你直接轰出门外并且对你说，'请你能够给我们更多答案的时候再进来'，他们应该会这么做吧？"周一早上的《新闻周刊》将保尔森放在了封面上，并给他起了一个名字：王者亨利。在第二天的参议员听证会上，来自肯塔基州的、脾气糟糕而且极度保守的共和党人，吉姆·邦宁参议员抨击该救助计划是"金融社会主义"和"非美国式的"。委员会主席克里斯·多德（Chris Dodd）虽然支持问题资产救助计划的基本想法，但是仍愤怒地说道："这项提案的范围之广，且缺乏细节，令人震惊且闻所未闻……这不仅仅是我们的经济在面临危机，我们的宪法也在面临危机。"金融顾问乔舒亚·罗斯纳（Joshua Rosner），对《纽约时报》的记者说："问题资产救助计划企图完全推卸掉公共责任。"这项草案的确达到了这个目的。保尔森后来也承认，9 月 20 号的草案"被证明是一项三页纸的政治错误"。他的经济助手施瓦格，称之为一项"沟通错误"。这两人的解释都不够，这可以说是一场暴行。

重新设计问题资产救助计划

由民主党控制的国会很快废弃了这三页纸，并从头开始起草自己的立法，它给共和党的财政部部长保留了巨大的自由裁量权去购买资产，但在几个问题上和保尔森进行了讨价还价。保尔森在自己的党派中只获得了很珍贵的一点点支持。如果能够达成协议的话，就必须切断共和党的政府和民主党的国会之间的关系。共和党人在国会里，尤其是在白宫里，将是一个阻碍，没有任何帮助。

值得注意的是，在这个充满争议的时期，美联储主席伯南克默默地退到了幕后。他相信，这是一个财政政策的问题（资金的拨用），也是一个高度政治化的问题。伯南克要尽可能少地掺和到政府和国会的反复周旋中。尽管在背后疯狂地工作，但是他好像在公众面前消失了，让政治化的财政部来接管调拨纳税人的钱的工作。比如，9 月 25 日，美联储主席就没有出席被高度宣传的、由后来的总统候选人约翰·麦凯恩

（John McCain）召集的处理危机的政治会议。美联储的副主席唐·科恩（Don kohn）野心很大，他赞赏这种低姿态。他认为：“只要财政部站出来，美联储就会退出。”

这很重要。由于立法限制，财政部不情愿也没有能力在公众面前起带头作用，这使得不太愿意在公众前露面的美联储多次采取行动，且动作非常明显。尽管它的很多行动在《联邦储备法》第 13 条第 3 款规定中是合法的，但是都会使纳税人的钱面临风险，这与直接花掉纳税人的钱仅一步之遥，只不过它把这个权力留给了国会。美联储在不得已的情况下涉足了政治舞台，等待它的将是各种各样的危险。它迫切地想要离开这个舞台也很正常。

正如巴尼·弗兰克曾预言的，高管薪酬是一个充满争议的政治问题。保尔森认为必须小心处理这个问题，在这点上他获得了伯南克和纽约联邦储备银行的盖特纳的支持。财政部部长把问题资产救助计划设想成一个银行自愿参与甚至是迫切渴望参与进来的计划，但他也知道如果银行高管被迫减薪，那么上述设想是不可能实现的。民主党则有不同的看法。如果政府能够帮银行一个大忙去为问题资产买单，那么银行家们为什么不愿意接受一些约束来作为对此的回报呢，比如股息和高管薪酬的限制？就算银行家们反对减薪，公众选出的代表不是也应该出于公平而要求这样做吗？

保尔森做了一个有力的回应，他提出了一个他在接下来会多次关注的问题。用他自己的话说：“依我看来，限制薪酬意味着把一个污名预先放进项目中，这正是我最不想做的。”污名，让我们思考一下这个词，它最基本的概念是如果银行把它们的问题资产卖给问题资产救助计划，就会给自己贴上“软弱”的标签，银行将不会愿意这样做。单从这一句话来看，这是完全说得通的。事实上，美联储在 2007 年就曾遇到过污名困境，当时它想大量贷款给银行。但是对于避免污名的关注遗漏了一个更大的要点，这至少是大银行需要关注的要点，同时也是高管薪酬问题最突出的要点——市场早已知道谁强（比如摩根大通）谁弱（比如花旗集团），参与或不参与问题资产救助计划都不会有什么新的改变。就像下面解释的，信号和污名会在质量差异不易被观察到的时候产生，而在本例中，银行的强弱是非常容易被观察到的。

是传递信号，还是败坏名声

保尔森对污名的担心是基于市场信号传递这一经济理论的，但是他过于滥用该理论了。我将用招聘员工这个实例来说明这一概念，而同样的分析方法也适用于授信决策、雇用承包商等，包括对银行运行好坏的区分。

信号传递理论最关键的要素在于不同的人、银行、企业之间那些难以被观察到的差异。在劳动力市场中，应聘者总是有好有坏。但在招聘之前，他们的优势与劣势也许不太容易被未来的雇主辨别出来。这种信息不对称使卓越的应聘者有强大的动力让自己表现得与众不同。倘若成功了，他们便最先被雇用，并且有更高的薪水。但是，他们怎样使自己更突出呢？

一种方法便是传递信号。假定有一些理想的品质，这些品质会被未来雇主所欣赏，但难以在招聘前被观察到，比如坚忍不拔、充满能量以及自律，那么应聘者如果具有某些显著的特点，这些特点传递了其具有理想品质的信号，那么雇主会倾向于雇用他们。获得本科学历就是这样的一个例子。如果以上假设成立，雇主会更倾向于选择大学毕业生。从应聘者的角度看，获得大学学历是使未来雇主认为你是一个卓越员工的信号。这个逻辑也可应用于另一面，即你会想避免暴露劣势的信号——比如违法记录或是劣迹斑斑的工作经历，因为这些事情给你带来了污名。

就是这个词。保尔森担心银行参与问题资产救助计划会被看成是一个面临绝境之举。例如，如果使用问题资产救助计划的钱需要要求银行的高管接受薪酬限制，这就会产生一些污名。这个观点是对的，但是它忽略了我们之前提到的关键性形容词，即在运用这个理论时，银行的弱点必须是“难以被观察到的”，而在本例中，其弱点是显而易见的。

市场有无数的方法去辨别银行的强弱：股票价格、信用级别、信用违约互换的利差、研究报告、市场传闻等。没有人需要通过问题资

> 产救助计划的利用率来判断摩根大通与花旗集团谁更强，或者高盛与摩根士丹利谁更强。如果有需要，那些较强的银行都非常乐意去施以援手。我只举一个具体的例子，高盛在成为联邦存款保险公司的公司债务担保计划的第一个使用者时，并不担心自己被冠上污名。因为正如大家所知，高盛一直是行业的领跑者。

然而，最大的政治问题不是污名经济理论是否会超过正确的应用范围，而是简单的公平问题。普通的美国民众以及他们选出的代表，看到银行家贪婪的、不负责任的行为导致了一场金融大灾难，使整个国家陷入了危机。而现在，这些纳税人却还要为那些仍然赚取着巨额收入的银行家的罪孽买单。试试在皮奥瑞亚（Peoria）或其他地方运行这项计划。一位来自北卡罗来纳州的共和党国会议员引用了他的选民信中的一句话：“这些紧急救助应该受到像疟疾一样的待遇。”由此可见民众对这个计划的态度。他补充道：“他们没有认识到，我们为何要救助那些因为贪婪而陷入麻烦的人。”这是一个公平问题。不出意料，民意调查一致反对银行救助计划。

几经争论之后，保尔森在问题资产救助计划的立法中，对高管薪酬进行了轻微的限制，侥幸避开了这个问题。法律不允许“黄金降落伞”制度以及设定了三倍基本工资的遣散费上限（斯坦利·奥尼尔必定对此感到震惊）。它防范了给予高管薪酬激励引起的不必要的风险，但它把最终的决策权留给了董事会，而不是财政部。法律中还包括了追回条款，以防高管的奖金是基于后来被证明是错误的收入指标、盈利指标或者其他指标。总而言之，这些限制一点都不苛刻。

但是，保尔森的胜利是来之不易的。薪酬问题还会一遍又一遍地困扰着他以及他的继任者，盖特纳。具有讽刺意味的是，问题资产救助计划对高管薪酬看似宽松的态度反而制造了一种更具毁灭性的污名。无论是表现好还是表现坏的银行，在公众的眼中，问题资产救助计划都成为对贪婪的银行家的馈赠，而这些银行家中还有一些是保尔森的朋友。当盖特纳接管了财政部后，人们坚持认为他是从高盛出来的。这完全是虚构的、不公平的，盖特纳从来没有在私人银行工作过一天。

保尔森后来承认："我对公众的愤怒不够敏感，这是不对的。"他当然是不对的，何况公众的暴怒在当时本应该是显而易见的。

在法案走向最终通过的崎岖道路上，还有许多其他的变化，其中当然包括正常的司法审查得以恢复。另外，问题资产救助计划的资金是分批拨付的，一部分先拨付，另一部分显然是留给下一届政府的。给问题资产担保（而不是买下它们）的选项被加到了计划当中，以安抚众议院的某些共和党人（但这个选项从来没有被用到）。使用问题资产救助计划来缓和止赎权的说法加入并贯穿在整个法案中，包括在问题资产的定义当中。没有错，国会成员确实是希望用部分的救助资金来缓解房主的压力，而不仅仅是缓解银行的压力。

多层的监督制度也加入法案当中，包括建立了以伊丽莎白·沃伦（Elizabeth Warren）为首的国会监督小组，以及任命了问题资产救助计划的特别监察长——由尼尔·巴洛夫斯基（Neil Barofsky）担任。这两位都是公众钱包的热心守护者，是保尔森和后来的财政部部长盖特纳的眼中钉。我记得当时有一种说法是，问题资产救助计划法案制造了这么多层监管，以至于下一任财政部部长想放弃这个法案赋予他的特殊权力。事实证明这是一个错误的预言。但我想知道盖特纳在回顾往事的时候，是否希望他当时这么做了。

法案最终在国会获得了通过。2008 年《紧急经济稳定法案》（*Emergency Economic Stabilization Act*）一共有 451 页，其中 261 页是关于问题资产救助计划的，是保尔森原始法案长度的 87 倍。但是在这 261 页法案之中，没有一处提到使用问题资产救助计划的钱向银行注入资本。相反，财政部部长在向美联储主席"咨询"并以书面形式向国会解释过后，被授权使用一个包含所有可能的词组，即购买"其他任何财政部部长认为对促进金融市场稳定有必要的金融工具"。① 这种表述几乎允许了任何做法。

法案通过的历程是艰难的。众议院领导层本以为他们会在 9 月 29 日获得足够的票数，但是国会成员在第一轮投票中，以 205：228 的票数否决了问题资产救助计划，

① 请注意，法案并没有要求征得美联储主席的同意，财政部部长只是向其咨询了一下。

这让众议院领导层感到十分惊讶。右派的共和党和左派的民主党都有反对的声音，但原因明显不同。右派的问题比较大，超过 2/3 的国会共和党人投了否决票。显然，伯南克和保尔森并没有真的“把他们吓得屁滚尿流”。不过，股市把他们吓到了。标准普尔 500 指数第二天下跌了近 9%——仅仅一天，将近 1 万亿美元的财富化为乌有，这差不多是问题资产救助计划所需救助资金的两倍。这使得信徒不足的国会成员在 4 天后以 263：171 的票数通过了这项法案——在给这项立法加入了一点没有政治家会喜欢的“甜味剂”之后。

在国会上演的这场政治闹剧背后，另一件事正在酝酿着，这件事使得问题资产救助计划背负了更多的骂名。正如伯南克之前所说，保尔森开始相信，资本注入相对于资产购买是一条更好的路径。一些观察员认为，财政部部长其实一直相信这一点，但是一些政治上的原因压制住了这个想法。而且，他转变想法的时机非常糟糕，恰巧在两次国会投票之间。

为什么保尔森会有这种转变？这似乎是因为财政部员工的工作，使他相信设计一个购买问题资产的计划充满了困难，而且会花费太多时间。而让政府去购买银行的股权则简单得多，而且重要的是，快得多。这样做最终还有可能使纳税人获得收益——事实上，它确实做到了。其实，在低位购买问题资产可能会给财政部带来更大的收益。

当保尔森把这个决定告知他的新闻发布官米歇尔·戴维斯（Michelle Davis）时，戴维斯表示怀疑。“我们的法案都还没有通过，我们要怎样去解释这个决定？我们现在不能说。”于是，保尔森没有公布他的决定。这样造成的结果是，在 2008 年 10 月初，美国参议院和众议院代表以为是为购买问题资产（包括许多住房抵押贷款）投票，所以他们其实是投票给了向银行注入资本。问题资产救助计划看起来就像是诱导转向法的经典案例，似乎嫌政治上的阻碍还不够多。

问题资产救助计划的实施

为什么保尔森会改变心意？正如我之前提出的，部分原因是技术性的。在金融恐慌中设计一个可行的、购买问题资产的机制不是一件容易的事。[①]让我们用下面这个简化的银行资产负债表来说明原因（见表 7-1）。

表 7-1　受灾银行的简化资产负债表

资产	负债和资产净值
优良资产 500 亿美元	存款 900 亿美元
问题资产 500 亿美元	权益 100 亿美元

虽然这家银行在账面上有一个较乐观的资产净值，资产比负债多出了 100 亿美元，但是对于市场来说它是不可靠的，因为市场并不知道账面上的问题资产到底值多少钱——肯定不是账面上记录的 500 亿美元。假设这些问题资产（抵押贷款、抵押贷款支持证券或者其他类似资产）的真实价值是 350 亿美元，也就是面值有一个 30% 的贬损（这个假设在当时是比较现实的），那么银行真实的、调至市值的资产负债表是表 7-2 所示的情况。

表 7-2　受灾银行的简化资产负债表（按市值计价）

资产	负债和资产净值
优良资产 500 亿美元	存款 900 亿美元
问题资产 350 亿美元	权益 -50 亿美元

资产的真实价值比负债要少 50 亿美元。银行是资不抵债的。如果政府现在以公平的市值购买了银行的问题资产，也就是 350 亿美元，就会产生表 7-3 的情况。但是任务还没有完成。没错，银行把问题资产转移给了纳税人，但它还是资不抵债的。事实上，银行原本也是资不抵债的，只不过躲藏在了会计的“烟幕”背后，而现在它已完全显露了出来。

① 尽管技术上的问题需要加以思考，但也不是不可解决的。施瓦格在报告中说：“我们准备在 2008 年 10 月末进行抵押贷款支持证券的逆向拍卖，而且还设计了定价机制。”

表 7-3　政府以市值购入问题资产后受灾银行的资产负债表

资产	负债和资产净值
优良资产 500 亿美元	存款 900 亿美元
现金 350 亿美元（来自问题资产救助计划）	权益 -50 亿美元

另外，如果政府超出市值购买问题资产，即完整地支付了 500 亿美元的面值，则会产生表 7-4 的情况。

表 7-4　政府以面值购入问题资产后受灾银行的资产负债表

资产	负债和资产净值
优良资产 500 亿美元	存款 900 亿美元
现金 500 亿美元（来自问题资产救助计划）	权益 100 亿美元

现在这个银行有偿债能力了，但是它获得了来自纳税人的一份价值 150 亿美元的礼物，纳税人为只值 350 亿美元的问题资产支付了 500 亿美元。这也许并不是一个好主意，而且这种溢价支付在政治上是不太可行的。资产购买的批评者对这种可能性表示极力反对。

当然，正如伯南克所说，实际上没有人知道那些可恶的问题资产值多少钱。由于问题资产的市场几乎不运行，而且没有一个可信的市场报价，所以要猜到与抵押贷款相关的资产的真正市值很难。当买方对一项资产最高的出价是 20 美元，而卖方最低的出价是 60 美元时（这样的差异在当时是正常的），辨识“真正”的市场价值成为哲学家而不是经济学家的问题，当然也不是交易人的问题。所以对于原来的问题资产救助计划来说，最大的风险是：如果财政部出价 40 美元购买了那项资产，是多付了还是少付了？谁又会知道呢。

THE FINANCIAL CRISIS,
THE RESPONSE, AND THE WORK AHEAD

买卖价差

AFTER THE MUSIC STOPPED

你还记得你的第一节经济学课程吧？当需求曲线和供给曲线相交的时候，自由竞争的市场出清。其实，这并不完全正确。

在任何给定的市场和时间，正常来说，在需求方愿意支付的最高价（出价）和供给方愿意接受的最低价（要价）之间都会存在一个间隙，或者说价差。在运行顺畅、交易频繁的市场中，买卖价差非常小——在纽约证券交易所交易的一只股票的买卖价差可能只有1美分；但是在交易停滞的市场或被扰乱的市场中，买卖价差会相当大。确实，买卖价差的大小经常被用作衡量市场流动性的一种简便方法。买卖价差大意味着市场缺乏流动性。

当买卖价差非常大时，比如在“出价20，要价60”的例子中，几乎任何人都不可能辨识“真正”的市场价格。原因很简单：20美元和60美元的买卖价差意味着市场基本已经关闭了。

对于经济学家来说，有一个显而易见的解决办法：拍卖。买家会被邀请来进行出价，最高的出价就是问题资产的市场价值。财政部的官员很努力地想设计这样一个拍卖，但是当时正处于金融恐慌之中，如果他们开了场拍卖会而没有人来参加怎么办？许多学者和市场的参与者在喋喋不休，认为几乎不可能获得正确的价格。对于很多批评者来说，问题资产救助计划就是通过溢价购买的方式为银行资本开后门。批评质问：为什么不干脆直接把资本给他们？

另一个重要的问题是：银行会出现在拍卖会上出售它的资产吗？如果他们继续保留抵押贷款和其他问题资产，那么会计规则允许他们假装自己是有偿付能力的，就像表7-1那样。只要不卖出资产，银行可以以面值持有许多资产。银行一旦开始在拍卖会上出售他们的问题资产，就必须将其减值至市价，使自己变得资不抵债，就像表7-3那样。因此，问题在于：没有银行出现在拍卖会上怎么办？

这是一个值得研究的问题，而且当时英国首相戈登·布朗（Gordon Brown）在10月8日宣布为英国建立一个资本注入体系（包括国有化），而此前5天，美国总统布什刚刚签署了问题资产救助计划，这使得问题资产救助计划的问题更加突出。英国政府将会向8个大银行注入相当于870亿美元的资本——超过了英国GDP的3%，如果形势好转，购买可转换优先股可以给纳税人带来好处。布朗的方法获得了许多专家的好评，并在几天后的G7会议中得到了支持。但在我看来，此举并不值得赞扬。

保尔森一定对此深感嫉妒。他的首次举措就遭到了全面的抨击，而布朗的举措却获得了热烈的好评。我记得当时自己是极少数群体中的一员。当精英人群都强烈偏向于股权注入时，我被嘲讽为地球上4个支持资产购买的人员之一。不管怎样，在10月12日，保尔森宣布了他的整个转变：美国财政部将搁置购买问题资产的计划，转变为直接向银行注入资本。也许有人会说："这是诱导转向法吗？"

为什么会发生转变呢？这些论断是吸引人的，甚至是有效的吗？在转变的两天后，保尔森向《华盛顿邮报》解释说："据我了解，情况有些改变。如果实行股权注入，纳税人的每1美元都会产生更大的影响，所以我们选择这一条路。"我们来分析一下这句话。在9天内情况真的发生了显著变化吗？没有，除非你把财政部官员在设计可行的拍卖时遇到的困难算上，但这不算令人惊讶的。所以我们真正需要关注的是"纳税人的每1美元会产生更大的影响"。我相信，就是这一点，使得决策向注入资本倾斜。

认为"资本注入"优于"资产购买"的一个重要依据是所谓的杠杆的力量。施瓦格说过："财政部部长保尔森转变方向，开始支持资本注入，是因为他清楚地知道向银行系统直接注入资本，可以为他们提供更大的杠杆。"请重新看看表7-1，受灾银行每1美元的资本对应持有10美元的资产（将它们想象为贷款），杠杆率是10∶1。一些股权注入的支持者认为更多的资本将是高能货币，即每增加1美元资本，银行可以多放出10美元的贷款。对于纳税者的每1美元，政府都可以以此刺激更多的贷款。

这个看法在我看来是极其天真的。法律规定了银行要维持一个最低的资本与风险加权资产比率（先不管风险权重了，这是另外一个完整的故事，在这个例子中就把它想成 10%）。如果以市值计算的话，据推测，大部分银行在当时都是资本不足的，即使它们的资产负债表在用账面价值计算时，资本是充足的（对比表 7-1 和表 7-2）。它们迫切需要资本，而在 2008 年 10 月惨不忍睹的大环境下，大部分银行都无法筹集到资本。所以如果政府进行了股权投资，我觉得银行家们肯定会松一口气，说声“非常感谢你”，然后将新的资本填充到他们的资产负债表里，以重新建立起几乎耗尽的权益资本，进而降低杠杆率。我如果处在他们的位置肯定会这样做。

此外，雷曼兄弟破产后，经济形势越来越差，随着“大萧条 2.0”说法的流行，发放贷款看起来非常没有吸引力。一家经过资本化的、危机四伏的银行，在前所未有的大风暴中艰难地生存，它怎么可能愿意为每 1 美元新资本放出 10 美元的贷款？它连 1 美元的贷款都不会放出吧。事实上，根据历史记录，银行都降低了放贷量。截至 2012 年 9 月，银行的总放贷量还没有恢复到 2008 年 10 月的水平。

此外，由于保尔森最初是支持购买问题资产的，与抵押贷款相关的资产是问题的核心。由于没有人知道那些问题资产的价值，也没有人知道这场灾难什么时候会完结，因此（正如上文所说）买卖价差异常大，极少数成功的交易也都是以令人难以置信的低价完成的。① 正如之前强调的，像一座大山那样多的证券和衍生品是建立在次级抵押贷款上面的，而现在整座大山都是不可信的。进而，市场的混乱逐渐削弱了人们对金融机构的信心，导致他们没有能力也不愿意放出贷款。加之，抵押贷款支持证券市场的消失，使得监管部门对批准新的抵押贷款变得极不情愿，这给我们经济中最薄弱的环节（住房建筑）施加了很大的压力，对现在和未来的房主伤害很大。

这个时候本应该是购买问题资产的最佳时机，因为，如果政府以买家的身份进入市场，抵押贷款和抵押贷款支持证券的价格就一定会上升，买卖价差就会缩小。因此，政府就不必为问题资产多付钱（至少不是明显多付），相反，资产的“真正”市场价格会上升。在上面的买卖价差例子中，政府可能最后以 40 美元或者 20 ～ 60 美

① 在一次晚饭中，一位聪明的来自华尔街的朋友向我介绍了一个担保债务凭证，它的票息率是 8%，且一直按时付息，却仅以 6% 的价钱出售。我有点儿笨，并没有做投资。他可能投资了。这是我生活中的故事。

元的价格买入资产。

在 2008 年 10 月这种混乱的市场中，要获得完全正确的拍卖价格基本上是不可能的。但是，在 10% ～ 15% 的误差范围内获得资产的真实价值不会太难。这对于处在有史以来最严重的金融危机中的政府来说已经很不错了。而且，重新建立一个抵押贷款支持证券的市场并增加其价值，会或多或少地自动提升担保债务凭证的价格，并激活华尔街之前创造的整个循环链条。从链条的上端往下看，如果抵押贷款支持证券估值较高，则意味着抵押贷款的估值也较高，那么之前下跌的价值就会有所回升。不要忘了，住房市场是这场衰退的根源。

当然，向银行注入资本还是要有一个合理的理由的：当时银行急需更多的资本。幸运的是，7 000 亿美元资金的问题资产救助计划可以都做：股权注入可以直接提高银行的资本水平，而购买问题资产可以疏通阻塞的市场，间接刺激了银行资本的增长。但事实上，问题资产救助计划并没有这样做。至少在最初，该计划只用来进行资本注入。具有讽刺意味的是，美联储后来介入并做了问题资产救助计划一开始要做的事，而财政部也从问题资产救助计划中拨付了一些钱去帮助它。所以，也许购买问题资产这个想法也并不是太差。

无附带条件的条款

不考虑其他方面，保尔森确实是一个实干家。问题资产救助计划法案在 10 月 3 日通过，而他在 10 月 12 日完全改变了目标，甚至在 10 月 13 日，他就已经开始强制地向美国的大银行注入资本了。

10 月 12 日，星期日，美国最著名的 9 位银行家的周末被财政部的来电打断了。这 9 位银行家有高盛的劳埃德・布兰克费恩、美国银行的肯・刘易斯、花旗集团的维克拉姆・潘迪特、摩根士丹利的约翰・麦克、摩根大通的杰米・戴蒙等。保尔森当然不是来祝他们节日快乐的，而是邀请他们（这是一个委婉的说法）第二天下午 3 点到财政部开会。他没有说出开会的缘由，但是他让大家知道这个“邀请”不仅来自他自己，还来自美联储主席。

当财政部部长和美联储主席同时说想要见你的时候，聪明的银行家会取消掉他之前的计划并准时出现。当然，他们都这么做了。布兰克费恩、刘易斯、麦克、富国银行的理查德·科瓦塞维奇、美林证券的约翰·塞恩、纽约梅隆银行的罗伯特·凯利（Robert Kelley），以及道富银行的罗纳德·罗格（Ronald Logue）围着桌子坐下，然后保尔森和伯南克走了进来，陪同的还有盖特纳、联邦存款保险公司的希拉·贝尔和美国货币监理署署长约翰·杜根（John Dugan）。我猜想每一个人都准备好开会了。但那些首席执行官还不知道他们为什么要来到这里。

会议一开始，保尔森就声明这不是一个要么接受、要么放弃的选择，而是一个必须接受的要求，尽管政府没有法律上的权力去强迫他们参与——政府官员们很清楚这一点。保尔森的方法是令人震惊和敬畏的："恕我直言，如果你现在不接受这笔钱，而你又无法在市场上筹集到资金，要我再次给你们提供帮助的话，条件肯定比现在苛刻得多。"大家一片沉默。在伯南克和贝尔各自发言以后，盖特纳承担了最难的工作，告诉各个高管他们的银行将从问题资产救助计划中获得（应该说是请求）拨付多少钱。每个人都要参与进来，因为政府随后会向成百上千家小银行注入资本，政府需要避免给接受者冠上污名。这里又一次说到这个词：污名。

注入大银行的资本金额非常庞大：花旗集团、摩根大通和富国银行各250亿美元，美国银行150亿美元，美林证券[①]、高盛和摩根士丹利各100亿美元，纽约梅隆银行30亿美元，道富银行20亿美元，共计1 250亿美元。对于这个慷慨的援助，9家银行的态度各有不同，不过都是可以预见的。花旗集团急需这笔钱，所以潘迪特爽快地接受了这个"便宜的资本"。事实上，它这么便宜，是因为对那个愚蠢的关于污名的担忧。戴蒙和布兰克费恩不需要也不想要政府的资本，但看到结果已成定局，也都没有反抗地接受了。

① 美林证券被美国银行收购了，因此合并后的公司将要获得的资本金额为250亿美元。

然而，科瓦塞维奇反抗了。富国银行已经宣布了私下筹集250亿美元资本的计划，他不需要也不想要政府再给他提供250亿美元。“我不像你们纽约的银行，有一些花哨的产品。为什么我要在这里谈论如何救助你们？”他问其他人。盖特纳想要说服他相信自己真的还需要这250亿美元，而保尔森就非常直接了：“你的监管者就坐在这里，你们明天就会接到一个电话，告诉你资本不足。”没错，正如巴尼·弗兰克4周前所说，国家对于自由市场的承诺只维持了一天。

会议不时被临时召集的董事会电话会议打断，首席执行官们问了很多关于分红限制的问题，还有高管薪酬限制的问题。最后，9位银行家都在虚线上签了名。

资本注入的条款并不是很烦琐，保尔森等人把它设计得很吸引人，以鼓励银行“自愿”地参与进来。政府购买的股份全部是无表决权的优先股，政府对管理公司没有任何兴趣。股息仅为5%，是沃伦·巴菲特要求高盛给予其优先股股息的一半。向普通股股东分发股利是政府允许的，但股利在三年内不能增长。（幸亏有这一条！）条款中没有提到对贷款总额增长的要求，甚至连维持贷款总额的要求也没有。即使在贷款需求疲软的情况下，要做到这一点也很难。另外，对于缓和止赎权，条款中没有做任何承诺。对于高管薪酬的限制也是很小的（奥巴马总统后来改变了这一条，使得问题资产救助计划的钱更不受银行家的欢迎了）。

每一条设计特点都很快引起了各方对“银行救助”的严厉批评。为什么政府的收益只有沃伦·巴菲特的一半？为什么用了那么多纳税人的钱，却没有为公众服务的附加条件，例如刺激贷款或减少止赎权的要求？为什么允许银行可以维持股利支付？既然资本具有替代性，那这是不是意味着把问题资产救助计划的钱支付给了股东？对于每种情况，政府的答复都差不多。他们故意把条款设计得比较宽松，以避免污名问题。正如施瓦格所说，资本注入“必须是‘黑道家族’或‘教父’的反面——并不是试图威胁银行，而是一个很有吸引力以至于银行无法拒绝的交易”。财政部希望这个计划广泛而迅速地被吸纳，它希望人们觉得，如果高盛和摩根大通已经参与了这项计划，那这肯定是一个不错的计划。

保尔森和伯南克一直以污点问题为由。但是来自华尔街、通过布什政府来到美联储的理事凯文·沃尔什却断然拒绝了这种解释，他告诉盖特纳："你无法欺骗市场，让它认为每个人都是一样好，或者一样坏，或者一样冷漠。"沃尔什是对的。在财政部会议结束的几个小时内，富国银行、摩根大通和高盛都告诉（或者泄露给）媒体，他们既不需要也不想要政府的资本。因此，在问题资产救助计划这段插曲中，银行资本收购计划成了一个小小的悲剧，它做了一些拙劣的努力，去避免一个已经存在的污名。

资本收购计划在设计上的诸多缺陷造成了两方面的后果，一个是政治上的，另一个是经济上的。从政治上来说，由于银行家在公众和某些政客眼里是恶棍形象，这个计划对他们慷慨的赠予使得资本收购计划不受欢迎，进而使得问题资产救助计划也非常不受欢迎。正当无数的房主在努力避免出现止赎权的时候，这个资本收购计划被认为是对不值得帮助的银行家的馈赠。直至今天，还有很多美国人认为这些钱是直接给银行，而不是投资到银行里的。他们也没有意识到，资本收购计划最终向近 700 家银行投入了 2 050 亿美元，为政府带来了可观的利润。

从经济上来说，强制向不想要或不需要资本的银行注入资本，是资源的浪费。问题资产救助计划的第一部分资金只有 2 500 亿美元，[①] 这是计划全部投入资本收购计划中的金额。如果需要更多的钱怎么办？问题资产救助计划基金的其他用途——如购买问题资产怎么办？况且，正如我之前所说，大多数新加入的资本不可能会刺激贷款。

11 月的美国大选

当这一切发生的时候，美国正处于总统选举的决定性阶段。对峙的双方一位是异常冷静的伊利诺伊州的参议员奥巴马，如果胜出，他将成为美国第一位黑人总统；另一位是战争英雄、亚利桑那州脾气暴躁的参议员约翰·麦凯恩，如果他获胜了，他将是有史以来首届当选时年纪最大的总统。在雷曼兄弟破产的前一天，麦凯恩在盖洛普民意测验中领先 4% ～ 5%，但在雷曼兄弟破产后不久，他的领先优势发生了逆转，

---

① 法案规定，如果证明确实需要，布什总统可以另外申请 1 000 亿美元。

奥巴马以大约 4% 的优势领先（见图 7-1）。冷静的个性似乎比反复无常的暴躁脾气更具有优势。

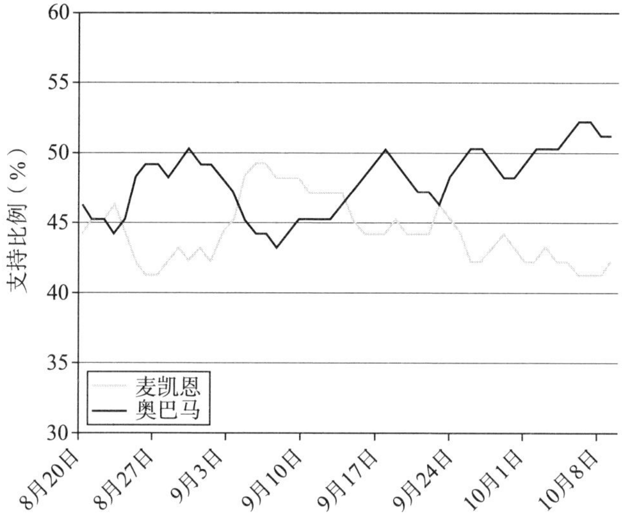

图 7-1　冷静战胜暴躁（盖洛普民意测验数据，2008 年）

9 月 25 日，当问题资产救助计划处于争论中的时候，有点惊慌失措的麦凯恩暂停了他的竞选活动，并建议取消总统辩论，但奥巴马拒绝了。共和党的倡导者纷纷冲回华盛顿参加在白宫举行的紧急会议，这并不是布什总统召集的，而是麦凯恩召集的。我想从前的战争英雄希望这场救灾行动成为“约翰 · 麦凯恩救援”。但据大部分参与者说，这是在浪费宝贵的时间。

麦凯恩草率的、飘忽不定的表现对他的名声很不利。在 2008 年的金融恐慌中，草率和善变并不是选民想要的。冷静和思虑周全更得民心。在 9 月 25 日的惨败之后，奥巴马的民意调查领先优势扩大到了 8%。我们当时并不知道，无论从哪点来看，这场比赛都已经结束了。奥巴马的一个竞选助手后来告诉记者诺姆 · 塞贝尔：“我相信在雷曼兄弟倒闭和第一次辩论之间的 10 天里，我们已经赢了。它给民众制造了这样一种印象，奥巴马是可靠且脚踏实地的，另一个候选人则不是这样。”在 11 月 4 日的普选中，奥巴马以高出麦凯恩 7.2% 的优势获胜。

美国法律给政府换届提供了一个很长的过渡期。在这种情况下，这个过渡期可谓既漫长又痛苦。布什总统似乎已经离开职位了。所以在这期间的任何一天，许多美国人都不知道我们到底是有一个总统，两个总统，还是一个都没有。财政部部长保尔森看起来已经精疲力竭了，但他还要在这个职位上度过艰难的两个月。11 月 12 日，在他最后的公务行动中，他宣布问题资产救助计划的钱将完全不会用于最初声明的目的：购买问题资产。这让很多人大吃一惊。一分钱也不用！（诱导转向法的进一步实施？）他为他的继任者节省了至少 3 500 亿美元的救助资金。

我也被吓了一跳。在 11 月 17 日向众议院金融服务委员会的声明中，我批评了资产收购计划的设计、关于污名的论证，以及不购买问题资产的决定。我竭力主张"国会行使监督权以保证财政部部长是在追求法案中规定的目标（包括减少止赎权）。如果做不到这些，国会应该把财政部部长的支票簿拿走，大约两个月后，我们将会有一位新的财政部部长上任"。

一周后，继任者被任命了：他是蒂莫西·盖特纳。他从纽约联储这口热锅里跳到了财政部的火坑里。盖特纳延续了问题资产救助计划过去的决策（他当时也参与了决策的制定），继承了还未决定用途的 3 500 亿美元，并接过了对问题资产救助计划的监督权——退一步说，这个继承是毫无把握的。具有讽刺意味的是，在他到任之前，就有一些银行家和金融专家在大声疾呼，要求问题资产救助计划恢复最初声明的目的：购买问题资产。

但最终，问题资产救助计划的资金还是被用到了其他地方，如继续向银行注入资本，为花旗集团和美国银行提供资产担保，帮助美联储摆脱美国国际集团的困境，减少止赎权（规模小得可怜），以及汽车产业的救助。在准许使用的 7 000 亿美元中，它支付出去的没有超过 4 300 亿美元，并在任何时候都没有超过 3 600 亿美元的未偿付贷款。国会预算办公室在 2012 年 3 月估计，问题资产救助计划最终花费的纳税人的净成本只有 320 亿美元，其中 220 亿美元用于美国国际集团，190 亿美元用于汽车产业救助，160 亿美元用于抵押贷款减免。没有错，这加起来是 570 亿美元。除了这三个项目，问题资产救助计划还获得了 250 亿美元的利润。尽管问题资产救助计划有很多失误，并且还有一个糟糕的形象，但我们不得不说它是一次了不起的成功。

迟做总比不做好

政府购买问题资产的想法就此结束了吗？并不尽然。在这件事上，美联储也有所涉足，它分别在 2008 年 11 月（保尔森宣布转变方向的几天后）和 2009 年 1 月，参与到花旗集团和美国银行的救助中。正如前面章节所描述的，财政部、美联储和联邦存款保险公司合作从两只生病的“巨兽”手中接受问题资产，或者给问题资产提供担保，其中，美联储将问题资产作为抵押品给银行发放无追索权的贷款。这意味着，美联储拥有了问题资产的一半价值——更确切地说，它其实是承担了问题资产贬值的风险。如果问题资产升值了，利得将归于银行。

就在救助花旗集团之后，美联储与财政部密切合作，宣布了另一个史无前例的贷款工具的计划，定期资产支持证券贷款工具（Term Asset-Backed Securities Loan Facility，简称 TALF）。它的目的是给愿意购买某些（似乎没有人会想要的东西）资产支持证券的机构发放无追索权贷款，最高额度为 2 000 亿美元。你可以把这些称为问题资产。事实上，财政部给定期资产支持证券贷款工具，提供了 200 亿美元问题资产救助计划基金的支持。请注意，这里的风险分担比例是：财政部 200 亿美元，美联储 1 800 亿美元。

就在同一天，美联储开始购买房利美和房地美的债务凭证，这成为第一轮量化宽松（QE1）政策的开端。显然，中央银行进行了大规模的资产购买业务，但并没有用纳税人的钱，至少不是直接使用。美联储的利得或损失都间接归属于纳税人。我们的央行最终会有大量的问题资产。

在 2008 年 12 月，美联储公布了定期资产支持证券贷款工具的实施细节。但是到了 2009 年 2 月，这个计划已经变成接受更大范围的资产作为抵押——不是更优良的资产集合，而是范围更宽的资产集合。这一过程在接下来的几个月中还在继续进行，使得越来越多的资产符合定期资产支持证券贷款工具的要求。美联储还说它将会提高这个项目的潜在贷款总额至 1 万亿美元。这是一个心理上的里程碑：救援行动的资金位数又加了一个 0。定期资产支持证券贷款工具的第一笔购买——不对，应该是贷款，在 2009 年 3 月启动，这正是危机开始逐渐消退的时候。所以，这个项目最终只用了 700 亿美元，远远少于公布出来的 1 万亿美元。

这还没有结束，绝对没有。联邦公开市场委员会在 2009 年 1 月 28 日的会议后发表声明，宣布将在第一轮量化宽松的资产购买项目中加入长期国债。与问题资产相反，那些资产是最安全的资产。在 3 月 18 日的会议后，联邦公开市场委员会进行了详细的说明，表示将会购买价值 3 000 亿美元的美国国债，并将政府支持企业债和抵押贷款支持证券的购买总量增加到 1.45 万亿美元，总计 1.75 万亿美元。这真是激动人心。

没错，美国政府最后一共购买了或者说（因为只承担其跌价风险而）部分购买了约 2 万亿美元的资产，但这其中只有一小部分能被称作问题资产。不过政府没有用问题资产救助计划的资金来做这件事。因此，虽然购买问题资产有利有弊，但这个最初的想法也许并不是太坏。

没有一个美国人知道这个“小秘密”

评价问题资产救助计划是很重要的，历史学家在以后的几十年里都会这样做。此外，历史的评价会影响我们将来是否会再次开展类似的救援计划。就现在来说，答案是否定的。问题资产救助计划有一个不应得的坏名声，这是为什么呢？

在我看来，这个项目的优点被一系列的设计缺陷和营销失误削弱了——不仅体现在经济上，而且体现在政治上。这就要从保尔森注定倒霉的三页纸草案说起了，这不仅是“政治错误”，还是“沟通错误”，当然还远不止这些。事实上，它是对宪法的攻击，那三页纸是永远不应该面世的。它着实打击了公众对以保尔森为首的财政部的信心，它刚刚从美联储背后走出来，走到了聚光灯下，但这个登场非常糟糕。

接下来的错误则是强制向既不需要也不想要资本的银行注入资本，这是一个极其浪费的决策，保尔森愚蠢地认为这样做可以避免给问题资产救助计划的其他接受者冠上污名。对这个错误理论的追求，导致保尔森设计了对银行来说极其优厚的条款，以至于激怒了公众。更重要的是，强制注入资本浪费了一次给资本注入附加最低贷款额或止赎权减免等要求的机会，而这些附带条件原本可以帮助经济复苏。把问题资产救助计划的资金浪费在这些不需要资本的银行身上，使得保尔森和盖特纳都得小心、节约地使用他们的资源。不好意思，即使他们想缓和止赎权问题或购买问题资产——这样做会让问题资产救助计划有一个更好的名声，并有助于经济的复苏，也根本没有剩余的钱了。

尽管很多观察者不这样认为，但让我更加坚信自己想法的是下一个大的失误：将问题资产救助计划的中心目的从“购买问题资产”转变为“向银行注入资本”。且不说这个重大决定给这个项目造成了一个在政治上具有毁灭性的诱导转向法的印象，并忽视了国会的意图，它提出的前提就是错误的，即认为资本注入会带来银行贷款的多级扩张。在危机情况下，有谁会相信这一点?

尽管如此，问题资产救助计划运行得可能比期望中的要好。但它不是凭一己之力支撑起这座摇摇欲坠的金融大厦的，它得到了很多帮助。

之前已经提到了许多美联储创新的贷款工具。到目前为止，对于美联储大规模的购买国债和政府支持企业债券，我只是一笔带过，不过随后会有更多这方面的介绍。另外就是联邦存款保险公司非常重要的临时贷款担保计划，它使得大银行和非银行机构能够重新进入信贷市场。此外，美联储和其他银行监管者在 2009 年春季合作，对 19 个主要的金融机构进行综合的“压力测试”。我们随后将会看到，这些测试非常成功。[①] 类似的测试还有很多。

① 欧盟后来也尝试了银行“压力测试”，但远没有这么成功。

至今，关于金融市场政策产生的广泛影响，相关的研究还很少。据我所知，只有我和马克·赞迪（Mark Zandi）在2010年7月发表过一篇文章，我们试图评估整个混合政策对宏观经济的影响。我们的方法非常简单，也非常标准。选取一个美国经济的统计模型（这里我们用了穆迪投资评级机构的模型），并在“实施了政策”和“没有实施政策”两种情况下进行模拟。两次模拟的差值就是我们对政策影响的估计。虽然估计结果和模型几乎一样，但是我们估计的结果更大一些。我们估计，截至2011年，与没有实施政策相比，实际GDP高出了6%，失业率降低近3%，480万名美国人受益于金融市场政策从而获得了工作。如果没有这些政策的影响，没有财政上的刺激（这是第8章的主题），关于“大萧条2.0”梦魇般的说法就会变成可怕的现实。

对了，我有没有说过，**7 000亿美元的问题资产救助计划，最终基本没有花纳税人的一分钱？不过，几乎没有一个美国人知道这个小“秘密”。**

AFTER THE MUSIC STOPPED

08

刺激经济，刺激经济，还是刺激经济

如果不迅速应对，危机中的经济将步入崩溃。
——奥巴马，2009 年 2 月 5 日

英国最伟大的经济学家凯恩斯于 1946 年去世，但其灵魂犹在。在 2008 年底到 2009 年初，当全球经济急速步入衰退之时，政府官员仿佛回到了 20 世纪 30 年代，危机中他们迅速求助于凯恩斯主义经济学。对于中央银行家来说，这意味着尽管当时许多国家的货币系统已经千疮百孔，但他们仍要将利率降至谷底，同时开启放松货币政策的阀门；对于总统和总理、国会和议会来说，这意味着减税和增加财政支出，或者两者兼而有之。所有这一切的核心思想都一样，即大肆扩张总支出以实现刺激经济的效果。

美国和大部分欧洲国家一直以来对凯恩斯主义经济学的认识都很肤浅。出于某种原因，凯恩斯主义政策在美国总是备受争议。尽管尼克松总统曾在一次著名的宣言中

表示，“在经济领域，我是一个凯恩斯主义者”，但人们仍然将其与“政治自由派”联系起来。所以，大部分共和党人从一开始就反对凯恩斯主义刺激政策，他们认为财政刺激会损害自由市场、导致政府扩张并造成资源浪费。自奥巴马政府开始执政，关于刺激政策的党派斗争就已经为未来两党之间严重的敌对状况埋下了伏笔。

凯恩斯主义经济学和刺激政策

凯恩斯主义经济学的基本理念是：在一个经济体中，当产品和服务的社会总需求小于社会总供给时，则就业不充分。也就是说，当产品没有销路的时候，工人也就自然而然地失业了。

总需求来自两方面：私人部门（占大部分）和政府。有的时候，总需求过剩，表现为产品畅销、劳动力紧俏、通货膨胀出现；有的时候，总需求不足，表现为产品滞销和就业困难。凯恩斯在 19 世纪 30 年代提出，在总需求不足的情况下，政府应该通过（宽松的货币政策）降低利率、（宽松的财政政策）提高政府支出或减税来促进就业。同样的逻辑，当总需求过剩时，政府可以通过（紧缩的货币政策）提高利率、（紧缩的财政政策）增税或减少政府支出来抑制通货膨胀。这也是标准的凯恩斯主义经济学的一部分，尽管凯恩斯在大萧条时期的著作中并未强调这一点。

抛开基础理论不谈，凯恩斯主义政策的核心思想就是政府有能力并且应该充当“摆轮”的角色，当总需求不足时予以刺激，当总需求过剩时予以抑制。几十年来，美国的经济学家想当然地认为，这一职能应该由货币政策来完成。他们认为，财政政策起效慢、障碍多且过于政治化。在雷曼兄弟倒下之后的数月里，美联储使尽浑身解数，然而财政政策却毫无作为。直到 2008 年 12 月，美国央行尽一切所能依然没有扭转经济的颓势，人们才把目光投向国会和总统。2008 年选举后，美国开始诉诸财政政策以解决经济危机。

漫长的总统过渡期

2008—2009 年的总统过渡期格外漫长。2008 年 11 月 4 日，参议员奥巴马当选为总统时，美国经济正处于疲软状态。2009 年 1 月，奥巴马宣誓就职，此时的美国经济更趋恶化。据薪资调查显示，在雷曼兄弟倒闭之后第一个完整的月份——2008 年 10 月，美国有 48.9 万人失业。在新一届总统等待就职的过程中，约 230 万人失业：11 月失业人数为 80.3 万人，12 月为 66.1 万人，2009 年 1 月为 81.8 万人。美国的经济就像一艘沉没的船，就业数据也伴随着雇主的惊恐一路下滑。

不久，又一个大麻烦浮出水面。选举之后第五天，美国曾经最庞大的企业之一并仍拥有 10 万名雇员的通用汽车宣布，如果没有政府援助、不出售资产或者与其他公司合并的话，公司将于 2009 年中期出现资金流断裂（之后，通用汽车又将资金流断裂的预期时间提前了）。通用汽车的情况绝非个例。在一系列错误的经营决策、国外的激烈竞争以及持续攀升的油价的冲击下，“油老虎”对消费者失去了吸引力，美国整个汽车行业步入萧条。接下来便是严重的衰退，整个行业举步维艰。

2008 年 11 月 18 日，通用汽车、福特以及克莱斯勒汽车公司的首席执行官均出现在国会听证会上，他们的出现是为了请求联邦政府的援助。然而，政治家却对三位首席执行官乘坐公司专机前往华盛顿请求获得纳税人援助的事实视若无睹！从表面上看，底特律三大汽车巨头的破产很可能会危及他们的经销商、供应商及工人。但更为严重的是，他们的破产会危及密歇根州和俄亥俄州，甚至是整个美国的经济。

12 月 19 日，极端保守的布什总统出于实用主义考虑，决定从问题资产救助计划中拨出几十亿美元，为通用汽车和克莱斯勒汽车公司提供搭桥贷款（福特的境况好于通用汽车和克莱斯勒）。“为何而搭桥？”民众质疑道。实际上，这是在为即将到来的奥巴马政府“搭桥”，为奥巴马的待办清单上又增加了一个让人头痛的问题。（奥巴马，现在就看你的了！）所谓的“汽车业救助计划”最终是由奥巴马总统签署的，然而在 2008 年 12 月时，他尚未就职。

尽管伯南克主席和美联储竭力采取各种货币政策挽救衰退的经济，但危难之时缺乏总统的领导着实危害深重。寻找布什总统就像是在玩好莱坞冒险游戏“沃尔多在哪里”。你知道这位开朗的总统在某个地方，但在大多数情况下，你却不知道他到底在哪里。哥伦比亚广播公司的新闻估计，布什总统至少把1/3的时间花在度假上，主要是去他在得克萨斯州的农场度假。总统全权委托财政部部长管理经济危机，自己却人间蒸发。

新当选的奥巴马总统倒是经常出现在各大媒体上。美国公众很快就将视线转移至他们的新领导——一个以“改变”为竞选纲领的领导人。毕竟，这位黑人总统刚刚竞选成功。他能够创造奇迹吗？民众对奥巴马抱有过高的预期，以至于他很难达到。①但是在2009年1月20日之前，除了组建自己的团队和制订计划以外，他没有权力做任何事情。

为了应对每况愈下的经济，新当选的奥巴马总统组建了一个被称为“梦之队”的团队。新的财政部部长盖特纳聪明、经验丰富，他在克林顿政府财政部任职以及担任纽约联储主席期间都曾应对过金融危机，因此他承担了贝尔斯登、雷曼兄弟、美国国际集团等造成的政治后果。盖特纳险胜克林顿政府最后一任财政部部长萨默斯。具有讽刺意味的是，在克林顿政府期间，盖特纳跟随萨默斯一路晋升，从1993年担任萨默斯的私人助理到2000年担任副部长。一直以来，盖特纳都是萨默斯的下属——直到奥巴马执政。

奥巴马任命萨默斯为国家经济顾问、国家经济委员会主任，这一任命引发了潜在的问题。众所周知，萨默斯才智过人，也非常善于表现自己。但是当他身处全世界最聪明的人群中时，他是缺乏组织性的。同时，他尖刻、专横、好争辩。或许他的个性并不适合担任国家经济委员会主任，这一职位需要一个能够协调不同利益以及总统经济团队成员不同性格的“调解人”。不久，盖特纳和萨默斯就开始摩拳擦掌，但他们

① 下面是反映当时民众观点的一个例子：1月中旬《纽约时报》与哥伦比亚广播公司的一项民意测验显示，79%的美国人对于未来4年奥巴马总统的执政持乐观预期——支持率高于之前的5位总统。

表面上态度依然友好。他们的一位同事表示，“萨默斯认为盖特纳资历比他浅。尽管他尊重整个办公室的人，但在某种程度上，他还是将盖特纳看作需要指导和批评的毕业生”。

奥巴马任命经济学家皮特·奥斯扎格（Peter Orszag）为国会预算办公室主任。奥斯扎格年仅 40 岁，但是作为国会预算办公室的掌门人，他有着丰富的经验。奥斯扎格是当之无愧的联邦预算领域，尤其是即将派上用场的医疗方面的专家。这一任命得到了广泛的支持。据《华盛顿邮报》报道，“在美国国会山，奥斯扎格的任命符合两党共同的利益”。[①] 但是不久以后，奥斯扎格和萨默斯之间就发生了争执。

这个“顶级经济顾问四人组”中的最后一位是克里斯蒂娜·罗默（Christina “Christy” Romer），候任总统任命她掌管经济顾问委员会。她是加州大学伯克利分校的教授，与伯南克一样是经济萧条领域的专家。罗默在华盛顿并不出名，她对华盛顿也一无所知。与担任奥巴马竞选活动首席经济顾问的奥斯坦·古尔斯比（Austan Goolsbee）不同的是，在此之前，罗默和奥巴马没有任何联系。然而奇怪的是，古尔斯比竟然被安排为罗默的下属。

“梦之队”很快就遭遇了梦魇。奥斯扎格频繁与萨默斯发生冲突，成为第一个离开“梦之队”的成员（他在 2010 年 7 月离开）。罗默责任重大却毫无实权，几个月后也离开了。据记者罗恩·萨斯坎德（Ron Suskind）报道，罗默感觉“除了与萨默斯无休止的争论，自己好像在工作中被日渐孤立了”。她离开时还声称萨默斯是她最好的朋友之一，这一举动极大地损害了她诚实正直的声誉。萨默斯本人在年底也离开了白宫。每一位“梦之队”成员都曾为奥巴马政府殚精竭虑，但是只有地位最高的盖特纳坚持了两年，直至 2012 年的总统大选才准备离开。

随着“梦之队”成员的相继离开，经济队伍的结构问题迎刃而解了吗？并没有。候任总统奥巴马随后在重要的政策领域增设了一些具有特殊责任的“沙皇”——他们不需要向盖特纳、萨默斯或者奥斯扎格中的任何一位汇报。具体地说，南希－安·德

① 特此书面说明：奥斯扎格是我的学生。

帕尔（Nancy-Ann DeParle）被任命为医疗“沙皇”，[①] 卡罗尔·布劳纳（Carol Browner）被任命为能源和气候变化“沙皇”。尽管他们二人都富有才干且经验丰富，但是医疗和能源气候问题难道不属于经济政策问题吗？在财政部部长和国家经济委员会主任健全的情况下，德帕尔和布劳纳该如何负责？这是一个好问题——萨默斯显然有现成的答案：他们没有办法负责。

最后，总统任命吉恩·斯珀林（Gene Sperling）担任财政部的虚职，他曾在克林顿第二任期掌管国家经济委员会，本次任命仅仅是为了给他一个职位。官方称，他是财政部部长的顾问。但实际上，斯珀林被特许可以参与任何议题和会议。超出常人的充沛精力使得斯珀林几乎选择全程参与。在萨默斯离开后，斯珀林开始掌管国家经济委员会。

毫无疑问，这是一个天才团队。但是萨默斯莽撞的行为确实惹了不少麻烦。由于盖特纳和萨默斯占据高位，整个团队表现出对华尔街的过分支持。此外，正是“梦之队”的成员使团队陷入崩溃。团队究竟该如何运作？奥斯扎格后来对萨斯坎德表示，这个团队没办法有效运作，奥斯扎格说：“我认为部分原因在于团队成立之初就非常混乱，以至于没有人清楚地知道自己的职责是什么，或者说自己应该做什么。到底什么是经济团队？什么是医疗团队？”

还有一个更深层次的问题一直困扰着奥巴马政府。在经济不振、政策频繁出台之际，谁是政府经济的首席发言人？谁承担向公众解释的责任？稳定经济是一个长期、困难且复杂的工作。谁能够雄辩且坚持不懈地给惊恐、困惑的民众吃一颗定心丸？

很明显，大部分时候都是由财政部部长承担这一责任。但是很快人们就发现，尽管盖特纳才华横溢，但他却是一个糟糕的演讲者。将盖特纳置于一个小房间与几个人交谈，他总是思维敏捷并且善于解决棘手的问题，我曾亲眼见证过多次。但是将他置于配备演讲词提示装置的麦克风以及众人关注的电视摄像机前，他就会立刻变成木头人。他

① 奥巴马本想任命参议院多数党前任领袖汤姆·达施勒（Tom Daschle），但是达施勒因面临“税务问题”而不能受命。

简洁且不连贯的说话方式实在不适合演讲，而且他矮小的身材更是对演讲毫无帮助。

那么，萨默斯呢？他曾任哈佛大学教授，他的演讲结构清晰明了，充满了押韵的形容词、引人入胜的副词以及意味深长的比喻，甚至是在脱稿的情况下他也可以做到这一切。他很聪明。但是，不知道为什么，他的演讲总给人一种傲慢和牢骚满腹的感觉。尽管萨默斯在幕后极富影响力，但是当局并不愿意让他作为政府的形象代言人。奥斯扎格或许曾觊觎过这一角色，或许没有，无论他有没有，他最终都没有获得任命。因此，尽管罗默这位经济顾问委员会主席是“梦之队”四人组中级别最低的，而且是一个没有追随奥巴马经验的绝对技术官僚，但她仍成为经济团队中最合适的经济政策发言人。

然而事实上，首席经济政策发言人的角色落到了并不合适的政客戴维·阿克塞尔罗德（David Axelrod）身上，甚至迫于无奈地落到奥巴马总统自己身上，这意味着该角色并不受欢迎。在经济危机期间及之后，这位能言善辩的年轻总统很少就经济情况以及经济政策发表演讲。难怪美国民众从未真正理解当时的经济危机，也从未真正理解奥巴马的政策将如何带领美国民众走出危机，甚至不理解如果没有问题资产救助计划等刺激政策，经济将会更趋恶化的事实。而且，对于民众来说，奥巴马经济学经常是模糊不清的——表达得一点儿都不成功。总统和整个国家为不能就经济政策与民众进行沟通、不能教育以及说服民众付出了高昂的代价。

激光武器还是散射武器

在总统过渡期，美国民众将所有注意力都聚焦于日益瓦解的经济上，2009 年，在总统就职日后，这一趋势进一步加强。尽管当时发生了两场战争以及一系列紧急问题，然而对于什么才是民众最关心的问题却毫无争议。用詹姆斯·卡维尔（James Carville）令人难忘的话来说，就是“蠢货，当然是经济”。据总统就职日前的盖洛普民意测验显示，大约 76% 的调查对象认为经济、失业和财政赤字是美国面临的最重要的三个问题。调查对象最关心的非经济领域问题则是伊拉克战争，这部分人占 13%。毕竟，危机正在蔓延，美国民众发现他们正不知不觉地被卷入这场“糟糕的电影”。他们极度渴望约翰·韦恩（John Wayne）一样的角色能够骑着马飞奔而来拯救他们。

充满活力的新总统将如何把民众从急转直下的经济中解救出来？他能够力挽狂澜吗？

前任民主党总统克林顿在过渡期曾发表著名的宣言，“像激光武器一样聚焦于经济问题”。这一宣言有助于民众构筑和定义“克林顿总统”。很显然，奥巴马总统并不稀罕这种限制性的框架宣言。他想要解决包括医疗问题在内的更多问题，所以他并没有发表类似的定义性宣言，但他也因此深受其害。

没有使用类似激光武器的政策来解决经济问题，使奥巴马总统有充足的空闲时间提高他的高尔夫球技。这位新上任的总统必须领导美国经济走出自20世纪30年代以来最严重的大萧条——可以借助财政刺激一揽子计划。他必须确保经济快速增长，从而创造足够的就业岗位——因为自从雷曼兄弟倒闭，已经有接近300万人失业，而且在2010年2月就业人数触底之前，还有额外的430万人失业。

他必须首先使用大量止血带，来拯救血流不止的金融系统，并护理它直至恢复健康——这可以通过饱受争议的问题资产救助计划以外的其他政策措施来实现。同时，他必须与即将到来的房屋抵押止赎权的海啸抗争，否则数以百万计的美国家庭将流离失所。当然，之后他必须提出全面的金融监管系统改革措施。毕竟，无序的金融系统已经使美国一败涂地。此外，他需要制定一个方案：救助三大汽车制造商或者控制他们倒闭的负面影响。不错，现在可以松一口气了。

这个待办清单比克林顿的要长很多，且几乎每一个事项都需要奥巴马制定饱受争议的法律，而这一过程又需要喜欢争论且党派之争严重的国会通过。此外，这个待办清单上的很多经济问题都是他无法回避的。你可以说，这是命令。但也有些问题是可选的，比如奥巴马在竞选时强调的医疗改革问题以及他极其重视的能源和气候变化问题。除此之外，还有许多不可回避的非经济问题，诸如正在进行的且不可能马上停止的伊拉克战争和阿富汗战争。还有如何对待巴基斯坦、停止虐囚、关闭关塔那摩（Guantánamo）监狱以及如何处理非法移民等。

上述待办清单即使落入一位拥有丰富行政经验、有深厚的华盛顿人脉，以及深谙与国会周旋之道的资深政治家手中，也会使之望而却步。毫无疑问，这是自1933年罗斯福总统以来，新总统需要应对的最困难的政治议程。但是在2009年1月，这一切都交给了一位年轻的新手总统。这位总统在步入“竞选模式”前，只有两年担任国会议员的国家政治经验。就在4年半以前，奥巴马还在芝加哥大学教授法律并服务于伊利诺伊州议会。

早期，新任总统做出了一个可以定义其任期的重大决定：他将努力成为一位“变革型总统”。他不会将自己限制在那些“必须做的事”上，而会去处理那些需要关注的“大事”。这是伊曼纽尔原则在起作用吗？比如，“你绝不会想白白浪费掉一场危机”。从不大有利的角度来看，他采取的是散射武器一样的政策：试图同时解决所有问题，而不是像激光武器一样聚焦于经济问题。盖特纳持反对意见，他坚持对他的新老板说，“您标志性的成就将是阻止一场经济大萧条”，而奥巴马的回应是“这对我来说还不够”。

从很多方面来看，这都是一个值得称赞的决定。比如，自1947年杜鲁门总统开始，民主党总统就争取实现全民医保，然而至今尚未成功。现在时机成熟了吗？有可能。如果是这样，那么奥巴马会让机会溜走吗？（他不会。）但是历史学家一直在争论“这是不是一个明智的决定”。一位白宫助理后来表示，“无论是在公开的还是非公开的场合，都没有人认为我们必须将当局的全部资源投入医疗保险，这是我们最后需要做的事情”。他们本应该早点儿了解这一事实。

奥巴马试图同时解决所有问题的决定，将会使他个人以及当局的注意力分散于一系列复杂问题中。这意味着“国会电路”将会超负荷运转，而新任总统的政治资本也将被分散。这让公众对奥巴马真正想要做的事情充满疑惑。这位新任总统的议程是什么？“所有事”并非答案。与本书的主题密切相关的是，缺乏重点导致公众从未真正了解奥巴马总统的经济战略。让我们拭目以待，为没有医疗保险的公民提供保险，将如何帮助我们走出衰退。

还有一个更大的问题，实际上是一个不可逾越的障碍。总统候选人奥巴马曾声明，他打算摆脱克林顿和布什任期内激烈的党派纷争。他说他想要成为“后党派”总统，“如果我们认为可以故技重施，通过质疑竞争对手的爱国之心来赢得竞选，那么最终失败的将是美国人民，这种政治不适用于当前的严峻形势”。选举之后，一位白宫助理对记者诺姆·塞贝尔回忆说，“我们当时认为公众会强烈支持我们，届时共和党必须跨党派合作”。

直到今天，他们的天真仍让我感到震惊。“两党探戈”需要两党共同参与，而国会中的共和党人显然对此毫无兴趣。相反，正如参议院少数党领袖米奇·麦康奈尔后来毫无保留的描述:“我们唯一希望的事情就是奥巴马只担任一届总统。”2009 年 1 月，当奥巴马总统与美国国会交手时，共和党已经早有准备。

回归美联储

尽管对通胀念念不忘的鹰派与对失业耿耿于怀的鸽派之间依然争论不断，但坐落于宪法大道的美联储总部内部并没有共和党和民主党的冲突。然而，到 2008 年底，美联储的政策目标已然十分清晰。伯南克和他的同事仍然尽其所能地挽救摇摇欲坠的金融系统以及缓冲经济衰退的打击。

2008 年 12 月 16 日，布什政府最后一次联邦公开市场委员会会议成为一个里程碑。在雷曼兄弟倒闭后的三个月里，脆弱的美国经济逐渐步入崩溃，美联储采取了许多激进的行动——大部分是央行鹰派不喜欢的。在 12 月 16 日的会议之前，关于美联储接下来应该、能够以及会做什么，市场猜测甚嚣尘上。

主要有三种候选方案。第一种是比较传统的公开市场政策。尽管联邦基金利率已经降至 1% 的超低水平，但联邦公开市场委员会可能会进一步降低利率。市场认为最可能的情况是降低 50 个基点。第二种是委员会通过承诺长期保持一个较低的隔夜利率来试图降低长期利率。一些人称之为“开口政策”。这一想法基于收益率曲线的预期理论。第三种是持续扩大资产负债表。美联储的资产负债表已经从雷曼兄弟倒闭前一周的 9 240 亿美元激增至 12 月 11 日的 22 620 亿美元。美联储会选择哪一种方案呢?

收益率曲线的预期理论

收益率曲线的预期理论指中期和长期利率是由对隔夜利率（如联邦基金利率）未来走势的判断（或者说预期）来决定的。这一理论是美联储对未来利率做出明确或隐含承诺的政策基础。

举一个简单的例子：如果今天期限为 1 天的现金成本为 2%（按年计算），而市场预期明天期限为 1 天的现金成本为 3%，那么今天期限为 2 天的现金成本是多少？请思考一下。如果你连续 2 天承担期限为 1 天的贷款，你的预期平均成本将会是 2.5%：第一天的成本是 2%，第二天的成本是 3%。如果你承担的是期限为 2 天的贷款，合理的利率水平也应该是 2.5%，因为两种贷款两天的简单策略成本应该是一样的。现在让我们把这个逻辑拓展到更长的时间。1 年期的利率应该大约是未来 365 天预期隔夜利率的平均值；2 年期的利率应该大约是未来 730 天的预期隔夜利率的平均值，依此类推。请注意对未来的预期在决定当期长期利率时起到的重要作用。

当美联储在 2008 年 12 月声明，联邦基金利率将在零附近维持“一段时间”时，它传递给市场参与者的信息是联邦基金利率将在零附近保持多久呢？没有人知道，因为“一段时间”是模糊不清的。但是可以肯定的是，至少可以持续 3 ～ 6 个月。这将会使未来 3 ～ 6 个月的隔夜利率拉低至零附近。同样，当美联储在 2011 年 8 月宣布联邦基金利率在 2 年时间里都将保持在零附近时，至少在 2 年内的预期隔夜利率也会被拉低。通过这一途径，美联储的公告就可以实现对中期和长期利率的调节。

事实是，美联储选择了所有方案。用联邦公开市场委员会的话说，就是他们会使用一切可能的工具来对抗经济衰退。当然，在这一过程中，伯南克也在创造新的工具。首先，联邦基金利率从 1% 下调至 0 ～ 25 个基点。这是 26 年来最大的一次下调，大大超出了市场预期。在接下来的 1 年里，有效联邦基金利率的平均值降到 16 个基点。

其次，美联储的会后声明增加了如下承诺，“衰弱的经济情况将使超低的联邦基金利率维持一段时间”。换句话来说，就是“各位，我们将长时间使联邦基金利率维持在这个范围”。两场会议后，联邦公开市场委员会将口吻从“一段时间”调整为“长期”。直到 2011 年 8 月，他们才改变口头承诺，声称联邦基金利率将维持较低的水平“至少到 2013 年中期”，后来甚至调至更长时间。

再次，联邦公开市场委员会承诺在几方面进一步扩大其资产负债表。他们将“增加机构债券和抵押贷款支持证券的购买量”，“评估购买长期国债的潜在收益”（用美联储的话说，这意味着他们将购买长期国债）。并且，在“第二年初”，他们将购买定期资产支持证券贷款工具下的私人资产（但购买定期资产支持证券贷款工具实际发生在 2009 年 3 月 3 日）。

这好比赌马中的三连胜，市场开始恢复并对美联储积极的反应欢呼雀跃。当天标准普尔 500 指数上涨了 5%。美联储鹰派开始坐立不安（他们一直这样）。他们热衷的货币紧缩政策前景暗淡。好消息是伯南克和联邦公开市场委员会中的鸽派牢牢地掌握了控制权。坏消息是美联储已经没有子弹了，只能着眼于财政政策。

3T 原则与计划实施财政刺激

奥巴马过渡团队正在忙于制订一个庞大的财政刺激一揽子计划，并最终在 2009 年形成了《美国复苏与再投资法案》。

当年早些时候，布什总统仅仅制订了一个温和的财政刺激一揽子计划。该法案的名称使用了“刺激”一词，那时“刺激”还不是一个贬损共和党的词语。2008 年 2 月，考虑到经济衰退的风险在加剧，国会通过了《经济刺激法案》（*Economic Stimulus Act*），总统迫不及待地签署了该法案。该法案采取了标准的“布什疗法”：无论问题是什么，答案都是减税。具体来说，大部分美国纳税人收到了一次性的税收返还，单身人士返还 300 ～ 600 美元，已婚人士返还 600 ～ 1 200 美元。其中还有一些旨在刺激投资的商业税收减免。和往常一样，这些政策收效甚微。该政策一年的预期成本是 1 500 亿美元，约占 GDP 的 1%。

在关于这项法案的争论中，以萨默斯为首的经济学家，对于什么是有效的刺激计划，发明了一种容易记忆的、教科书式的回答：这样的刺激计划应该具有及时性（Timely）、目标性（Targeted）、临时性（Temporary），即符合 3T 原则。（概念虽然不新鲜，但是使用的词语却是很有新意的。）一年后，3T 原则将会困扰萨默斯和他在奥巴马政府工作的同事们。

- 及时性意味着刺激计划应该快速行动。这一原则极大地削弱了民主党钟爱的理念：在公共基础设施建设上投入更多的资金。修路和修桥虽然有许多优点，但是许多自由派经济学家认为这并不适合作为短期刺激计划。该类项目耗时太长且不能快速见效。如果工程师告诉我们建造一座桥的合理时间是两年，但是我们赶在 6 个月内完成了，你会愿意走过这座桥吗？
- 目标性意味着刺激计划应该是这样的，政府的每一项支出和减税政策都应该产生大量的累积需求。毕竟，联邦政府仍在被预算赤字困扰。将公共资金应用在不能产生累积需求的项目上，会导致经济没有得到明显的刺激而赤字却被扩大了。
- 临时性很明显，实际上这是财政刺激政策的内在本质。刺激并不是（一些批评家声称的那样）为了扩大公共部门，也不是（如这些批评家认为的那样）为了减少收入基础。财政刺激背后的基本理念是扩大短期的总需求，然后退场。即使我们能够在必要时刺激经济且不损害长期预算前景，这种方式也仍然是令人生畏的。

尽管具体的退税金额还存在争议，但毫无疑问的是，2008 年的退税返还政策为美国经济带来了一剂温和的强心针。然而选举之后，随着经济逐渐陷入深渊，人们开始发现这种“温和”显然是不够的。在总统过渡期，奥巴马团队开始制订一项更庞大的财政刺激计划，这是新一届政府引入的第一项法案。正如古尔斯比在 11 月的新闻节目《面对美国》（*Face the Nation*）中所说的那样：“我们要的不是轻微的颤抖，而是猛烈的撞击。”换句话说，占 GDP 1% 的刺激是微不足道的。

不久之后，奥巴马的刺激计划就引起了激烈的内部争论。消息不胫而走，就像是一捆试验气球，已经飞到了九霄云外。但是过渡期政府可能还不知道他们即将面临什么。再次释义巴尼·弗兰克的话，国家承诺的两党合作仅持续了一天——甚至连一天都不到。在奥巴马就职前，这种感觉良好的时代就已经结束了。

据媒体报道，候任总统奥巴马将要求通过一项 7 000 亿～ 8 000 亿美元规模的刺激计划，这一规模大约占 GDP 的 5%。共和党人认为这太多了，但是自由派经济学家保罗·克鲁格曼（公开地）及克里斯蒂娜·罗默（私下地）认为太少了。随着争论逐步在候任政府中传播开来，这些来自左派和右派的反对声音反而使得奥巴马感觉自己的判断是正确的。

大量对刺激计划的反对主要是反对“减税”这种形式，尽管这些形式比布什总统所钟爱的更为进步。例如，候任总统想要（或者说已经）采用“工作补偿”式的税收抵免，该政策甚至适用于那些由于收入太少不需要支付所得税而仅仅支付工资税的工人。共和党人嘲笑这简直就是一种“福利”。（等等，难道工资税不是税收吗？）刺激计划中的另一部分是基础设施支出。共和党人也不喜欢这个想法，他们认为这意味着更多的政府支出，而不是减税。刺激计划还有一大支出是对于中央和地方政府的补助，这样政府就不会大幅削减就业以及提高税收。共和党人对此也持反对意见，声称这不能刺激经济。为什么不能呢？难道政府部门的就业就不是就业吗？

接下来是 3T 原则。尽管有一些来自外部的批评，包括一些“友善的炮火”，候任政府依然声称与之前经济萧条时期的刺激政策不同，这一次的刺激政策可能不那么具有临时性——毕竟，本次经济萧条看起来像是一个庞然大物，不仅持续时间更长，而且影响更深。（有道理。）因此，这种想法使得基础设施支出成为一种更为合理的刺激手段。（同样很有道理。）尽管支出周期有两年，但是到了 2011 年，经济很可能仍然需要支持。因此，基础设施支出仍然是及时的。此外，奥巴马团队声称，刺激资金将被用于那些“准备就绪”的项目。[①]（坏主意。永远不要相信一名政客或者市长所声称准备就绪的项目。）很快我们将回到目标性上。

通往《美国复苏与再投资法案》的荆棘之路

众议院急切地想要和新总统达成一致——事实上，众议员已经就法案细节与奥巴马过渡团队交换过意见。在众议院议长南希·佩洛西的坚定领导下，民主党在2008年的大选中赢得了绝大多数席位。2009年1月28日，众议院以244票赞成、188票反对的优势轻松通过了复苏法案。但是没有任何一名共和党人投赞成票——一个都没有。共和党人谴责，即便在经济萧条时期，联邦政府开支也是不可信和浪费的，并且认为拯救政府部门的就业完全是拯救了不该拯救的东西。奥巴马当局虽然只成立了8天，但是已经出现了某些大事即将发生的预兆。

参议院的斗争更为激烈，正如哈利·里德向亨利·保尔森解释的那样，在参议院冲厕所都需要60票。尽管共和党人在参议院占少数，但他们使用拖延战术迫使奥巴马总统和民主党做出巨大让步，包括实施总统并不想实施的各种商业减税政策，这些政策对于刺激经济很可能没有明显的作用。作为回报，他们所谓的“合作”结果也仅仅是3票。这确实不多，但是这3票却很重要。当参众两院在会议中的大量分歧被逐渐消除后，最终的参议院投票结果是60∶38。当时《美国复苏与再投资法案》的预计金额是7 870亿美元，或者说是GDP的5.5%。后来，国会预算办公室重估并将经济刺激成本提升到8 300亿美元。

在复苏法案通过的荆棘之路上发生了一些值得注意的问题，其中两个被证明是即将发生的事情的预兆，另有两个是破坏性的标志，还有两个严重地阻碍了进一步的财政刺激。

两大预兆

即将发生的事情的第一个预兆是：**两党合作制的瞬间崩塌**。我说的是崩塌？事实

① 奥巴马后来开玩笑说：“那些‘准备就绪’的项目并非如我们预期的那样‘准备就绪’。”

上，两党合作制从未开始过。两党合作制的英文“bipartisan”的前两个字母，意味着需要两个党派共同参与，但奥巴马总统从来都没有合作方。很明显，新总统不愿意相信共和党人是如此顽固，以至于尽管他一遍又一遍地把手伸向他们，却得不到任何回应。

第二个预兆是：**作为总统和华盛顿的新人，奥巴马并不善于讨价还价，他总是因小失大。**他以让对方满意为目的，而对方则以损害他的利益为目的——于是在谈判桌上产生了不平衡的结果。记住，共和党在那时既没有统治白宫，也没有统治参议院，更没有统治众议院，但他们却赢得了无数的让步。奥巴马在两党合作上的徒劳努力，以及他在谈判桌上的软弱，成为他任职期间反复出现的主题。作为“只会说不的政党”，共和党赢得了巨大的政治成功。民主党开始将奥巴马视为一个不折不扣的“屈服者”。

两大标志

复苏法案的一个不幸标志是它的名字，甚至可以说是它的概念：刺激。尽管布什2008年的减税计划被命名为《经济刺激法案》，然而在2009年这一刺激法案墨迹未干时，共和党人就开始攻击它是误导、徒劳、充满政治诱惑且无效的。几乎在法案通过之时，他们就开始了反对行动。共和党缺乏选票，但他们的行动在给予所有的刺激计划（尤其是复苏法案）一个坏名声方面，无疑是非常成功的。当2010年、2011年和2012年经济需要更多支持的时候，甚至没有政客敢于提到“刺激”这一字眼。

另外一个标志是数字“7”，或者说是7 000亿美元。复苏法案最初错误地将金额确定为7 870亿美元。仅仅在100天之前通过的问题资产救助计划，拨款大约也是7 000亿美元（但是实际花费远远少于这一金额）。这两个数字都是以“7”开头的。这一巧合引起了困惑，问题资产救助计划被所有人谩骂。不久，人们开始认为，刺激计划中的7 000亿美元都给了银行家。例如，2010年美国有线电视新闻网（CNN）的一项调查显示，54%的美国民众认为，刺激计划对银行家和投资人的帮助显著高于对中产阶级的帮助。事实上，刺激计划与银行家和投资人的福利并没有任何关系。（至于问题资产救助计划，当然是有关系的。）这是由于错误的联想而产生的过失。①

我必须承认，当我第一次听到一位精明的资深国会议员提出命理学的观念时，我并没有把它放在心上，并认为这是荒谬的。有人会因为波士顿红袜队的右外野手 J. D. 德鲁（J. D. Drew）和纽约扬基队不朽的米基·曼特尔（Mickey Mantle）都是 7 号，而分不清他们吗？但是随着我听到其他几位政客不停地重复阐述这是一个令人困惑的数字时——他们与普通民众的联系比我们这些经济学家要紧密得多，我开始相信他们了。毕竟，比起公共政策，美国民众更加关心棒球。将刺激计划的规模扩大到 8 020 亿美元并不需要花费很大的力气，却可以消除困惑。尽管，最终的刺激金额比上述金额还要高，但那时谁又知道呢？

两大障碍

如前所述，目标性是 3T 原则之一。一个设计良好的刺激计划应该能够产生许多“划算”的结果。但在面对就业目标时，2009 年的刺激计划最多只能得“B”。让我来解释一下原因。

通过财政刺激来创造就业的基本理念是“搭建好，它们就会来”，即创造一个更高的 GDP，就可以创造出更多的就业。这一原则奏效的原因是需要更多的劳动力来生产更多的产品和提供更多的服务。但是，这种创造劳动的方式很昂贵。原因很简单：美国是一个富有的国家，劳动生产率很高。具体来讲，2010 年每一个就业岗位对应 11.2 万美元的 GDP。所以，如果刺激计划通过提升 GDP 来创造平均就业，那么每创造一个就业岗位就需要 11.2 万美元。这并非巧合，正如我们将要看到的那样，这个数字与奥巴马政府和其他宏观经济建模者对 2009 年的刺激计划进行的估计结果是一样的。重要的是，每个就业岗位需要花费 11.2 万美元，并不意味着这个刺激计划没有设计好。所以我给它“B”，而不是“D”。为了以更低的成本创造就业岗位，政策制定者必须更明确地以创造就业为目标。

① 提到错误的联想，2010 年 7 月，皮尤研究中心的一项民意测验显示，47% 的美国民众认为问题资产救助计划是由奥巴马总统通过并签署立法的，只有 34% 的民众认为是布什总统签署立法的。

如何做到？**一个办法是所谓的“新工作税收抵免计划”（New Jobs Tax Credit，简称 NJTC）**。奥巴马政府曾经考虑过这一办法，但是最终否决了。根据这一计划，企业每增加一个就业岗位就可以得到比如 5 000 美元的年度税收抵免。如果说平均雇员成本为 50 000 美元 / 年，这项计划的效果就好比减少了 10% 的工资。统计资料明确显示，当工资降低时，企业会雇用更多的雇员。当时的估计是，根据“新工作税收抵免计划”，每创造一个就业岗位需要花费 3.5 万～ 4 万美元，其效率大约是一般的财政刺激计划的三倍。

尽管“新工作税收抵免计划”是共和党可能会钟爱的一项商业减税计划，但新政府并不打算把它作为他们刺激计划的一部分。① 为什么不呢？因为这里有一些棘手的技术问题需要解决，比如，你需要保证企业不会通过解雇皮特而雇用保罗来获取税收抵免。但是最大的原因在于，这一计划没有得到商业团体的支持，他们怀疑“新工作税收抵免计划”的有效性。很多商人明确告诉候任总统及其顾问们，该计划不会吸引他们雇用更多的雇员。一项没有企业支持的企业减税计划最终胎死腹中。

但是，很少有人能够理解，这些反对意见并没有削弱该政策的有效性。上文曾提到，尽管每个就业岗位的税收仅减免 5 000 美元，但是每创造一个新的就业岗位，预计产生的成本是 40 000 美元，这意味着 7/8 的成本被浪费了。尽管失败率如此之高，但“新工作税收抵免计划”在创造就业方面的效率仍然比一般的财政刺激计划高三倍。但是这一论据太微不足道了，试着将其解释给那些得不到家乡商人支持的政客只是徒劳，这些商人更喜欢毫无限制地得到现金。以上这些就是第一个障碍。

第二个严重的障碍是自我伤害。2009 年 1 月 10 日，为了应对与日俱增的反对意见，奥巴马过渡团队就他们提出的刺激政策的预期影响发表了一份报告。这一报告由克里斯蒂娜·罗默和贾里德·伯恩斯坦（Jared Bernstein）合作完成，不久之后，伯恩斯坦便成为乔·拜登（Joe Biden）副总统的首席经济顾问。罗默和伯恩斯坦使用传统的方法得出了传统的结论，类似于国会预算办公室和其他凯恩斯主义宏观经济学建模者。

① 2011 年，总统确实在他的《美国就业法案》（*American Jobs Act*）中提议了一种商业减税计划的不同版本，但共和党驳回了这项提议。

特别是在合理误差的情况下，他们估计到2010年底刺激计划对实际GDP的提升幅度将达到3.7%，并且能够“保留或者说创造”370万个就业岗位。如果你计算一下，就可以得出每个就业岗位的成本是11.8万美元——与前面提到的整个经济的平均值相符合。换句话说，他们的估计是比较可信的，并非吹嘘，但其结论并不完美。

下面便是他们犯的错误。他们将就业岗位的创造情况解读为：2010年第4季度，在创造就业的情况下，失业率为7%；而如果没有采取任何创造就业的措施，失业率则为8.8%。事实上，他们表示如果执行了刺激计划，失业率将绝不会超过8%。绝不会超过8%？尽管罗默和伯恩斯坦那个时候还不知道，2009年1月失业率就已经达到7.8%，而在任何刺激计划远未奏效的2009年4月，失业率更是达到8.9%。8%这一数字从一开始就显得非常愚蠢。

发生了什么？过渡期的GDP和就业数据就好比陨石一样坠落，使得罗默和伯恩斯坦的基线预测还没有发表就已经过时了。他们的分析结果预示，刺激计划将使2010年第4季度的失业率降低1.8%（7%对8.8%），这可能是合理的。[①] 但即使有刺激计划，2010年第4季度的实际失业率还是达到9.6%。失业率的峰值更是达到让人毛骨悚然的10%，而不是8%。

这些似乎是巨大的错误，当局为此付出了沉重的代价。特别是，共和党用罗默和伯恩斯坦估计的失业率峰值8%作为刺激政策失败的“证据”，而实际的峰值是10%。但是如果没有刺激计划，失业率很可能接近12%。不过试着将这一观点解释给遭遇高失业率且持怀疑态度的公众，或者解释给充满敌意的政治反对派只会让你自己难堪。失业率最高不会超过8%的估计被一遍遍地用来抨击奥巴马政府，特别是经济刺激计划。尽管抨击是不当的，但却很奏效。直到2012年，米特·罗姆尼（Mitt Romney）竞选总统时仍乐此不疲地以此作为抨击工具。

有一个关于政策制定者和服务于他们的工作人员的准则，即不要高估自己可能取

① 马克·赞迪和我在一年半后做出的估计是1.7%。

得的成就；如果不能确定，那么就尽量低估它。如果两位经济学家声称，失业率的峰值在有刺激政策的情况下是 10%，而在没有刺激政策的时候是 11.8%；或者更好的选择是坚持刺激政策会使失业率降低 1.8%，而并不提及失业率到底会达到什么水平，那么他们的工作就不会遭到那么多的批评——对刺激计划本身的批评也会更少。

这一建议是基于一些个人经验的。作为克林顿总统最初的经济顾问委员会成员，我曾负责 5 年预测，该预测于 1993 年 1 月匆忙完成。我们对发表的声明持非常保守，因此做出的预测结果也非常糟糕。1993—1998 年，美国经济在各个方面都大幅超越我们的预期。但是我从来没有因为糟糕的预测而得到任何批评——更重要的是，克林顿总统也没有。经济运行良好的时候，没有人会关心这些错误的预测，但如果经济表现比预测的情况更糟，那么就会产生严重的后果——正如 2009 年之后发生的事情。

《美国复苏与再投资法案》

2009 年 2 月 17 日，美国国会通过了《美国复苏与再投资法案》，当时奥巴马新政府刚刚成立 4 周。虽然进展非常快，但是过程却是非常痛苦的。在《美国复苏与再投资法案》通过之时，所有与共和党进行两党合作的潜在想法也消失殆尽了。该法案大约 1/3 涉及减税、1/3 涉及诸如失业津贴和基础设施建设的新支出、1/3 涉及对国家和地方政府的援助，特别是那些自行支付医疗补助的州。

根据 3T 原则，《美国复苏与再投资法案》表现很好。及时性：法案在经济最为萧条的几个月快速通过，并迅速把钱支付了出去。到 2009 年第 2 季度，刺激支出就从 0 激增至 1 000 亿美元（年度支出超过 4 000 亿美元）。目标性：如前所述，《美国复苏与再投资法案》在这方面处于平均水平。临时性：《美国复苏与再投资法案》的支出速度于 2009 年第 2 季度和第 3 季度达到顶点，随后就开始逐步下滑。到了 2011 年末，该法案的效应就基本可以忽略不计了。

《美国复苏与再投资法案》的作用是超预期还是低于预期呢？关于这一问题直到今天还存在分歧。赞迪和我于 2010 年 7 月发表的那篇曝光率很高的研究报告认为，其作用是超预期的。由于发表上述观点，我们得到了民主党的赞扬和共和党的责难。（在谷歌搜索“布林德和赞迪”，会出现数以万计的条目，并非所有条目都是赞许的！）。我们估计的数据与凯恩斯主义传统的其他宏观经济模型是一致的，如国会预算办公室、宏观经济顾问公司（Macroeconomic Advisers）和环球透视公司（IHS Global Insight）的数据。这一机制很直接明了：更多的政府支出（或者减税）提升了经济的总需求；随着公司生产更多的产品来满足这一需求，公司就会雇用更多的工人。很简单，对吗？对于持有反对意见的几位右翼经济学家来说，明显不是这样。他们认为，我们的模型做出的估计都是基于历史数据（这是事实，还有什么其他的数据吗），并且没有考虑《美国复苏与再投资法案》之后发生了什么，我们仅仅是将刺激计划的条款生硬地套入了一个以历史数据为基础的模型（这也是事实）。

2011 年 2 月，两位政治独立的经济学家，达特茅斯学院的詹姆斯·费勒（James Feyrer）和布鲁斯·萨克多特（Bruce Sacerdote）发表了上述评论。他们通过比较获得不同数量资金的各州县的就业情况，来评估 2009 年刺激支出的效果。因此，他们的方法与基于历史数据进行估计的凯恩斯宏观经济模型不同，但是与刺激资金究竟被用在哪里息息相关。

对于《美国复苏与再投资法案》的支出部分（不是减税部分），他们估计每创造一个就业岗位就需要花费 17 万美元。这一数据大大超过我们的估计，但是在合理的估计误差之内。然而，费勒和萨克多特强调支出的有效性极大地依赖于对被检验数据的选择。特别是，他们估计各州的教育拨款几乎不会创造新的就业岗位。如果你将教育拨款排除在外，剩下的刺激支出创造每个就业岗位的成本将不会超过 10 万美元。因此，我认为他们的估计结果预示宏观模型是合理的。当然，他们的估计也确实是合理的。

但是时至今日，失业率还是上升到了 8% 以上，这一事实证明刺激计划失败了。在 2011 年激烈的预算争论中，共和党一直声称是高额的政府支出“扼杀了就业”。我一直疑惑，这是如何发生的呢？当联邦政府从私人部门购入产品时，如何扼杀就业？一个政府如何试图支出 8 000 亿美元却不创造出更多就业岗位？

但是在政治话语中，以“如果不采取这些措施，结果甚至会更差”这种非事实的论调为依据是很难让人信服的。在 2009 年和 2010 年，公众看到的是庞大的刺激计划和极度脆弱的经济。共和党让公众相信是前者导致了后者，民主党使公众的境遇恶化或者说对公众毫无帮助。

爆炸式增长的预算赤字

对《美国复苏与再投资法案》还有另外一种抨击：它提高了联邦预算赤字。当然，从算术上来看，这是事实。但是这一指控忽略了 3T 原则中的第三个原则，即刺激支出本质上是临时的。根据国会预算办公室的估计，《美国复苏与再投资法案》使 2009 财年的联邦预算赤字增加了 1 830 亿美元，使 2010 财年的联邦预算赤字大幅提升至 4 050 亿美元，2011 财年的联邦预算赤字增加额为 1 450 亿美元（数据截至 2011 年 9 月 30 日），对 2012 财年国会预算办公室的预算影响估计只有 490 亿美元——2013—2019 财年还有 490 亿美元的持续影响。而这些都是所谓的静态估计，它们不包括刺激所带来的更高 GDP 的反馈，也不包括更高税收的影响，所以实际的赤字影响是较小的。

实际上，联邦预算赤字从 2008 财年占 GDP 的 3.2% 这一正常值，激增至 2009 财年占 GDP 的 10.1%——这是自第二次世界大战以来，赤字占 GDP 比重的最高值。为什么？如表 8-1 所示，赤字的大幅增长一方面来自收入的减少，另一方面来自经济萎缩和政府应对行为所产生的“收入保障”支出的增加，以《美国复苏与再投资法案》和问题资产救助计划为主要形式。

表 8-1 赤字警告 单位：10 亿美元

类别	2008 财年预算	2009 财年预算	赤字变化
赤字总额	459	1 413	+954
收入，扣除《美国复苏与再投资法案》影响	2 524	2 174	+350

续表

类别	2008 财年预算	2009 财年预算	赤字变化
《美国复苏与再投资法案》收入	0	−69	+69
问题资产救助计划	0	152[a]	+152
《美国复苏与再投资法案》支出	0	114	+114
收入保障[b]	261	350	+89
总计			+774

注：a. 问题资产救助计划的“支出”并非真正意义上的支出，而是偿债，但是它确实提高了该记录的赤字。

b. 收入保障包括如下类别：失业保险金、附加社会保障收入、营养计划、某些税收减免需要退还的部分。上述类别中部分归属于《美国复苏与再投资法案》支出。

资料来源：国会预算办公室，《2011—2021 财年，美国预算和经济展望》(*The Budget and Economic Outlook: Fiscal Years 2011—2021*)，2011 年 1 月。

很好，这样就可以解释了，但是万亿美元的赤字对于大部分美国人来说仍然是骇人听闻的。他们觉得不可思议，这里不是希腊也不是阿根廷，美国政府不会让赤字占 GDP 的比重达到 10%。随着预算赤字在 2010 年和 2011 年达到顶点，时政焦点充斥着党派之间关于谁应该为赤字负责，以及如何快速减少赤字的争论。2011 年，一些共和党官员甚至要求政府拒绝提升国家债务上限以立刻实现预算平衡，或者通过一项关于平衡预算的宪法修正案来实现这一目标。想想看：2011 财年预算赤字有近 1.3 万亿美元，约占 GDP 的 9%。如果快速实现预算平衡，必然会直接把我们带入大萧条，然而这项政策却有许多支持者。

毫无疑问，2010—2011 年关于预算的争论带有强烈的反凯恩斯主义的味道。如果有人能够将这位伟大的剑桥教授从坟墓中唤醒，他会坚定不移地认为，不该在经济萧条时增税或者减少政府支出，而你却反其道而行之。此外，他会震惊 2011 年仍有人在问这个问题。地球不是平的，月亮不是奶酪做的，进化确实在发生，而你却减少公共支出而不是给危机中的经济施加短期的刺激。①

① 长期情况是另外一个问题。有许多强有力的证据支持减少政府预算赤字，稍后我将对此进行分析。

AFTER
THE MUSIC
STOPPED

09

利差之战

信用是这样一个体系，它是让一个付不起钱的人，凭借另一个也没有钱的人提供担保，然后获得支付能力。

——狄更斯

信用如同一个懦夫，当借钱没有风险的时候，它就跑出来到处炫耀自己；而风险一旦真的来了，它便跑得无影无踪。自从信用体系对现代经济发挥重要作用的那一刻起，就存在着这个问题。而在雷曼兄弟倒下之后，它所产生的问题显得更加严重。倘若我们真的还要经历“大萧条 2.0”，那么我们现在就需要对风险有一个彻底认识，这也就意味着我们将要向信贷利差全面开战。

向哪里开战？信贷利差是信用成本的一个关键部分。实际上，除了美国政府可以以很低的国债利息借款，其他任何人借款都需要支付较高的利息。对个人或商业机构而言，借款成本取决于其特定借款，或固定收益类证券高于国债利息部分的利差。

2008 年的金融危机有一个令人心焦的特点，即利差快速上涨。事实上，利差变化常常被金融发烧友作为衡量金融危机严重程度的一个便利工具。同理，美联储也将削减利差作为对抗金融疲软的主战场。美联储设计了很多的应急措施，希望通过它们使得金融体系回归正常。实际上，“降低利差”与“稳定金融体系”有着异曲同工之妙，不过，想让人们真的感知并懂得这些可能还需要一些时间。2008 年的金融恐慌导致的一飞冲天的高利差，不仅像是金融矿井里的金丝雀在向我们发出危险预警，更像是金融矿井里的瓦斯气体，如果想让金融体系自由地呼吸新鲜空气，我们就要尽快清除这些有毒气体。

利差惹的祸

为什么利差这么重要？因为无论是购车贷款、购房贷款，还是公司债券的利率，都可以看成一个无风险利率（美国国债同期利率）加上风险溢价或利差之和。比如，2011 年 4 月 26 日，一家业绩优良的蓝筹公司——美国电话电报公司，以 4.45% 的利率发行了 10 年期债券，而同期国债利率为 3.34%，我们可以说，利差为 1.11% 或 111 个基点。假如利差进一步提高，就像金融危机发生时那样，那么美国电话电报公司 10 年间就要为之支付更多的利息。假如我也准备那一天在市场发行 10 年期的债券，由于我没有像美国电话电报公司那么高的信用值（实际上，可能我也有，只是大部分购买债券的人都不知道），那么我就要支付比 4.45% 还要高的利息。因此，可以说利差是借款成本中至关重要的因素。

在金融危机时期，风险利差急剧上升，借款成本也陡增。并且，由于当时投资资金都恐慌地逃向更安全的美国国债，因而国债利率下跌，使得当时的情况变得更为错综复杂。举个典型的例子，在 2008 年雷曼兄弟倒下后，金融恐慌使得资金都逃向国债市场。半年期国债收益率从 9 月 12 日的 1.8% 降到了 10 月 10 日的 0.82%，同样是在 4 周内，半年期金融公司商业票据利率却从 2.75% 上升到了 3.82%，一降一升，使得两者利差从 95 个基点（275－180）上冲到了 300 个基点（382－82），急速上升了 205 个基点。然而，由于其中 98 个基点（180－82）的下降是来自国债收益率，使得金融公司商业票据表面看起来只是上升了 107 个基点（382－275），我们可能会因此而低估金融市场真实的衰退程度。

经济学教科书告诉我们，如果按传统的方法分析货币政策的预期效果，那么它通常认为，央行改变货币政策所导致的风险利差变化大致是一个维持不变的常量。比如，如果美联储下调无风险利率（如联邦基金利率、短期国债利率），那么像公司债券、购车贷款等风险稍高一些的金融产品的利率将会同步下降。① 参考历年统计数据，我们得到图 9-1，图中显示了从 1980 年 1 月到 2007 年 6 月，危机发生前的 27 年，10 年期国债的利率均线与穆迪 Baa 级公司债券利率均线的移动轨迹。两条线之间的垂直距离即为两者的利差，可以看出，两条线几乎保持同步运行。这意味着，在 27 年间，两者之间的利差没有多大变化。

图 9-1　国债利率与公司债券利率之间的关系

但在 2008—2009 年间，利差出现了明显的异常现象，先是迅速上升，而后又快速下跌。如图 9-2 所示，我们可以看到与图 9-1 不一样的地方，它不再是分别画出

① 在危机最严重的时刻，即使是美联储基金，银行也认为存在着一定的风险。在货币政策未发生任何改变的情况下，银行间的联邦基金借贷利率在 6 天内从（美联储的目标利率）2% 上升到了 2.8%。

两条利率线，而是合成了一条利差线。由于利差通常为不变的恒量，因而在正常情况下，利差线应该是一条几乎水平的线。而在2007—2009年间，由于危机的出现，使得这条利差线出现了反常，几乎没有人会说它是一条正常的水平线了。

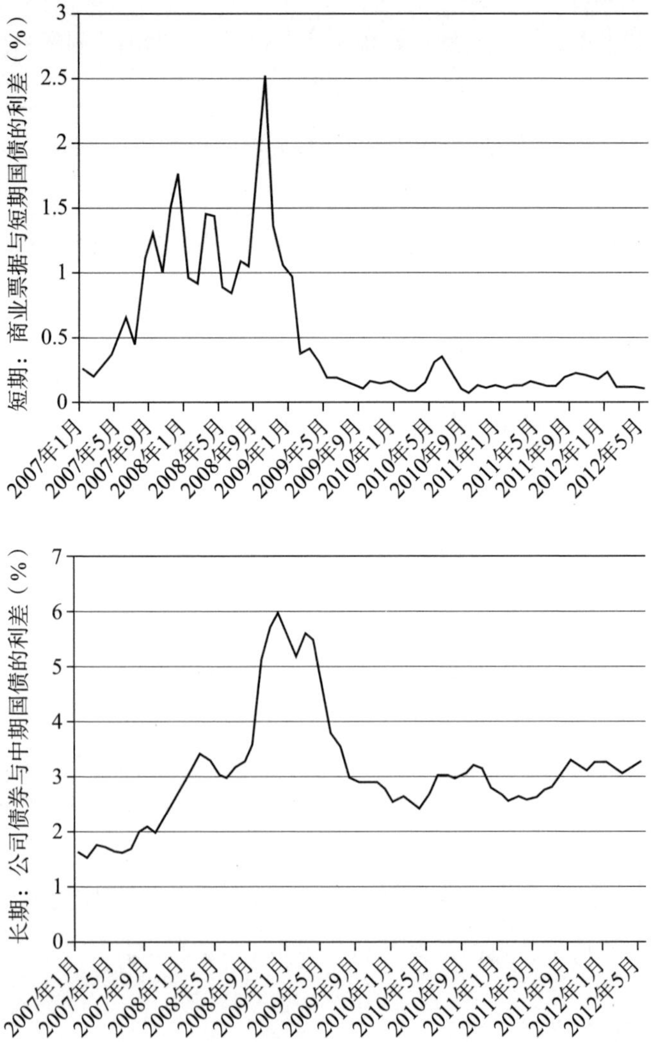

图 9-2　高于国债的利差部分（2007—2012年）

大多数非常规货币政策手段正是为应对这种非常态的利差现象，尤其是由于恐慌或流动性严重不足所导致的利差上升而设计的。美联储在 2008—2009 年，做了很多这样的事情，也取得了很大的成功。美联储通过调节突然上升的利差，降低了人们对市场流动性不足与公司破产倒闭的恐慌。为了使读者进一步理解政府如何让经济远离危机，我们先从利差产生的根源说起。

认识利差

大多数借款人要支付比美联储高很多的利差，其中一个原因就是相对的流动性。美国国债是世界上规模最大、范围最广、层次最深、流动性最强的金融市场工具。无论是对冲基金交易员、企业财务主管、养老基金经理，还是富有的人，都需要一大笔钱用于短期支付，那么，美国国债市场会为你提供无与伦比的流动资金。你可以在短短几分钟内，按现行价格进行大笔交易，这也是大额资金交易偏好美国国债市场的原因。因此，美国国债能够比其他债券卖出更好的价格。

但这只是利差产生的次要原因，主要原因是把钱借给美联储几乎毫无风险，持有国债就像是把钱存入银行，因为它以国家信用作为支撑，除国债之外，几乎没有什么借款是毫无风险的。哪怕是持有一部分 AAA 级的公司债券，[①] 贷款人也会因此而获得风险补偿，预期的风险损失补偿会通过利差反映出来。假如，公司债券持有人每年将有 10% 的可能性损失 20% 的投资额，那么，这种债券的风险溢价就应该是 2%（由 20% 乘以 10% 得到）。

我此前在“债券泡沫”部分强调过，风险溢价所对应的利差有时候可能会很低，就像 2005—2006 年那样；有时也会很高，就像 2007—2008 年金融恐慌时所发生的那样。风险溢价一旦暴涨，借款成本就会变得很高，信用也会因此而很快枯竭，经济也将因此而垮塌，巨大的利差常常意味着市场交易量的枯竭。因而很多金融救市方案可以理解为一种下调过高利差的策略，并以此降低与之相伴的信贷崩溃风险。

---

① 对于像德国和荷兰这些欧洲国家而言，欧洲信贷是一种很安全的贷款方式；但对于以美元为基础货币的投资者而言，投资欧洲信贷会使他们面临汇率风险。

通常有三种途径可以降低过高的利率溢价，它们各具特色。第一，政府可以采用各种方法缓和人们对当前风险的感知度，包括总体经济风险和特有债券风险，前者可以通过扩张的货币政策和财政政策来达到一个良好的宏观目标，后者可以通过减少倒闭公司的数量来实现。第二，政府可以为债务提供担保，因为私有投资人不愿意也无法承受过大的风险。第三，政府可以通过直接购买风险债券，从而使得风险债券价格提高，收益率下降。在此次危机中，美国政府主要是凭借这三种手段来实现预期目标。

通过美国商业票据融资工具购买风险资产就是第三种途径的具体应用。它的目的很明确，即通过购买商业票据来降低异常的风险利差，图 9-2 中的上图能让我们清楚地看到，该政策取得了很好的效果。亨利·保尔森向银行注入资金时，部分用意是向人们传递一个信号，即把钱借给银行是安全的，从而降低银行间借贷风险。而临时流动性担保计划则是为了帮助大型金融机构以较小的风险溢价发行长期债券，这实际上也是让他们的资产摆脱风险的困扰。以上种种手段，都与风险利差有着紧密的关联。

从美联储用特别紧急方案来救助受困的金融机构开始，到 2008 年 10 月全面专注于解决风险利差问题，表明了美联储对抗金融危机的战争已经由第一阶段过渡到了第二阶段。这是一个非常重要的转变，因为当美联储从解救受困的金融机构（如贝尔斯登、美国国际集团、花旗集团等）上升到解救金融市场（商业票据抵押债券等）时，表明它的关注焦点已经由控制危机受损程度演化到了解决危机的根本问题，美联储为应对风险利差所采取的这一系列的紧缩法案，都可以看成各种非常规的金融货币政策。

非常规货币政策之旅

常规货币政策通常由上调或下调联邦基金利率（或称无风险利率）来实现控制货币总需求的目标，美联储通常是靠公开市场买卖国债来实现预期目标。除此之外，美联储的各种手段，包含各种量化宽松货币政策，都可以看作非常规货币政策。自 2008 年以来，美联储已经做了许多非常规的事情。

那么，美联储什么时候才会采取非常规的货币政策呢？大多数情况是常规货币政策很难奏效的时候。比如，政策利息率接近于零时，常规货币政策工具变得无能为力，非常规货币政策工具可能也会很复杂，但它的目标却是简单明了的。目标一般会是：①刺激总需求；②修补受损的金融体系，从而恢复总需求；③防止由金融恐慌导致货币总需求的负面冲击。在这几种模式中，你能知晓一二吗？

非常规货币政策包括一系列不同寻常的工具，每个工具的特点取决于其形式和规模，那么美联储采用了哪些或不使用哪些货币政策工具，这又是为什么呢？

口头承诺

口头承诺应该是最简单的货币工具了。通过它可以让一段时间内的短期利率保持较低的水平，美联储除了说说话，其他什么也不做，由市场自我调节来实现目标。要知道，一旦美联储做出承诺，在一段时间内，联邦基金利率将保持低位，该承诺将使得中长期利率同步降低，因为中长期利率反映了人们对未来联邦基金利率的预期。比如，2012 年 9 月，美联储承诺：超低的联邦基金利率至少延续到 2015 年中期。该承诺就使得长期利率立即下降。

我们通过一个简单的例子来解释该政策是如何生效的。假定美联储想让两年期利率下降到 1%，它将向公众承诺 1% 的隔夜拆借利率至少要维持两年。假如承诺可信，那么投资购买 730 天的联邦基金预期年收益率就应该是 1%。其他的投资工具收益率转换成年收益率也应该是这样的数值。比如持有一个两年期的到期国债，其年收益率将会为 1%。这就意味着，只要美联储的承诺是可信的，它就可以起到下调中长期利率的作用。

美联储在此次危机的中期和后期，都用过口头承诺这一方式。正如前面章节所提到的，联邦公开市场委员会先是在 2008 年 12 月，承诺一段时间内维持联邦基金利率在 0 ～ 25 个基点。三个月后改为还要再延长一段时间。而到了 2011 年 8 月，美联储又明确承诺，当前联邦基金利率至少还要维持到 2013 年中期，而不再是含糊的表态还要“延长一段时间”。美联储一改以往的暧昧作风，也使得在今后两年内，联邦公开市场委员会将无所作为，从而使得委员会里的一些官员有些抵触。[①] 而且紧接着在2012年9月，承诺又延长到了2015年中期。显然，美联储所有的这些努力都是为了一个共同的目的，即下调中期利率。

一个成功的口头承诺主要取决于两个因素：第一，承诺一定可信；第二，能够确保利率期限结构理论预期大致上与现实状况相符。该理论认为长期利率是短期隔夜拆借利率的期望平均值，而实际问题就常常出现在这里。大量的实证研究表明，理论合乎逻辑，却并非符合实际情况。研究发现，仅仅在2009年、2011年和2012年三年间，该理论才大致与实际相符。

上调预期通胀率目标

几年前，保罗·克鲁格曼曾向日本提出了一个与往常不同的货币政策建议，即提高央行的目标通胀率。最近，肯·罗格夫（Ken Rogoff）和克鲁格曼一起建言，美国也可以采取此方法。采用此方法的依据是，消费行为决策并非受名义利率的影响，而是受实际利率的影响。而实际利率又等于名义利率减去预期通胀率，这就意味着高通胀率将会导致实际利率下调。

与其他非常规货币工具不同，提高目标通胀率不仅意味着改变风险利差，更进一步讲，它将意味着整体利率的下降。举一个贴近现实的例子，假定联邦基金利率为0，预期通胀率为2%（当前经济通胀率也大致如此），那么实际的联邦基金利率应该为 -2%，而且不可能比它更低。因为名义利率不可能降到零以下。但是，如果美联储能够改变市场参与者的预期，使得他们相信未来的通胀率将会达到4%，那么实际的联邦基金利率就将为 -4%。

这种做法在理论上似乎可行。但实际上只会被现在的一些央行行长们喝倒彩，他们对高通胀一向很敏感，哪怕只是延续一小段时间。况且，当经济还处于低迷状态时，市场会对此做出反应吗？而且，在这种情况下，央行也很难实施高通胀政策。实

① 投票表决结果是：7票赞成，3票反对。联邦公开市场委员会惯常都是政策观点一致，而此次决议意见如此分裂，实属意外。

际上，在 1998 年，克鲁格曼建议日本施行该政策时，大家就很怀疑，日本银行该如何才能保证 4% 的通胀率呢？实际上，连 1% 的通胀率也很难达到。所以，在 2011—2012 年间，美联储的处境也会像 1999—2000 年的日本银行一样。

降低超额准备金率

降低超额准备金率，甚至降为负利率，这意味着银行需要反过来向美联储支付一笔货币保管费。为了讲清楚这些问题，让我们先从一些专业术语开始。

银行将准备金存放在美联储储备账户，银行的这些闲置资金每年能够让银行从美联储那儿获得 25 个基点的利息。把钱闲置在这里，是因为美联储规定银行必须把客户交易存款的 10% 以准备金的方式保存。例如，你存入 1 000 美元到银行账户，则按照法定要求，银行必须把 100 美元以准备金的方式存入美联储，超过法定要求部分的资金，被称为超额准备金。银行在通常情况下的超额准备金为 0。但在雷曼兄弟倒下之后，银行的超额准备金直线上升。如图 9-3 所示，在雷曼兄弟倒下之前，银行的超额准备金水平可以忽略不计，而在此之后，超额准备金水平开始迅猛增长。

学过经济学的人会有这样一个常识，超出的银行准备金会导致货币供给的扩张，从而进一步导致银行信贷的扩张。如果这种情况发生在 2008 年 9 月之后，那么银行信贷应该会出现快速增长，但实际情况并非如此。超额准备金并没有如我们预期的那样用于创造货币与信贷，而只是“睡”在储备账户上不动。我们可能会想，能否通过降低超额准备金率来改变现状。理由是，较低的准备金率会使银行觉得，储备超额资金在央行变得不合算，银行就会减少超额准备金，并最终把它们贷出去，从而创造更多的货币和信贷。虽然降低超额准备金率并不能直接使风险利差减小，但如果经济好转了，风险利差最终还是会回落的。

但是，到目前为止，美联储还是拒绝这样做，这有两点原因（我很清楚这些，因为我曾经多次与联邦公开市场委员会的成员讨论过相关政策，但结果都不成功）。

第一，他们认为调低超额准备金率并非是一个强有力的政策工具，也许他们是对的，但我们并不能因此而否定这种工具的作用。因为在美联储剩下的武器中，都不会比它更有威力。然而，伯南克和他下面的一些人却一再强调要提高超额准备金率，并诱导银行持有超额准备金。为什么这样做呢？难道他们不想通过降低超额准备金率这种方法，让银行减少超额准备金吗？

图 9-3　一座新的大山

第二，他们认为过低的超额准备金率会使货币基金市场遭受重创。为什么呢？因为逃离准备金账户的资金将会流向现有的更安全、流动性更强的地方。如短期国债，从而使得短期国债利率接近于零。货币市场共同基金的利率本来就很低，当短期国债利率近乎为零时，那么就会使货币基金或类似的金融产品失去市场。这个解释似乎还有些道理，但是我们也看到，货币市场基金最终还是幸存下来了。

固定长期利率

传统的货币工具可以看成在必要时通过买卖资本准备金来固定一个特定的隔夜拆借利率，进一步来说，美联储可能通过买卖半年期国债，使利率维持在 15 个基点，或者，可以买卖两年期国债使利率维持在 1%，或 10 年期长期国债使利率维持在 1.5%，等等。这样做的目的是缩小联邦基金利率和其他长期利率之间的利差。

原则上，如果美联储愿意买卖必要数量的相关证券，它可以将利率固定在任何水平上。而实际上，自第二次世界大战及以后，美联储始终把基准利率固定在一个很低的水平。但这样做也意味着美联储将牺牲掉对许多证券和银行准备金的控制能力，在第二次世界大战中就出现过这种情况。为了使国债利率降到一定水平，美联储需要尽可能多地购买国债，但到底要购买多少，他们事先也不能确切地知道。因此，央行通常不会考虑采用此方法，他们早就明白这样一个道理：不要失去对资产负债表的控制权，否则他们将失去对银行准备金和货币供给的控制力。

量化宽松“大拼盘”

现在，让我们来谈谈美联储最喜爱的非常规武器：量化宽松政策。这个概念是指通过各种改变央行的资产负债表的方法来改进金融状况。既然美联储在此次危机中，多次以不同的形式运用了这种武器，那么我们就花点时间来研究一下它。

THE FINANCIAL CRISIS,
THE RESPONSE, AND THE WORK AHEAD

量化宽松政策

AFTER THE MUSIC STOPPED

通常，一国央行通过降低隔夜拆借利率（在美国，等同于联邦基金利率）来实行宽松货币政策。但是，如果碰巧利率已经调低到零，（或几乎接近零，像 2008 年 12 月时那样），此时虽然还需要进一步刺激经济，调低利率，可由于利率已经没有下调的空间，那么央行此时是该关门，然后放个长假，还是再尝试一些其他方法呢?

其实，早在 20 世纪 90 年代，日本银行就使用了一些量化宽松货币政策，其他央行，包括美联储也有过类似的经历。量化宽松政策的名字起源于这样一个想法，即一个规范的货币宽松政策是通过调节货币使用价格（即借贷成本或利率）来发挥政策作用。当货币使用价格下降时，其相应的货币产品（如银行准备金、货币供给、信贷数额）也将会由此而增加。实际上，如果你还记得经济学课程的话，书上有这样一个假定：基础货币通过货币乘数效应，将会产生相对其本身近乎10倍的总货币供应量。当货币的价格（利率）近乎为零时，这一工具将无效。但是，央行仍然可以采用购买资产来增加银行准备金、货币供给和信贷数额，这就是量化宽松这个名字的由来，也就是说，央行为银行提供越来越多的、利率成本近乎为零的准备金，然后希望诱导银行尽快地把这些准备金使用起来（即放贷）。

这个方法可行吗？也许会，但也不一定。假如银行只是把新创造的准备金放在美联储的账户上，不去用它，那么既不会增加货币供应，也不会增加信贷。从2008年9月开始，银行就把大量的超额准备金闲置在账户上。假如我们分析平衡账户的另一边，美联储新创造的准备金是用来购买什么的呢？新创造的准备金主要是用来购买一些特定的资产，即问题资产或次级债券，使得它们的价格上升或收益率降低。

量化宽松有多种形式，表9-1做了一个两两分类：它是通过改变不同的央行资产负债表的组成结构或规模；或者通过改变央行的购买对象，分为政府债券（国债）和私人债券，[①]当然，也还有一些特别债券不在我们通常所称的私人债券之列。表9-1给出了一个清晰的分类，从2008年秋季至今，美联储已经运用了表中的各种方法。

表9-1　四种量化宽松货币政策

	组成结构	规模
国债	前期量化宽松（Pre-QE）； 扭转操作（Operation Twist）	第二轮量化宽松（QE2）； 第一轮量化宽松的一部分
私人债券	第零轮量化宽松（QE0）	第一轮量化宽松的主要部分； 第三轮量化宽松（QE3）

① 从原则上讲，央行能够购买除证券（如股票）之外的一些东西，如商品或服务。但通常，有价证券是与央行唯一相关的购买选择。

美联储第一次资产负债表的组成结构发生显著变化是在 2008 年 3 月，即贝尔斯登出现问题以后。当时，许多金融机构拼命地寻找流动资金，美联储就用它持有的高流动性的国债来购买银行流动性低的资产，如银行债务。银行通过持有国债得到它想要的流动性，而美联储并不需要太多的流动性，甚至可以降低一些。但在危机的早期，美联储误判了当时的事态。他们认为此次危机只是因为操作上的失误所导致的金融骚动，并没有引起足够的重视，也就没有采用相应的货币工具来增加银行准备金，以调节金融市场的流动性。美联储作为流通货币的最终提供人，在当时还没有想到要对利率进行调节。

当时，除了我以外，还没有人把这种货币手段称为“量化宽松”，所以在表 9–1 中，我们将它称为“前期量化宽松”，之所以这样称呼，是因为它确实改变了美联储资产负债表的组成结构，当时的美联储官员还担心，这种操作将花光美联储所有的短期国债。

同样，扭转操作是指美联储卖出短期国债，同时买入长期国债的替换操作。公开市场委员会在 2011 年 9 月首次使用这种方法，并在 2012 年 6 月做了一些调整。这个方法调整了美联储资产负债表的组成结构，而不会改变其规模。扭转操作的目标是相对于短期国债，降低长期国债的收益率，也就是要降低它的溢价。①

左下栏的“第零轮量化宽松”是指最早期的量化宽松，当时，也没有人称它为“量化宽松”，但我们还是能明显地看到，为了救活奄奄一息的商业票据市场，美联储在 2008 年 10 月份开始大量地购买它，“第零轮量化宽松”是为了应对商业票据过高的风险利差而设计。“第零轮量化宽松”也是一种量化宽松手段，它通过购买私有部门的金融资产改变了美联储的资产负债表结构，增加了银行储备。

第一轮量化宽松是指在 2008 年 9 月到 2010 年 3 月，美联储开始大规模地购买房利美、房地美和住房抵押贷款的债券。从数量上来讲，这次才是真正地将日本人所指

---

① 恰比·切克（Chubby Checker）是扭腰舞的鼻祖，他在 20 世纪 60 年代十分走红，而他的舞蹈姿态与美联储的货币调节手段“扭转操作”名字相吻合，美联储运用这种“扭转方式”调节利率收益曲线，即下调长期利率，上调短期利率。

的“量化宽松”政策运用于美国金融市场。现在我们所称的量化宽松，还包括 3 000 亿美元的国债购买（表 9-1 右上栏）。同商业票据购买一样，2008—2010 年，住房抵押贷款债券购买的目标很明确：减小住房抵押贷款债券相对于国债的风险利差，而且这种方法确实见效了。

第二轮量化宽松是指在 2010 年 12 月，美联储宣布的运用 6 000 亿美元资金购买中长期国债的计划，计划延续到 2011 年 6 月末，该计划试图调低长期国债及其他相关利率，但不涉及私有金融资产。令人惊奇的是，第二轮量化宽松是所有量化宽松政策中最具政治争议性的一次，该政策宣布后不久，伯南克和美联储就受到了来自各方的政治攻击。这其中包括前共和党副总统候选人萨拉·佩林（Sarah Palin），熟知货币政策的德国财务部长朔伊布勒（Wolfgang Schauble），以及本该为得克萨斯州州长的共和党候选人里克·佩里（Rick Perry）。佩里指责伯南克的政策方案为“叛国行为”。叛国？这是否意味着伯南克在帮我们的敌国干活呢？

由于我在《华尔街日报》上发表文章支持伯南克的做法，我也遭受了佩林的攻击。佩林声称：“我们现在应该批判并反驳一种错误的观念，即指望通过平白无故地再印出 6 000 亿美元来改变我们的经济状况。如果还要把这种观念付诸实践，将是一件非常冒险的事情”。佩林这么说好像是在表明：他们已经发现央行在印钱，而且他们对此很不高兴。

第二轮量化宽松货币政策引起的众怒，确实令美联储的决策者感到惊讶。因为这一轮量化宽松货币政策并没有比上一轮激进，此前央行就一直在买卖政府债券，而且由于事先通知了，通常市场反应并不明显。而这一次行动所引起的政治上的骚乱如此强烈而持久，确实令美联储官员有些始料不及。一些分析人士甚至认为，美联储今后如果再一次实施这种量化宽松货币政策，可能会更加小心谨慎。如果我们从根本上思考这个问题：央行扩张资产负债表的做法是否有些不妥？答案有很多种，但主要还是与通货膨胀有关。

请回忆一下，传统的扩张货币政策是怎样引起高通胀的。假定表 9-2 为一张简化的美联储资产负债表，如果美联储购买了国债或私有金融资产，而没有售出其他资产相抵消，那么总资产额将会增加。这是一道简单的算术题，但是，根据会计恒等式，总资产数额最终将与总负债数额相等。因此，将会有更多的银行准备金出现在右边销项。多出的准备金通常会产生更多的信贷，增加货币供应，导致经济扩张，并最终引起通胀。因此，经济学课程告诉我们这样一个常识：增加银行准备金最终会引起通胀。

但如果是在非常时期呢？如果银行只是把多出来的准备金放在美联储账户上不动，就像他们在雷曼兄弟银行倒下后所做的那样。那么，我们刚才所说的通胀问题就不会发生，货币供应量也不会增加，银行信贷不会增加，扩张的货币政策也就不能产生扩张的经济效果，那么，为什么银行会把超额准备金存放在美联储账户上不动呢？主要还是因为银行根本不敢在特殊时期把钱贷出去。

表 9-2　简化的美联储资产负债表

资产	负债和净值
国债 ——短期国债 ——长期国债	货币
私有金融资产	银行准备金
贷款	财政存款
	净值

基于这些想法，我们来观察近期的一些数据。图 9-4 和图 9-5 向我们展示了货币供应量（以 M2 计量）的运行轨迹，以及在 2008 年之后银行的总信贷额度变化路径。图 9-4 表明，雷曼兄弟倒下之后，货币供应量一直扩张缓慢——每年大约扩张 7%，与其 36 倍的银行准备金增速相比较，其扩张规模显得很小。而大部分新生的银行储备只是闲置在银行的账户上。图 9-5 表明，银行总信贷额曲线向下倾斜得很厉害，比 2008 年的水平还要低。既然银行信贷业如此萧条，那么认为量化宽松的货币政策将会引发通货膨胀的想法也就无从谈起了。

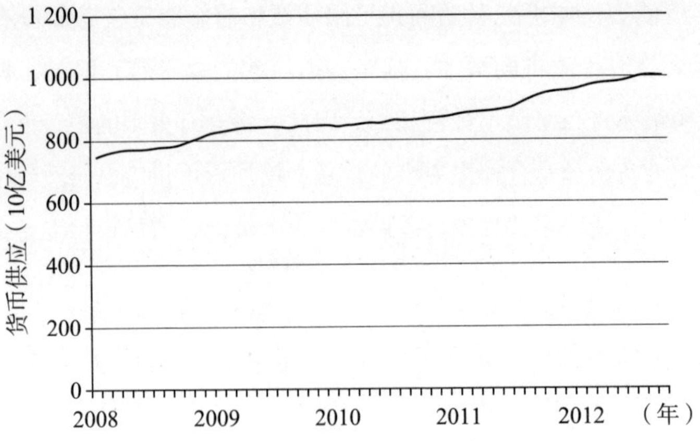

图 9-4　持续缓慢的货币供应（2008—2012 年）

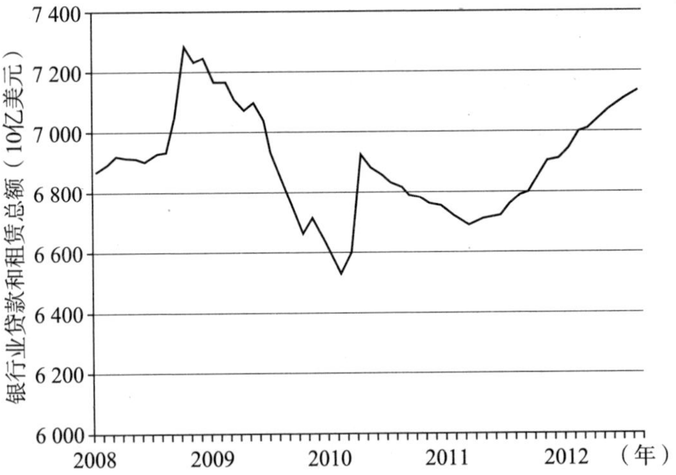

图 9-5　犹豫的放贷人（2008—2012 年）

批评家认为，这种非常时期并不会一直持续下去。当然，这是对的。银行总有一天会发现，危险期已经度过。他们会重新试水，将这些超额准备金贷出去。而且，即使超额准备金现在放着不用，也会助燃未来的通货膨胀。未来究竟还有多远，我们尚不知晓。如图 9-3 所示，庞大的超额准备金数额已经延续了 4 年，并且没有减少的迹象。等经济形势恢复正常之后，银行可能会很乐意将超额准备金贷出去，但美联储那时也可以适时地收缩准备金规模。所以，有人认为大规模资产的购买预期会产生通胀，并对此下了赌注，这无异于打赌美联储能否尽职工作。

有些评论家也乐于对此下赌注，但我并不认同。尽管美联储并非完美无瑕，但它如果想要脱离量化宽松购买方案，也并非一件难事。很难想象，美联储会在工作中犯下大的失误（我承认，他们有时也会失误），但美联储只要把前期买下的资产再次卖出去就能解决这种问题。如果很难在短期内卖完，美联储可以向银行支付更多的利息，促使银行更长期地持有超额准备金，因而，伯南克及美联储无须耗费太多的周折，就可以收紧其资产负债表。

第二个风险与前面相关联，假如美联储供应美元的速度过快，这可能会使美元在全球外汇市场走弱。好的一面是，美元走弱有利于美国向外出口商品；但不利的一面是，国外企业卖给我们商品将变得更加困难。批评家提出这个反对理由并非毫无依据，但这个理由并不太有效。

首先，汇率与货币供给的关系并非是固定的。实际上，它们有时以另外一种方式相互关联，即加快的货币供给反而使美元升值了。其次，前期论证表明，美国无权不顾其他国家反对，去追求单一的国内货币政策目标。美国国会对美联储不做相应指导的情况还是很少出现的。

还有一个反对量化宽松政策的理由是，央行可能会因此导致资产投资组合受损。因为如果央行只是持有短期国债，而短期国债价格几乎不受利率波动影响，那么投资组合收益实际上可以免受损失。但美联储持有风险较高的长期国债，一旦利率上升，资产组合收益就会因此而受损；而且，美联储持有私有部门资产，例如大量持有的抵押证券，同样也具有违约风险。

试问央行亏钱会成为问题吗？应该不会的。与私人银行不同，央行甚至可以负债经营。有些央行实际就是这样做的。但是，如果一家央行连续几年收不抵支，缺少缓冲资本将使得央行产生潜在的脆弱性。例如，一家央行仅仅靠受惠于政府资金而生存。如果政府不太友好，那么央行的独立性就会受到威胁。毫无疑问，美联储不太希望在可预见的未来看到这种事情发生。美联储当时的资产净值超过了 550 亿美元，最近几年净收益（大部分收益上缴国库）每年都达到 750 亿～ 800 亿美元，[①] 其数额可与石油和化工行业总收益相当。可见，危险距离美联储还远着呢。

生死之搏：压力测试

正如我们所看到的，各种量化宽松货币政策实际上都是为减少利差而设计的。包括私有证券与国债之间的风险利差，长期与短期国债之间的到期收益利差（期间溢价）。财政部、联邦存款保险公司、美联储和其他相应部门所实施的金融救助方案也具有类似的目的。图 9–2 表明，所有的方案都已经初见成效。利差这项指标，使我们可以更加客观、量化的以市场为依据，来度量经济的不景气程度。2009 年初我们看到，所有利差都在迅速下降。

然而，前进的路上也有不顺利的时候。起先由于众议院在 2008 年 9 月 29 日否决了救市计划，股市立刻如巨石落地般地下跌，先是新闻报道救市计划可能会流产，后来报道又不幸地被应验了。从 9 月 25 日到 10 月 6 日，金融公司季度票据和同期国债之间利差一直在上升，并且随后还延续了一段时间。

还有一次遭遇也值得一提：2009 年 2 月 10 日，奥巴马执政刚满 20 天，财政部部长盖特纳发表了题目为《车灯前的小鹿》（*Deer in the Headlights*）的主题演讲，这番演讲随后不幸地导致了第二次灾难的发生。盖特纳很不幸，由于新任总统无意间在美国电视新闻发布会上宣布，财政部部长将会在近期出台管理层对银行体系的救助方案的具体实施细节，此番讲话无异于迫使盖特纳必须这样做。但实际上，他还没有准备好相应方案的实施细节。第二天，盖特纳面临重重压力，如同手无寸铁地被扔进狮群里。在他发表演讲的当天，利差上升，股市下挫 5%，这并非任何坏消息所致，只

① 美联储的超额收益主要来自以下方式，即持有资产利息的收益要大于持有负债的利息支付。美联储的负债主要是纸币和银行准备金，前者支付为 0，后者只要支付 25 个基点。

是没有足够的正面消息来支撑市场。更为糟糕的是，股市在接下来的一个月里持续下挫，一共下挫了 22%，这让人有些惊慌。

回忆那一段曲折历史，有一个故事令人啼笑皆非。奥巴马发表的一番讲话竟然让股市触底反弹了。3 月 3 日的新闻发布会上，奥巴马宣称，“市盈率已经达到了历史低点，从长期来看，在这个点位上购买股票可能是一笔好交易”。据我推测，他只是即兴说说而已，并非深思熟虑的预测，抑或是一种逆喻的修辞手法，但不管怎样，总统先生像是在建议美国人尽快购买股票。而且，仅仅在 4 天之后，标准普尔 500 指数就开始触底反弹。总统先生的建议变得很有吸引力，我们甚至不需要计划长远投资，就能从奥巴马的睿智投资建议中获利。因为在接下来的一年中，股市飙升了 60%。

更为重要的是，盖特纳 2 月 10 日的演讲宣言最终为金融危机脱离险境起到了重要的作用。同时也使得所有对其演讲的诋毁反而变得具有很大的讽刺意味。要强调的是，他在演讲中提到对 19 家大型金融机构拟实施压力测试方案，[①] 即由美联储牵头，协同四家银行监管部门进行联合演习。一旦压力测试完成，并将其结果公之于众，银行体系才开始走向上行之路，并且没有再掉头下行。财政部部长盖特纳在宣布实施压力测试时，说出了这样的一段话：

> 我们将要求所有的银行机构体系，在中期考核中参与一个设计严谨、全面的压力测试。我们希望看到银行体系有一张内容干净的、结构健全的资产负债表。这轮测试之后，我们将对资金紧缺的金融机构提供新的资金援助。援助计划也是我们支持压力测试的一个具体行动。

我们注意到，他的有一句话很值得玩味。“这轮测试之后，我们将对资金紧缺的金融机构提供新的资金援助”，这句话像是一个承诺，同时也是一个威胁。任何一家未通过压力测试的银行，由于靠自身力量难以融入足够的新资本，都将依靠美国财政

① 这些金融机构也并非全部都是银行，如通用汽车金融服务公司、美国大都会人寿保险公司、高盛和摩根士丹利。美国大都会人寿保险公司在 2001 年并购了新泽西银行之后，变成了一家持有银行股的公司，而另外三家由于在金融风暴中需要一个避难所，也都在 2008 年变成了持有银行股的公司。

部来注入资金，但获取其资金的银行也要接受一系列附加条款。毕竟，巴尼·弗兰克的“自由市场时期”已成为往事。现今美国政府之所以支撑着这 19 家金融机构是由于这些金融机构不是规模太大，就是内部关联紧密。如果让它们破产，所导致的后果将会很严重。

盖特纳的演讲安抚了市场，却隐藏着道德风险，但在当时金融市场岌岌可危的历史关头，很少有人会考虑太多的道德风险。与整个美国金融体系的安危相比，道德风险变成一个次要问题，整个金融体系崩溃的危险才是盖特纳需要全力防范的事情。

以下为压力测试的情形假定，实际上也是如此操作的。监管部门设计一个特定的逆境假设场景，并认为该逆境会持续两年。经过一番银行与监管部门之间往返的周折之后，监管部门将会告知银行：多大的借贷受损比例处在受压宏观经济条件之下，银行可以对其两年内预期收益大于损失的项目贷款。每家银行的净收益额将随着两年内自有资本金的多少而发生增减变化。监管部门由每家银行持有的资本金数额来评判该银行能否度过危机。

在当时很少有人能够预想到，让银行参与压力测试会对未来产生重大的影响。但许多观察家们已经察觉到了这个金融赌注的高风险性。如果压力测试挖出银行体系存在显著的资金缺口（这种情况后来在欧洲发生了），市场将会推断，政府正在试图掩盖问题的严重性，政府甚至已经失去了对现状的掌控力，市场将出现严重的恐慌情绪。另一方面，如果压力测试发现银行体系所需资金已远超过其融资能力，市场也将会推断，银行体系只能靠特别赦免或被国有化才能解决问题，这也会导致恐慌发生。因而，如果想要通过压力测试来安抚市场的焦虑情绪，那么压力测试的最终结果最好是大小合适，就像《金发女孩和三只熊》（*Goldilocks and the Three Bears*）的故事里所描述的场景那样。

奥巴马政府私下里激烈地争论着压力测试所带来的风险，国家经济委员会主任萨默斯也对其深表忧虑，盖特纳部长及其助理李·萨克斯（Lee Sachs）却努力地向前推进。因为一旦结果出炉，政府和美联储就有可能双双命中“头彩”。

压力测试结果终于在 2009 年 5 月 7 日公布于众。在 19 家银行中，有 10 家被要求注入一些新资金。幸好，大多数银行的资金缺口并不大，仍在银行的可控范围之内。只有通用汽车金融服务公司是个例外，它被要求注入其自有资金两倍数额的新资金。这并不奇怪，当时汽车贷款业务本来就很糟糕，而通用汽车金融服务公司却还傻乎乎地冲向次贷市场，这无异于雪上加霜。最后，19 家银行，总资金缺口“只有”750 亿美元。这个数额与 1 800 亿美元的美国国际集团救助方案和 7 000 亿美元的问题资产救助计划相比，相形见绌。在这 750 亿美元中，有 340 亿美元归属于美国银行。由于只有美国银行和通用汽车金融服务公司两家企业才是真正有问题的企业，因此政府部门传递给我们一个清晰的信号：“现在你们完全可以对美国银行业放心，你们可以毫无顾虑地与它们进行交易。”

然而，有些问题就像财务报表最底栏的盈亏额一样不得不让人关注：美联储的报告究竟是如何编制的，压力测试是如何实施的，以及每家银行的具体状况怎样等细节方面，我们不得而知。因为银行的监管数据就像核武器一样受到保护，不轻易外露。要求银行公布它们之间的交易细节从而增加其透明度的行为有些另类。关键是这些数据被假定为可信的，应该如此。因为监管层可以随时检查其数据资料的真实性。因而，人们对银行体系的信心又重新提升起来。实际上，测试结果宣布出来之后，许多银行的股票价格都上涨了。

新的起点

当时很少有人会料想到，一次成功的压力测试，会成为一个新的转折点。它标志着此次金融危机已经渡过最困难的关头，并走向了正常化。虽然只是开端，但这意味着，在不久的将来，人们不会再为美国的大银行能否活下去而担忧；不久以后，这些金融机构又可以财源广进了。

压力测试为金融体系解除了压力，但我们也应该想到，压力测试并不能转变金融体系结构和政府监管手段，况且他们也不想改变这些，我们将在以后的章节继续讨论这些事情。

AFTER

第四部分

通往改革之路

THE MUSIC

STOPPED

AFTER THE MUSIC STOPPED

10

金融改革的迫切性，市场已经破碎不堪

如果你不知道前行的方向，就必须非常小心，
因为你可能不会到达目的地。
——约吉·贝拉

美联储、财政部、联邦存款保险公司等机构的官员发现，当致力于解决令人恐惧的高利差、巨大的高价差、急剧缩减的信贷额等表明出现了严重财务危机的问题时，他们就像一支超负荷工作的紧急医疗服务队：接二连三地派出救护车，去救助事故中的伤者，避免伤者因失血过多而死亡。在他们到达事故现场之后，金融紧急救助队通常因忙于“抢救病人”而没有时间思考其他事情。但是，一旦用止血带止住了血并做出初步诊断，下一步要做的就是将病人送回医院进行必要的手术。

因此，2008 年末到 2009 年初的金融紧急救助，逐渐转变为对金融体制改革的深

度思考。截至2009年春夏之际，太多的事故和伤亡累积成了一长串令人生畏的疾病清单，给金融救助者留下了大量的工作。例如，金融市场似乎存在过多泡沫，杠杆率明显偏高，流动性不足等。银行和其他监管机构表现得不尽如人意，金融监管措施暴露出巨大的缺陷。最典型的表现是，国民抵押贷款市场存在监管真空，没人保护势单力薄的消费者利益（就好像政府忽视食品安全，导致许多民众生病一样）。当花费太多纳税人的钱去救助“大而不倒”和“牵连太多而不能倒”的企业时，“大而不倒”和“高度相关而不倒”的教条开始受到质疑。很少有人知道政府救助贝尔斯登而让雷曼兄弟破产背后的真正原因，这样的例子还有很多。

事实上，每个人都认为需要改变，但是一旦这些病人躺在手术台上，金融救助者应当怎样做？为确保类似事件不再发生，在重建美国破裂的金融体系时应当设立什么样的目标和规则？更重要的，是像罗斯福新政时那样对整个金融体系进行重新设计，还是采用温和渐变式的改革对金融体系进行修复，抑或是采用别的方法？

这些问题都是值得思考的，其中一些已经讨论了许多年。前任财政部部长保尔森早在2007年就已经让同事投入金融监管改革的相关工作中，并于2008年3月制定了现代化金融监管改革蓝图。之后当选为众议院金融服务委员会主席的国会议员巴尼·弗兰克，早在2007年就做了一系列金融改革方面的演讲，并在2008年参加了听证会。但是，除了少数专家和说客外，很少有人关注这些。在我们的监管和平衡系统中经常会出现这种情况：只有在危机爆发时，金融体制改革才会被提上国家议程。因此，到了2009年和2010年，政府才艰难地找出解决方案。

是阻止泡沫产生还是将其消灭

在2009年金融危机之前的几十年里，美国经历了1987年和2000年的股市大崩盘，以及自2006年起的房地产泡沫破灭和随之被引发的债券泡沫破灭。与前两次股票市场泡沫相比，房地产泡沫和债券泡沫的破坏范围远远超过金融市场的破坏范围。我们已经了解到金融市场的繁荣与萧条将影响整个国家的经济运行。因此，我们的首要任务是阻止泡沫的产生，对吧？

其实并非如此。正如前文所述，投机市场中偶尔出现泡沫是不可避免的。只要市场中存在投机，就必然会产生泡沫。人类往往过度自信，会受到羊群行为、臆想推断和大量个人主观想法的影响，这些都是产生泡沫的重要原因。我们很难阻止泡沫的产生，也不可能消灭泡沫。但我们应当作一些更可行的事，如降低泡沫产生的频率、缩小泡沫的影响范围，以及降低小泡沫破裂时的破坏力。最重要也最可行的是，我们应该设计一种更稳健的金融体系，保证当出现大的泡沫时，金融机构不会倒闭。

是彻底改革还是轻微修复

如何建立一个更加稳健的金融体系，不同的人有不同的观点。罗斯福新政对 1929 年的股市崩盘及之后的银行体系的崩溃采取的措施，可以说是彻底，甚至是有些激进的。当时，政府建立了几个全新的监管机构，比如联邦存款保险公司、证券交易委员会，并将银行划分为投资银行和商业银行，改变了美国金融业的面貌。因此，2007—2009 年金融危机之后的首要问题是：我们是否应该再进行一次彻底的改革？

不少人仍然声称，大萧条时期《格拉斯 – 斯蒂格尔法案》（*Glass-Steagall Act*）的废除是导致这次金融危机的主要原因之一。1933 年，《格拉斯 – 斯蒂格尔法案》将商业银行从投资银行中分离了出来，华尔街高风险的投资行为渐渐远离了沉寂、古板的银行系统。但 66 年后（1999 年），《格雷姆 – 里奇 – 比利雷法案》（*Gramm-Leach-Bliley Act*）又将商业银行和投资银行合并了起来。有人断言这一举措扰乱了美国银行体系，并且为危机埋下了种子。如果是这样，那么此次危机最好的解决办法就是恢复《格拉斯 – 斯蒂格尔法案》的分业经营。

但这是正确的吗？当我听到这些言论时，我会问这些人：在金融危机前后发生的那些不好的事情中，哪些是《格拉斯 – 斯蒂格尔法案》可以阻止的？他们的答案显得苍白无力。实际上，他们很少提及花旗集团合并以外的事情，好像如果《格拉斯 – 斯蒂格尔法案》没有被废除，花旗集团就能幸免于难。[①] 而事实上，在过去几十年的银行业灾难中，花旗集团几乎每次都扮演了重要角色。为什么会有人认为 2007—2009 年的灾难会有所不同呢？

认为废除《格拉斯－斯蒂格尔法案》并不重要的看法似乎有悖常理。但是想想受到重创的美国银行、美联银行、华盛顿互惠银行，甚至是刚刚提到过的花旗集团，它们的灾难并不是或者不完全是源于投资银行的业务。灾难产生于不正当借贷行为的高杠杆风险组合，确切地说，这正是几个世纪以来使银行业陷入危机的主要原因。

再看看危机之前的五大投资银行：贝尔斯登、雷曼兄弟、美林证券、高盛和摩根士丹利，它们都不在《格雷姆－里奇－比利雷法案》的适用范围之内。美林旗下拥有一家规模较大的储蓄银行，并且美林银行也是在《格雷姆－里奇－比利雷法案》颁布前很多年就存在的，该法案中的分业经营对美林的约束仍然有效，但它并没有阻止美林的破产。此外，《格拉斯－斯蒂格尔法案》也没有阻止贝尔斯登、美国国际集团、美国国家金融服务公司等公司被收购或破产的命运。

即使我勉强承认废除《格拉斯－斯蒂格尔法案》使花旗陷入了深渊，但废除该法案是这次危机最主要的原因的说法，是一种市井谣言。而谣言总是言之凿凿，有时甚至可以自圆其说。因此，当面临金融改革问题时，就有人提出要重建《格拉斯－斯蒂格尔法案》的分业经营。和“狭义银行”的观点一样，银行将被要求把所有的存款资金用来购买几乎没有风险的短期国债。另外，也有一些关于让银行远离自营交易，甚至彻底拆分“大而不倒”机构的说法。

更有甚者，有人主张将金融巨头拆分成小的机构，这样就不会存在“大而不倒”机构了。另一些人渴望回到投资银行彼此是合伙关系的那段美好时光，以至于使合伙人的钱处于风险中，而现代金融企业则主要是把投资者的钱置于风险中。包括投资银

① 1998 年 4 月，花旗集团和旅行者保险公司宣布合并。9 个月后，克林顿总统签署《格雷姆－里奇－比利雷法案》为法律文件。如果没有该法案，此次合并可能是不合法的。一些人声称，花旗集团和旅行者保险公司的合并是被有意设计用来强迫国会废除《格拉斯－斯蒂格尔法案》的。

行家在内的贪婪的企业家也有自己的观点，但是很少有专家认为在新的复杂的全球资本市场里，投资银行还能回到以前那种合伙关系的投资模式。

当真正开始推动金融改革时，上述那些激进的观点很少被纳入改革方案，财政部和国会的改革领导者也排斥它们。美国将对其金融体系进行修复，但正如我们看到的那样，相关的一些改革不仅是对其枝叶进行简单修复，最终的改革是实质性的、彻底的。或许我们不应当称其为“修复”。

惨痛的金融崩塌和随后荒诞的政策，以及公众对此的消极反应，给改革者留下了艰巨的任务。正如本章开头引用的约吉·贝拉的名言：改革者根本不知道他们前行的方向，以及如何到达目的地。在此，我不会回顾整个改革议程，这将占用太多的篇幅，也会使你感到厌烦。此外，并不是所有的问题都很重要。基于简洁的考虑，我仅说明重点。

修补“大而不倒”

改革或者废除“大而不倒”和“牵连太多而不能倒”是改革当局的重要任务。由于“大而不倒”和“高度相关而不倒”的存在，当局在危机中不得不花费数千亿美元来拯救业绩非常差的私营公司。更不用说这些引人注目的“救助”引起了公众和国会的厌恶以及立法者的不满。不要再发生了！但是，除了救助之外，政府还能怎么做呢？

一个最简单的方法就是对于无论规模有多大或者如何高度相关的私营银行，都实施允许其破产的政策——正如我们对雷曼兄弟所做的那样（在破产法庭上见，伙计）。许多道德风险的支持者认为这是非常有效的方法，但是，没有监管机构有权这么做。毕竟雷曼兄弟之后发生的事情，并不是每个人都愿意看到的。

另一种方法是确保没有公司的规模能够扩张到“大而不倒”的程度。这种观点得到了一些知名人士的支持，其中包括英国央行行长默文·金（Mervyn King），他在2009年6月的演讲中说道：“如果一些银行被认为是‘大而不倒’，那么用美国著名经济学家的话来说，就是它们的规模太大了。”几个月后，美联储前主席伯南克发表了不同的看法。在10月份的美联储会议上，当伯南克被问到如何看待英国央行行长默文·金的观点时，他说他更倾向于“一个不损害多功能跨国（金融）公司经济利益的方案”。在中央银行行长彼此以礼相待的语境下，这句话大致可以翻译为“我认为默文·金的观点是完全错误的”。

我更赞同伯南克的观点。虽然“保持小规模”的观点具有吸引力，但是无论是短期还是长期都会面临一些主要问题。从短期来看，基于历史原因，美国和其他国家已经存在很多“大而不倒”公司了，所以我们仅仅宣称不允许任何公司变得“大而不倒”是不可行的。我们面临的实际操作问题，是我们是否应该、在何时、用什么方法拆分已经存在的“大而不倒”公司。在金融体系仍然动荡不安的 2009 年，这种做法似乎很危险。

当然，从长期来看，我们是历史的创造者，迫使金融巨头拆分的确是可行的。但当考虑到大型跨国集团开展的是多种金融业务时，这种做法还可行吗？伯南克认为，有太多的例子证明这是不可行的。比如，让通用电气、IBM、苹果等大型公司通过中等规模的银行来处理业务现实吗？或者他们愿意将业务交给像德意志银行、瑞银集团、桑坦德银行（Banco Santande）这种银行吗？答案不言而喻。再者，美国几乎在各个行业都有巨头，即使是零售业也有沃尔玛。那为什么不能允许金融机构存在巨头呢？

第三种解决“大而不倒”问题的方法，就是美国金融改革关注的方式：给大型金融机构提供一个稳定的环境。问题的关键是“大而不乱”（即便倒掉也不至于引起金融市场的混乱）而非“大而不倒”。因此，一个可行的方法是消除混乱，提供稳定的环境。

完成这个目标的许多方法都可以被归为“决议机构”，监管机构可以动用这种权力来接管和处理这些公司的破产问题。联邦存款保险公司已经建立了一个有效的方法来解决小银行破产后的问题，但是，除了几乎是被完整收购的美联银行和华盛顿互惠银行之外，联邦存款保险公司从未在全球大型银行中使用过这个方法，更不用说对贝尔斯登、雷曼兄弟这样的大型非银行金融机构了。因此，无论这些金融机构是否是银行，我们都需要一个新的决议机制，来处理所谓的系统重要性金融机构的问题。但是，这个决议机制是怎样的呢？具备法律和金融相关知识的人进行长时间地思考后才能做出回答。

系统性风险的监管

一旦开始思考决议机制，你就会意识到这是比将破产合法化更广泛和深入的问题。我们总是要等到系统重要性金融机构濒临破产时才出手干预吗？早一些干预难道不好吗？系统性问题可能出现在任何一家系统重要性金融机构濒临破产之前。正如我们在抵押贷款危机中看到的那样：在人们担心花旗集团和美国银行的安全性之前，次级抵押贷款的系统性风险早就存在了。谁会被当作抵押贷款机构，比如新世纪金融公司？还是系统重要性金融机构，比如美国国家金融服务公司？当危机到来时，所有人都处于风险之中。

这些想法让改革者开始思考系统性风险监管的必要性，政府机构负责管理金融蓝图，一旦发现潜在的危害可能在不利的情况下成为系统重要性因素，就应该马上采取行动。许多改革者认为我们需要这样一个系统性风险的监管机构，这就是系统性风险管理帮助我们的地方。

早在 2005 年就出现了这样一个例子。美国的住房抵押贷款市场以及建立在其上的众多证券，构成了全球最大的金融市场。因此，你可能认为存在一个对其进行审慎监管的系统性风险监管机构。事实上，你会明显地看到过去对这些银行机构的监管存在很大缺陷，大量的高风险抵押贷款在没有联邦政府监管的情况下被非银行机构借贷。我们显然应该对这些贷款的安全性进行调查，如果我们这样做了，监管机构肯定会注意到可疑的 AAA 级——这些都是评级机构对贷款安全性做出的评价结果。但是，银行资产负债表肯定不包括这些高风险集中的资产。另外，除非系统性风险管理机构完全没有认真查看，否则应该早就察觉到某家保险公司（例如美国国际集团）发售的信用违约掉期合约占其业务的比重过大，也应该早就察觉到这家公司并没有充足的资金支持。这些与事实不符的做法告诉我们，其实我们本可以阻止某些事情的发生。

虽然对建立系统性风险监管的必要性已达成共识，但至少还要思考三方面存在的问题。首先，怎样去识别和定义系统性风险？（事实上，这并不是一件容易的事情。）其次，我们需要的是一个在系统性风险出现时仅仅发出警报的监控组织，还是一个在发出系统性风险警报的同时有权采取行动的监管组织？最后，由谁承担这些任务？美联储、一些新的公司，抑或是某些机构共同分担？对这三个问题至今我们还没有达成共识。

提高资本金比例和流动性要求

这次金融危机暴露了国家监管系统的诸多缺陷，一个明显的重大缺陷就是银行和其他金融机构的杠杆率过高，资本金比率过低。① 美国对大型国际金融机构的资本要求结合了国际（巴塞尔协议）标准，而对其他金融机构则采用国家监管准则。金融危机过后，大家似乎已经就提高监管标准达成了共识，但还是存在不少操作层面的问题：①资本金比率提高到多少？②基于监管的目的，什么样的资产可以被看作监管“资本”？③美国是应当等待国际对巴塞尔协议达成共识，还是按照自己的步伐行进？这些都是老生常谈的问题，虽然熟悉却不简单。

然而，这里至少还存在一个在此次危机前并非金融监管重点的新问题：流动性要求。我们从金融危机中得到的另一个惨痛教训是：流动性不足和资本金不足对金融机构来讲都是致命的。事实上，这两者之间的关系很模糊而且容易混淆。说到这个问题，难道贝尔斯登、雷曼兄弟和美国国际集团的创始人（股东）没有偿还能力或者流动性不足吗？这个问题很难回答，因此改革者很快将新的流动性要求作为金融系统监管的重点之一。

但是，提高流动性和资本金要求会降低银行利润率。如果银行的杠杆率为 15：1，那么资产中 1% 的利润会带来 15% 的资本回报。但是，如果杠杆率降为 10：1，同样 1% 的利润只会带来 10% 的资本回报。假如银行被迫大量持有像国债这样的高流动性、低收益率的资产，它的资产平均回报率将会下降——这只是一个算术问题。

2009 年，受危机影响的银行纷纷尽最大可能在资产负债表上增加资本和流动性资

① 杠杆率 = 资产 / 资本，过低的资本和过高的杠杆率造成的结果是一样的。

产，市场规律这只“看不见的手”使它们的杠杆率降低，流动性增加。但是可以预见的是，在市场中的恐惧情绪消散后，银行就会厌恶高资本和高流动性要求。

自营交易与沃尔克法则

市场中存在一种流行但不一定准确的说法：商业银行的自营交易是导致这次金融危机的根源之一。这是真的吗？这个问题的答案与自营交易的定义有关。如果我们采用“银行用自己的账户频繁买卖资产”这一传统的定义，会发现并没有相关证据表明自营交易会使大型商业银行陷入危机，而且小银行也几乎很少进行自营交易。但是，如果我们将自营交易定义为“在银行的资产负债表中，大量拥有自己的抵押贷款支持证券和担保债务凭证”，毫无疑问，自营交易会让他们付出沉重的代价。

受人尊敬的美联储前主席保罗·沃尔克认为，自 2009 年起，受联邦存款保险公司保护的银行，无权使用储户的钱进行具有赌博性质的高风险投资行为，因为这些可能的损失最终会由纳税人买单。因此，沃尔克法则包括：受到联邦存款保险公司保护的商业银行，应当远离自营交易。相应的，像投资银行和对冲基金这些进行大量自营交易的金融机构是没有资格获得政府救助的。这些法则与《格拉斯－斯蒂格尔法案》中的相关部分有相似之处。

沃尔克认为，让纳税人承担银行的交易损失不仅有失公平，还会形成一种“正反都是我赢”的可怕的激励机制：赢了可以增加银行管理层和股东的收益，而如果损失大到使银行濒临破产，损失则将由纳税人承担，这就是人们所说的“道德风险”。这些观点都来自我们尊敬的沃尔克。

但是，在沃尔克法则中还存在一些非常实际的操作层面的问题。比如，在具体情况下，监管者如何区分银行自有账户的自营交易和代客户进行的做市商交易？他们如何分辨出公众赞成的套期保值和公众不赞成的赌博呢？[①] 只有了解银行的整个投资组

① 2012 年 5 月出现了一个被高度关注的案例，涉及摩根大通的巨额交易损失。引起激烈争论的一个问题是，银行是否持有自营头寸或对冲其他风险。

合，才能进行判断。如果自营交易被从严格监管的商业银行中剔除，它将去向何方？是去监管较弱的投资银行？还是去完全没有监管的对冲基金？那样会使金融系统更安全一些吗？如果一个拥有巨大交易账户的大型非银行投资机构濒临破产应该怎么办？像雷曼兄弟那样让它破产吗？

自营交易：在看到的时候，你能鉴别它吗

当设计对自营交易的监管限制时，面临的一个实际问题主要是：如何区分银行是为自己的账户进行交易还是基于其他目的（例如做市商或服务客户）进行交易。也许你会说，这很简单，判断是银行还是消费者的资金处于风险之中即可。这种方法是正确的，但还不够具体。

举一个简单的例子：一家银行作为交易商在星期一获得一个客户订单，要求买入次级抵押贷款的担保债务凭证中价值 1 000 万美元的信用违约掉期（简称 BS-I）。但是这是一个交易冷清的市场，此时银行没有找到一个卖方。为了完成交易，银行暂时扮演交易中卖方的角色，把信用违约掉期卖给客户，而事实上可能到了星期四，银行还没找到真正的卖家。这对客户来讲构成了做市商交易吗？我想是的。但是，银行在 BS-I 中的信用违约掉期有 4 天的空头头寸，这使银行自己的资金处于风险当中。只拿这 4 天来讲，这个过程看起来像银行的自营交易。我再举一个例子：当银行扮演做市商的角色时，假设银行已经成功地为一些证券找到了合适的买方和卖方，因为它没有直接参与交易，因此在此次证券交易中它是没有风险的，也就不会卷入自营交易。但是，如果现在有一个客户想卖掉证券，而手边又没有直接的买家，银行会拒绝这笔交易吗？或者银行会作为买家使用自己的账户进行这一交易，然后希望尽快进行平仓？在后一种情况下，银行从事的是自营交易吗？如果银行总是不能平仓会怎么样呢？

除了上述这两个例子之外，其实还有很多这样的例子，实际上只有交易商知道他是在为银行自己的账户还是其他目的进行交易。但

是，设计一个监管报告体系来捕捉和报告这方面的信息是不容易的，当监管机构试图在2010年纳入《多德－弗兰克法案》中的沃尔克法则，制定一些详细的规则时，答案变得更加清晰。

金融监管机构的大洗牌

无论是过去还是现在，美国一直存在一系列令人困惑的金融监管机构：两个联邦证券监管机构（美国证券交易委员会和美国商品期货交易委员会）之间经常争权夺利；4个联邦银行业监管机构（美联储、联邦存款保险公司、美国货币监理署和美国储蓄管理局）之间的斗争虽然相对较少，但仍然有很多权力重叠的地方和争夺权力的现象；50个州都有自己的地方银行监管机构和保险监管机构。难道不可以在设置少于106个监管机构的情况下把工作做得更好吗？尽管存在这么多的监管机构，联邦政府还是没有保险监管机构，没有全国性的抵押贷款监管机构和系统性风险监管机构。这是一个多么令人不可思议的监管体系！

这个问题远不止处理复杂的组织结构图那么简单，因为监管的重叠，许多大型银行不得不同时受到美联储、美国货币监理署、联邦存款保险公司、美国储蓄管理局和各州地方银行监管机构的监管。当这些机构意见不一致的时候，银行该怎么做？由于监管真空，当国民抵押贷款市场偏离轨道时，全国性的抵押贷款监管机构并没有对其进行监控。由于监管的不协调，美国国际集团金融产品部的金融天才不幸被美国储蓄管理局监管。同时，证券交易委员会的大量律师把重心放在防止商业欺诈，而不是检查金融系统的安全性和稳健性，等等。似乎每个人都认为监管职责需要重新分工：减少重叠，消除真空，并根据各个监管机构的优势来分配监管任务。

但是，对于如何实施这些设想并没有达成共识。把商品期货交易委员会并入证券交易委员会？那么美国众议院和参议院的农业委员会对商品期货交易委员会将不再拥有管辖权。把4个银行监管机构合为1个？这无法很快得以实现。最终，我们将银行监管机构由4个减少到了3个（解散了监管不力的美国储蓄管理局）。是否应该建立国家层面的抵押贷款和保险监管机构？这是否会削弱各州的权力？总而言之，金融监管机构的重新洗牌是一系列的改革，需要勇气、智慧和胆量。

削减美联储的权力

在金融危机紧急救助期间，一个奇怪的现象是公众对美联储的敌意在不断增加。美联储采取了一系列大胆、创新但并不完美的政策措施，确实缓解了危机，可结果却是“好人没好报”，中央银行受到了来自多方的猛烈批评。2009 年 7 月，盖洛普民意测验显示，包括国土安全部、中央情报局，甚至美国国税局在内的九大联邦机构中，公众对美联储的满意度最低。6 个月后，当总统奥巴马提名伯南克连任美联储主席时，30 名参议员投票反对。这是历史上美联储主席获得反对票最多的一次。

为什么会出现这种反对美联储的情绪？从某种程度上来说，美联储也不愿意将纳税人数以亿计的税款用于帮助（实际上是借）不值得被救济的银行家。是的，他们是不值得被救济，但这并没有抓住问题的关键。如果你粗心大意的邻居因嘴里叼着一支燃烧的香烟睡着了而导致他的房屋着火，他的行为是不负责任而且有罪过的。但你也不会愿意看到他被大火吞噬，也不想因为他的房子着火而殃及周围邻居。因此你会通知消防部门，即使这样会花纳税人的钱。

许多国会议员对金融危机中美联储拥有的膨胀的权力感到震惊。他们认为，要么是美联储越过了法律赋予它的权力，侵占了原本属于国会的相关权力（通过紧急拨款），要么是《联邦储备法》授予美联储太多未经审核、有失公平并且应该受到限制的权力。然而，监管改革讨论都指向赋予了美联储太多的权力，例如无论这些机构是不是银行，美联储都以新的系统性风险监管机构，或者系统重要性金融机构的主要监管者的角色出现，因此美联储遭到了强烈抵制。

来自各个方面的建议提出了多种方法来削减美联储的权力，如除去美联储对许多中小银行进行主要监管的传统职能，或者效仿欧洲某些国家对中央银行的做法，完全取消美联储对银行业的监管权力：限制或取消《联邦储备法》第 13 条第 3 款对美联储的特别贷款权的规定；政府任命纽约联邦储备银行主席和所有联邦储备银行主席；废除私人银行任命三名成员到各自联邦储备银行董事会的权利；董事会主席由政府任命；美联储的货币政策由国会审计等。

对于美联储来说，这似乎是一个四面楚歌的时刻，我还没有提到美联储的另一项权力：《金融消费者保护法》的监管权力。

保护消费者

欺骗粗心的消费者的情况很常见，这不仅仅发生在金融领域。亚当和夏娃不是也有偷吃禁果的故事吗？在金融危机之前，很少有人意识到，由于对消费者掠夺性贷款保护的失败，这一贷款已经发展到足以威胁整个宏观经济。然而，现在我们已充分地明白了这一点。

当把《金融消费者保护法》的监管职权分派给所有金融监管机构时，国会把大部分的权力都授予了美联储。为什么是美联储呢？你可以从下面两个理由中选一个：一个是与其他银行监管机构相比，国会更放心让与政治关联更少的美联储来承担这项工作；另一个是与银行家相关，国会认为对银行家友善的美联储不会采取太激进的消费者保护措施。你可能倾向某一个理由，但也可能两者都有。

但是，无论哪一种情况，都不应该责怪美联储的员工，因为从事这些工作的人都是可以胜任、有责任心并且工作认真的人。大家都知道，2006 年卸任的美联储主席艾伦・格林斯潘是自由主义经济理论的信奉者，主张买者自负，反对保姆式国家的经济哲学。然而，这个问题远不止格林斯潘的个人信仰那么简单，它具有一般性。在任何中央银行的业务体系中，消费者的事务注定处于最底层。与央行的主要业务，如执行货币政策、监管银行和维护支付系统安全相比，它的声誉和在央行内部的重要性方面都显得微不足道。事实上，你可以像很多人认为的那样：将保护消费者的主要责任授予央行是毫无意义的，这并不是美联储的核心职责。

哈佛大学法学教授伊丽莎白·沃伦在 2007 年发表了一篇至今都备受瞩目的文章，她提议成立一个新的监管机构，她称之为“金融产品安全委员会”，类似于消费者产品安全委员会，专注于解决这个问题。她认为金融产品应当受到与美国市场的烤面包机、洗衣机、儿童汽车座椅等产品一样的监管。

这个想法引起了许多民主党议员和当时还是候选人的现任总统奥巴马的关注。因此在 2009 年和 2010 年进行的金融改革的讨论中，建立消费者保护局成为一个重要议题。事实上，2010 年的《多德－弗兰克法案》的全名是《多德－弗兰克华尔街改革与消费者保护法》。而这种看似脱离现实的想法在三年之内变成了现实，实属罕见。事实上，消费者金融保护局确实做到了保护消费者免受金融欺诈。因为沃伦的努力，她很快成了银行业的眼中钉，并因共和党的阻挠没能成为消费者金融保护局的第一任局长。但在 2012 年，她从马萨诸塞州竞选成为美国参议院的一员。

衍生工具的角色

首先，让我们回顾一下金融体系中关于衍生工具角色的两种完全不同的观点，我将会提到一些金融界名人。

你会回忆起艾伦·格林斯潘、罗伯特·鲁宾、劳伦斯·萨默斯和阿瑟·莱维特这些名人，他们并不赞同 1998 年提出的，让美国商品期货交易委员会监管衍生工具的想法。当布鲁克斯利·博恩提出这个想法的时候，他们成功地反驳了她（但后来莱维特收回了这一观点，称这是自己做过的最坏的决定）。2000 年，作为财政部秘书的萨默斯，支持通过《商品期货现代化法案》（这是一部令人难以置信的禁止衍生品监管的法案）。《商品期货现代化法案》规定这个“特别动物园”不再设置管理员，市场规律被认为是万能的。

时隔 11 年，回首过去时，克林顿对此有点后悔（自责），他这样写道：“对于金融衍生工具的监管没有成为一个更大的公共问题，我愿意接受公正的批判。”当然，财政部使它成为当时广受关注的公共问题，只是他们站在了错误的一边。

巴菲特和保罗·沃尔克则不同。2003年，巴菲特把衍生产品称为“金融市场的大规模杀伤性武器”。抨击金融工程多年的沃尔克曾经讽刺性地说：“在过去25年中，我看到的最重要的金融创新是自动取款机。”因此，在巴菲特和沃尔克看来，衍生工具不仅作用不大，而且非常危险，应当被严格监管。

这些观点非常宽泛，都有其正确的方面。在金融危机期间，至少有数百种的衍生产品迅速发展——正如巴菲特之前提到过的大规模杀伤性武器一样，至少在短时间内，反监管的观点被击败了。但是，《商品期货现代化法案》仍然有效的零管制现状，与巴菲特和沃尔克的观点之间存在巨大差异。怎么办？在我们不假思索地赞同巴菲特和沃尔克的观点之前，请先记住以下几个基本的观点。

首先，衍生工具既可以用来套期保值，也可以用来投机。套期保值是一种消除风险的行为，我们可能不想对其实施干预。然而，投机是一种创造风险的行为，我们想（或者不想）对其进行干预。衍生工具的两个明显矛盾的角色，模糊了其具有风险性这一深层含义。其实，这完全取决于我们怎么运用衍生工具。

说得更具体点：考虑到信用违约掉期的运用，如果我拥有BigCorp的债券，我就可以通过购买信用违约掉期对冲我的风险。如果BigCorp不能偿付，我将损失债券收益，但是我能通过信用违约掉期得到补偿。因此，我对冲了我的风险。但是这里有一个问题：即使我不拥有BigCorp的债券，也仍然可以购买BigCorp债券的信用违约掉期。这种所谓的无实体信用违约掉期，等同于对该公司会倒闭进行押注。如果史密斯站在这个赌注的另一边，卖给我BigCorp债券的信用违约掉期，意味着他押该公司不会倒闭。最后，我们中必有一方盈利，另一方亏损，我们创造了本不存在的风险。因此，一些改革者非常反对无实体信用违约掉期。他们认为，既然不允许人们为邻居的房子购买火灾保险，那么为什么允许他们为邻居的债券购买违约保险？

其次，大部分衍生工具交易本质上都是零和博弈：一方的收益必然意味着另一方的损失。把社会作为一个整体看待时，衍生工具并没有增加风险。比如前面的例子，当打赌结果出来后，无论是史密斯还是我赢了，另一方必然损失相同的金额。整个国家不会因为我们的赌注而变得富有或贫穷。

这种观点完全正确，但衍生工具交易太复杂。第一，赢的一方和输的一方是完全对称的。但是，假如输的一方破产了会怎样？其他的输家很可能会被拖累，产生连锁反应。

第二，假定各方都为赌注提供了足额的担保。衍生工具交易开始时，各方都是没有价值的，但并不一直是这样。当一方或者另一方赢的概率增大时，为了保证支付，输的一方必须向赢的一方提供足额的抵押。如果不这样做，信用风险将反映到潜在的价格风险上。

第三，零和博弈的观点忽略了我们之前讨论的衍生产品的一个重要方面：衍生产品往往嵌入了大量很难被透明化的隐性杠杆。注意，隐性杠杆不需要涉及借方。相反，它置身于衍生合同之中，就如同股票期权，放大了损益。

第四，零和博弈的观点暗含一个假设：交易的各方都不是联邦存款保险公司担保的银行，即由纳税人担保。如果这个假设不成立，第三方就会被迫为损失方买单。

第五，衍生产品零和博弈的观点，假定交易双方是信息充分且诚实的。但由于衍生产品合同的复杂性、不透明性，以及没有有组织的交易场所，无论是因为无意的错误还是欺诈，风险都会放大。

最后，要考虑标准的场内交易衍生品和场外衍生品的不同之处。场内衍生品的价格是透明且连续的，而场外衍生品市场既没有市场价格数据，也没有交易所来确保提供了足额的抵押。因此，标准化场内交易品种是透明且充满竞争和低交易成本的，而对投资银行来说，场外交易产品虽然需要较高的交易成本，但却有丰富的利润，这也正是它们如此费力地维持在场外交易的原因。

无论如何，布鲁克斯利·博恩和金融界名人之间激烈的争论在 2009 年结束了。金融改革应当包含一些衍生产品的监管，但是什么样的呢？关键的问题似乎是：将限制无实体信用违约掉期，或者完全禁止？有多少衍生品交易将被纳入交易所？这样一来，在场外衍生品交易中获得巨大利润的少数大型证券经纪人将会损失惨重，他们的众多说客已经做好了“战斗”的准备。

需要把对冲基金纳入监管吗

金融危机给对冲基金留下了一个坏名声，一个与它们应得的相比甚至更糟糕的声誉。它们被称为卖空的“掠食者”，存在过度的杠杆，这被看作金融系统脆弱性的来源之一；无论在金融泡沫还是音乐停止后的恐慌时期，都产生了更多的羊群行为，对冲基金甚至被看作令人讨厌的赌博投机场所。除了买卖对冲基金的投资者（他们中的许多人非常富有，可以用“富可敌国”来形容）之外，似乎没有人喜欢对冲基金。当然，任何一个以如此快的速度获得令人咂舌的财富的人，都一定是内心有愧的。

但是，除了关于巨额薪酬和奖金方面的指控之外，事实并不支持上述其他苛刻的评价。首先，卖空可以阻止房地产和债券泡沫变得更大。这并不是因为卖空是一种无私的利他行为，而是因为他们将卖空看作一条致富之路。卖空采用杠杆的方法增加证券抛售的压力，这通常使其价格降低。

其次，这里也存在例外。在一些特殊情形中，对冲基金的杠杆率远低于商业银行，更低于投资银行。这可能是因为对冲基金一般采用合伙制，而非公司制，它们的管理者就是所有者，因此不会将自己大量的资金置于高风险中。因此，30：1 的杠杆率在大多数对冲基金看来是不可思议，甚至是疯狂的。

当然，许多对冲基金在这次危机中损失惨重，有的甚至破产了。但是，在 2008—2009 年的金融危机中，没有一家对冲基金像 1998 年的美国长期资本管理公司一样，被认为具有系统重要性或是“大而不倒”。对冲基金失败后只是关门歇业，既不期待纳税人的帮助，也不期待纳税人的救助。

除非一些对冲基金发展到具有系统重要性，否则现阶段除了防范对冲基金的欺诈行为外，其他监管都是没有必要的。另外，当大部分对冲基金都是在开曼群岛注册时——事实上这并不能提升它们的声誉和影响力，我们应该如何有效地监管对冲基金？

可能监管对冲基金最可行、最有效的方案是要求它们向监管者报告自己的持仓仓位（而不是向公众公开）。对冲基金强烈反对这个方案，毕竟，保密是它们的商业模式的核心，更不必说快速出手意味着快速的仓位变化。从对冲基金的角度来看，这种反抗也是合理的。但是，如果不知道它们的仓位，监管机构如何知道，一个或几个对冲基金是否构成了系统性风险？从系统性风险的层面来看，让对冲基金提交监管报告的呼声还是很强烈的——尽管对冲基金在过去成功地抵制了提交监管报告的呼声。

这也是沃尔克法则中限定银行进行自营交易的一个部分。许多观察家认为，如果沃尔克法则被采纳，许多交易活动将会离开大型银行转向对冲基金。因此，这些基金将会有更大的交易量，这样可能会带来更多的系统性风险。如果这种情形发生，监管报告是不可避免的。

薪酬机制能被有效监管吗

我前面提到造成此次金融危机的 7 个主要祸源之一，是激励交易员冒更大风险的“不合理的薪酬机制”。简单地说，大多数交易员的奖金激励机制具有“赢得多，输得少”的特点。如果他们成为赢家，将会变得极其富有。如果输了，其他人的资金将会用来弥补损失，而交易员个人的损失极小。现在，你清楚了吧？如果你这样激励那些聪明的、偏好风险的年轻人，他们当中的许多人也将会那样做。

这个激励机制依存于依靠佣金取得收入的抵押贷款经纪人，他们只关心贷款数量而非贷款质量，而且经常通过销售风险相对更高的抵押贷款产品获得报酬，因为除了违约之外，这些都是公司最主要的利润来源。但是，当出现抵押贷款违约时，他们已获得的佣金不会被收回。到 2009 年，这种激励机制的缺陷被大家熟知，然而解决这些问题的方案还不是那么明朗。

首先，在政府看来，建立一个公司的薪酬体系既不是其日常工作的一部分，也不是他们擅长的。劳动合同是员工与企业之间的私人协议。在美国，又有谁会相信政府比商人更懂商业运作呢？

其次，即使政府努力地去做，能否建立有效监管金融机构的薪酬机制也是个未知数。通常大型金融公司都会聘请知名的律师和会计师，更不用说精明的金融工程师，这些人总能想出巧妙的方法来逃避薪酬监管。更糟糕的是，这些变通的方法可能会产生副作用。有一个典型的失败案例：1993 年，克林顿政府曾经尝试，除了基于企业业绩的高管薪酬，其他方面的薪酬税收减免额度降低为 100 万美元。但是事与愿违，股票期权快速发展，高管的薪酬与企业短期股票市场表现联系越来越紧密，使高管的行为更加短期化。随着股票市场的飙升，高管的薪酬也水涨船高。

尽管在金融危机之后，许多选民对金融机构高管的薪酬，尤其是首席执行官的薪酬表示愤怒。他们关心的不是经济学家担忧的金融机构的激励机制问题，而是高管得到大量的金钱。公众的愤怒可能被误导至两个方面：一是他们只关注首席执行官而不是交易员和抵押贷款经纪人，二是他们只关注薪酬水平而非导致这种结果的激励机制。但那又能怎么样？公众已经怒不可遏，薪酬机制已经成为一个重大的政治问题。

指责信用评级机构

信用评级机构也存在一个不同类型的激励问题：评级机构被其证券需要评级的公司雇用并支付报酬。正如前面提到的，这种由证券发行人付费的方式造成了大量且等级膨胀的不正当激励，比如投资者更愿意购买高等级的证券，以及公司出于迎合投资者的需求而提高证券等级的本能。解决这个问题的显而易见的方法，是让投资者而非发行者支付评级机构报酬，但由于一些信息可以免费获得，所以这种方法不可行。假如一些共同基金向穆迪投资评级机构支付报酬让其对某一证券评级，其他投资者也会迅速、免费地获得相同的信息，这也是为什么起初由原始基金公司承担评级费用。

信息和搭便车行为

在信息时代，信息是比土地更重要的生产要素之一，许多人通过收集、处理和分析信息谋生。然而，一个基本的“搭便车”问题困扰着整个信息市场，因为信息容易获得却很难拥有，尤其是现在，电子通信廉价而又无所不在，人们很难也几乎不可能独自拥有信息。

证券评级仅仅是一个例子，“搭便车”使资产管理者几乎不可能为证券评级付费。消费品的质量鉴定存在同样的问题：一旦一个网站或杂志评价了一台烤面包机或一部电话，几乎每个人都可以免费获得这个信息。一般而言，知识产权很难受到保护，有时甚至是不可能受到保护的。毕竟信息以电流的速度在全球流动，不受国界限制。盗取密码比盗取煤炭更加容易。当信息的搜集者或者其他人（如评级机构、计算机程序员、音乐家等）不能向信息的使用者收取费用时，市场自动调节功能就会被削弱。

不同的市场可以用不同的方法处理“搭便车”的问题，如授予专利权、法律特许权、加密等。但是并没有万无一失的解决方法。

修正这种激励问题的方法有三种。第一种是像参议员阿尔·弗兰肯（Al Franken）倡导的那样，让当局随机分配评级机构。这种方式下证券的发行人仍将为评级付费，但是不能选择自己的评级机构。第二种是让一些第三方，如证券交易委员会或者交易所雇用评级机构并向其支付报酬。第三种是要求对错误的评级承担法律责任来震慑评级机构。①

让抵押贷款重回新生

在危机期间，美国整个抵押融资体系被瓦解成一堆瓦砾。房利美和房地美被国有化，它们的私营竞争者几乎都破产了。除了房利美和房地美发行的抵押贷款支持证

① 最后一种方法实施起来非常难。评级只是个人意见，是受到言论自由政策保护的。

券，几乎没有其他机构发行新的抵押贷款支持证券。除非你拥有非常高的信用评分和上百万的资产，否则获得或者再融资抵押贷款会非常困难。整个住房融资体系需要彻底重建。

但是，住房融资体系重建的最佳方法尚不明朗，现在依然如此。在短期内，房利美和房地美这两家政府支持企业可以继续像国有企业一样运营。这种现状除了继续耗费纳税人的钱外，可以持续一段时间。① 但是从长远来看呢？在 2009 年（甚至是现在），很少有人主张回归房利美和房地美的旧模式，它们成为政府和私营企业之间受到诟病的中间模式。这种政府资助企业模式除了使私人收益增加，并对社会造成损失外，没有任何意义。

我们应当选择哪个方向呢？第一种策略是由与政府毫无关系的纯粹私人抵押贷款保险公司接管房利美和房地美的业务。第二种策略是让纯粹的政府机构接管房利美和房地美的业务。我们中的一些人认为这两种策略结合起来可能更可行：为低收入和中等收入借款人或退伍军人提供纯粹的政府保险，向其他人提供纯粹的私人保险。

也有一些更激进的解决方案，例如禁止抵押贷款出售或者证券化。毕竟，抵押贷款遵循一个简单的模式：银行通常持有抵押贷款到期或者直至其违约。作为改革的一小步，许多改革者提出了一个“加入游戏”的方案，要求抵押贷款支持证券的发起银行或使其证券化的机构（或者两者一起）持有抵押贷款资产池中一定比例的证券，而不是将其全部卖给投资者（毫无疑问，在金融危机之前，有些证券全部卖给了投资者）。

面对抵押贷款改革，有很多问题需要解决，但知道怎么做的人并不多。除了远离现状，并没有强大的政治或智慧的力量为改革者指明方向。在 2007—2009 年的惨痛经历之后，几乎所有人都认为政府支持企业的模式不应该继续下去。

---

① 不是完全没有问题。联邦住房金融局在 2008 年接管了房利美和房地美。这意味着，在法律上联邦住房金融局应该保护股东的利益。后来奥巴马政府才意识到这些，例如，这项规定增加了抵押贷款再融资的难度。

着手解决

前面就是我选择性提出的改革议程待办事项的清单。正如我一开始提到的那样，至少还有上百个其他问题被忽略。如此长的清单组成了改革者在2009—2010年艰巨的议程表。同时，在拥有强大壁垒的美国多元制衡的宪法体制下，在存在极端党派之争的美国国会体系中，金融业令人印象深刻的强大游说能力正在逐步恢复，在一些改革议程需要国际合作的情况下，金融系统的改革将会显得更加艰巨。这个时候我的祖母肯定会说，太难了！

但是，从某种程度上来说，我们能从历史中找到路标。以参议院银行委员会首席顾问、聪明且好胜的费迪南德·皮科拉（Ferdinand Pecora）命名的1933年皮科拉听证会，发现了大萧条之前金融系统崩溃的重要原因。这些激励性的政策为彻底的金融改革铺平了道路，例如《格拉斯－斯蒂格尔法案》把投资银行从银行业中分离出来，建立联邦存款保险公司和证券交易委员会等。这是对美国整个金融体系的实质性改革。

当2007—2009年的金融危机暴露出问题时，许多评论员都把皮科拉听证会作为指导下一步改革的模板：让我们彻底地公开调查是什么出了问题，再针对具体问题进行修复。这在逻辑上是可行的，但事实并非如此。

2009年5月，美国国会下令建立金融危机调查委员会，并要求委员会在2010年12月的报告中说明具体情况。这是“皮科拉2.0”吗？不完全是，因为美国财政部没有等到金融危机调查委员会的报告。在金融危机调查委员会依法成立了一个月，还未来得及做任何实质性的调查时，财政部就提出了引发政界激烈讨论的金融改革蓝图。

这条指令似乎根本不合逻辑：在“诊断”尚不明确的时候，就提出了“治疗方案”。但是，财政部相信金融危机调查委员会很清楚是什么造成了金融体系崩溃。更重要的是，美国财政部部长盖特纳、美联储前主席伯南克和其他人至少认识到金融改革在某些方面的迫切性，特别是成立新的决议机构。他们担心如果又一个类似雷曼兄弟的事件发生，而美联储和财政部像 2008 年 9 月时那样没有被赋予更多法律权力，将会发生什么事？之前的伤疤尚未愈合，盖特纳和伯南克都不支持等待结果。

因此，在金融危机调查委员会提交报告之前，（开始于 2009 年 6 月，结束于 2010 年 7 月的）《多德 - 弗兰克法案》就完成了起草到立法的过程。这 13 个月的立法过程将是第 11 章的主题。

AFTER
THE MUSIC
STOPPED

11

观看法案的出台进程

有两种东西——香肠和法律，
人们最好永远不要观看其生产过程。
——奥托·冯·俾斯麦

法律的制定是一个非常复杂的过程，然而国会对于其复杂性已经习以为常，国会议员已经习惯于处理上千页的议案稿。这个过程还存在一些不足，比如在和金融监管体系变革一样复杂的法案制定过程中，公众的参与度低，对法案的认知度更低，即使是最优秀的记者也好像错过了对法案制定过程中一些事情的报道。大多数民众对现有的导致经济下滑的金融体系是不满的，但公众对自己想要实施的改革也并不清楚。

专家有很多备选方案，但不同的专家会给出不同的、有时甚至是相互矛盾的解决方案。改革需要面对的问题主要有：①事实上，大量资金处于风险中；②固有的特殊利益有凌驾于公众利益的倾向；③医疗改革使得政府机构的重心严重分散，说客似乎有很大的空间来做文章。

此外，还有一支不容忽视的强大政治力量：公众对金融危机的强烈愤怒使美国经济雪上加霜。选民往往是昏昏欲睡的，很难被唤醒。但如果他们在心情糟糕的时候被唤醒，政治家就要小心他们愤怒的后果。因此，由说客组成的美国政府体系负责对抗公众对银行体系的不满。共和党和民主党选民的愤怒会迫使两党在金融改革过程中合作吗？这显然是不可能的。

尽管如此，金融改革在 2010 年有了一个圆满的结局。一个相当不错的法案几经波折获得了国会的批准。金融改革最终如何顺利完成是本章的主题。

金融改革议题

当奥巴马总统上任，蒂莫西·盖特纳掌管财政部时，为数众多的金融改革议题还在持续增加。简单起见，表 11-1 对之前章节提到的主要问题进行了概括。在本章中，它将作为路标和记分牌。

“大而不倒”

如何应对“大而不倒”的问题被列于改革议程的最前端，是名副其实的重中之重。国家、国会、共和党和民主党都厌倦了对“大而不倒”的机构进行政府救助。他们对这一问题达成了共识：政府需要制定新的法律法规来有序地解决大型复杂金融机构，尤其是非银行类的大型金融机构的倒闭问题（银行的倒闭由美国联邦存款保险公司进行管理和处置）。盖特纳和美联储前主席伯南克像财政部前部长保尔森一样，积极地推动这方面法律法规的建立。在所有的议案中，解决决议机构的议案看起来是最成熟，也是两党都支持的。

但情况也并非完全如此，一些政府官员并不希望授予当选的执政者或监管者如此强大的权力。他们倾向于将这些案件送上破产法庭，由法官依据司法惯例而非政治考虑做出裁定。不让政治参与其中是可取的，因为这样会减少道德风险。但是你也可能会问自己：我们当时是如何处理雷曼兄弟的破产问题的？那时，我问了自己这个问题。尽管如此，确实有这样的一些人认为雷曼兄弟的破产是一个好的先例，破产程序运作良好。仔细想一想，难道它没有对整个金融系统产生破坏吗？

表 11-1　金融监管改革议案中的主要问题

主要问题	争议的焦点
“大而不倒”	· 是赋予相关金融监管部门新的破产清算权力，还是将其交给破产法庭 · 是否拆分“大而不倒”机构
系统性风险监管	赋予哪个机构这个权力
改革美联储	· 是否限制《联邦储备法》第 13 条第 3 款中美联储的相关权力 · 是否削弱美联储监督和管理的权力 · 是否应该承担更多的政治责任，比如由政府任命联邦储备银行主席
《格拉斯 - 斯蒂格尔法案》的分业经营	是否重新恢复分业经营
资产证券化	如何监管资产证券化市场
资本和流动性需求	· 资本金要求是多少 · 资产负债表外的资产如何处理 · 用什么样的标准来衡量流动性
改革信用评级机构	需要改革的主要方面： · 是将信用评级机构转变为公共事业机构 · 还是由第三方向其支付评级费用
银行的自营交易	是禁止还是限制
金融机构大洗牌	· 是否保留更少的银行监管机构 · 是否将证券交易委员会和商品期货交易委员会合并 · 是否建立一个新的国家抵押贷款监管机构

续表

主要问题	争议的焦点
保护消费者	· 是否建立一个新的、独立的消费者保护局 · 是否在文件中用更加朴实的英文表述 · 是否需要标准的抵押贷款产品和标准的“默认选项”
监管金融衍生品	· 是否对场外衍生品进行监管 · 是否强制标准化、实行统一的资本金要求、中央结算和交易 · 是否禁止无实体信用违约掉期
监管对冲基金	是否应当被监管；如果应该监管，那如何监管
高管的薪酬水平	如何限制或者进行改革
重新设计抵押贷款融资方式	· 房利美和房地美被政府接管之后，带来了什么 · 是否结束过去的“发起—分销”模式 · 是否实行更高的证券包销标准

左派和右派中的少部分人青睐一个更加简单的方法来解决“大而不倒”问题。如果没有系统重要性金融机构，我们根本不用担心这个问题，因此我们应当拆分大型金融机构。然而事实上，正如我们讨论过的那样，情况并非如此简单。

系统性风险监管

国家、国会、民主党和共和党达成的第二个共识是：我们的金融监管体系需要一个能全面承担责任的政府机构来监管整个金融局势，即需要一个有权跨越现有美联储、证监会、联邦存款保险公司等分离管辖权界限的系统性风险监护人。但是，由谁来承担这项工作呢？系统性风险监管机构应具有怎样的权限呢？对于这个角色最重要的候选人美联储来讲，既有支持者（因为它具有广泛的权限，接近市场，而且具有最后贷款人的职能等），也有反对者（因为它已有如此多的权力，而且之前经历过悲惨的失败等）。

改革美联储

一些改革者提议赋予美联储更多的权力和责任，但是反对者认为应该削减美联储的某些权力，如完全取消其银行监管权和消费者保护权；对《联邦储备法》第 13 条第 3 款中赋予中央银行作为最后贷款人的权力，或者对它们经常采取的金融救助的角色实施更加严格的限制。难道这些救助没有侵占国会的权力吗？美联储的主要官员（如联邦储备银行的主席），在政策的制定中难道没有起到一点政治合理性的作用吗？美联储就好像是政府的第 4 个分支，这难道不是太独立了吗？这难道就是民主的吗？

《格拉斯－斯蒂格尔法案》的分业经营

将此次危机的原因主要归结为 1999 年对《格拉斯－斯蒂格尔法案》废除的改革者，希望重建投资银行和商业银行之间的界限，而其他人认为这是大错特错。

资产证券化

《格拉斯－斯蒂格尔法案》的问题经常与另一个不同的问题混淆：资产支持证券这个巨大的市场难道不应当受到一些监管吗？虽然具体细节很重要并会引起争议，但这个问题的答案是肯定的。一个常常听到的建议是，要求抵押贷款证券的发起银行、其证券化的机构，或者两者一起持有其抵押贷款资产池中一定比例的证券，以此将其他人的资金转化为自有资金。

资本和流动性需求

金融危机之后，大家都认为银行应当提高资本金比例和流动性缓冲准备。但仅仅同意这一原则是远远不够的，定义资本金和流动性是复杂且令人厌烦的，这也是巴塞尔协议费时多年才达成一致的原因。此外，银行的杠杆率与利润率联系如此紧密，以至于触动了这个产业的敏感神经。关于流动性标准的国际协议将是全新的，但实施起来很难。

此时出现的一个相关方案是，要求系统重要性金融机构额外增加资本金和流动性缓冲准备——相当于对其征收的一种税。当然，这需要监管者来鉴别系统重要性金融机构，赋予它们官方的“大而不倒”地位。一些批评者基于道德风险和这种标签将赋予这些机构不公平竞争优势的原因，反对确定系统重要性金融机构，因为有了政府的支持，它们将在资本市场里获得更便宜的贷款。相反，支持者认为更高的资本金要求和更严格的监管将会是它们的主要劣势，被定性为“大而不倒”将会成为负担，而非荣誉。在《多德－弗兰克法案》通过后，开始进行市场压力测试，监管机构也开始列出系统重要性金融机构的名单。如果可以，这些公司将争先恐后地避免出现在“大而不倒”机构的名单之中。

改革信用评级机构

到 2009 年，信用评级机构已经臭名昭著，没有任何支持者了。至少在许多观察人士看来，信用评级机构在金融危机中的表现十分拙劣，发行方支付模式中的固有激励机制是不正当的。但是，应该如何改革呢？就像我前面提到过的一样，各方虽然提出了一些建议，但都没有达成共识。

现在做一下深呼吸。我们只谈到了表 11-1 清单上的一半，但我们会避开有适度争议的问题——不去讨论非常有争议的两党协议是可以接受的，因为让两党达成一致几乎是不可能的。

银行的自营交易

在金融危机爆发之前，银行已经存在明显的冒险行为。包括受人尊敬的保罗·沃尔克和他领导的由国际金融专家组成的著名的 30 国集团（Group Of 30，简称 G-30）都认为，自营交易是银行突然崩溃的主要原因之一，但其他人坚决反对这一观点。正如前面提到的那样，大部分争论的焦点在于如何定义自营交易。可悲的是，在波特·斯图尔特测试中，这种情况往往是失败的：当你看着它的时候，你还是不知道它的存在。

金融机构大洗牌

一个系统在有如此多不同监管者的情况下，仍然存在许多未受监管的金融活动，这明显需要一定程度的重组改革。例如，为什么有四个联邦银行监管机构，而不是一个？（我们马上能说出许多原因！）为什么我们需要证券交易委员会和商品期货交易委员会这两个经常相互斗争的机构同时监管证券市场？这些机构的存在是基于法律和经济逻辑的原因，还是主要为了争夺地盘？具有说服力的答案建立在政治基础上：如果存在大量的监管机构，就需要众多的国会监督委员会，这些委员会中的每一个都是可以为政府取得收入的小金矿。

保护消费者

美联储很显然过去没有履行好保护消费者的职责，它们应该被免除这项权力。尽管如此，保护消费者从来不是中央银行职能的组成部分。但是维持现状的支持者认为，成立一个新的独立机构专门从事保护消费者这一工作可能会造成监管过度，对银行的监管过严，反而可能破坏银行系统的安全性和稳定性。无论如何，这些维持现状的支持者似乎都有“买者自负”的共同弱点。

监管金融衍生品

曾经的主流观点认为金融衍生品是好的，但此次金融危机颠覆了这种观点。甚至不再有人认为对金融衍生品的监管会威胁到金融资本的命脉，法律禁止对金融衍生品进行监管很明显已成为历史。虽然人们在对金融衍生品进行监管这一问题上达成了共识，但如何监管，监管哪些，仍然是不清晰的。在民主党要求进行更多的监管、而共和党要求的较少监管的情况下，唯一清楚的是任何一个细节都会引起两党之间的争论。监管金融衍生品的问题，似乎会像之前那样演变成公开的争论。

监管对冲基金

这又是一个如何监管和监管什么的问题。“对冲基金”描述的只是一个合法的构架，而非任何特定的投资活动。从字面意思上来讲，存在数千个对冲基金，实际上这些对冲基金是为了实现你能想到的任何一种投资策略。此外，虽然对衍生工具监管的失败明显给我们带来了许多麻烦，但是这一问题对于对冲基金来讲并不清晰。一方面，这些拥护者仅仅要求对冲基金注册并提交相关报告；另一方面，或许是因为对冲基金为它们的管理者创造了如此多的财富，以至于公众认为它是邪恶的。

高管的薪酬水平

银行高管为自己提供的巨额奖金被认为是非常贪婪的。公众的愤怒无可厚非，美国国际集团的奖励机制使薪酬激励问题变得更具政治色彩。但是，由于实践上的困难和好想法的缺乏，处理这个问题存在许多困难。政府能否设计有效的法律法规来告诉企业奖励或者不奖励他们的员工？答案是否定的。这个问题的解决方案只能来自公司的董事会。希望他们能做好。

重新设计抵押贷款融资方式

美国曾经炫耀的抵押贷款融资系统已经崩溃，房利美和房地美被彻底国有化，其他公司发行的抵押贷款支持证券几乎都消失了。办理抵押贷款变得很困难，居民住房建设也几乎停滞。但是，房地产泡沫最终会结束，人们将会重新开始建造和购买房屋。既然使每个人都采取现金支付是不可能的，那么国家就需要一个新的抵押贷款融资体系——可假定它与原来基于政府支持企业的体系是不同的，因为旧的体系曾给我们造成了毁灭性的影响。但是，新的体系会是什么样子呢？

财政部的金融监管改革方案

2009 年 6 月，美国财政部出台了长达 88 页的名为《金融监管改革：新基础，重建金融监督和管理》的金融监管改革白皮书，包含了除表 11-1 中最后一项的所有问题。白皮书中最后一个问题新增了许多内容，要延期推出。在 8 月的时候，财政部公布了更长的改革草案来支持金融监管改革白皮书。与其他一些大的政策举措不同，没有人指责奥巴马是受了其他人的引导或依照国会的命令来推动这项改革。在此次改革中，由财政部牵头是正确的。财政部在金融监管改革中对主要问题的立场总结在表 11-2 中的第三栏。

表 11-2　财政部的金融监管改革提议

问题	争议的焦点	财政部的建议（2009 年）
“大而不倒”	· 是赋予相关金融监管部门新的破产清算权力，还是将其交给破产法庭 · 是否拆分“大而不倒”机构	· 赋予相关金融监管部门新的破产清算权力，由美国联邦存款保险公司进行接管和清算 · 不拆分“大而不倒”机构 · 系统重要性金融机构为自己制定“生前遗嘱”
系统性风险监管	赋予哪个机构这个权力	成立金融稳定监督委员会，为美联储提供建议
改革美联储	· 是否限制《联邦储备法》第 13 条第 3 款中美联储的相关权力 · 是否削弱美联储监督和管理的权力 · 是否承担更多的政治责任，比如由政府任命联邦储备银行主席	· 美联储的紧急救助须财政部事先批准 · 增加美联储监管的权力，由美联储监管系统重要性金融机构 · 建议美联储提出自身的结构和治理方式改革方案
《格拉斯－斯蒂格尔法案》的分业经营	是否重新恢复分业经营	不恢复分业经营
资产证券化	如何监管资产证券化市场	资产证券化的发起人自行购买 5% 的证券（加入游戏中）
资本和流动性需求	· 资本金要求是多少 · 资产负债表外的资产如何处理 · 用什么样的标准来衡量流动性	· 对系统重要性金融机构提出更高的资本金要求 · 包括资产负债表外的实体 · 对系统重要性金融机构增加新的、更高的流动性标准
改革信用评级机构	· 是将信用评级机构转变为公共事业机构 · 还是由第三方向其支付评级费用	· 加强证券交易委员会对其的监管 · 在监管中减少评级的使用

续表

问题	争议的焦点	财政部的建议（2009 年）
银行的自营交易	禁止还是限制	没有限制
金融机构大洗牌	· 是否保留更少的银行监管机构 · 是否将证券交易委员会和商品期货交易委员会合并 · 是否建立一个新的国家抵押贷款监管机构	· 将储蓄管理局并入货币监理署 · 证券交易委员会和商品期货交易委员会依旧独立 · 不建立新的国家抵押贷款监管机构，由财政部设立的国民保险办公室负责监管
保护消费者	· 是否建立一个新的、独立的消费者保护局 · 是否在文件中用更加朴实的英文表述 · 是否需要标准的抵押贷款产品和标准的“默认选项”	· 建立独立的消费者金融保护机构，而不是美联储 · 是 · 是
监管金融衍生品	· 是否对场外衍生品进行监管 · 是否强制标准化、实行统一的资本金要求、中央结算和交易 · 是否禁止无实体信用违约掉期	· 监管场外衍生品 · 实行统一的资本金要求、结算，建立标准化的、有组织的交易场所 · 不禁止
监管对冲基金	是否应当被监管，如果应该被监管，要如何监管	进行注册登记并按监管要求披露
高管的薪酬水平	如何限制或者进行改革	· 通过监管指南 · “薪酬话语权” · 独立的薪酬委员会

续表

问题	争议的焦点	财政部的建议（2009 年）
重新设计抵押贷款融资方式	· 房利美和房地美被政府接管之后，带来了什么 · 是否结束过去的“发起—分销”模式 · 是否实行更高的证券包销标准	待讨论

财政部提议建立新的法律机构来解决系统重要性金融机构的问题，由财政部决定何时接管一家濒临破产的公司，然后将后续工作交给美国联邦存款保险公司。随后，美国联邦存款保险公司将对这些机构采取两种方式，让其破产清算（有序地让其破产清算）或被接管（使其恢复正常运营）。注意后一种方式，它可以被描述为“政府救助”，后文中我将再次提及这个问题。为了使这些新的解决方案更加可行，系统重要性金融机构需要制定“生前遗嘱”：详细的计划，来规定企业破产时如何让各项业务平稳过渡，还需要写明如何与政府共同经营。当然，这是正确的，企业会被要求制定自己的破产计划。

财政部没有设立更激进的方式，如拆分大型金融机构，重建《格拉斯－斯蒂格尔法案》的分业经营，或者让银行远离自营交易。盖特纳和萨默斯认为这些都是不好的建议。

财政部的金融监管改革方案对美联储来说是十分友好的，这并不令人意外。因为盖特纳刚从纽约联邦储备银行跳槽过来，而萨默斯觊觎伯南克的职位，更不用说美联储在此次金融危机中的表现是多么令人钦佩了。在财政部的改革方案中，美联储被指定为系统性风险监管机构，在多机构共同组成的金融服务监督委员会担任顾问的角色，并且是银行业或非银行业中所有系统重要性金融机构的主要监管机构。只有《联邦储备法》第 13 条第 3 款赋予美联储的部分紧急贷款权被限制，但这可以说是微不足道的。另外，所有使美联储承担更多的政策责任的提案，如由政府任命联邦储备银行行长等都被驳回。相反，美联储被要求提出更好的调整内部结构和管理其权责的方案。换句话说，美联储需要改革。

然而，根据伊丽莎白·沃伦的建议，中央银行保护消费者的职能会被新建立的、独立的消费者金融保护局取代。例如，财政部提议这个新的机构要求银行提供：

- 用简单明了的英文表述进行信息披露，如同食品标签一样，消费者购物时一看就知道“里面有什么”，以便于消费者进行比较；
- 简单易懂的普通金融产品（例如房屋抵押贷款）；
- 标准的“默认选项”，使不能下定决心的人可以依照“默认选项”做出合理的选择。

所有这些建议都是为了让消费者更容易做出明智的选择；如果不行，就强制他们这样做。坦率地讲，银行和美联储之前都没有这样做过。

出于安全性和稳定性的考虑，财政部提议对所有银行提出更高的资本金要求和全新的流动性要求，同时对系统重要性金融机构实施更加严格的要求。所有银行需要持有更多的资本金以防止资产的表外化，也不得不保持其资产证券化的任意资产池中的5% 持有量。一些衍生品的交易必须具有适当的资本金和保证金储备，并通过中央清算机制和交易所进行（确切地说，需要多少资本金和保证金是主要的争议）。但无实体的信用违约掉期不会被禁止，也不会通过法律手段限制高管的薪酬。财政部反而要求监管者将这个问题纳入其风险管理评估范围。

尽管原因截然不同，两个主要的监管项目显然没有包含在财政部的计划中。

首先，财政部决定加大监管整合力度。在美国国际集团的案例中，由于美国储蓄管理局因监管不力而被要求并入美国货币监理署。除此之外，提议中新的消费者保护机构和银行监管者的数量还是和之前持平。议案中既没有出现将证券交易委员会和商品期货交易委员会合并，也没有提议建立一个国家抵押贷款监管机构。他们认为，消费者保护机构应该做好这项工作。

为什么不采取更加大胆的方法？你可以理解为懦弱或者明智。奥巴马政府意识到了立法陷阱的存在并避免陷入其中。例如，将商品期货委员会纳入众议院和参议院的农业委员会的管辖，但你并不想招惹他们。财政部在为此及一系列其他的监管范围争夺而斗争，它在这个过程中浪费了大量政治资本，可能会在国会中失去地位。因此，虽然学者和政府友好型人士（good-government types）强烈地批判财政部，盖特纳对这个问题却持肯定的态度。改变现状是需要付出代价的。

其次，财政部有意将重新设计国家抵押贷款融资体系搁置。原因很简单：它还没有准备好提出新的建议。房利美和房地美之后的设计问题繁多且十分复杂，一个整体规划需要财政部（和其他机构）做大量的工作，截至2009年6月，这些工作仍未完成。同时，实质上作为政府机构运作的房利美和房地美应该能够躲过一劫。顺便说一句，财政部下这样的赌注不应该受到批判。盖特纳领导的财政部从其就职之日到2009年6月期间，完成了令人震惊的工作量。任何质疑他们的人都应该被鄙视。

美国国会的金融改革

现在轮到国会了。当我们是小学生的时候，就学过“议案如何成为法律”这个重要的社会研究类课程。你应当记得，所有的议案都来自众议院和参议院委员会。委员会投票后，这些议案将会在参议院和众议院的会议室进行讨论并修订。如果议案通过，委员会将会制定一个众议院和参议院协商一致的议案，然后将这个议案分别由众议院和参议院投票。如果每个议院都以多数票通过，就递交给白宫由总统签署或否决。

现在我们可以忘掉上述的大部分过程，在实践中，许多议案由白宫提出。参议院和众议院的委员们经常被说客的建议、达成的协议，甚至是以立法语言起草的协议困扰。有时，说客的行为像真正的国会工作人员一样，拥有几乎可以与总统媲美的否决权。议案的真正价值通常让位于政治。当大量的资金处于风险中时（如在金融改革中令人难以置信的资金），他们肯定会这样做。

此外，和现在一样，当时的民主党和共和党处于争斗之中。众议院和参议院也是如此。在没有与提议人商议的情况下，参议院借助阻碍议事程序修改宪法需要60票。参议院、众议院和白宫之间的谈判往往一直持续到最后一刻，投票结果在最终的议案还未起草前就已经出来，更不用指望在投票时他们能够看到议案。基于这样或者那样的原因，复杂的法规通常通过"技术性修正"的方法来进行修改。事实上，就和香肠的制作过程一样。

然而，长达 2 319 页的金融监管改革法案终于在 2010 年获得通过，这项法案虽然存在一些瑕疵，但已经相当优秀，其中大部分来自 2009 年财政部提出的金融监管改革方案。这是怎么回事呢？促成这一庞大而充满争议的法案获得国会通过的人，是参议院银行委员会主席克里斯·多德和众议院金融服务委员会主席巴尼·弗兰克。这项法案也是以他们的名字来命名，称为《多德－弗兰克华尔街改革与消费者保护法》。

多德和弗兰克都是来自新英格兰地区的自由派民主党人，他们两个志同道合吗？并不是。仪表堂堂的多德更像是从电影制片厂演员部派来代替参议院角色的替身，与衣冠不整，但口齿伶俐的弗兰克形成了强烈的反差。他们两个都是资深的立法者，并且在工作中配合得很好，多德更加随和、圆滑，而弗兰克则更加强硬、才华横溢，有时还有些夸夸其谈。但他们受到的政治约束是截然不同的。

巴尼·弗兰克代表的是波士顿附近的一个极其安全和自由的选区，自 1946 年以来，这个选区就把票投给民主党。作为右翼分子最喜欢的替罪羊，他在政治上是无懈可击的。[①] 众议院是一个党派团体竞争非常激烈的地方，只有少数人是看客。因此，弗兰克主席不必过于担心获得共和党支持的问题，而且他相当肯定，一旦法案提交到众议院，他肯定会得到议长南希·佩洛西的支持——她有足够的票数使其通过。

但是，在金融改革中，弗兰克还是背负了重大的政治包袱：他是房利美和房地美廉价住房目标的长期积极支持者。例如，他在 2003 年发表的名言声称"我想在补贴住房方面把骰子掷得更远一点"。几年后，对住房金融的补贴与放松监管成为房地产泡沫破裂、金融市场崩塌乃至经济衰退的重要原因之一。

克里斯·多德是一位来自坚定的蓝色州（特指此州选民支持民主党）的资深参议员，但不像弗兰克所属的选区那样更支持民主党（自 1946 年以来，美国康涅狄格

① 2012 年，弗兰克决定不再竞选连任。

州已经将 6 位民主党和 5 位共和党人士送入参议院，但 1989 年后，只有民主党人士进入了参议院）。因此多德必须时刻警惕他的连任前景。[①] 作为“安杰洛的朋友”，多德在 2008 年因美国国家金融服务公司对其抵押贷款的特殊待遇受到指责而备受困扰。

参议院银行委员会有一个稳定的两党合作的传统。多德与参议院下属的银行委员会主席、共和党成员理查德·谢尔比（Richard Shelby）有着良好的工作关系。这是好消息，但也有坏消息：多德希望其金融委员会在无限期推迟立法的问题上达成两党一致。因此，金融监管改革议案不得不面临参议院的阻碍，阻挠议事者从而阻挠议案的通过，因为一项议案需要 60 张选票。

因此，可以预计金融监管改革议案将会在众议院率先通过。与财政部金融监管改革方案保持紧密一致的众议院金融服务委员会的议案，在 2009 年 12 月以 223：202 的投票结果获得通过，赞成票全部来自民主党（绝大部分民主党议员投了赞成票，但所有共和党议员都投了反对票）。与财政部的金融监管改革白皮书相比，该议案主要有两大不同之处，并且这两大改变最终写入了《多德－弗兰克法案》，两大不同之处之一是取消了解决金融巨头问题中的“接管”这一选择，只留下破产处理的方式，这种变化意味着明确禁止政府对金融巨头紧急救助。如果金融机构经营失败，只要不引起市场恐慌，就可以破产倒闭。另外，众议院还增加了超过 200 页的住房抵押贷款证券的承销标准，例如，需要银行提供贷款人还款能力的相关文件（贷款人必须将这些告诉银行），并禁止掠夺性贷款。

参议院的进展相对缓慢，参议院银行委员会的金融监管改革法案又经过了 5 个月的协商，以 59：39 票的投票结果获得通过，其中赞成票主要来自民主党（在表决时，有 2 名民主党议员对这一法案表示反对，不过有 4 名共和党议员投下了赞成票）。多德为两党达成共识花费的心血几乎没有成果，因为共和党采取“不同意”作为他们的回复。由于只获得了 59 票，这项法案对于阻挠议事者来说是很脆弱的。参议院的法

① 事实上，在 2010 年，多德决定不再参加竞选。

案在财政部原始方案的基础上进行了拓展，例如包含了沃尔克法则中禁止银行的自营交易，对美联储进行一定的限制，限制借记卡收费的条款。

2010 年 7 月，在众议院和参议院最终达成统一版本的金融监管改革法案之前，解决他们在金融监管法案上的众多分歧经历了艰难的两个月。在众议院的 237：192 票和参议院的 69：39 票中，都仅有 3 张赞成票来自共和党议员，这是历史上在重要的金融市场立法中赞成票来自同一党派最多的一次。相比之下，在储蓄和贷款危机后，于 1991 年通过的《联邦存款保险公司改进法案》，在众议院中以 344：84 票通过，获得了共和党的压倒性支持（135：29）；在参议院中以 68：15 通过，在共和党（32：2）中获得了比民主党更多的支持（36：13）。《多德 - 弗兰克法案》中的赞成票主要来自同一党派是与历史背道而驰的，对其未来而言，这不是一个好兆头。

漫长而曲折的道路

表 11-3 中的第四栏总结了《多德 - 弗兰克法案》中的主要条款。很明显，《多德 - 弗兰克法案》非常合理地继承了财政部原先提出的金融监管改革方案。更有意思的是，两者间的差异将国会议员的政治压力展现在了世人面前。下面是一些典型的例子。

表 11-3　财政部的金融监管改革提议

问题	争议的焦点	财政部的建议（2009 年）	《多德 - 弗兰克法案》（2010 年）
“大而不倒”	· 是赋予相关金融监管部门新的破产清算权力，还是将其交给破产法庭 · 是否拆分“大而不倒”机构	· 赋予相关金融监管部门新的破产清算权力，由美国联邦存款保险公司进行接管和清算 · 不拆分“大而不倒”机构 · 系统重要性金融机构为自己制定“生前遗嘱”	· 赋予相关金融监管部门新的破产清算权力，由美国联邦存款保险公司有序地进行清算 · 阻止用纳税人的钱对金融机构提供紧急救助 · 不拆分“大而不倒”机构 · 系统重要性金融机构为自己制定“生前遗嘱”

续表

问题	争议的焦点	财政部的建议（2009年）	《多德－弗兰克法案》（2010年）
系统性风险监管	赋予哪个机构这个权力	成立金融稳定监督委员会，为美联储提供建议	美联储为金融稳定监督委员会工作
改革美联储	·是否限制《联邦储备法》第13条第3款中美联储的相关权力 ·是否削弱美联储监督和管理的权力 ·是否承担更多的政治责任，比如由政府任命联邦储备银行主席	·美联储的紧急救助须财政部事先批准 ·增加美联储监管的权力，由美联储监管系统重要性金融机构 ·建议美联储提出自身的结构和治理方式改革方案	·限制《联邦储备法》第13条第3款为“有足够资产抵押或担保的合格机构” ·增加美联储监管的权力，由美联储监管系统重要性金融机构 ·对美联储的特别信贷进行审计，政府责任办公室研究美联储的治理结构
《格拉斯－斯蒂格尔法案》的分业经营	是否重新恢复分业经营	不恢复分业经营	不恢复分业经营
资产证券化	如何监管资产证券化市场	资产证券化的发起人自行购买5%的证券（加入游戏）	资产证券化机构自行购买5%的证券（加入游戏）
资本和流动性需求	·资本金要求是多少 ·资产负债表外的资产如何处理 ·用什么样的标准来衡量流动性	·对系统重要性金融机构提出更高的资本金要求 ·包括资产负债表外的实体 ·对系统重要性金融机构增加新的、更高的流动性标准	·对系统重要性金融机构提出更高的资本金要求 ·包括资产负债表外的实体 ·对系统重要性金融机构增加新的、更高的流动性标准

续表

问题	争议的焦点	财政部的建议（2009年）	《多德－弗兰克法案》（2010年）
改革信用评级机构	·是将信用评级机构转变为公共事业机构 ·还是由第三方向其支付评级费用	·加强证券交易委员会对其的监管 ·在监管中减少评级的使用	·加强证券交易委员会对其的监管 ·在监管中减少评级的使用 ·研究激励机制问题
银行的自营交易	禁止还是限制	没有限制	沃尔克法则
金融机构大洗牌	·是否保留更少的银行监管机构 ·是否将证券交易委员会和商品期货交易委员会合并 ·是否建立一个新的国家抵押贷款监管机构	·将储蓄管理局并入货币监理署 ·证券交易委员会和商品期货交易委员会依旧独立 ·不建立新的国家抵押贷款监管机构，由财政部设立的国民保险办公室负责监管	·将储蓄管理局并入货币监理署 ·证券交易委员会和商品期货交易委员会依旧独立 ·不建立新的国家抵押贷款监管机构，由财政部设立的国民保险办公室负责监管
保护消费者	·是否建立一个新的、独立的消费者保护局 ·是否在文件中用更加朴实的英文表述 ·是否需要标准的抵押贷款产品和标准的“默认选项”	·建立独立的消费者金融保护机构 ·是 ·是	·在美联储下设立新的消费者金融保护局，从属于美联储，但相对独立 ·否 ·否

续表

问题	争议的焦点	财政部的建议（2009 年）	《多德－弗兰克法案》（2010 年）
监管金融衍生品	· 是否对场外衍生品进行监管 · 是否强制标准化、实行统一的资本金要求、中央结算和交易 · 是否禁止无实体信用违约掉期	· 监管场外衍生品 · 实行统一的资本金要求、结算，建立标准化的、有组织的交易场所 · 不禁止	· 监管场外衍生品 · 中央结算 · 标准化的衍生品交易场所 · 不禁止
监管对冲基金	是否应当被监管，如果应该被监管，要如何监管	进行注册登记并按监管要求披露	· 进行注册登记并按监管要求披露 · 限制银行对冲基金的投资规模
高管的薪酬水平	如何限制或者进行改革	· 通过监管指南 · “薪酬话语权” · 独立的薪酬委员会	· 通过监管指南 · “薪酬话语权” · 独立的薪酬委员会
重新设计抵押贷款融资方式	· 房利美和房地美被政府接管之后，带来了什么 · 是否结束过去的“发起—分销”模式 · 更高的证券包销标准	· 待讨论	· 待讨论 · 更高的证券包销标准

决议机构

财政部最初由美国联邦存款保险公司对濒临破产的金融巨头进行破产清算或接管的方案，只能被进行破产清算的方案代替。因此，法案第二部分的标题叫作“有序清算制度”，而不是“有序决议机构”。有些银行规模太大，但是他们仍会面临破产的风险，未来国会也无心授权进行紧急救助。为了强调这一点，《多德－弗兰克法案》在第 214 条明确指出：“在这条规定下，纳税人将会为任何政府机构的行为承担损失。”为了给予此条款更强的法律效力，国会还规定任何公共基金都不能通过处置濒临破产银行的资产来使境况变好。“通过评估，处置濒临破产银行的资产是金融部门的责任。”换句话说，就像在以前的电视广告中，山姆大叔告诉金融产业的一样，“你可以任何时候还我钱”。不进行政府紧急救助的含义似乎表达得很清楚，但这并没有停止共和党的批评者错误地给《多德－弗兰克法案》的新清算制度贴上作为“未来政府紧急救助工具”的标签，有时将其称为“永久的问题资产救助计划”。这样的说法至今仍然存在。

美联储

考虑到在改革进程刚开始时，许多国会议员对美联储都是怒不可遏的，《多德－弗兰克法案》让中央银行轻松地摆脱了困境，虽然这并不像财政部提议的那样轻松。而美联储并没有研究自身的结构和治理问题，而是将这项任务交给了国会的“看家狗”：美国政府问责局。但是国会议员罗恩·保罗（Ron Paul）要求审计美联储货币政策的提议遭到了拒绝，因为这个提议要求纽约联邦储备银行的主席由政府任命。

或许最重要的是，《联邦储备法》第 13 条第 3 款中规定的美联储有向“任何个人、合伙企业或公司”提供紧急贷款的自由决定权（在《多德－弗兰克法案》颁布之前），被限制为只能贷款给“有足够资产抵押或担保的合格机构”（在《多德－弗兰克法案》颁布之后）。再次重申其目的是禁止向特定公司提供政府紧急救助（如金融危机中的贝尔斯登和美国国际集团），但允许美联储救助整个产业或市场（如商业票据或抵押贷款支持证券）。但在实践中，这项政策变化并没有发挥预想中的作用。假如某天美联储意识到，需要对一些系统重要性金融机构提供紧急救助，它就不应当花费太多精力，来设计一个“需要足够的资产抵押或担保”的贷款计划。

资产证券化

社区银行加大游说力度，试图让之前由财政部定义为资产支持证券化的发起银行自行购买 5% 的证券，转变为被称为银行巨头和华尔街公司的证券化机构自行购买。

信用评级机构

《多德－弗兰克法案》采纳了财政部金融监管改革方案中的“任何法律和法规都要取消强制使用信用评级”的建议。和财政部一样，《多德－弗兰克法案》也把赌注放在了信用评级机构如何获得报酬的问题上。《多德－弗兰克法案》要求政府责任办公室和证券交易委员会研究“如何完善国家认可的信用统计机构，找出正确信用评级激励机制的替代方法”。该法案还要求政府责任办公室在 18 个月内提交报告，证券交易委员会在 3 年内提交报告。与此同时，存在争议的“用户付费”模式仍然存在。

沃尔克法则

如前所述，《多德－弗兰克法案》不顾美国财政部和国家经济委员会的反对，将沃尔克法则写入其中。《多德－弗兰克法案》的第 619 条（清单之外的条款）中写道：“银行不能①从事自营交易；②获得或拥有任何股票，成为合伙人，拥有其他所有权权益，发起对冲基金或私募投资基金。”这个表述似乎已经足够清晰。但接下来清单之外的条款长达 7 页，还未包括不重要的规定。

盖特纳和萨默斯最初反对用法律的方式来限制银行自营交易。在他们看来，这样做要么是徒劳无功的，要么是破坏性的——这种方法猎杀错了目标，自营交易并不是使我们陷入困境的原因。但是，公众对银行家的敌意在逐步增强，此外，美国国际集团的奖金事件进一步激化了这种敌意。盖特纳和沃尔克在 2009 年底的讨论达成了一个他们（不包括萨默斯）都支持的沃尔克法则版本——在政治上对《多德－弗兰克法案》起到了积极作用。

2010 年 1 月，默默无闻、有民粹主义倾向的共和党人斯科特·布朗（Scott Brown），赢得了马萨诸塞州联邦参议员的选举，该消息震惊了政坛。该职位由泰德·肯尼迪（Ted Kennedy）担任37年之久，在他之前担任这一职务的是他受人尊敬的哥哥。这一“蓝色州”的惨败震惊了民主党（这也被证明是民主党在2010年11月中期选举失败的预兆）。对于奥巴马总统来讲，布朗的当选意味深长。一方面，他必须改变主题，用“惊人的共和党的胜利”作为坏标题；另一方面，布朗的当选和公众愤怒情绪的上升很可能说服总统，使他认为自己在金融改革上的立场对银行家太过友好——或许他应当使自己更加贴近民众。

若干天后，在一次精心安排并值得纪念的白宫活动中，沃尔克、盖特纳和萨默斯等人都在奥巴马身旁，奥巴马公开表示支持让银行远离自营交易的沃尔克法则（这令沃尔克感到吃惊）。你几乎可以想象沃尔克茫然的表情——他的建议在几个月的时间里一直在肯定与否决之间打转，而总统的态度最近发生了质的转变。虽然美国财政部部长盖特纳辞去了职务，但他和国家经济委员会主席萨默斯仍旧对此表示非常不满。

保护消费者

建立消费者金融保护机构的提议遭到了国会中共和党人的强烈反对，与保护消费者相比，他们更在意的是保护银行——这一点在抵押贷款危机后令人惊讶。在政治角力中，之前提议的在文件中必须使用更加朴实的纯英文表述进行信息披露，简单、易于理解的房屋抵押贷款和标准的“默认选项”都被从议案中剔除了——尽管消费者金融保护机构仍然可能再次制定它们。汽车的融资租赁并不在消费者金融保护机构的监管之下，但我认为这并不基于任何政治原因，因为国会的每个选区中都有众多的汽车经销商。

在消费者保护问题上，国会展示了奇异的创造力。自由主义者和保守派最终达成了政治妥协：自由主义者想建立一个独立的、不需要因为年度拨款而去国会的消费者保护机构，而保守派想在银行监管机构中继续拥有消费者保护的职责——他们认为这样银行就不会“受到欺负”。就这样，一个新的消费者金融保护局被建立在“联邦储备体系”内（法案上是这样说的）。真的在这个体系内吗？美联储既是消费者金融保护局的“房东”，也是其资金的来源，但是它被禁止干涉消费者金融保护局的业务。

而且，消费者金融保护局局长由总统独立任命，他只需向国会报告，而不需要向联邦储备委员会及其主席汇报。从某种程度上来讲，这似乎有点小题大做。

衍生品和林肯议案

这里的林肯不是亚伯拉罕·林肯，而是布兰奇·林肯（Blanche Lincoln）。后来成为路易斯安那州民主党参议员的布兰奇·林肯，那时还未因“左倾”观点而被人熟知。然而，她发现自己陷入了与左派挑战者副州长比尔·霍尔特（Bill Halter）之间的竞争。[①] 布兰奇·林肯是参议院农业委员会的主席，你可能还记得，参议院农业委员会对商品期货委员会拥有管辖权，因此它也监管衍生品交易。

2010 年 4 月，当《多德－弗兰克法案》采取迂回的方式在参议院通过，等待农业委员会投入衍生品的监管中时，布兰奇·林肯通过说服参议院农业委员会实现了重大改革：促使银行决定是否剥离它们的衍生品交易和自营交易。布兰奇·林肯议案不仅包括沃尔克法则中的远离自营交易，甚至在某种程度上，要求重新恢复《格拉斯－斯蒂格尔法案》中的分业经营。

布兰奇·林肯这一吸引众人眼球的议案，给白宫、财政部和美联储敲响了警钟，他们都迅速采取行动来反对这一议案。即使是自称信奉民粹主义，经常与盖特纳和萨默斯有不同意见的联邦存款保险公司主席希拉·贝尔，也公开反对布兰奇·林肯的议案——正如沃尔克本人一样。可想而知，银行业公然宣称这一议案的通过将再次给美国资本主义带来厄运。最终，布兰奇·林肯议案中的很多内容仍旧成为《多德－弗兰克法案》的第 7 部分。克里斯·多德为了得到议会委员会中共和党人的选票，别无选择。但是，银行可以进行利率衍生品交易，从事外汇互换交易中的绝大多数业务。对于银行说客来讲，这是一次令人不爽的“死里逃生”。

一切没有结束，争论仍将继续

《多德－弗兰克法案》从起草到立法一共花费了 13 个月，最终形成了一个复杂

① 布兰奇·林肯成功地击退了来自霍尔特的主要挑战，但后来在 2010 年的竞选中失败了。

的2 319页的金融改革法案。在这个艰难的过程中，改革者不得不与一大群银行说客进行斗争，这些斗争既有成功，也有失败。无论你在“议案如何成为法律”中读到了什么，在2010年7月21日奥巴马总统签署通过《多德-弗兰克法案》时，这场战斗仍未结束。说客开始扮演他们内心中“丘吉尔”的角色：我们将在委员会中继续和他们战斗，将他们打倒；我们将在监管机构和媒体上继续与他们斗争，我们绝不会投降。

美国的监管方式给了说客充足的机会。在美国，法律，包括法规——无论是金融、卫生、环境还是其他方面，在它们生效前都必须经历多个阶段。当然，任何提案首先必须接受美国国会的严格监管，这是我们刚刚讨论过的。妥协和行业影响是随处可见的。

但是，无论这个法案有多长、多复杂，实质上它也仅仅是一个框架。这个框架或者主题包含的每条监管法令都必须由相关机构转换为具体的规则。例如，在《多德-弗兰克法案》中，这些机构包括财政部、美联储、货币监理署、联邦存款保险公司、证券交易委员会、商品期货交易委员会和即将建立的消费者金融保护局。在具体规则的制定过程中，仅有一页内容的法律要求可以轻松地扩展为几十页的详细规则。

原则上，是由国会做出所有的关键决策，监管机构只负责执行法令。但是，细节决定成败，这些细节非常重要，有时比法案中的基本原则还要重要。因此，在实践中，往往由监管机构做出的许多重要决定，其中一些涉及大量资金。说客总是在一旁等待着将他们偏爱的想法写入规则中——当然这些想法通常涉及公众利益。相比于立法者，当监管者对相关行业更友好时，规则的制定阶段将会违背原来的法律准则，给受影响的企业提供大量有利的机会。

通常，官方制定规则的第一步，是相关机构发布一个“拟定法规的预先通告”，来说明他们的目标、关注点和想法，并要求公众发表意见。除了那些相关利益团体，广大民众通常对此没有想法。因此，这些机构一般最先听到相关利益团体的声音和详细诉求——通过公开的书面评论和非正规途径的沟通。公平地说，这些机构也常常听到各种代表公众利益的说客的声音。

一旦完成公众意见的征集，相关机构就开始拟定建议规则，并将其公布到《联邦纪事》(*Federal Register*)上——征求另一轮公开意见。如果出现具有重要意义的评论，它们也必须被吸收，有时这种评论可能导致在最终规则颁布之前的进一步修改，并和对这些评论意见的所有回应一起在《联邦纪事》上公布。接下来，我用沃尔克法则的制定来具体说明这一过程。

与其他案例不同，备受争议的沃尔克法则最初较详细地出现在《多德－弗兰克法案》的第619条中，占了30页的篇幅。因此，通常情况中的“拟定法规的预先通告”阶段，被新的金融稳定监督委员会主导的“如何实施这一法则”的详细研究替代。在2011年1月完成的这一研究过程中，金融稳定监督委员会获得了大约8 000条公开征求的意见。是的，你没有看错，是8 000条!

顺便说一下，这些意见不是短时间内能看完的，例如，“除了条款15（b）(4)(g)外，我都支持。这些评论经常有20、50、100页甚至更多。因此，最后机构收到的评论肯定长达几千页。准备这项提议的规则花了10个月，并最终于2011年11月7日公布在《联邦纪事》上就不足为奇了。这条法则有127页，公众意见的截止日期为2012年1月13日。在截止日期的5天后，所有监管机构被召集到众议院金融服务委员会的公众听证会上，一些共和党人士强烈要求废除该法则，监管机构则坚持这一法则。在第二轮听证会上，利益相关团体提交了超过17000条公众意见。从通过《多德－弗兰克法案》到沃尔克法则的尘埃落定，不知又过去了多少个月。

事实上，从法案框架的通过到拟定法规的预先通告，再到提议的规则，最后到确定最终规则的过程是令人钦佩的：公开、民主、公众参与，这都是对监管者的监督。问题是大部分的公众意见来自利益高度相关的私营团体和他们的说客，而不是真正的公众，更不用说公众意见之外的幕后操作了。因此，这个烦琐的规则制定过程给利益相关体带来了财富，给支持它们的立法者提供了大量对其有利、但违背法律初衷的机会。

这并不是全部，《多德－弗兰克法案》要求各类监管机构组织和制定超过 200 条规则。这是一项艰巨的任务，需要监管机构招聘更多的员工，当然这也需要更多的预算。这是给想废除《多德－弗兰克法案》但又不能实现的共和党人的另一个武器。他们抓住这一问题不放：对于美国证券交易委员会和商品期货交易委员会的拨款申请，他们再一次反对。① 因为监管者处于超负荷工作的状态，许多研究和规则的制定都未能在截止日期内完成。

更糟糕的是，参议院共和党人延迟或拒绝确认由奥巴马总统提名的，用于监督这个监管过程的高层名单，这份名单包括财政部、美联储、联邦存款保险公司和新成立的消费者金融保护局，尤其是消费者金融保护局的人选，除非法律修改到满足了他们的要求。共和党人拒绝任何人作为其第一任局长。这种不妥协导致了一个本质性的对抗，使奥巴马在 2012 年 1 月最终采用总统的休会任命权，任命理查德·科德雷（Richard Cordray）作为消费者金融保护局的第一任局长——此时，参议院宣称他们还在讨论中！这一结果激怒了共和党人，进一步延迟了确认的时间。

令人吃惊的是，共和党人对金融改革的阻碍并没有带来任何明显的政治后果，民意投票的数据继续显示出对《多德－弗兰克法案》基本原则的广泛支持。例如，2011 年 7 月，在盐湖城对美国退休者协会民意调查的研究表明，在可能投票的选民被告知"在国会中存在废除已经签署但还没完全生效的华尔街改革法案的提议"后，支持者与反对者的比例超过了 3∶1。

在某种程度上，这些都不足为奇。没有人指望公众会持续跟进参议院的确认或美国商品期货交易委员会的预算。随着公众对金融改革关注度的逐渐减弱，公众对政治进程的影响力也在逐渐减弱。白宫和国会中的民主党人应当将更多的精力放在探究其原因上，但他们并没有这样做。因此，公众回到了他们正常的昏昏欲睡的状态，而说客又开始了他们的工作。

① 美联储和联邦存款保险公司不受预算限制，因为它们自身能融入资金。

长期战争

金融改革的斗争仍在持续。规则仍在撰写、解释和再次修改——更不用说实施。例如，直到真正实施时，我们才会知道新的机构如何对金融巨头进行清算。我甚至没有提及美国的规则与国外的规则同质化中的困难，国外的规则通常都是不同的，而且滞后于我们。

在政治方面，在2010年11月的中期选举中，共和党赢得了众议院的控制权，他们仍旧对《多德－弗兰克法案》充满了敌意，许多议员公开倡导废除该法案。2010年，在民主党占有微弱优势的美国国会参议院中同样如此。首先，参议员多德和前众议院议员弗兰克都离开了国会，这也意味着《多德－弗兰克法案》缺少了两名最忠诚的捍卫者。其次，在许多经济问题上，奥巴马总统被对手压制（例如没有通过预算、遭受国家债务违约的威胁、延长工资税削减日期等），以至于他几乎没有精力去关注《多德－弗兰克法案》。

在整个过程中，金融行业和他们的大批说客时刻关注着《多德－弗兰克法案》的进展。2010年，美国最高法院具有里程碑意义的公民联合判决，取消了企业政治捐献的限制，极大地支持了银行业及其说客。威利·萨顿（Willie Sutton）知道钱在哪里（在银行里），并且它仍然会在那里。根据政治研究中心的数据，2009—2012年，金融业的游说支出仅排在医疗卫生行业之后；在2012年的政治捐献中，游说支出排在前列。根据该中心的分类，大部分资金都流向了保守派而非自由派，这导致美国银行家几乎没有错过一个批判《多德－弗兰克法案》的机会，指责包括从信贷紧缩，到就业困难，到援助外国竞争对手的一系列事件。

《多德－弗兰克法案》会将金融危机变为历史吗？答案是否定的。它会减少金融危机发生的频率吗？可能会，时间将会给出答案。但是，我们有充分的理由相信它将降低未来过度金融化的严重性和成本支出。套用本杰明·富兰克林的说法，如果我们继续实施《多德－弗兰克法案》，它将会给美国带来一个（即使不完美却）完整的金融体系改革。正如本文提到的，是否继续实施《多德－弗兰克法案》是不确定的。

然而,《多德－弗兰克法案》并没有尝试去修复国家已经破碎的抵押贷款融资系统，也没有找到解决止赎权困境的方法，它将继续影响美国金融系统，这是经济复苏过程中的一个瓶颈。这个持续困扰我们的问题将是第 12 章的重点。

AFTER THE MUSIC STOPPED

12

失事的列车

> 如果你第一次没有成功，那就一次又一次地尝试。
>
> ——美国谚语

美联储、联邦存款保险公司和财政部于2008—2009年对利差发起了正面进攻，这是一次了不起的胜利，可以给出A的评分。2009—2010年的金融监管改革也相当成功，至少可以得个B。但是，对于住房抵押贷款止赎权的问题，布什和奥巴马政府的财政部则有些敷衍，也许只能得个C-或者D。而且，请不要忘记，整个金融市场的混乱是从不良抵押贷款开始的。

最严厉的批评认为，遏制止赎权的努力是彻底的失败。这未免有些苛刻，但即使是最富有同情心的评价也毫无溢美之词，没有人认为这算得上成功。一些专家在

2012 年就预测还将有 1 000 万套甚至更多的房屋进入止赎程序，他们是怎么预测到的呢？遗憾的是，止赎权问题不仅完全可以预测，还能预测得很准。事实上，止赎权在 2006—2009 年就增加了两倍多，至今这个问题还在恶化。数百万失去房子的家庭已经付出了高昂的代价，而且还有更多的家庭会遭遇这样的不幸。

让止赎权问题拖延下去的成本是很高的。据估计，房屋如果丧失了赎回权，大概会损失一半的价值——比如，10 万美元。换句话说，如果房主和银行可以找到避免丧失赎回权的方法，就可以避免这 10 万美元的损失，而这还只是货币成本。此外，止赎权扰乱了人们的正常生活，使得很多房屋闲置，让整个社区遭受痛苦。

看着一波又一波的止赎权浪潮横扫整个美国，就好像看着慢动作的火车失事造成了大规模人员伤亡。但与火车失事不一样的是，政府并不是一个只能看着灾难发生的无助的旁观者。在这种情况下，政府有能力去做一些事情，只是它没有去做。失去房产的家庭首当其冲受到影响，由于止赎权的浪潮抑制了房地产市场，像铅块一样将摇摇欲坠的经济往下拉，因此我们所有人都在一定程度上受到了牵连。

“三位一体”，解决止赎权问题的三大障碍

为什么会出现止赎权的问题？对这个问题的判断一开始就是错误的，但这种解释随后便销声匿迹了。最初，许多人认为这一波止赎权的出现源自数百万计的新型的可变利率抵押贷款，早期它被描述成“注定要违约”。许多次级可变利率抵押贷款的持有者发现，一旦抵押贷款利率在低的“诱惑利率”时期之后被重新设定，他们将无法支付月供。随着房屋价格的下跌，再融资几乎是不可能的，迅速上升的月供导致数百万人违约。

上述情况在一定程度上确实出现了，特别是在利率快速增长的危机早期，不过并没有持续多久。随着政府对大萧条发起“进攻”，尤其是美联储的奋力抗击，利率的上升得到了控制。低利率的一个良好的“副作用”是，不仅不会再出现令人畏惧的抵押贷款利率调整，还可能出现利率降低的情况。因此，我们并没有进入一个可变利率

抵押贷款爆发的“美好新世界”，而是老掉牙的原因，经历了大量的违约：人们失去了工作，或者遇到了其他经济上的困难，因此不能及时支付房贷。这是一个熟悉的故事，被人们一遍又一遍地重复着。

那么，为什么止赎权问题从来没有“被解决”呢？解决止赎权问题有三个主要障碍，它们相互联系，并一直存在至今。以下就是本章要重点关注的“三位一体”障碍问题。

巨额的费用

由于处于危险之中的抵押贷款数以百万计，要解决止赎权问题，资金的需求量大得惊人。我粗略地计算了一下，起码超过 2 000 亿美元（假设有 100 万套住房，平均每套价值 20 万美元），政府领导人是不愿意拨这么大一笔款项的。这是第一个障碍。抛开政治上的考虑，一个经常会被问到的问题是：花这么多钱到底值不值？这是一个合乎情理的问题，尤其是在政府赤字已经很大，而且还有很多公共资金诉求的情况下。保尔森和盖特纳掌管的财政部都认为这不值得。我一直不太同意这个观点，可惜我没有 2000 亿美元可以贷给他们。请注意这里我使用的动词，它非常关键。这 2000 亿美元其实只是“贷”出去，而不是花掉。我很快会在后文中说到，避免数百万的止赎权的净成本可能为零，甚至是负的。

产权变动问题

第二个障碍是一堆没有人愿意处理的棘手的法律问题。大多数甚至可能是所有有效解决止赎权问题的办法都多多少少要求重新分配产权。一些当事人会被告知，他们的法律权利不是他们想象的那样，或者他们无法获得合同给予他们的权利。任何人都不愿意自己的产权被篡改，这是可以理解的。

在这里，我先举一个例子，随后我会提到其他的例子。许多次级抵押贷款的房屋通常存在第二抵押权。当第一次抵押贷款无法偿付时，二次抵押事实上也没有价值了，因为它的优先级在第一抵押权之后。但是，这些无价值的二次抵押贷款的所有者保留了禁止第一次抵押贷款再融资的法律权利——除非他们付清了贷款，或者通过修改法律来改变所有权。

反对产权的变动是完全可以理解的，但毋庸置疑，解决这个问题需要花费很大的成本，因而需要在成本和减少止赎权带来的好处之间进行权衡。同样，在这个问题上，保尔森和盖特纳掌管的财政部都认为花费太高。

这是错误的政策吗

美国的政客开始相信，选民会竭力反对救助那些不负责任，导致无法支付月供的借款人。这是公平的吗？会不会产生道德风险？（且不说那些被诱惑借了“致命抵押贷款”的人。）不管真实与否，这种观念在任何一条需要用纳税人的钱来修订条款的道路上，都竖了一块“禁止入内”的标志牌。令人痛心的是，即使在许多可靠的房主由于经济萧条丧失了赎回权的情况下，这块标志牌也没有被拆下来过。这形成了第三个障碍。

正如我们将会看到的那样，这三个问题（加上无数的细节）使得修订抵押贷款条款看起来经济上有困难，法律上有问题，政治上有风险。

难道我们以前没有遇到过这种情况吗

历史上，美国曾遭遇过巨大的经济衰退和房价急剧下跌的双重打击，那是在第一次大萧条的时候。当时，富兰克林·罗斯福总统和国会实施了一系列积极的政策措施来应对住房危机问题，2007—2010 年的政府应该自愧不如。罗斯福新政的住房计划包括：建立联邦住房管理局为住房抵押贷款提供保险，建立房利美（后来的联邦国民抵押贷款协会）为抵押贷款开设二级市场，建立联邦住房贷款银行为抵押放贷者提供资金，以及建立联邦储蓄和贷款保险公司为存款机构的存款进行保险。这些创新或多或少地一直延续到今天。

但我想重点说一下几乎被人们遗忘的萧条时期的“房屋中介”，事实上，它在 20 世纪 30 年代对减少止赎权的数量发挥的作用最大，而且也是唯一一个在完成自己的任务后就关闭的机构：房主贷款公司。没错，21 世纪不同于 20 世纪 30 年代，但是我们可以设计一个 2008 年或 2009 年最新版本的房主贷款公司。如果我们这样做了，止赎权问题现在可能已经解决了。

房主贷款公司创立于 1933 年 6 月，是一家由政府运营的公司，它只有一个任务：将已经违约或接近违约的抵押贷款，替换成房主可以支付的新的抵押贷款，以此帮助困难的家庭解决止赎权问题。房主贷款公司从银行买下旧的抵押贷款，并向房主发放新的贷款，大部分银行都很乐意用不可靠的抵押贷款换取可以收回的政府债券。

房主贷款公司通过资本市场和财政部的借款来融资并进行大规模的运营。3 年内，它发放了超过 100 万份的新抵押贷款，大部分都是 15 年期、固定利率，全额分期付款的种类，显然是房主贷款公司发明的一种新工具。将近 10% 的美国非农场住房被抵押给了联邦政府，也就是现在的 750 多万户。房主贷款公司存续期间的放贷总额为 35 亿美元，这在当时来说是很大一笔钱，大约占年 GDP 总额的 5%。以现在的 GDP 来计算，就是 8 000 亿美元左右。

作为一个关注社会目标而不是利润的政府运营企业，房主贷款公司是一个灵活的买家，也是一个仁慈的贷款者。它给银行提供了相当慷慨的条款，同时，它通过提供债务咨询服务和帮助借款人安排开支，使那些拖欠债务的借款人走上了正轨。当然，在 20 世纪 30 年代，房主贷款公司的日子并不好过，将近 20% 的借款人都违约了。你也许会认为这在当时花了纳税人很多钱。其实不然，事实上，截至房主贷款公司结束营业的那一天，它还是赚得了薄利的。这是一个艰难的任务，但是房主贷款公司不可思议地完成了它。

无论是从经济规模，还是从是联邦政府的规模来看，2008 年或 2009 年的任务都要轻一点。但是，现在的政府与罗斯福时代的政府相比要胆怯得多，也存在较多的分歧。正如我后面将要说到的那样，与罗斯福政府不同，布什和奥巴马政府在这个问题上都不想多花钱。房主贷款公司放出了占 GDP5% 的贷款，而奥巴马政府的止赎权缓解计划只占当年 GDP 的一小部分，布什政府甚至一分钱都没花。

有了房主贷款公司的先例，意味着政策制定者不需要白费力气做重复工作。但是，当时的抵押贷款融资比20世纪30年代要复杂得多，因为那时银行非常了解自己的客户，而抵押人也非常了解他们的银行。对于2008年的房主贷款公司来讲，它们需要处理的是销往世界各地的、经过证券化的抵押贷款，这些抵押贷款被分拆或打包成复杂的衍生工具，没有人真正明白它到底是什么。所以，新的房主贷款公司不可能是旧公司的复制品，它们只能被称作“近亲”。

所有的这些复杂性不但没有削弱，反而增加了政府干预的必要性。当借款人和贷款人坐在一起重新商定条款时，会暴露出一系列的问题，谈判成功可以使双方的经济状况都得到改善。然而，当借款人和贷款人甚至不知道对方名字的时候，要怎么去组织谈判呢？这是到目前为止，只有少数违约的抵押贷款被重新商定的一个原因，也是政府的强势干预非常关键的原因之一。

在《纽约时报》2008年2月的一篇专栏文章中，我主张创立一个新的房主贷款公司，借入并贷出2 000亿～4 000亿美元的资金为一两百万的房屋再融资。文中我还做了一个粗略的计算，结果表明，新的房主贷款公司最后会像旧的房主贷款公司一样，获得适当的利润。支持这个想法的不止我一个，经济学家保罗·戴维森（Paul Davidson）和艾里克斯·普洛克（Alex Pollock）在我之前就提出了复兴房主贷款公司的想法，参议员查尔斯·舒默（Charles Schumer）也倡导类似的做法。

巧合的是，几天后我参加了一个众议院的民主党领袖会议，当时正在萌芽的住房危机问题恰好被提上议程。我的关于房主贷款公司的想法被顺带提及——请相信我，真的只是顺带。由于需要的资金太多，它很快就被否决了。那时，距离问题资产救助计划的实施还有8个月，政府官员和他们的选民都没有想过花几千亿美元的公共资金来缓解危机。我经常想，如果在止赎权问题还比较轻微的时候，也就是在2008年国会恢复房主贷款公司政策的话，情况会好得多。

恢复房主贷款公司并不是2008年学术界提出的唯一一个缓和止赎权问题的方法，这些方法并非全部来自像我这样节省开支（更确切地说是不愿意借钱的）民主党人。

在我关于房主贷款公司的文章出版两周后，《华尔街日报》刊出了一个专栏，是由哈佛大学的马丁·费尔德斯坦撰写的，他曾任罗纳德·里根总统的经济顾问委员会主席。费尔德斯坦提供了这样一种方案：将每位房主的抵押贷款的20%替换成低利率的政府贷款。但是，新的贷款有追索权，这样政府就可以追索违约借款人的其他资产。

2008年10月，曾任布什总统的经济顾问委员会第一任主席的哥伦比亚大学商学院院长格伦·哈伯德（Glenn Hubbard）与他的同事，著名的住房专家克里斯·迈尔（Chris Mayer），共同撰写了一篇文章，建议利用（当时还归政府管辖的）房利美和房地美对所有的抵押贷款进行再融资，在其基础上发行30年期、固定利率为5.25%的抵押贷款。当时，一般的抵押贷款利率为6.25%，期限长的抵押贷款利率会高一些。另外，他们的计划中还包括建立一个新的房主贷款公司来承担这些“缩水”的抵押贷款。费尔德斯坦和哈伯德是共和党经济方面的权威，而我是民主党人。将国家从止赎权的泥潭中拉出来的愿望并不分党派，且这一需求非常迫切。

无论这些想法有什么好处，都只停留在“学术”的层面，这是因为没有一种想法能在政治的池塘里激起涟漪。它们完全行不通，在很大程度上是因为政府需要提供很大一笔资金——并不是通过财政支出的方式，而是借入并重新放贷。对于这些相关想法的否决，说明了相互关联的三大障碍中的第一个障碍：政府不愿意将大量公共资金置于危险之中。令人惊讶的是，这个阻力一直持续到雷曼兄弟破产以及问题资产救助计划被匆忙制订好之后。

你必须心存希望

其实，并不是没有人意识到止赎权问题。早在2007年8月，联邦政府就尝试实施了很多减少止赎权的措施，但都以失败告终。联邦住房管理局保护计划以当时流行的观点为基础，认为当前我们面临的主要问题，是一大波拥有较低初始利率的次级可变利率抵押贷款的利率调整。这个观点在2007年8月份看起来是对的，但是后来被证明是错的——就像水晶球通常预测的情况一样。无论如何，联邦住房管理局保护计划给次级可变利率抵押贷款的持有者提供了一次再融资的机会，如果他们能按时支付月供（或者在利率调整之前，能够按时支付），就可以获得联邦住房管理局担保的固定利率抵押贷款。

这个计划由于过于复杂而收效甚微。在 2008 年 12 月被终止时，该计划只为不到 5 000 份抵押贷款进行了再融资。这个计划的失败主要由两个设计上的重要缺陷造成，但遗憾的是，这两个缺陷在后面的实施过程中并没有得到改善。大部分房主基本不懂金融知识，所以如果你想使这个计划为更多人所知，你必须：**①强势地推广这个计划；②小心谨慎地遵守 KISS 原则**。联邦住房管理局保护计划既不够简单，推广的力度也不够，而接下来的抵押贷款条款修订计划也没有做到这两点，这是大部分计划失败的原因之一。

接下来，我们来分析希望联盟（Hope Now Alliance），它在 2007 年 10 月大张旗鼓地宣布成立并存续至今。尽管希望联盟是由联邦政府通过财政部、住房和城市发展部促成的，但它仍是一个完全自愿和私人的组织，是由抵押放贷者、服务机构、咨询机构（包括房利美和房地美，在当时它们还属于私人公司），以及像花旗集团和摩根大通这样的大银行组成的一个联盟。

希望联盟专注于服务和咨询，并鼓励拖欠债务的借款人与抵押贷款服务商联系以寻求恢复流动性的方法。它更看重减少放贷人的潜在损失，而不是减轻房主的经济负担。

在一个自愿的、由行业领导的计划中，这样的重心倾斜并不令人惊讶。毕竟，任何抵押贷款的修改都会在减少房主支付款项的同时，使贷款人的收入由于无情的复式记账法规定而减少。原因很简单，就像保尔森的助手施瓦格说的那样："要防止更多的止赎权产生，需要有人（政府或放贷者）开一张支票。"我们不能期望放贷者会自愿地承担这个责任。但是，到目前为止，已经有很多的抵押贷款的放贷者自愿修改了条款，降低了本金或利息（或同时降低了本金和利息）。根据希望联盟的数据，截至 2012 年 3 月，在没有政府帮助的情况下，已经有 440 万份抵押贷款完成了修改。

但是，我们从希望联盟中吸取的最显而易见的教训是：自愿主义只能走这么远了，因为谁都不愿意做与自身利益相违背的事情，这也是我们事先就已经知道的。在2008年时，保尔森的财政部当然清楚这一点。当财政部促使更多的抵押贷款进行私下协商修改时，它既不愿意拨付政府资金（事实上，在问题资产救助计划通过之前，并没有政府资金），也不愿意去干预私人合约。后者引出了相互关联的三个方面的第二个障碍：产权变动问题。

我之前提到过，在不影响产权重新分配的情况下，要解决止赎权问题是非常困难，甚至是不可能的。我举了二次抵押的例子，其他例子都是从证券化的过程里引申来的。请记住，大部分的次级抵押贷款都被打包并证券化了。这些证券建立起的法律架构，使得分拆出单个抵押贷款进行修正变得非常困难，尤其是一些法人实体在原始的借款人（如凤凰城的某个人）和最终的贷款人（如意大利养老基金）之间形成阻碍的时候。

要将这些复杂的法律关系梳理清楚，很可能会导致某个人的产权遭到践踏。比如，经济学家（同时也是对冲基金的合伙人）约翰·吉纳科普洛斯（John Geanakoplos）和律师苏珊·柯娜科（Susan Koniak），在2008年向国会提议通过一项法案，即政府委派的受托人有权修改抵押贷款中的条款，这项法案的效力高于现存的证券化合同。我认为这个想法很有吸引力，但是布什和奥巴马政府不这么认为。

这是为什么呢？在资本主义社会，在固定的法律渠道之外进行产权的重新分配是一件令人不快的事情，比如破产法院和止赎权诉讼。除非在极端的情况下，否则这些事情都是要避免的。有人甚至会说，这是在任何时候、不惜任何代价都要回避的事情。总之，布什政府中的亨利·保尔森以及奥巴马政府中的盖特纳和萨默斯都不愿意走这一步，并不是没有理由的。这同样取决于你认为止赎权问题的严重性和合约的不可侵犯性哪个更重要。

关于“希望”的计划并没有随着希望联盟结束。2008年7月，布什总统将房主希望计划签署为法律，这项计划主要是由民主党派的国会议员设计的。这项新的政府措施从10月份起开始生效，旨在帮助多达40万的违约借款人进行再融资，向他们发放联邦住房管理局担保贷款——前提是原始贷款人愿意减免原始抵押贷款的部分本金，这是一个很没有把握的事情。实际上，没有放贷者愿意接受本金的减值，因为这意味着在账面上承认了损失。请记住，房主希望计划是自愿的。政府不会强迫，也没有引诱银行接受资产的减值。

因为这个原因及这项计划的复杂性，美国有线电视新闻网报道，截至2009年3月，该计划帮助一名房主避免了止赎权。只有一名！（网站没有公布他的姓名。）在年度陈述中，联邦住房管理局轻描淡写地承认道："这个计划并没有进行得特别顺利。"是的，我猜也进行得不太顺利——只差399 999份抵押贷款没有完成修改。房主希望计划在2011年9月终止，总共为762间房屋进行了贷款担保，称之为沧海一粟都有些夸张了。

关于这一切还有一个有趣的小花絮：财政部部长保尔森和联邦存款保险公司主席希拉·贝尔之间的持久战。他们关于抵押贷款的争论细节复杂得令人麻木（别担心，我不会详细叙述这些细节）。争论的核心是，贝尔想要对抵押贷款修改采取更为激进的措施，而华尔街出身的保尔森比较担心道德风险问题，而且他不相信贝尔有切实可行的计划。2008年7月，当联邦存款保险公司无法为印地麦克银行（IndyMac Bank，加利福尼亚州的一家破产的储蓄和贷款机构）找到买家时，贝尔得到了施展拳脚的机会。

印地麦克银行是有代表性的问题机构。印地麦克银行最初由美国国家金融服务公司创办，这是一个更加臭名昭著的抵押贷款放贷者。1997年，印地麦克银行从美国国家金融服务公司拆分出来，成为一个独立的实体。[①]在积极进取的作风领导下，它成为了全国最大的（也是最差的）抵押贷款放贷者之一，专注于向尚未达到相关贷款标准的借款人发放贷款。当这个资产320亿美元的银行破产时，联邦存款保险公司找不到以合理的价位接管它的人。因此，纳税人成了冤大头——它变成了印地麦克联邦银行（IndyMac Federal Bank），一家以拥有大量风险抵押贷款构成的资产组合为特色的银

① 印地麦克是独立国家房贷公司（Independent National Corporation）的别称，你觉不觉得它们的名字听起来很像房利美和房地美？

行，希拉·贝尔是其实际的首席执行官。

经过接管重组以后，贝尔使得印地麦克银行改头换面。在发布联邦存款保险公司为印地麦克实施贷款条款修订计划的新闻稿里，她说："对于贷款的条款修订，我一向支持以一个系统的、一体化的方法将现有的抵押贷款转变为长期的、可以支付的抵押贷款，使得银行家和投资者能获得与执行止赎权相比更高的回报。"联邦存款保险公司的计划尝试通过降低利率、延长贷款期限，甚至本金减免，将所谓的债务偿还比率（Debt-To-Income，简称 DTI）① 降至 38%，即联邦存款保险公司认为负担得起的比率，以此来避免止赎权。对于正在寻找解决止赎权办法的人来说，印地麦克计划很快成为关注的焦点。

但是，印地麦克模式远远谈不上成功。评论指出，印地麦克改进后的抵押贷款再违约率很高——部分原因是 38% 的债务偿还比率标准太高了。财政部部长保尔森不仅担心存在逆向选择（放贷者提供他们最差的抵押贷款），而且还担心道德风险问题（制造了鼓励违约的动机）。还有一个"小"问题就是，贝尔的计划会将不好的放贷者和对冲基金从失去头寸的危机中解救出来。

贝尔并没有灰心，她力图在全国范围内应用印地麦克模式。2008 年 11 月 14 日，就在布什总统和亨利·保尔森下台的 10 天后，保尔森宣布不用问题资产救助计划的钱来购买问题资产的 2 天后，联邦存款保险公司的主席推出了类似印地麦克计划的横扫式的反止赎权计划。债务偿还比率降至 31%（而不是 38%），5 年内利率可以降至 3% 的低位，新贷款可以展期至 40 年，政府将分担多达 50% 的再融资抵押贷款来弥补违约带来的损失。贝尔估计她的计划可以为 220 万份抵押贷款再融资，而政府只需花费 244 亿美元（包括再违约的成本），这非常划算——平均每份贷款只需约 11 000 美元。她提议从问题资产救助计划中拨一部分钱来完成这项计划。

---

① 债务偿还比率是衡量支付能力的常用指标，但是其缩略词用得不好。DTI 不是指债务对收入的比率，而是指接近于债务本息对收入的比率。具体来说，债务是指本金、利息、财产税以及家庭收入的保险费的总和，而只有前两项属于债务本息。

消费者保护团体十分喜欢贝尔的计划，他们更喜欢贝尔对政府的不断质问：为什么政府这么愿意救助银行，而不愿意救助窘迫的房主。这是一个很好的问题，但从来没有得到令人满意的答案。贝尔略带民粹主义的立场使其在一群“金融恶棍”中树立起一个稀有且孤独的英雄形象。顺便提一下，这还确保了她被（尚未正式就职的）当选总统奥巴马留任，尽管事实上，自从盖特纳担任纽约联邦储备银行主席起，她就与其对抗至今。①

但是，掌控问题资产救助计划大权的保尔森并不同意这个计划。如果说在此之前，保尔森和贝尔的对抗是秘密进行的（事实上并不是），那么现在他们之间的战争已经彻底公开了。直至盖特纳接任了保尔森的职位，财政部和联邦存款保险公司的关系都没有任何改善。

问题资产救助计划的钱用到哪里去了

当国会在 2008 年 10 月通过问题资产救助计划的法案时，缓解止赎权问题无疑是其主要关注点之一。如果浏览一遍法案，就可以发现有 7 处提到了止赎，主要集中在标题明确的两项：“减少止赎权的努力”（第 109 条）和“对房主的帮助”（第 110 条）。比如，第 109 条指示财政部部长要与其他联邦政府机构协调配合“认准购买问题资产的时机，以提高财政部促进贷款修订和重建的能力”。什么是“问题资产”？法律定义中的第一条就是“住宅或商业抵押贷款”。国会要求财政部寻求收购抵押贷款的机会，并对其进行修改。

因此，只要是有意识的人都不会忽略这个事实：国会想用一些问题资产救助计划的钱（它没有说具体是多少）来缓解止赎权问题。保尔森是一个有感情的人，但是他没有拨出一分钱来解决这个问题——大概是因为他的心思都放在了银行资本重组，以及计划为他的继任者留下大量的资金上。

① 从法律上来说，贝尔在联邦存款保险公司主席的职位会一直持续到 2010 年，奥巴马总统不可以解雇她，但是专业行政机构的领导如果不被需要了，通常会自愿离开。

在政府换届的过渡期，新上任的奥巴马政府同意国会的民主党人在问题资产救助计划中分配500亿美元来缓解止赎权问题，财政部部长盖特纳一上任就做了这件事情。因为只要与布林德、费尔德斯坦、哈伯德–迈尔（Hubbard-Mayer），以及其他止赎权缓解方案中要求的几千亿美元资金比较一下，就可以清楚地知道盖特纳希望以低廉的成本完成这项工作。也许新上任的奥巴马政府有比这些（以及其他）学者的理论更好的想法。但无论部署得多么巧妙，500亿美元的资金还是不够。① 如果一直如此，奥巴马将永远不能解决止赎权问题。

那么，为什么盖特纳只分配了这么少的资金来解决止赎权问题呢？主要的原因是他、萨默斯以及政府里的其他人既不相信开展一个大范围的止赎权减免计划是合法的，也不相信能够以合理的成本获得很大的经济效益。他们认为还有其他的更加有效的方式来使用问题资产救助计划的资金。盖特纳可能还担心问题资产救助计划的钱会被用光。虽然保尔森给他留下的7 000亿美元计划资金还有一半多，但是他知道还有很多的银行需要调整资本结构，还有很多的问题资产要购买，还有很多对问题资产救助计划的潜在需求，如汽车行业的救助——再加上唐纳德·拉姆斯菲尔德（Donald Rumsfeld）曾经提到的令人印象深刻的“未知的未知事件”。对于任何用完问题资产救助计划的资金的担忧，都被证明是没有根据的——财政部从来没有用完过这7 000亿美元。但是，在2009年1月，没有人知道这一点。

一次又一次的尝试

正如一开始说的那样，奥巴马多层面的反止赎权的努力没能阻止这场海啸，但这并不是因为缺乏尝试。在写这本书的时候，政府进行的项目包括住房可偿付调整计划、住房可偿付再融资计划、住房可偿付止赎备选措施计划、住房可偿付失业计划、受灾最严重州救助计划，以及一些别的计划。但是，一波又一波新止赎权的产生和大

① 事实上，政府一共分配了750亿美元的资金来解决止赎权问题，另外的250亿美元来自房利美和房地美，当时它们还属于政府机构。2012年3月，国会预算办公室预计在问题资产救助计划的500亿美元中，真正用到的只有160亿美元。

量未售出的止赎住宅，持续抑制了住宅的价格和新住宅的建设，进而抑制了整个经济的发展。2012 年 2 月，美国政府与各大银行就止赎权过程中的违规行为达成一项广为人知的和解协议，但具有讽刺意味的是，由于打破了法律的僵局反而使得止赎权的数量增加了，至少在一段时间内是这样的。

2009 年 2 月 10 日，财政部部长盖特纳在他的首次重要演说中描述了他的银行计划，主要有四个组成部分。一个是银行压力测试，另外两个是新的计划，旨在完成问题资产救助计划最初声明的目标：购买问题资产。该计划的第四部分，用盖特纳的话说就是“一个解决住房危机的全面计划”。他还补充了一点，“我们会在接下来的几个星期公布这个计划的细节”，这为原本就已摇摇欲坠的金融市场开启了地狱之门。毕竟，新政府上台已经三个星期了，而他们的计划竟然还没有完成。

盖特纳只用了 8 天就完成了这项工作。总统在 2 月 18 日的演讲上公布了这个住房计划，这个计划有一个文绉绉的名字：住者有其屋计划。它计划帮助 700 万～ 900 万房主修改抵押贷款或进行再融资。

该计划的两个主要组成部分是住房可偿付再融资计划和住房可偿付调整计划。住房可偿付再融资计划针对较大范围的（也许是较容易解决的）目标：对于坚持支付月供，但由于住房价值下跌无法以较低利率进行再融资的房主，给他们的抵押贷款进行再融资；住房可偿付调整计划则针对较难解决的目标：帮助房主完成抵押贷款的条款修改以防其违约，使他们能够继续住在房子里。那么，这两个计划进行得怎么样呢？

住房可偿付再融资计划

住房可偿付再融资计划宣布的目标是 400 万～ 500 万份抵押贷款的再融资，所有的抵押贷款都由房利美或房地美发放或担保。但是，住房可偿付再融资计划是一项艰巨的工作，更像赤手空拳的肉搏，而不是果断精确的空袭。在计划实施的过程中，财政部发现合格的房主比他们想象的要少。截至 2009 年 7 月底，仅 6 万份抵押贷款进行了再融资。截至 2011 年 8 月，住房可偿付再融资计划为抵押贷款提供的再融资达到了 81 万份——我没有开玩笑，但仍然离政府设定的目标很远。直到 2012 年 5 月，这个数字才达到 130 万。

财政部遇到的一个困难前面已经提到了：第二次抵押贷款的持有者可以，并且通常会阻止现有的第一次抵押贷款的再融资。另外一个问题是，房利美和房地美的监管者不肯让公司放弃某些产权，这使得银行在进行再融资时非常谨慎。比如说，当银行提出要对一个房利美或房地美拥有的抵押贷款进行再融资时，如果原始文本中有一点儿不规范，政府支持企业就有法律权力将原始的抵押贷款“放”回到原始的银行里。银行家根本不想要回这些贷款！政府从 2011 年 10 月起才着手解决这个问题——让我们等了太久了。

住房可偿付调整计划

尽管贝尔和盖特纳仍然处于争论之中，但住房可偿付调整计划在某些方面有点复制了希拉·贝尔的印地麦克模式。该计划包括将改进后的抵押贷款目标债务偿还比率设为 31%，设定了较低的贷款利率，以及对参与到条款修订中的抵押贷款服务商实行激励。这项计划声称的目标是通过抵押贷款的条款修订，使 300 万～ 400 万个受害的房主能够留在自己的房子里，但是财政部后来表示，事实上，只有 250 万笔违约贷款是符合条件的。

与住房可偿付再融资计划一样，住房可偿付调整计划也是赤手空拳的肉搏，一次只能处理一份抵押贷款。这个计划的实施花费了很长时间，直至 2012 年 6 月，它才在启动的 190 万份贷款的试验修订中成功修改了 100 万笔贷款。在这些成功的条款修订中，每年节省的花费约为 6 400 美元，并不是很大一笔钱。

2010 年 10 月，财政部开始对其条款修订计划进行改进。在住房可偿付调整计划本金减免选项下，政府开始鼓励放贷者削减本金。请注意，这不是硬性要求，没有人会逼迫你这么做，有的只是鼓励。但尽管只是鼓励本金的减免，却已经是向前迈进了一步，在此之前政府都是反对这样做的。尽管如此，截至 2012 年 6 月，这个选项下只有 6.7 万份抵押贷款修改了条款。

其他计划

是不是觉得有些乏味了？我接下来很快会介绍奥巴马政府的其他计划，这些计划是在进一步理解旧问题并提出了新问题的基础上，在对住房可偿付再融资计划和住房可偿付调整计划结果非常失望的情况下实施的。

住房可偿付止赎备选措施计划是在 2009 年 10 月创立的促进“房屋短售”的计划。房屋短售是指银行愿意接受房屋来替代未偿付的抵押贷款余额。当然，这个选择只对房屋价格“缩水”的房主（即欠银行的钱多于房屋本身价值的房主）有吸引力。但是，不论是当时还是现在，这样的人都非常多。当时估计大约 1/4 的房屋都是“缩水”的，所以并不缺乏住房可偿付止赎备选措施计划的房主。但是，截至 2012 年 6 月，只完成了不到 5.7 万份的房屋短售，住房可偿付止赎备选措施计划离成功还很远。

受灾最严重州救助计划是一组由各州单独进行的计划，由于某些州遭到经济衰退和住房市场崩溃的打击尤为严重，该计划在 2010 年 2 月也加入了政府的止赎权缓解计划。受灾最严重州救助计划包括为失业房主提供抵押贷款分期付款的援助，本金的减免以及为消除二次抵押提供资金。截至 2012 年 4 月，政府已经给 18 个州及哥伦比亚特区的救助计划拨付了 76 亿美元，但花出去的不到 10 亿美元——又是一个“起跑缓慢”的计划。

随着全国失业问题的扩展和蔓延，住房可偿付失业计划在 2010 年 7 月加入了政府的止赎权缓解计划，该计划的目的是为失业的房主提供暂时的月供减免。住房可偿付失业计划是应对日新月异的问题的一个很好的例子。正如之前提到的那样，导致止赎权问题的最主要原因是失业，而不是利息调整。住房可偿付失业计划听上去是一个很不错的主意，但是截至 2012 年 4 月底，它只救助了 2.4 万户家庭。

还有一些别的计划，我在这里就不赘述了。这个小小的（好吧，也许并不是小小的）政府计划之旅是为了说明：第一，奥巴马政府并没有完全忽略止赎权问题；第二，这个过程太过缓慢了。止赎权问题不断恶化，在我写作的时候，已经有数百万的房屋进入了止赎权的诉讼程序。这意味着数百万个家庭正处于痛苦的煎熬之中，而且还有数百万的家庭正在担心他们会成为下一批受害者。

为什么政府的进程会这么慢？各个计划具体的原因是不同的，但是有一些共同的因素。第一，没有遵循 KISS 原则。各式各样的计划非常复杂，计划的细节也非常难懂，尤其是对于没有专业知识的房主来说。第二，这些计划的预期受益人都要经过重重考验——也许是为了让不值得帮助的房主不那么轻易地获得资格。另外，正如之前提及的那样，如何让第二次抵押贷款持有者同意是一个令人苦恼的问题。第三，政府支持企业和银行并没有争先恐后地参与到再融资和条款修订当中，他们需要更强的激励——也许是多一点的刺激，但政府并没有提供。第四，政府的服务是不够的。政府需要寻找符合条件的人群并帮助他们完成这个过程，但它并没有这样做。所有这一切表明，随着时间的推移，财政部似乎做得比原来好了。但这只是比原来好，并不是足够好。

在这场关于止赎权缓解的辩论中，对于这些计划是否应该允许、鼓励，甚至要求本金减值（用较不礼貌的说法来表述就是部分违约）的争论已经白热化了。直到现在，许多经济学家仍坚持认为，如果不对本金减值，面临的抵押贷款问题就永远不能得到解决。但是银行家不喜欢这个想法，一部分原因是他们不想放弃收回每一笔贷款的全部余额的希望，但更多的是，他们不想在账面上承认自己的损失。关于这个问题，盖特纳领导的财政部的观点有点像哈姆雷特：减少本金还是不减少本金，这是一个问题。不知何故，盖特纳从未给人们留下想要鼓励减值的印象。

关于本金减免的争论，有些事情是值得注意的。**第一，减值是非常昂贵的。**当一份 25 万美元的抵押贷款余额减少到了 20 万美元时，银行或政府就需要吞下这 5 万美元——这取决于谁承担这笔坏账。更实际地讲，新的抵押贷款需要从某个人那里融资 20 万美元。最坏的情况是，这 20 万美元需要全部由政府承担。

第二，本金减值产生了道德风险。比如，如果我的邻居通过一个政府救助计划减小了抵押贷款的余额，我也会去排队要求减少我的贷款本金。按照惯例，道德风险的确是一个问题，毕竟政府并不想例行公事地从事救助所有债务人的业务。不过，正如救助银行的例子，道德风险并不是那么大的绊脚石，我们手头上还有更紧急的情况需要处理。

第三，除非他们完全自愿，本金的减值相当于对在破产程序之外的产权进行重新分配。在上面的例子中，抵押贷款的所有者拥有向借款人索取 25 万美元的合法权利。如果这时国家走过来“劝说”抵押贷款的所有者，将这个权利降至 20 万美元，这实际上就是剥夺了他的一部分产权。篡改产权是不可轻视的事情。

不难发现，这三点之中的两点重复了在本章一开始强调的解决抵押贷款问题的三个主要障碍中的两个：对钱的需求以及更改产权的风险。第三个障碍可以通过里克·桑特利（Rick Santelli）的咆哮进行解释。

桑特利的咆哮

桑特利是美国全国广播公司财经频道的记者兼评论员。他有点焦躁，关于这一点，所有看过他从芝加哥交易所和芝加哥商品交易所发回的报道的人都可以证明。在政治上，他是右倾的。

2009 年 2 月，在奥巴马总统宣布他的住者有其屋计划的第二天，桑特利正在芝加哥商品交易所做直播，他和当地的商品交易者对这一计划表达了不满。那天发生的事创造了历史。以下是后来著名的“桑特利的咆哮”的摘要。

> 你知道，政府正在推行不好的举措！……
>
> 为什么你不建立一个网站，让大家在网上投票，看看我们是否真的希望资助失败者的房贷？或者我们是否愿意购买丧失赎回权的汽车和房子？应该把他们给那些今后可能会成功的人，奖励那些能够存住水而不是把水喝掉的人。
>
> （交易员的欢呼）
>
> 这是美国！你们中有多少人想要支付你邻居的住房抵押贷款？他们有一个额外的洗手间但是付不起账。愿意的举手！
>
> （嘘声）

奥巴马总统，你在听吗？

（背后一个交易员：“我们都停止支付抵押贷款怎么样？这是一种道德风险。”）

我们考虑在7月成立一个“芝加哥茶党”。我打算开始组织了，所有想去密歇根湖参加的资本家们，一起来吧。

（欢呼）

大多数茶党成员可能从来没听说过桑特利，但茶党的几个领袖承认了那些台词是茶党的起源，这个政治运动有效地传递了右派的不满，事实上，后来它重塑了美国的政治。

商品交易员不能代表整个美国社会。他们中的许多（几乎所有）人都是“孤注一掷”的，他们每天承担巨大风险并忍受一切后果。但是，他们享有远超平均水平的收入，当逆境袭来的时候有更大的财富缓冲。并且，我大胆猜测，他们无家可归的可能性更小。桑特利和他的一帮喽啰在2009年2月的言论并不能完全代表美国人。事实上，几天后的一次盖洛普民意测验表明，美国人倾向于“帮助那些有丧失房屋抵押赎回权危险的人们”，并且是64%：33%的巨大差距。

尽管如此，“桑特利的咆哮”还是在网上疯传，而交易大厅里的对于帮助“拥有一个额外的洗手间却付不起账”的“失败者”的不满，也触动了人们的心弦。一种观念开始形成，在这件事上，相比于帮助苦恼中的华尔街雇员或商品交易员，美国人并不会更乐于帮助痛苦的房屋所有者，这同样是极为错误的。盖洛普民意测验表明，以59%：39%的比率反对对“破产边缘的美国银行和金融公司”给予联邦援助。希拉·贝尔比桑特利对公众的意愿有更好的把握，并且更准确地了解其中的支持者和反对者。但是，桑特利有一个响亮的扩音器，叫嚷着许多保守派希望听到的话语：面临丧失赎回权的房屋所有者是不负责任的，他们不值得帮助。

政治家都是消息灵通的人——即使他们了解的不是真相。于是，“桑特利的咆哮”和其他类似的反对声音，使财政支持的减缓止赎权的努力变成了一场艰难的斗争。艰难的斗争需要强有力的领导、巨大的能量和决心，或许还有巨大的支出，这一场斗争当然也需要。这样的斗争败多胜少，无论达尔文主义以什么原则选择成功的政治家，渴望倒在别人剑下的政治家一定不是其中的成员。极少有政治家会愿意签署“一个全民公决，来看看我们是否真的愿意资助失败者的抵押贷款”。他们害怕知道结果，或许这样是错误的。

改变越多，不变的也越多

一次平息止赎权浪潮的成功行动，需要克服大量复杂的情况和法律禁忌。它要求政府把数千亿纳税人的钱置于风险之下，虽然正如 20 世纪 30 年代的情况那样，实际的损失或许会是很小的。但重要的是，政治家害怕他们肩上会压上沉重的负担。

难怪它没有发生。难怪减缓止赎权的工作从来都没有被放在首要位置。难怪我们从来没有打破这样的恶性循环，从房价开始下跌，到金融市场崩塌，再到经济衰退和失业，紧接着就是大量赎回权的丧失，最终再到房价下跌。

这种悲剧并没有出乎我们的意料。正如我强调过的，赎回权丧失不仅是可预见的，而且事实上已经预见到了。但是我们仍然让它发生了，像桑特利那样接受了苦果。毕竟，这是社会达尔文主义者应该做的事。但是，最大的讽刺是，本来房屋过剩的威胁应该是过去的事情了，房价应该开始回升了，新住宅建设应该带领着经济走出萧条了，但这一切并没有发生。我是怎么知道这些的？答案是靠简单的算术。

2002—2006 年，美国出现了一个不可持续的房地产繁荣。将那 5 年的繁荣与之前的 8 年相比，我们多建造了大约 175 万套房屋，这就是投机泡沫产生时发生的事。过去的泡沫给我们留下了太多过量的铁路、过量的光缆等，这次的泡沫留给了我们过量的房屋。

但想想这个数字，175 万套房屋并没有超过一年的正常生产量。基于繁荣前的标准，我们在从 2008 年开始的 5 年萧条期中少建造了 360 万套房屋（总数在持续增加）。换句话说，从 2008 年开始，房屋建筑缺口已经是繁荣年份盲目的过度建筑数量的两倍了。基于平衡，美国现在应该会经历一个房屋短缺、房价提高和住宅建设繁荣的时期——这会帮助经济复苏。

但这些都没有发生。而且，奄奄一息的房地产是使我们长期处于困境的主要因素。即使在今天，随着房地产回暖，住宅建设也只恢复了一小部分，但是止赎房屋的存量仅勉强低于 2011 年的峰值，并且大约 25% 的住宅销售来自丧失赎回权。没能解决止赎权问题是房地产长期以来市场羸弱、复苏无力的原因之一，而这完全是可以避免的。我们很难否认的一点是，我们还没有做出足够的努力。

AFTER THE MUSIC STOPPED

13

质疑一切

> 我们拯救了经济，却失去了公众对我们的善意。
>
> ——盖特纳，2010 年 3 月

前面的章节强调了政府在应对抵押品赎回问题方面的严重政策失误，但那被证明是一个例外。总的来说，美联储和两任总统的政府在 2008—2010 年的政策不是消极而是异常积极的。这些政策的范围和数量让政策制定者绞尽脑汁、费尽心力。正如我开始时提到的那样，在整个剧情中，最令人吃惊的部分是他们竟然成功了。

但是，正如物理定律所示，每一个作用力都会产生一个大小相当的反作用力。奥巴马、伯南克、盖特纳和亨利·保尔森并没有因为他们的努力而受到赞誉，相反，2008—2009 年取得了巨大成功的积极政策，反而在 2009—2012 年招致了大规模的质疑，这些质疑也对2010年和2012年的选举产生了重大影响。

为什么会招致质疑？这是本章的核心内容。这个问题的答案不仅关乎我们的过去，也关乎我们的未来。如此激烈的质疑让许多观察家都想知道，美国政府是否有能力在音乐再次停止后，实施如此庞大而复杂的救援措施。

政策的悖论

雷曼兄弟倒闭后，当金融体系和经济滑向悬崖时，几乎每个美国人都在期待联邦政府。银行和华尔街在风暴中寻找庇护，实体经济在寻求金融体系恢复正常，普通家庭在期待工作、社会保障、贷款救济以及房价停止下跌，州政府和地方政府则需要新的资金来弥补严重下降的税收收入。

2009年3月，就在金融危机触底的时候，《纽约客》刊登了一幅漫画，极其幽默地展现了当时的时代特征。在这幅漫画中，国王正在一个中世纪庭院中等待刽子手行刑，突然一个信使冲进来喊道："住手！等一下！政府不再是问题，而是解决方案！"忘记老里根的理念吧，漫画家暗示政府正在拯救众生。

但是，认为政府是解决方案的观念并没有持续很久。金融行业一恢复元气，富豪们便开始反对过多的监管，并抱怨政府把他们当作替罪羊。替罪羊？那肇事者呢？奥巴马总统被贴上了社会主义者的标签，并被反对大政府的保守派们中伤。在2010年11月的选举中，茶党的共和党人在恶意的反政府集会上频频获胜，他们的做法远超被他们奉为偶像的右派的罗纳德·威尔逊·里根。

仔细想想看，金融危机是由一系列贪婪、错误判断以及公司与个体欺诈所引起的，这些行为被不负责任的、盲目信奉自由主义的政策纵容。美国是监管不足，而不是监管过度的受害者。只有当2008年9月打击到来的时候，之前主张消极干预的决策者才在绝望中转而支持政府干预。正如保尔森在他的回忆录中写的那样："我坚定地相信自由市场，我去华盛顿当然不会让政府干预私人部门。"但是，他还是干预了。伯南克和盖特纳也这么做了，他们中没有任何一个人是亲社会主义者。

干预生效了，最坏的情况得以避免。金融市场比想象中恢复得要快，而且没有发生“大萧条2.0”。根据我和马克·赞迪早些时候的估算，一系列的救助措施对2011年实际GDP的贡献大约在1.8万亿美元，而这些产出总计带来了980万个工作岗位，并使失业率降到了6.5%以下。如果没有这些成绩，现在只是有点可怕的危机很可能会演变成重大的灾难。

你也许会认为这样醒目的成绩能够重塑政府的形象，并且让那些鼓吹自由主义的人闭嘴，但你错了。伊曼纽尔原则以一种残酷的方式生效了，一连串救助措施恰巧在衰退最严重的时候出台，这给了反政府人士攻击政府的机会。他们的行为对政府产生了严重的影响。

由于大规模的干预政策会对政治产生微妙的影响，这些颠倒是非的观点也许会带来更大的破坏。从各种角度来看，这些政策都没有取悦民众，反而招致了人们对美联储、奥巴马政府、国会尤其是民主党的不满；以及对凯恩斯主义，甚至是经济学的不满，当然人们主要反对积极的干预政策。总之，指责的核心是，华盛顿的一系列政策让经济像喝醉了一般昏沉。真的是这样吗？这种逻辑仿佛是消防队员在点火，但这种观念竟然能够流行开来，为什么呢？

长时间以来，美国人民都是实践中的自由主义和思想上的保守主义。在任何时候，我们许多人在骨子里就根植了托马斯·杰斐逊反对大政府的思想。我们从来不认为政治家是好人，中央集权是好的做法，而把自由竞争和个人主义当作更好的选择。我们倾向于埋怨政府干涉了我们的生活，我们也不愿意支付税款。所有这些让我们成为地道的美国人。

但是，当碰到困难时，美国人民又希望政府来解决问题：西部开发、开掘运河、建造高速公路、结束大萧条、实行罗斯福新政、构建大社保体系等都是如此。我们崇拜杰斐逊，但我们的做法却是汉密尔顿式的。这种心口不一在2009年夏天关于医疗改革的辩论中得到了完美演绎，那时，南卡罗来纳州警告自己的国会议员不要去插手公共医疗问题。

对政府的质疑具有内在的逻辑矛盾。政府的行动挽救了那些自由主义者造成的灾祸，但是那些有罪的团体竟然反过来指责积极的干预政策。公众也把怒火转向了大政府主义，首当其冲遭到质疑的就是新总统。

对总统和国会的质疑

图 13-1 我们在前文中已经看过，它展示了 2008 年 1 月至 2010 年 12 月工作岗位的月度变化。但是，这次我请大家关注 4 个重要的日期：2008 年 9 月，雷曼兄弟倒闭；2008 年 11 月，奥巴马当选；2009 年 1 月，奥巴马就职；2009 年 2 月，开始实行大规模刺激计划。这幅图非常直观：2009 年第 1 季度，美国的工作岗位在自由政策下快速减少。然后大规模的刺激计划在 2 月通过，工作岗位减少的情况有所缓解，并最终由 2009 年第 1 季度每月减少 78 万个岗位的峰值，下降到 2010 年 1 月至 2 月每月只有 4 万个岗位减少的水平。这幅图的确展现了奥巴马如英雄般骑在马背上拯救经济的形象。

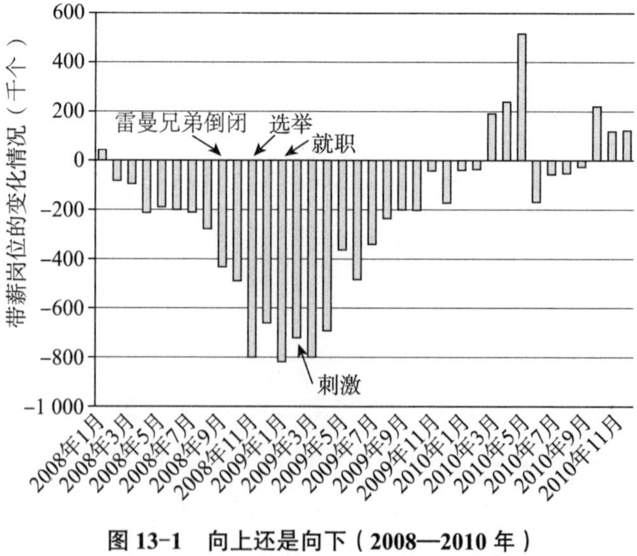

图 13-1　向上还是向下（2008—2010 年）

但是公众并不这么认为，美国人民看到的是这位 2008 年 11 月当选的新总统承诺改变，失业率却在 2010 年 10 月以前一直攀升。尽管美国国家经济研究局在 2009 年 6 月发表了令人鼓舞的官方声明，但是衰退似乎看不到尽头，经济没有展现出任何珍贵的复苏迹象。当时的形势艰难，工资和收入停滞不前，工作极其难找。这是改变吗?

图 13-2 展示了奥巴马的民意支持率情况，在奥巴马当选后不久，他的支持率就开始下滑，一直持续到 2010 年。当然，他不是在 2010 年重选，但是众议院在 2010 年经历了重选，37 位民主党议员为此承担了灾难性的后果。

愤怒的美国选民曾在 2008 年 11 月将民主党推向权力的宝座，但在 2010 年 11 月，却对民主党发起了猛烈攻击。选举开始时，众议院一共有 256 名民主党人参加选举，结果只留下了 193 人。这是自 1938 年以来，众议院最大的一次席位更迭，使得本次选举成为共和党自 1946 年以来获得众议院席位最多的一次。参议院的变化没有那么激烈，但是共和党仍然拿下了 6 席。在州长和州议会选举中，共和党也占尽优势。本次选举可以说是民主党的溃败。

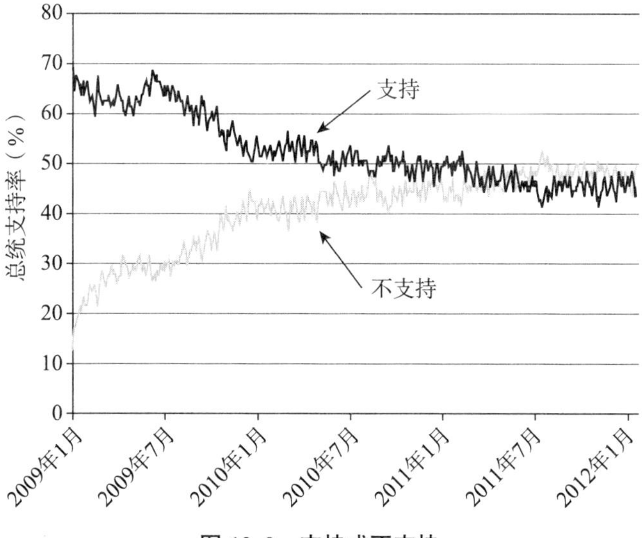

图 13-2　支持或不支持

由此，奥巴马和他的党派在救助经济方面的重大成功却遭遇了选民如此的喝倒彩。作为一个敏锐的政治观察家，前总统克林顿曾写道："对我来说，2010 年大选最有趣的事情之一是，竟然如此容易就可以说服这么多美国人加入对政府的抨击。"对政府的抨击一直延续到 2012 年的选举，尽管奥巴马依然赢得了胜利。

对美联储的质疑

在美国的政府体系当中，总统和国会是最容易见到的，它们通常处于公众最能感知的位置。在金融危机以前，美联储则显得比较隐蔽。公众甚至对它没有轮廓性的了解，很少有人知道它是干什么的。在 2008 年 9 月的美国国际集团事件中，即使是巴尼·弗兰克这样聪明和博学的国会议员，当得知美联储拥有一个本质上无限额的"钱袋子"时，也表示惊讶。

一些国会议员（主要是共和党议员，也有一些民主党议员），不但不满美联储的权力，甚至还质疑其是否违宪。反对美联储的演讲充斥着各个角落。国会议员罗恩·保罗于 2009 年出版的《终结美联储》(*End the Fed*）一书甚为畅销。这也许是因为保罗的影响力，但更主要的还是因为美联储威风凛凛的权力，曾经隐形的美联储突然变成了茶党运动中的主要反对对象之一。

然而，对美联储及其政策的反对，也并非完全来自政界。著名的保守派经济学家，比如芝加哥大学的约翰·科克伦（John Cochrane）、卡内基－梅隆大学的艾伦·梅尔策（Allan Meltzer），以及曾在布什政府担任财政部高管的斯坦福大学的约翰·泰勒（John Taylor）等，都加入了声讨运动。加入？也许我应该用领导这个词。科克伦苛责救助；梅尔策指责美联储牺牲了独立性，与财政部和国会走得太近，并苛责救助；泰勒则认为美联储的一系列政策应对搞错了方向，加剧而不是消除了危机，同时他也苛责救助。美联储还被指控正在造成通胀，虽然核心通胀率在下降。对此，作为共和党人的伯南克只能惊愕地摇摇头，当然还怀着一些担忧。他自己的党派，还有许多是他以前大学的同事，现在掉过头来攻击他。想必他一定很受伤。

当美国国会在2009—2010年开始实施金融改革时，美联储的脑袋已经被放在了砧板上。但是正如我们见到的那样，美联储在它机智的主席的带领下，在友好的财政部和众议院金融服务委员会的帮助下，躲过了所有致命的子弹。出于平衡的考虑，《多德－弗兰克法案》还给了美联储比以往更大的权力。

然而，美联储在立法上的胜利并没有改变人们对中央银行的批判眼光。比如，当保罗2012年寻求共和党总统候选人提名时，废除美联储就是其施政纲领中的重要一条。保罗确实宛如多年生的耐寒植物一般执着。

对凯恩斯经济学的质疑

反对美联储的一个潜在原因，是彻底反对伯南克及其同事的凯恩斯主义行为（所以这些人也顺带着变成了凯恩斯主义者）。批评人士尖叫道："宽松的货币政策肯定会导致通胀。"

凯恩斯主义通常被描绘为通过政府购买的行为摆脱衰退，因此往往被认为与"大政府"相关，但这是对凯恩斯主义的狭隘理解。需要指出的是，政府本来就完全可以通过提高政府购买而不是减税的方式来对抗衰退，里根和布什也是这么做的，看来他们也是凯恩斯主义者吧。

就与现在的讨论更加相关的一点来说，许多伯南克这样的所谓凯恩斯主义者，其实坚信宽松的货币政策比宽松的财政政策更有益于战胜衰退。通过宽松货币政策、降低利率，可以扩大经济的实际和名义价值。当然，美联储在2008年已经把利率降到了底部。

货币政策和财政政策在抵御衰退方面的一个重要不同是，前者不会增加政府的预算赤字。事实上，它还会通过至少三条路径降低政府的预算赤字：更低的利率意味着降低了政府的债务成本；减少政府支出，比如失业方面的支出；以及增加税收。如果是扩张的财政政策，比如减税和增加支出，赤字就会激增，这就是2009年以及之后，那些反对凯恩斯经济学的人士的质疑基础。

国会于2009年2月通过的大规模的财政刺激计划、问题资产救助计划和其他抵御金融危机的手段，再加上税收的损失，将联邦预算推到了异常高的水平，从2007年占GDP1.2%上升到2009年占GDP10%。占GDP10%？这个数字本身就足够震撼：1.4万亿美元！第二次世界大战以来，美国政府从来没有出现过这么高的预算赤字，上一次的高点是里根时期（1983年），占GDP6%，即使是对赤字问题不太在意的鸽派也不得不抬起他们的眼皮。

共和党人当然会跳出来。那些在布什总统时期完全无视预算问题的国会议员和参议员突然找回了信仰，并开始鼓吹奥巴马的赤字正在把美国的繁荣推向危险的边缘——好在不是他们道德的边缘。共和党的男男女女开始在2009年2月反对刺激法案。在复苏法案通过后，他们马上就要废除法案，并宣称这个法案将会失败，并且不会发挥任何作用。“扼杀就业的政府支出”的说法开始成为约翰·博纳的信条。不要在意这句话，因为这句话其实根本没有任何意义。

关于财政刺激会使经济收缩的说法深刻地影响着反凯恩斯主义，虽然凯恩斯表达的根本是相反的意思。因为2008年支持财政刺激的共和党突然掉头反对2009年奥巴马的财政刺激政策，所以我猜他们也是突然开始反对凯恩斯主义的。正如2011年《经济学人》上发表的文章指出的那样：“如果有一件事情能让今天的共和党团结的话，那就是凯恩斯主义，他们决定要荡平它的邪恶影响。”的确如此，甚至在新的执政团队走进办公室之前，保守派还在训诫促进经济增长的最好方式是降低而不是增加联邦支出。你无须反驳他们，对于凯恩斯主义者来说，这就好像是在听老大哥的训话，反正对的也是错的，战争就是和平，上面就是下面。

再来看看来自学术界的反对声。斯坦福大学的泰勒教授和他的联合作者认为，一系列的刺激计划只会花掉8 000亿美元，而不会扩大需求。根据泰勒的观点，复苏法案对刺激经济不会产生任何影响。他补充说：“我不认为这一发现值得惊讶。”你不吃惊吗？真的吗？凯恩斯爵士和像我这样的现代凯恩斯主义者听到一定会感到震惊的。这是一个怎样的世界，你花了这么多钱，竟然不会产生任何新的就业岗位？

对积极政策的质疑

对美联储和凯恩斯主义的质疑都存在特定的目标，但是范围更广的质疑来自对权力的质疑：正如里根说过的那样，政府本身就是问题，而不是解决方案的一部分。我前面提到过那些把金融危机归于“两房”的保守主义者的用意。虽然这是一个单薄的案例，却经常被引用。争议者正加速对目前复苏法案和政府正在执行的政策进行指责，这种论调充斥在罗姆尼 2012 年的竞选活动中。积极政策后院起火，批评声此起彼伏。

泰勒认为，美联储“史无前例的政策体制”是弊大于利，因此美联储应该退出并回归传统的货币政策。他还总结出了泰勒法则：一个利率的决定公式（我会在第 14 章美联储政策退出策略中进行检验）。但是如果你懂得数学，就会发现泰勒法则实际上是在要求负的联邦基准利率。事实上，伯南克在 2008 年 12 月已经把实际利率推向了接近零的水平，到了后期，只能通过量化宽松来替代无法做到的方法：把利率变为负数。但是泰勒就是要反对美联储的政策，并宣称美联储的政策造成并延长了危机，并且美联储背离传统货币政策使危机进一步恶化。当然，在 2009 年的极端情况下，他所谓的传统货币政策究竟是什么并不明确——你只能知道他喜欢紧缩。

艾伦·格林斯潘显然要一条道走到黑，他在随后也发表了看法。他认为，应对金融危机的积极政策和大衰退伤害了经济自我修复的能力。他非但没有认识到市场经济的不完美，反而宣称：“许多干预政策可以被市场手段替代，这些干预正在伤害，而不是恢复我们的市场，我认为现在政府的积极干预正在伤害我们本来强健的经济修复能力。”

这种观点意味着美联储在把联邦利率降到零后就应该关门大吉，财政刺激不仅没用反而有害，积极的政策是在伤害经济，所以应该放弃与衰退进行斗争并祈祷情况变好——你可以叫它信念型经济政策。格林斯潘和泰勒这样的建议，就仿佛当年安德鲁·梅隆给胡佛总统的建议：“清算劳动市场、清算股市、清算农场、清算房地产市场，这样就能清除系统中的腐烂部分。人们工作会更加努力，并过上更加优越的生活。”有趣的是，在梅隆告诉胡佛这些话以后，大萧条就自然而然地发生了。“进取的人们开始取代那些不怎么胜任的人。”显然，梅隆的自由主义和达尔文主义仍然存在，但是这些政策不能缓解衰退，更不能保护人民。

合情合理的委屈

右派学者鼓吹消极的货币政策，宣传不负责任的财政政策，还有人误导政府的干预行为。但是，这些观点并不是没有政治基础的。普通的美国民众想到的是另一些让他们愤怒的事情，而且他们的愤怒是正义的，下面是一些愤怒的原因。

持续暴跌

美国经济在 2008 年 9 月至 2009 年 6 月期间跌到了谷底，然后开始以令人痛苦的缓慢速度爬升。到 2010 年末，失业率才刚刚低于 9.4%。到 2012 年 10 月，失业率仍然高达 7.9%。确实很糟糕。积极政策的支持者认为，如果没有抵御衰退政策，经济也许会更差，但是民众是不看“也许”的。“也许会更差”的说法让政策制定者置身于一个危险的平台。

当然，如果能够举出一个相反的例子，就会非常有说服力，或者足够幸运也可以避免危机。但不幸的是，奥巴马总统、财政部部长盖特纳和其他人既没有说服力，也不够幸运。

无辜的受害者

这场导致金融危机的“恶作剧”使许多人受害。一些人是活该，那些投机分子理应亏损；但是，抵押贷款业务中（法律上的）欺诈行为和一些（道德上的）接近于欺诈的行为，造成了许多无辜的受害者。没有任何措施帮助他们偿还贷款，厘清他们的生活。

受害者并不局限于次级抵押贷款的持有人。当市场发生崩溃时，蒸发的财富是难以计数的。这并不取决于你是否有抵押贷款，只要你有房子，它的价值就会大幅跳水。即使你是租客而不是房屋持有者，也难逃损失。你的股票、债券、共同基金和其他投资也发生了缩水。总的来说，美国居民的财富损失高达 18 万亿美元，超过了一年的 GDP 总和。

所有这些财富的消失带来了可怕的衰退与艰难的复苏。为了重建财富，美国人必须储蓄得更多。个人储蓄率（储蓄比可支配收入）从 2006—2007 年的 2.5%，上升到了 2008—2010 年间的 5.25%。储蓄也就意味着不消费，直到 2011 年，被吓怕了的消费者还在因此阻碍着经济的复苏。

正如我多次指出的那样，衰退对工作岗位的影响是非常可怕的。就业率一直到 2010 年 2 月才见底，这时，美国已经比 2008 年 1 月峰值时减少了 880 万个工作岗位，与此同时，适龄的劳动力人口还在增长。这样巨大的工作岗位损失影响了上百万家庭的收入，更不用提生活。正如我在前文所说的那样，美国的纳税人承担了由金融系统导致的损失，这看起来很不公平。确实很不公平。

惩罚与罪责不相符

许多受害者是无辜的，可是实施那些欺诈的犯罪者却不是。那么谁应该为此遭受惩罚？答案似乎是一个名叫李·法卡斯（Lee Farkas）的人。

这人是谁？他是规模相对较小的泰勒 - 比恩和惠特克典质贷款公司（Taylor Bean & Whitaker）的老板。他在 2002 年卖给房利美 8 笔涉嫌欺诈的抵押贷款，这 8 笔抵押贷款没有支付过任何一笔利息就出现了坏账。在这 8 笔贷款中，借款人都是法卡斯本人。他在 2011 年接受审判时（注意，是在他犯案 9 年以后）承认：“我当时就觉得那不一定是个好主意。”是的，那的确不是一个好主意。

房利美对判决感到不满，但是房利美和房地美却仍然“津津有味”地遭遇着来自各地的违约——做法和法卡斯一样。当法卡斯因为涉及 29 亿美元的阴谋和骗局而被送入监狱后，一切都结束了。当然，他还在服刑。

这件事情的有趣之处不在“丰富多彩”的案情（例如，法卡斯曾吹嘘他可以用一支铅笔抢劫一家银行），而在于法卡斯是目前为止，人们能够看到的、级别最高的、因为金融危机而被送去服刑的人。肯定还有数以千计的导致了金融危机的骗局，它们也许与规模更大的公司有关，难道泰勒－比恩和惠特克典质贷款公司是应该被煮熟的最大一条鱼吗？难道美国的司法部门就真的找不到更大的案件去审理吗？当我们需要教皇时，他在哪里呢？他在 2012 年 1 月赴英国的旅途中，他曾宣称在与奥巴马的交谈中，得知奥巴马终于同意建立一个特别审判机构，去调查金融危机中的犯罪问题。是的，那是在 2012 年。

令人怨恨的银行紧急救助

无论是布什政府，还是奥巴马政府的银行紧急救助政策，都是令人不快的。政府为了拯救经济必须救助银行，但这却是政治毒药。领导人在实施救助的同时，也留下了许多大家很想知道答案的问题——无论是做了什么，还是解释和评价所做的事情。正如我此前强调的那样，即使保尔森不支持伯南克和盖特纳，他在 2008 年时至少默许了银行被攻击。从本质上来看，一系列并非出自公众意愿的行动都与政府的资产注入有关。因此，就有了让政府的钱投入更受欢迎的项目这样的说法。

救助行为是否可以通过不一样的方式进行？当然可以。最低贷款需求与公共救助相关。在政府收回资金前，分红应该被禁止。对赔偿执行的限制条件应该更加严格（成为财政部部长后，盖特纳在 2009 年这样做了）。如果情况好转，纳税人应该获得更多的正向激励。但事实是，2010 年许多银行获得了巨大的利益，而公众却蒙受了损失（当然纳税人最终是受益的，但这远远不够）。接下来，在放宽止赎权问题上，政府未做出任何有效的工作，这也加剧了民怨。此后，长达 13 个小时的关于问题资产救助计划的会谈，又以资产注入的形式从银行买走了问题资产，这看起来像是打开了民怨的开关。

也许最无法原谅的是，政府对银行救助计划的解释太少了（最多给个 D），而且收效甚微（最多给个 F）。举个例子，几乎没有美国人弄得清楚纳税人到底给了银行和华尔街多少救助，没有任何事情能够帮助银行救助计划得到民众的理解。但是，一个精明的政府应该去澄清、不停地澄清，以免银行救助被想当然地看作一种邪恶。遗憾的是，布什政府和奥巴马政府都做得不好。

太少的解释

银行紧急救助计划的失败在很大程度上源于信息沟通的不足。令人惊讶的是，政府里没有一个人站出来说明接下来要怎样做，什么更重要。这项工作的失误在很大程度上解释了，为什么政策制定者会失去普通大众的支持。

当推行一项站在客观立场上会让人感觉到错误和不公平的政策时，沟通工作异常繁重，也至关重要。有影响力的人应该站出来解释，而且要不止一次地反复说明。不幸的是，这项工作被缩水了。你能记起布什总统在危机期间解释过他的政府行动吗？事实上，有过一次，发生在 2008 年 9 月 24 日，但是这一次解释既没有被记住，也再未重现。那沟通大师奥巴马总统呢？他显然做了一些关于经济政策的演讲，但是并没有像克林顿那样集中一点来谈，也没有罗斯福式的炉边谈话。你感觉不到拯救经济是奥巴马任期内工作的核心目标。

那么，财政部的两位长官呢？无论是保尔森还是盖特纳，都没有对公众进行说明，当然他们也不是有天赋的演讲者。如果非要说盖特纳做了什么的话，那就是他 2009 年 2 月 10 日的灾难性演讲。在那之后，他就对公众缄默了。一次毁灭，就再羞于开口。

当然，记者、经济学家和各类专家对公众讲了很多，他们一直如此。但他们不是国家领导人，不对国家的政策负责，尤其是那些经济学家，他们只有少得可怜的粉丝。

顺理成章的是，失败的沟通导致了公众的不理解，甚至引起了一些错误观点的出现：比如认为政府把资产转移给银行（事实上，贷款伴随着所有者权益的增加），比如对 7 870 亿美元经济刺激计划和 7 000 亿美元的问题资产救助计划的混淆（这是两个完全不同的项目），比如认为经济救助是对纳税人的巨大负担（实际上还有净盈利），比如虚构了盖特纳来自高盛的故事（实际上那是保尔森）。如果你认为奥巴马政府从高盛找来一只“狐狸”看守“鸡舍”，并且这只“狐狸”从“鸡舍”里拿走了数千亿美元去救助银行而对经济无半点好处的话，你一定是疯了。幸运的是，这些统统不是真的。但不幸的是，许多人相信这是真的！

奥巴马政府在沟通上的无能，导致社会大众和被拯救的银行都在怨恨盖特纳、萨默斯和华尔街的公司。本来可以避免的猜测，现在变成是情有可原的，这纯粹是政治上的忽视导致的。

美联储是否过分行使了权力

毋庸置疑，美联储遭遇了更加狂乱的抨击。许多观察家想知道，美联储的行动是否过分行使了权力。从法律上来说，没有。实际的问题不是它行使权力是否违法，而是是否恰当。它为银行提供贷款是一种非常正常的中央银行行为，但问题是规模是否太过巨大。美联储还把大量的资金借给非银行机构，这就不是正常行为了。美联储甚至完全国有化了美国国际集团。美联储可以通过购买美国国债以外的资产来构建它的资产组合，但是它持有了这么巨大的、缺少交易对手的抵押相关资产是否合适呢？此外，许多收购案也让人迷惑，中央银行和财政部是否可以决定用公众的钱去拯救谁，或者放任谁去死。

有批评者认为，国会和议院有必要对公共资产保留额外的权力，应该在美联储这样的技术部门？加入一些政治元素。还有一些批评担忧美联储对资产负债表的扩张是否会引起通货膨胀。当然，如果这是真的，美联储就不是过分行使权力，而是完全滥用了权力。

对国家债务的担忧

经济救助的一个令人不愉快的副作用，就是政府债务的增加，尤其是在衰退时期。从图 13-3 中可以看到，自 2007 年底，联邦政府的负债就一直在增长，而且增长不是来自社会保险、其他基金，或者美联储，而是来自政府本身。到 2004 年时，债务大概占 GDP 的 30%；而在 2011 年底，债务占 GDP 的比重已经达到了 55%，这些变化仅仅发生在经济刺激计划实施的 4 年间。

财政问题让许多观察家警觉了起来，也让一些资深议员开始转向支持财政平衡政策。然而，国会并没有在 2010 年、2011 年或者 2012 年修改长期预算。2010 年 12 月，由艾伦·辛普森（Alan Simpson）和厄斯金·鲍尔斯（Erskine Bowles）领导的国家财政责任和改革委员会所做的报告还为编辑们广为称道。政治家完全忽略了财政赤字问题。

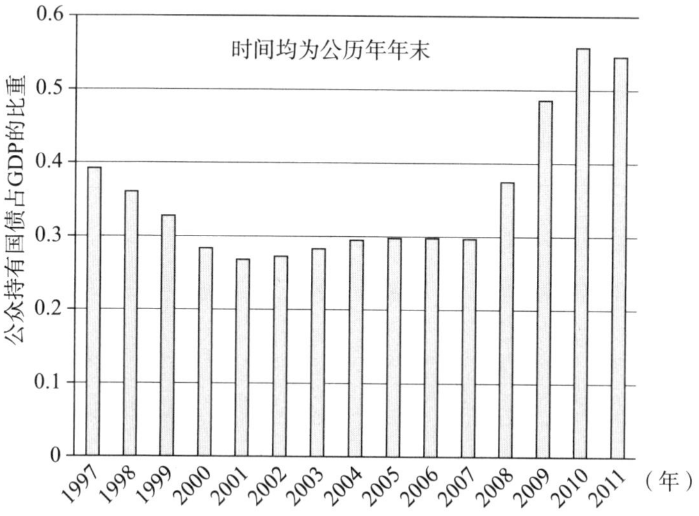

图 13-3　美国政府债务的增长

就在同一个月，一个少见的两党协议被达成，但它不是要减少预算，而是要增加。民主党想要实施奥巴马 2009 年提出的为工人工资减税的政策，并停止布什总统在 2001 年和 2003 年对高收入阶层的减税政策，但是共和党想要做的事情正好相反。于是，他们“手拉着手”做了一项充满勇气的“政治承诺”：他们想要同时降低工人和高收入阶层的税负，却不打算付出任何代价。工人的减税计划实施了大约一年，布什的减税计划实施了两年——这看上去又是奥巴马总统做亏的一笔买卖。一年以后，在 2011 年 12 月，一项关于工资税减免的议案被达成，给了这项减税计划 2 个月的寿命，不过人们普遍觉得这个计划还会持续 10 个月。事实上，2012 年 2 月的议案确实又给了它 10 个月的时间。当然，2011 年 12 月和 2012 年 2 月的协议很快就带来了我们熟知的 2013 年 1 月的“财政悬崖”。[①]

财政赤字和国家债务的蓬勃发展也带来了一个显著的效果：2011 年和 2012 年的财政刺激得以顺利实施。奥巴马和布什的减税计划，都是被政治家扛在肩头的经济刺激大旗，如果还能为尽快完成复苏做点什么的话，一定得靠财政部来减少赤字。但是财政部唯一的困扰就在于如何在减税的同时又降低赤字，这是多么矛盾的事情啊！

奥巴马总统是否透支了自己和美国

这是一个见仁见智的问题，但我的答案是明确的：是的。新总统和他的团队想要繁荣金融系统，想要刺激需求，想要改革金融监管体系，想要推行医疗改革，想要修改环境和能源政策，想要改革美国的教育体系以及很多其他的目标。什么时候他才能忙得过来？况且他的日程安排里不仅有国内问题，还有伊拉克、阿富汗、关塔那摩问题，以及五角大楼应对战争并防范来自伊朗、基地组织、朝鲜和巴基斯坦等威胁问题。

这是一个长长的清单，实际上，奥巴马政府在许多领域都做得不错。但是，他的政策没有中心，公众并没有看到一片森林，仅仅是觉得有许多树木。这位新总统究竟代表什么？他有明确的战略吗？美国人民并不知道。

这也是我们失去了许多善意支持者的原因。《纽约时报》在 2008 年 12 月对布什政府的一项民意调查中发现，认为“事情越发严重，我们走错了方向”的美国人，远比“我认为一切都会好起来”的美国人要多，大约是 83%：12%。但是，这种悲观情绪在奥巴马上任的前几个月里骤然改变，认为走错方向和认为一切会变好的比例变成了 48%：45%。但是到了 2011 年，这个比例又变成了 76%：15%。虽然从任何角度来看，美国在 2011 年 11 月的情况都远远好于 2009 年 5 月，但是民调却完全体现不出这个事实。这对于奥巴马政府来说，绝对不是一个好消息。

---

① 财政悬崖，是由美国国债持续突破债务上限而引起的，实际上是美国债务危机的“续集”。——编者注

来自左派和右派的民粹主义

来看看茶党是怎么出现的。茶党源自一个反对布什时期银行救助政策的草根组织，他们自2009年2月开始反对奥巴马时期的财政刺激政策。他们嘲笑自己的反对者是裹在猪肉上的猪油。这是一项保守主义、又有点自由主义的运动，茶党得到了来自格伦·贝克（Glenn Beck）和福克斯新闻网等的大力支持。

这项运动明显地反对征税（让人想起了波士顿倾茶事件），反对财政支出，反对赤字，以及反对大政府主义。它在2009年夏天燃起了持续很久的火焰，当时奥巴马的医疗改革法案正在这个国家的每个议事厅里被激烈地讨论着。

尽管茶党是很流行的，但是茶党的政治性和党派性也非常明显，它源自共和党。当然，它取得了巨大的成功，在众多的选举竞争中，它帮助参议员斯科特·布朗成功取得了胜利；帮助麦克·李（Mike Lee）在党内选举中把任职很长时间的鲍勃·贝内特（Bob Bennett）拉下马；帮助自由主义者罗恩·保罗的儿子罗纳德·保罗（Ronald Paul）选上了肯塔基州的议员。当然，也有一些茶党人士对共和党做了不利的事情。总的来说，茶党的行动原则主要有以下几点：第一步是被倾听，第二是准备选举，第三是改变现有的政策，茶党不断重复以上步骤，并取得政治上的胜利。它几乎反对奥巴马政府的每一个原则性立场。无疑，茶党在这场政治质疑中扮演着重要角色。

紧跟着右派民粹主义的，是同样声势浩大的来自左派的民族主义——占领华尔街，不久之后是占领波士顿，占领圣迭戈，占领丹佛，占领奥克兰，以及其他各种占领。与茶党一样，占领运动也非常有群众基础，比如对银行救助的反对。他们更多的是反对寡头政治，而不是反对大政府，毕竟华尔街伤害了许多普通工人的利益，却没有受到应有的惩罚。但是，占领运动的目的不是选举，没有任何一名占领运动的候选人加入民主党或其他党派在2012年11月的选举。所以，它反对的是奥巴马政府的政策，而非政府本身。也许他们只是不喜欢政府的积极行为。

高昂的政治代价

无论原因是什么，也无论反对者来自左还是右，美国人在2010年和2012年的选举中都会三思而后行。他们没有心情去听事情会变得更糟糕的言论，他们也不完全认同布什政府、奥巴马政府和美联储的干预政策。就像电影《社交网络》(*Network*）里提到的那样，他们已经忍无可忍了，不会再继续忍耐下去。

也许全部的愤怒并不限于本章所述。毕竟，对选举行为的研究显示，2007—2009年间，低迷的经济表现更像现任政府撒下的一个弥天大谎。因此，民主党2010年在众议院和参议院，以及在总统选举中的惨败本应该是意料之中的事情。

但是，我仍然怀疑。对于民主党而言，选举失败的情况还有机会避免，但这需要奥巴马政府调整目前对银行的救助政策。政府必须帮助更多痛苦的失业者，惩罚更多的肇事者，将注意力集中在经济领域，并对政府的行为给出更多我们不知道的原因和解释。历史学家总会不停地问一个问题：质疑是否真的能阻止一个政府的成功?

当然，我们在前面的章节中也提到，当音乐停止之后，巨大的质疑是否会伤害美国政府应对经济危机的能力。

到目前为止，我们已经回头看得够多了。经济危机、大衰退、政策应对，以及一个庞大的应对未来的计划——我们需要考虑这些东西应该被常态化还是应该被调整。其中的一项就是，美联储在非常规情况下的货币政策。

AFTER

第五部分

面向未来

THE MUSIC STOPPED

AFTER THE MUSIC STOPPED

14

无法退出？请美联储恢复正常

所以啊，让你的爱自由来去。
嘿，朱迪！我们开始吧。
——甲壳虫乐队

那些飞涨到空中的（例如银行准备金），未来必将跌回到地面上；那些跌入谷底的（例如短期利率），最终必将重新反弹。当一国央行打开所有闸门刺激经济时（正如美联储在2008年9月以后做的那样），未来某一时刻它必须停止释放流动性，回归常态。

但是在什么时候、采用何种方式来回归常态呢？诸如此类问题的解决方案构成了美联储的“退出策略”。退出策略的顺利实施对于我们每个人都很重要。如果美联储的货币政策退出策略进展得过快或者过于猛烈，我们可能重新回到经济衰退状态；如果退出策略实施得太晚或太慢，我们可能会面临严重的通胀问题。

从哪里退出

美联储难道不能原路返回吗？就像一名旅行者砍下树木标记他来时的路，然后循迹而归？在很大程度上，答案是“可以”。但是，当退出时机来临时，美联储退出这些政策的步调和顺序，可能无法匹配自2008年9月以来美联储推出这些政策的步调和顺序。同时，下面列出的这些相关政策都需要退出。

应急贷款计划

正如我们所见，美联储烹制了一道“贷款计划大餐”，来应对当时瞬息万变的金融危机。还记得定期拍卖工具、定期资产抵押证券贷款工具、资产支持商业票据、货币市场共同基金融资工具、商业票据融资工具、一级交易商信用工具、定期证券借贷工具以及其他贷款计划吗？事实上，你很可能记不全，但是无妨。每种非常规贷款计划都被用来满足某种特殊资金或信贷需求压力。这些计划中的大多数，随着需求的消失而逐渐退出了。

图14-1由美联储提供，图表的形式很好地诠释了中央银行是如何“实施和退出”这些应急贷款计划的。图中大起大落的曲线走势令人印象深刻。从总量上看，联邦储备贷款额从2007年底的几乎为零，飙升到2008年底的将近1.5万亿美元，随后在2010年底时又骤降到零，如同过山车一样！因此，这部分计划的退出实质上已经完成了。然而，正如我们随后将看到的一样，这仅仅是个开始。

超级资产负债表

很明显，图14-1中的每一笔贷款都作为资产，记录在了美联储的资产负债表上。然而，虽然美联储的贷款总量在2008—2009年的冬天骤降，但其资产总额并未大幅缩减。当贷款额从1.5万亿美元跌至零时，资产总额却毫发未损，这怎么可能呢？图14-2给出了答案：贷款规模缩减的部分（短划线表示的）被规模更大的证券资产替代，主要是美联储通过两大资产购买计划（俗称QE1和QE2）购置的国债，以及房利美和房地美发行的债务工具（虚线表示）。美联储持有的资产总额（实线表示）在大约一年的时间内飙升至 2.25 万亿美元，随后继续上涨。

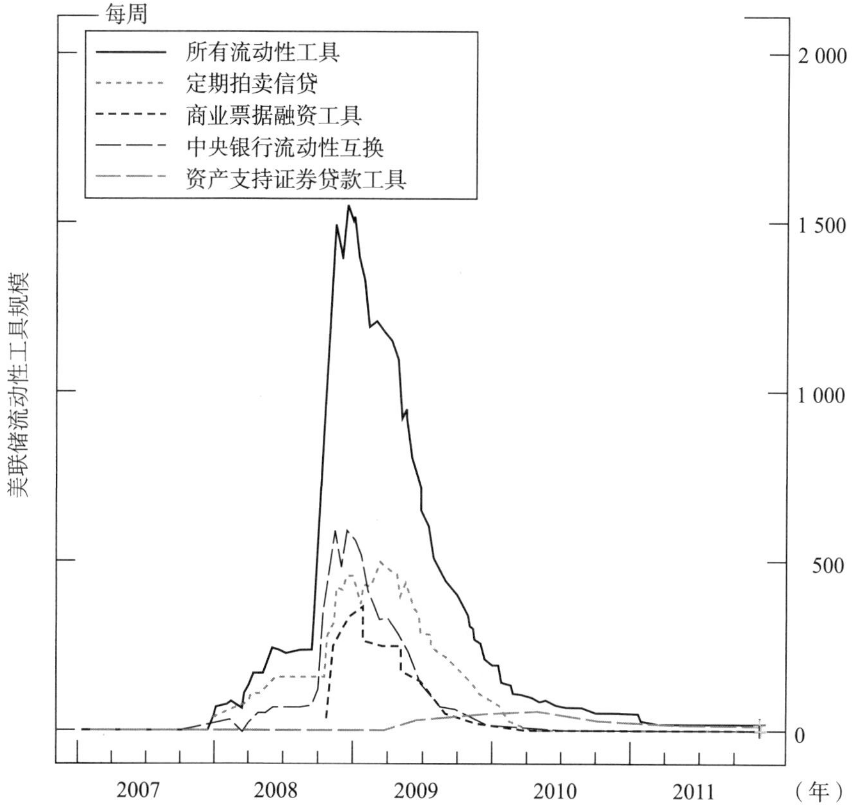

图 14-1　美联储借贷的涨跌

资料来源：《美联储信用和流动性计划与资产负债表月度报告》，2011 年 12 月。

图 14-2 表达的基本内容是贷款额减少，证券额上升。它同时表达了美联储并未开始退出超级资产负债表这一非常规货币政策。相反，2012 年 9 月，关于开始实施新一轮量化宽松计划（QE3）的说法满城风雨。由此可见，美联储还在积极实施新的宽松货币政策，而不是退出已有的政策。

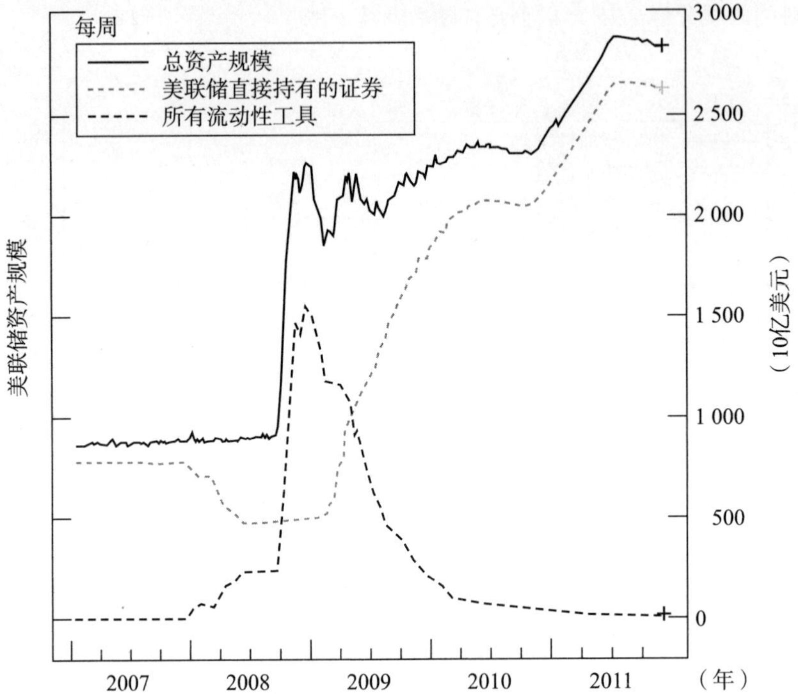

图 14-2　美联储资产规模的变化

资料来源：《美联储信用和流动性计划与资产负债表月度报告》，2011 年 12 月。

超额准备金堆积如山

资产负债表的两边必须保持平衡。随着美联储总资产额飙涨入云，总负债额的走势也与其基本保持相同。图 14-3 显示了危机中及危机后，几乎所有美联储总负债的增长都来自“存款机构的存款”（虚线表示的）。更通俗地说，来自银行准备金。

美联储通常通过“印钞票”来购置资产，换句话说，通过创造新的银行准备金，存放在商业银行在央行开立的账户中。新增准备金中的一小部分是法定存款准备金，这部分准备金的增长与银行交易存款的增长保持严格的比例关系，即温和增长。

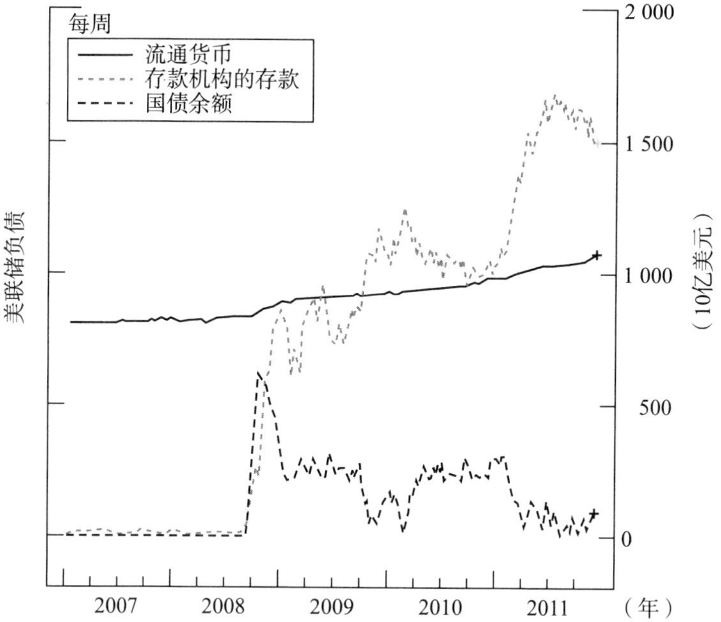

图 14-3 美联储负债

资料来源：《美联储信用和流动性计划与资产负债表月度报告》，2011 年 12 月。

但是图 14-4 清楚地显示了自 2008 年 9 月以来，银行准备金的爆炸式增长中，绝大部分是超额准备金（非法定的），即商业银行愿意放在美联储那里的存款，虽然它们只是“坐”在那里什么也不干。超额准备金并不会造成货币供给量扩大，也不会产生更多银行信贷，并且不能为商业银行带来可观的利息收入。正如你在图 14-4 中看到的那样，从 2000 年 1 月到“雷曼日”，商业银行持有的超额准备金一直保持在几乎为零的正常状态。与之形成鲜明对比的是，2011 年时，超额准备金总额已经超过 1.6 万亿美元。这个差异可不小！在美联储的最终退出策略中，一个很重要的部分就是将这些超额准备金重新缩减至零①，而美联储尚未展开这项艰巨的工作。

① 可能不是接近于零。通过对准备金支付更高的利息，美联储或许能够驱使银行持有更多储备，稍后我们会做详细讨论。

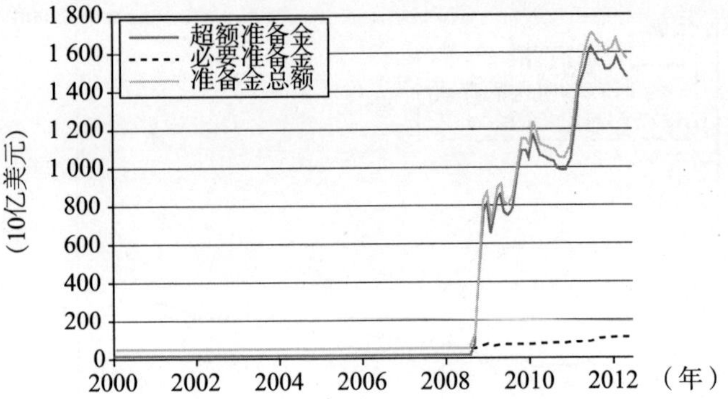

图 14-4　准备金总额、必要准备金和超额准备金

资料来源：联邦储备委员会，2012 年。

接近于零的利率

你最近检查银行账户的利率了吗？它们已经低得惊人了。这是因为自 2008 年 12 月以来，美联储的非常规货币政策已将联邦基准利率降到 0 ～ 25 个基点的范围内。把如此低的利率水平称作“不正常”已经是轻描淡写了。图 14-5 展示了自 1990 年以来联邦基准利率的走势，后雷曼时代的特征显现得最为突出。除了 2002—2004 年，联邦基准利率一般维持在 3% 以上，甚至更高的水平。利率正常化可能是在美联储的退出策略中，对于普通大众来说感受最为明显的一环了，这需要做得非常巧妙。

政策的前瞻性指引

美联储最终需要退出的非常规货币政策就是它的政策公布手段，特别是如何让市场了解到，它想保持超低利率到某一时点的意图。正如前文所述，联邦基准利率在 2008 年 12 月几乎为零，从那以后利率再也无法降低。但是，美联储会将 0 ～ 25 个基点的利率浮动范围维持多久呢？

从 2009 年 3 月到 2011 年 8 月，联邦公开市场委员会告诉我们，基准利率将维持低位“延长一段时间”。这些话在金融世界里几乎被奉为“金玉良言”，虽然没人明白它们到底意味着什么，市场参与者只剩下猜测与揣度。此后，在联邦公开市场委员会

2011 年 8 月的会议上，他们将“延长一段时间”的说法改为“至少到 2013 年年中”。现在，市场有了一个确定的日期——当时看来，这个日期还很遥远。从这种说法的变化来看，美联储仍然在继续实施而不是退出宽松货币政策。新的说法清楚地表达了一个观点：各位民众，宽松货币政策实施的时间会比你们预期的更久。

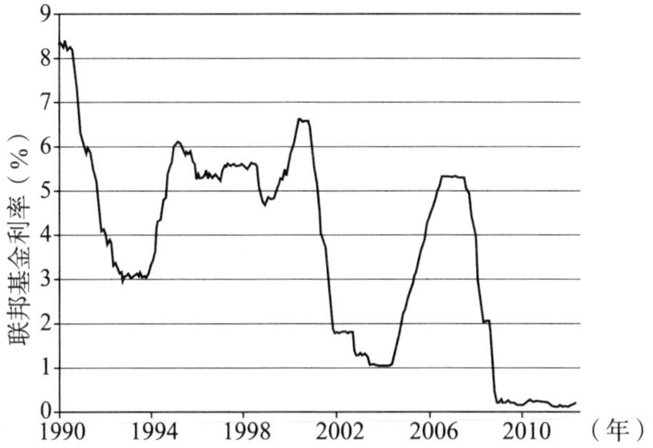

图 14-5　自 1990 年以来的联邦基金利率

资料来源：联邦储备委员会，2012 年。

“至少到 2013 年年中”的说法在公开市场委员会内部与外部都广受批评，被指责为美联储货币政策最终收紧的附加期限，这在本质上存在误导性，甚至会起到相反的效果，退出政策的实施其实要受到经济条件的制约。费城联邦储备银行行长查尔斯·普罗瑟（Charles Plosser）告诉《华尔街日报》的记者：“政策实施应该取决于经济环境，而不是日历。”他是正确的。例如，如果美联储期望将零利率维持到 2014 年或者更久，该怎么办？该不会说“至少到 2013 年年中”使货币政策比美联储所期望的更紧？美联储回答得很快：“对，有可能就是这样。”

在 2012 年 1 月的会议上，公开市场委员会大幅修改了他们的表述，然而令人吃惊的是，修改之后的说法与“至少到 2013 年年中”很相似，公开市场委员会没有做出“取决于经济环境，而不是日历”的承诺。新的表述是：“经济环境决定了零利率水平至少应持续到2014年年末。”18个月的延长无疑又是一次人为的货币宽松，长期利率水平显著下跌。美联储仍然继续实施宽松货币政策，而不是退出。

在那次会议上，如同他们预测未来的GDP增速、失业率和通胀率一样，美联储开始公布，公开市场委员会的不同成员关于联邦基准利率未来三年将如何演变的预测。关于2014年底联邦基准利率水平的预测差异很大：从2008年12月以来保持的0～25个基点范围浮动（17名成员中有6名这样认为），到2.5%或者更高（4名成员）。有两名委员会成员甚至宣称，零利率政策应该持续到2016年，他们看起来真是很任性。

时机就是一切

以上讨论涉及的是从哪些政策中退出。那么，该何时退出呢？如果美联储维持宽松货币政策时间太长，将会对经济产生过度刺激，导致通胀严重。从我们现在的处境来看，扩张的经济听起来并不算坏。然而，对于意外高通胀的担忧，使得公开市场委员会的鹰派从2009年开始，就呼吁要加快扩张型政策退出的速度。

不安最初来源于图14-4所示的、名副其实的“超额准备金大山”带来的压力。当情形正常化之后，鹰派认为，银行不会想再持有这么多的超额准备金。请记住，超额准备金的历史正常值是零。如果美联储长时间保留这么多的准备金，银行会将这些资金贷出去而不是囤积它们，进而导致货币供给和银行贷款的大幅增长。经济学家教导我们，货币供给与银行贷款的超速增长会导致通货膨胀。用一个比喻来说，鹰派将巨额准备金的积累视作危险的火种，有朝一日可能会引起火灾。他们希望在有人丢下一根火柴之前，将隐患完全清理掉。

但是，这同样存在着相反的风险。如果美联储紧缩得太快，经济体还未强健到能够完全承受这样的冲击，会造成怎样的后果？这种潜在的风险令鸽派担忧。过早的实行货币紧缩政策，将会令已然孱弱的经济重新跌入谷底，失业率将随之上升，通胀率也将下降。由此可见，美联储的退出策略实施得既不能太快也不能太慢，对时机和步调的选择一定要正确、恰当。美联储也是由人组成的，它无法完全正确地把握时机，会向一个或另一个方向偏离。但是，政策退出的力度关系重大，除非公开市场委员会的成员有失职行为。不过他们犯的错误应该比较小，因为他们或许有能力发现问题并及时改正。

一方面，如果美联储退出得太晚，正如鹰派担心的那样，经济开始过热，美联储有能力、也愿意加速退出进程。这样，我们最终将面临 3% 甚至是 4% 的通胀率，而不是美联储宣布的目标——2%。然而，通胀率超过既定目标如此之多，会使得经济调节总体看来比较失败。另一方面，如果美联储退出得过早，而经济又开始滑坡，这恰恰是鸽派想要避免的，美联储有能力也愿意减慢退出的进程。在这种情况下，我们将可能最终面临 1% 或者接近零的通胀率，而不是 2%。但是，严重的通货紧缩应该不会出现，除非美联储屈从于鹰派狂野的政策主张。总的来说，在美国，宽松货币政策退出得过早或过晚的风险，被得到完整记录的通胀惯性特征所限制。与股票市场不同的是，核心通胀率并不会像石头那样直上直下。[①]它会渐进式地上涨或下跌，从而给政策制定者充足的时间做出反应。

但是，这两种不利结果哪种更令金融市场担忧呢？都不会。如果将 10 年期国债的名义利率与 10 年期通货膨胀保护债券的实际利率相比，你可以推导出未来 10 年以市场为准估计的预期通胀率。

名义利率，实际利率，预期通胀率

银行的报价利率、媒体报道的利率等，无一例外都是名义利率——根据此利率，你可以将今天持有的美元数量转换成未来某时点的美元数量。例如，如果两年期债券的年化名义利率是 2%，你今天投资了 1 000 美元，两年后你会得到 $(1.02)^2 \times 1\,000$，即 1 040.4 美元，总的利率大约是 4%。但是，这些美元的购买力如何？这就是需要实际利率解答的问题。例如，如果通胀率同样是每年 2%，购买力的增长一定为零。你会获得大约 4% 的美元收入，但是你购买的产品价格也会上涨 4%。这种情况下，我们认为实际利率为零。

① 整体通胀率可能会出现这种形式的变化，但是通常是由于国际油价的快速上涨或下跌。

在任意持有期内，实际利率等于名义利率减去预期通胀率：

实际利率 = 名义利率 - 预期通胀率

现在，我们做一些简单的推导运算。将预期通胀率拿到左边，实际利率拿到右边，得到：

预期通胀率 = 名义利率 - 实际利率

这是一个“观察”预期通胀率的简单途径。如果你能找到具有相同风险和到期日的名义债券和实际债券，就可以简单地将两者的利率相减，来观察该时期内市场的预期通胀率。由于这两种形式的美国国债同时存在，市场参与者在每个交易日的每一分钟都在进行这样的运算。

首先观察图 14-6，该图显示了 2007—2011 年间，10 年期美国政府债券的名义利率（灰线）和实际利率（黑线）。两者之间的垂直距离就是市场对于这 10 年间预期通胀率的衡量。为了看得更方便，图 14-7 将实际利率从名义利率中减掉，比较明显地表示出图 14-6 中两条线之间的垂直距离，即市场的预期通胀率。

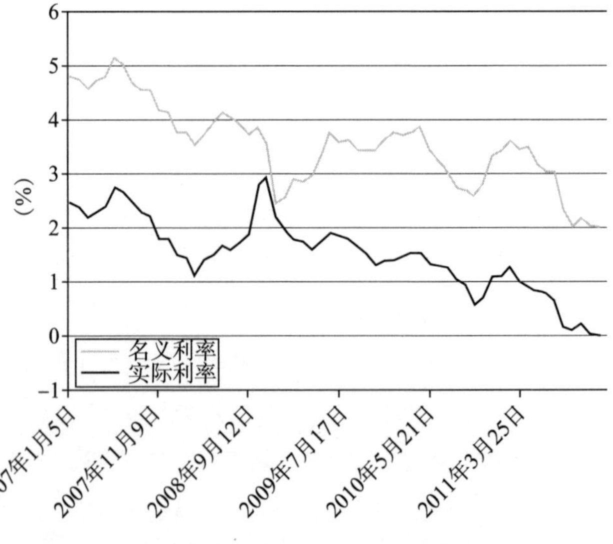

图 14-6　名义利率和实际利率（2007—2011 年）

资料来源：联邦储备委员会。

图 14-7 中仅有一处明显的震荡，它发生在金融危机最为严重的几个月里：2008 年底，预期通胀率陡然下降，并在 2009 年初迅速反弹。不仅如此，预期通胀率的反弹区间在 1.5% ～ 2.5%。很明显，市场预期通胀率将会维持在美联储制定的 2% 的目标附近，小幅波动。

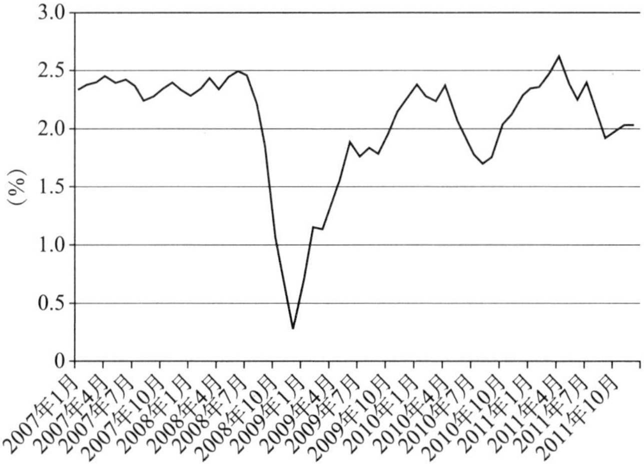

图 14-7　基于市场衡量的预期通胀率（2007—2011 年）

退出路径何在

一些更为强硬的公开市场委员会成员早在 2009 年春天就开始找寻退出路径。现在回想起来，即使想法无可厚非，这样的行动也显得为时过早了。金融危机刚刚退去，经济仍然在收缩，量化宽松政策（美联储宽松政策的核心部分）在 2008 年 11 月刚刚开始实行。然而，2009 年 7 月，美联储前主席伯南克已将美联储的政策退出方案提交国会，他声称“应该让公众和市场明白，我们所采取的应对金融危机和衰退的非常规政策，应该以一种平稳的、合适的方式退出，避免政策刺激可能导致未来通胀反弹的风险”。

他很明确地提出以下退出策略的关键组成部分。

- 美联储应急贷款计划的自动缩减。
- 卖出投资组合中的证券，削减银行准备金。
- 提升超额准备金的利率，伯南克强调这"可能是此类工具中最重要的一个"。

上述三个组成部分中的第一个已经在前文中提到。它将会自动发生，并且已经成为事实；第二个是美联储正在全力去做的事情，并且已经耗费了几代人的精力；第三个还远未实现。

在危机期间，国会授权美联储为银行准备金支付利息，并且制定利率。伯南克辩称，一旦退出政策开始推行，美联储可以通过提升利率，引导银行缓慢减少它们的超额准备金，从而建立起某种防火墙，避免点燃通胀的火种。在阐述这个观点的几个月后，伯南克认为，美联储拥有"在适当的时点实施两大紧缩货币政策的手段——为准备金余额支付利息，以及采取多种手段削减准备金存量"，美联储倾向于"两种手段结合起来使用"。

美联储主席当然没有提到任何有关退出日期的内容，甚至没有提到任何可能触发退出政策执行的事实。然而，他提到他已有成熟的方案，并且等待合适的时机来付诸实践。一个有趣的历史性问题是，伯南克是真的认为在 2009 年中期，就有必要形成一份政策退出方案呢，还是仅仅为了采取适当行动来安抚美联储内部的鹰派（着急实施退出政策的那伙人）呢？这个问题可能伯南克永远不会回答。

退出变成了重新实施

毫无疑问，伯南克和鹰派都在等待。自 2009 年 7 月以来，美联储的大部分注意力都放在是否以及如何深化实施货币宽松政策上。这是因为余震尚未结束，美联储担心会产生新一波的地震。第一场余震来自希腊——是这样吗？

美国经济在 2009 年末和 2010 年初开始显现出复苏迹象。在 2009 年第 4 季度，实际 GDP 以近 4% 的年增长率增长。新增就业人数在 2010 年 3 ～ 5 月暴涨到每月 31.5 万人，甚至在 5 月达到了 51.6 万人。尽管这些数字包含政府雇用的、粉饰 2010 年人口普查的 50 万名临时工人，经济增长似乎依然达到了第三宇宙速度——“逃逸速度”。

然而，随后在 2010 年末，GDP 增长率跌回 2.4%，2011 年第 1 季度时几乎跌为零。随后，在 2010 年 5 月人口普查引发招聘情况激增后的 4 个月里，失业情况再次出现。那年春天出现了一些问题，正如图 14-8 所示，这种变化的发生令人惊讶。当时到底发生了什么？在时机的选择上当然指向希腊，但是这仅仅是一种巧合吗？

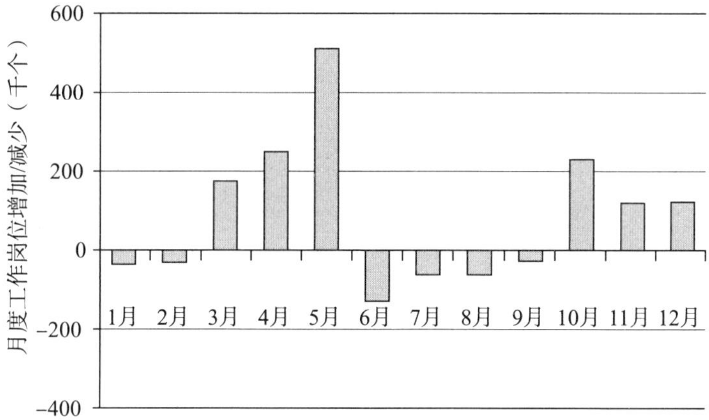

图 14-8　再一次跌到最低点（2010 年）

2009—2010 年，希腊面临严重的赤字和债务问题已经不是什么秘密了。然而，直到 2010 年 3 月，市场似乎都对此不是特别担心。此后，与以往一样，市场忽然醒悟过来，并且反应极为强烈，就好像有人在拥挤的剧院里大喊一声“着火啦”。紧接着，希腊政府忙不迭地做出一系列实施财政紧缩政策的承诺（迅速被打破），欧盟和国际货币基金组织也提供了相应的国际援助。但是，恐慌仍旧在继续。希腊 10 年期政府债券的收益率从 3 月底的 6% 暴涨到 5 月初的 12%——在大约 6 周的时间内翻了一番。要知道，威力巨大的浪潮是很难被阻挡的。

2个百分点的通胀，高达12个百分点的利率水平，对希腊金融系统的可持续性提出了严重挑战。希腊这样一个发达的欧洲国家，孕育西方文明的摇篮，难道真的会出现债务违约吗？简直不可想象，不是吗？从希腊陷入危机开始，市场迅速对同样债务缠身的其他欧元区国家警惕起来，特别是葡萄牙和爱尔兰。①

我很难理解希腊主权债务危机的爆发为何像图14-8展示的那样，能够令美国的就业率增长戛然而止。毕竟，希腊的GDP规模仅相当于华盛顿一个州，我们不用担心希腊的衰退会传染美国。与希腊类似，美国政府也存在巨额财政赤字，金融动荡导致从雅典逃离出来的热钱涌入美国。因此，美国国债利率下降，而美元升值。如果国际投资者担心美国会重蹈希腊债务问题的覆辙，美国国债利率应该上升，美元则应该贬值。所以，当金融危机蔓延到葡萄牙和爱尔兰时，它并未越过太平洋。相反，美国成为逃离资本最主要的避风港。

但是，时间上的巧合仍然令人吃惊。几乎在金融恐慌刚刚袭击希腊时，美国经济就开始急转直下。当然，同一时间还发生了很多其他的事情。美联储的QE1资产购买计划临近到期，奥巴马政府的医疗改革法案在3月30日正式通过立法，棒球新赛季也正式开始。但是，很难想象这些事件中的大多数与美国经济速度的骤降有所关联。可能希腊（以及葡萄牙和爱尔兰）的金融恐慌唤醒了美国雇主潜在的恐惧。无论怎样，已经发生的变成了既定事实。结果是，美联储停止讨论退出策略，公开市场委员会的主要议题变为：为了刺激经济我们还能做些什么？

当然，也不完全是这样。这当然仅仅是伯南克主席和公开市场委员会中多数人的观点，委员会中的鹰派一如既往地未被轻易说服。2010年具有投票权的一位实力型鹰派成员托马斯·赫尼希（Thomas Hoenig），长期担任堪萨斯城美国联邦储备银行主席，在2010年每一场会议上（创造了公开市场委员会的记录）都奋力强调宽松货币政策导致的通胀危险，并驳斥美联储展期维持零利率的做法。类似的鹰派－鸽派辩论也在美联储外部进行着，美联储的批评者呼吁继续实行退出策略，而鸽派则力挺美联储深

① 西班牙和意大利也没能幸免，更多关于欧洲主权债务危机的内容见第16章。

入实施货币扩张计划。但是，当希腊出现问题后，美国经济增速放缓，公开市场委员会中的鹰派渐渐在与伯南克和鸽派的斗争中败下阵来。到 2010 年 11 月的会议时，公开市场委员会宣布了所谓的第二轮量化宽松（QE2）计划——旨在降低长期利率的大规模回购长期国债。

QE2 计划拉开了强烈抗议的帷幕，多数抗议是从政治角度提出的。极具讽刺意味的是，伯南克本是共和党人，但是他描述政治观点时像一个民主党人！一些抗议来自公开市场委员会内部，而最令人吃惊的抗议来自美联储理事凯文·沃尔什，这位由布什总统提拔起来的年轻人，曾是伯南克在 2008 年那段昏暗日子时的左膀右臂。11 月 3 日，沃尔什在公开市场委员会会议上投票赞成 QE2 计划，仅过了 5 天，他就在《华尔街日报》的专栏上公开反对这个计划。那天早上我打开《华尔街日报》时，眼珠差点掉出来。我想这 5 天里很多事情都变了！沃尔什警告：“美联储在市场中每次对长期国债增加干预力度，都会带来不可忽视的风险……负责任的货币政策不仅需要关注短期的宏观经济环境变化，更要考虑其可能带来的长期影响。”当时伯南克肯定有一种“你也有份，布鲁图”的感觉。[①]

尽管很多人持续叫嚣提前结束 QE2，但是该计划仍然在 2011 年 6 月顺利地完成使命，在其实施期间，美联储购买了 6 000 亿美元的国债资产，大多数是 3 ～ 10 年期的。美联储的资产负债表变得更为臃肿。QE2 看起来已经达到目标，对中长期利率起到了适度的拉低作用，尽管效果比 QE1 要小一些。美联储已经使用了轻型火炮，那么他们的武器库里还有什么武器？看看这个：还有什么手段能让任性的公开市场委员会同意实施？当然还有其他选择，例如，我一直建议美联储将其付给超额准备金的利率砍掉一半，并对非国债证券实施 QE 计划。

① “Et tu，Brute?”即“还有你吗，布鲁图？”或者“你也有份，布鲁图？”这是一句拉丁语名言。被后世普遍认为是罗马共和国晚期执政官、独裁官尤利乌斯·恺撒临死前所说的最后一句话。这句话被西方文学作品广泛用于关于背叛的概括描写。——译者注

任性的美联储

2011 年 4 月到 7 月，希腊重新陷入困境，面临更坏的财政局面（希腊将无法实现赤字削减目标）和急速下滑的经济（令财政目标更加难以实现）。希腊主权债务的利率再创新高——10 年期债券的利率从 4 月初的 12.7% 暴增至 6 月中旬的 17.8%。到了 8 月中旬，希腊利率更高了。

如同事先约定好了一样，美国经济重新陷入低迷，2011 年前三个季度 GDP 增长率仅为 1.3%。这些不利情形令公开市场委员会中鸽派的观点更具说服力，鸽派的领导人包括副主席珍妮特·耶伦、纽约联储主席比尔·达德利、波士顿联储主席埃里克·罗森格伦（Eric Rosengren）和芝加哥联储主席查尔斯·埃文斯（Charles Evans）。你可能会认为，如此糟糕的经济形势能够让鹰派闭嘴，但是你错了。

达拉斯联储主席理查德·费舍尔、明尼阿波利斯联储主席纳拉亚纳·柯薛拉柯塔（Narayana Kocherlakota）和费城联储主席查尔斯·普罗瑟组成了美联储主席“三重奏”，他们在 8 月份的公开市场委员会上，对决定将“延期”的说法转换为前文所述的保持现行利率“至少到 2013 年年中”不变的承诺，表达了强烈的抗议。他们的抗议之所以如此吸引眼球，是因为一场会议中出现三张否决票的情况，在以达成共识为基础的公开市场委员会的历史上绝无仅有。这些反对者的观点是：给美国经济一点时间，它肯定会有起色的。但是，投票反对一项提案（而不是反对一项政策行动），实在是不多见的。

公开市场委员会深入实施宽松政策的行动还未结束。随着经济走势继续急转直下，鸽派势力越发强大，鹰派仍在抗议。2011 年 9 月，美联储宣布实施被媒体称作“扭转操作”的货币政策。“扭转”的目标与 QE2 相同：削减长期利率。具体操作是买入长期债券（与 QE2 相同），同时卖出短期债券（QE2 并未涉及）。

扭转操作看起来像一种承诺。一方面，与 QE1 和 QE2 不同的是，它并没有令美联储的资产负债表更加膨胀——这也是最让美联储内外的“通胀鹰派”头疼的地方。

这很大程度上归因于扭转比 QE2 的刺激作用要小。另一方面，它肯定比什么都不做要好。如果扭转操作成功地拉低长期国债利率，就很可能将长期私人借款利率也拉低。然而，美联储的鹰派是无论如何也不会同意的。费舍尔、柯薛拉柯塔和普罗瑟在 9 月强烈反对扭转操作的实施。平日里随和的公开市场委员会成员变得越来越暴躁了。

在接下来的一次会议上，情况变得更糟。非常令人诧异的是，公开市场委员会中的三个鹰派并未在 11 月的会议上再次反对扭转操作。数月来一直支持使用更有力的扩张政策的芝加哥联储主席埃文斯，突然反过来支持鹰派了。伯南克主席现在面临一个前所未有的窘境：他现在同时受到对立双方的责难。

当美联储内战正酣时，预期通胀率，也就是鹰派最担心的核心指标是如何变化的呢？图 14-7 已经讲过了这个故事。预期通胀率指的是 10 年期国债名义利率与实际利率之间的差额。2010 年底预期收益率为 2.3%；在 2011 年，预期收益率先是上涨为 2.6%，之后下降为 1.8%；最后在 2011 年末，收于 2%。鹰派可能隐藏了对于通胀的恐惧，但是市场对此毫不掩饰。

非常规货币政策是新常态吗

2008 年 12 月 16 日，当联邦基准利率几乎降为零时，美联储就已经耗尽了所有常规货币政策工具的储备。从那时起，美联储只剩下两种选择：第一种选择是偃旗息鼓，将恢复经济的重任交给财政部门，指望经济通过自身的调节能力缓慢复苏。但是，伯南克不会让这种情形发生。几年前，他就已经保证过不会再因为美联储的反应不及时而引发另一场衰退。第二种选择是，公开市场委员会可以采用次优和第三优的非常规货币政策，例如量化宽松和口头承诺。这也是他们以前和现在一直所做的，退出还看不见影子呢。

接下来的一两年内，失业率很可能高于美联储 5.6% 的目标，通胀率则不会高于美联储 2% 的目标，并且利率仍维持在极低的水平。如果这样的预测成为现实，美联储就必须将非常规货币政策再多维持几年。即使经济环境逐步恢复正常，我们也很可能生活在一个通胀率 1% ～ 2%，而不是 4% ～ 5% 的世界里。在那种环境下，联邦基准利率更有可能需要被保持在接近零的水平，这就又一次需要实施非常规货币政策。我们先来回顾一下非常规货币政策。

本章已经详细讨论了两类非常规货币政策，因为美联储不厌其烦地使用它们。一种是口头承诺，将低利率政策“延期”，“至少到 2014 年底”，或者直到某些关于通胀和失业率的中间指标的目标实现才结束。另一种是大规模回购资产，例如 QE1、QE2 和扭转操作。我们将会在接下来的几年内，看到美联储实施上述两种非常规货币政策，正如我们在 2012 年 9 月看到的那样。

然而，如果经济开始衰退，我们也可能看到其他选择的实施。作为一条规律，央行行长认为这些“其他项”根本不入流，也不屑于使用它们。事实上，它们确实与口头承诺和大规模资产回购这两种美联储已经采用过的方式很不同。但是，在美国、欧洲和日本经济的当前形势下，非常规的情形可能还会持续更长的时间。正如之前讨论的那样，美联储可以采取以下措施。

- 控制一只或多只债券的价格：不同于在典型 QE 计划中购买一定数量的债券，美联储可以承诺购买足够多的债券，来驱使相关利率降至目标水平。例如，为了将 10 年期国债的收益率降至 1.5% 的水平，美联储可以购买达到这一目标所需的足够多的债券。
- 削减支付给超额准备金的利率：不同于通过支付利息给银行来鼓励其积累超额准备金的行为，美联储应该停止利息支付，甚至向银行收取一定费用，鼓励银行家用这些钱做一些更有意义的事。例如，美联储可以收取 25 个基点的费用，而不是支付 25 个基点的利息。

我们是在等待戈多吗

戈多并不着急出现，与此类似，为找到合适的退出时机，美联储似乎需要等待很长的时间。2012 年，美国经济艰难前行。美联储在 1 月开始了最新一轮多种类型的口头承诺实验——公布对未来政策行为的预测。这些预测包括“公开市场委员会成员对于何时从零利率政策退出”等令人眼花缭乱的判断。在公布这些预测之后，2012 年 9 月，美联储将超低利率口头承诺延长“至少到 2015 年中期”，并且做出令整个市场震惊的举措：公开承诺推行 QE3 计划，每个月买入 400 亿美元的抵押支持证券。

目前，尚无迹象表明退出策略实施在望。[①] 诚然，没有人再执着地呼吁实行退出策略。宽松货币政策的退出必将在未来的某一天实现，但还不是现在。

① 截至 2014 年 5 月，美联储宣布将按照既定步伐退出量化宽松货币政策。——编者注

AFTER THE MUSIC STOPPED

15

寻求财政退出

万变不离其宗。

—— 一则古老的法国谚语的中文含义

我们美国人欣然接受债务，但是却不喜欢政府这样做——至少我们是这样告诉民调专家的。大衰退留下的最突出、最不受欢迎的“遗产”之一正是联邦财政赤字的超额增加（见图 15-1）。财政赤字从 2007 财年相对良性的 1 610 亿美元飙升至 2008 财年的 4590 亿美元，这是有记载以来最大的财政赤字。最终，这一数额在 2009 年达到了令人难以置信的 14 130 亿美元。2009 财年的预算赤字占美国 GDP 总额的 10%，实际上超过除 8 个国家以外全球所有国家的 GDP 总和。同时，图表显示，在 2010—2012 年，赤字并未得到有效削减。2009—2012 这 4 个财年每年的赤字额均突破 5 万亿美元，而截至 2008 财年年底，非政府持有的累积公共债务仅为 5.3 万亿美元。

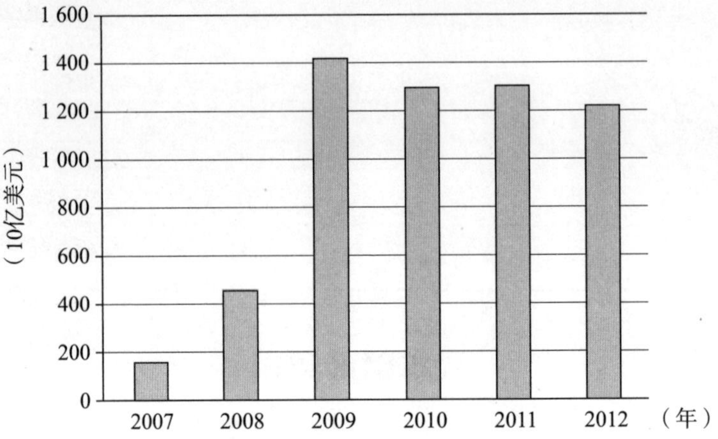

图 15-1　联邦赤字的爆炸式增长

这些数据令人瞠目结舌，远比任何人想象的数额要大。仅说这些数字吸引了人们的注意力未免过于轻描淡写。在 2009 年那些暗无天日的日子里，我们的经济体正在努力避免陷入“大萧条 2.0”，迫切需要财政刺激措施，此时，“赤字鹰派”已经开始质疑巨额赤字的存在。当经济开始缓慢复苏时，赤字变成了一个全国性的困扰。

在此，请允许我先致歉：预算是关于数字的，实际上，不用数字就很难解释预算的变化情况。但是，仅抛出数字很乏味，为了减少这种枯燥的感觉，本章我会用一系列图片来代替数字。

我们是如何摊上这个烂摊子的（一）

这个问题的答案出奇的简单。当克林顿将白宫的钥匙交给乔治 · W. 布什的时候，自预算制定时起，联邦政府就开始尽其所能地盯着预算盈余。那个时候就是这样，甚至有源自包括美联储主席艾伦 · 格林斯潘在内的不止一位权威人士的强烈担忧——政府可能会清偿全部政府债务，之后不断出现的盈余将迫使其开始购买私人资产。格林斯潘认为，这种发展前景即使不是危险的，在政治上也是不明智的。因此，他强烈敦促国会阻止这样的事情发生，2001 年国会通过的减税方案就是一个明显的例子。它默许布什总统备受争议政策的行为，激怒了很多民主党人。他们认为，格林斯潘的这种行为完全是为了讨好新总统的虚伪之举。

格林斯潘的担忧合理吗？图 15-2 使用的数据来自 2000 年 10 月美国国会预算办公室对于预算前景的报告，这些数据显示了当时一些人对某些超级乐观的预测持认真对待的态度。该图包含了三种不同的长期预测，它们之间的差别并不是我们关心的，我们关注的是其相似之处。三种预测都显示国家债务近期将有小幅下降趋势，事实上，在其中的两种情况下，国家债务会变为负值——这正是格林斯潘担心的。但是，稍后国家债务经历了令人惊讶的急速上升。请看图的右边，有三条几乎平行的线径直向上，它们唯一的区别是上升螺旋开始的时间不同。因此，这三种描绘未来的债务路径都不太可能实现，我们必须给出观点，并且这是在 2000 年！

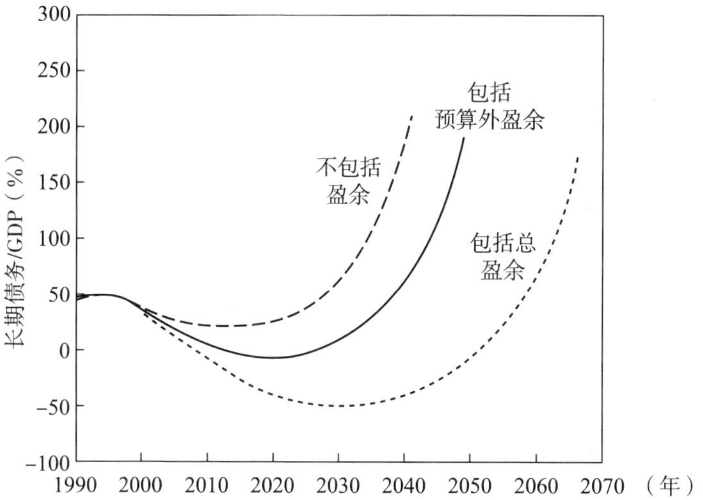

图 15-2 “想当年”（2000 年 10 月国家债务预测）

这些预测警示我们，当时对于短期预算的乐观情绪其实极为短视。即使在当时，美国的长期财政状况也岌岌可危，个中缘由无论是在 2000 年还是现在都是一样的：迅速攀升的医疗保健支出，主要被用在医疗保险和医疗补助上。无论当时还是现在，美国人口正趋于老龄化，这无疑增加了社会保障和医疗保险的开支。另外，医疗保健一年比一年贵。我们知道，即使在2000年以前，美国的公共财政也已经处在一条不可持续的道路上。记住这一点，它非常重要。

图15-2展示出长期债务/GDP比率的运行路径，取决于三个算式。**第一个算式是，如果你用65加1 945，就会得到2 010**。这个平淡无奇的加法算式的意义在于，一代人出生于1945年，并于2010年开始对医疗保险有了需求。早在2000年，或者1980年，我们就知道1 945+65=2 010。因此，在这种情况实际发生的很多年前，我们就完全可以预测到，政府用于社会保障和医疗保险的开支将会在2010年后骤增——并且会在之后的数十年内持续扩张。一个聪明的政府会在2010年前就开始搜集、贮藏“栗子”，但是我们的政府甚至不如家养的松鼠聪明。

第二个算式类似于复利计算。在1970—2000年的30年里，医疗保健支出被放在CPI中进行衡量。按照年化增长率计算，CPI每年增长超过7%，而CPI中其他项目的增长率均不超过5%。两个百分点的差距可能听起来不是很大，但是在超过30年的时间里，这意味着相对于其他价格而言，医疗保健支出的价格翻了一番还多。简单来说就是，医疗保健比其他所有东西贵多了。几乎每个人都希望这个通胀缺口持续存在，事实上它确实一直存在着。

第三个是关于赤字、利息和债务积累的典型算式。这个算式告诉我们的事实有些残酷：今天的赤字导致更多的债务累积，债务带来的利息必须被偿付，这反过来又导致明天更大规模的赤字。如果政府不限制其预算赤字规模，政府债务累积就会失控。图15-2显示了美国政府债务自2000年开始，已经按照爆炸式增长的趋势发展。因此，尽管存在短期盈余，但是这个国家任何情况下都不可能担负得起长期减税的负担。尽管如此，布什总统还是提出了长期减税的议案，国会也于2001年通过了它。两年以后，我们在第二轮减税计划中获得了更多实惠。联邦收入总额占GDP的比重迅速降低至1951年以来的最低水平。

但是这还不算完。2001年11月，美国入侵阿富汗，搜寻本·拉登，同时意图推翻塔利班政权。推翻塔利班政权的任务迅速完成，但是阿富汗战争却一拖再拖。2003年3月，美国入侵伊拉克，美国士兵一直到2011年12月才退出这场战争。在预算安排上，这两场战争有一个不同寻常的特点：不再沿用一直采用的、以税收支付高额军事开支的做法。布什总统用“国家信用卡”透支了这笔开支。另外，在2003年，医疗保健改革计划D部分（药品价格下调）被国会通过以后，政府同样没有找到任何资金来源。这个问题的处理方法与减税和两场战争一样，参与计划的药品价格补贴这笔开销又被记在财政赤字里。

总之，这是一个令人印象深刻的减税与花钱的狂欢之旅——没有一笔款项被真正支付过。理所当然的，2001财年联邦预算1280亿美元的盈余在2004年变成4130亿美元的赤字。2003年12月，布什政府执政不足两年，国会预算办公室已经发布了如图15-3所示的长期债务/GDP比率预测。不要管这些细节，完全忽视情景3、情景5和情景6吧！这个星球上没有人相信这些，预算办公室只是出于礼貌才做出这样的预测。当时的争论集中在我们是处于类似情景2还是情景4的路径上，其实它们本质上是一样的。根据情境1的路径，在2040年前，长期债务/GDP比率会“超越图表”。美国的长期预算前景已经从“可怕”向“难以言表”发展。

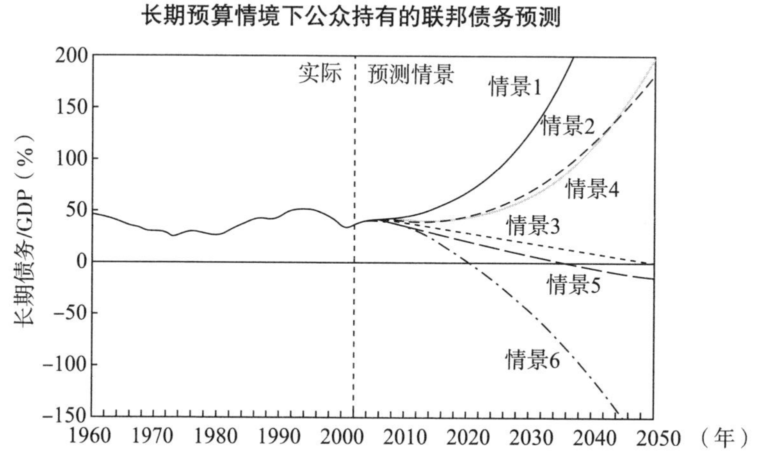

图15-3 每况愈下（2003年12月国家债务预测）

请牢牢记住这幅国家债务总量暴涨的图，我们稍后会回头来看。

我们是如何摊上这个烂摊子的（二）

请注意，所有这些都是在金融危机和经济大萧条之前发生的。诚然，由于这些不愉快的事件发生，联邦预算赤字出现了进一步的增长。经济下滑时期，国家税收收入下降，然而失业保障、食品券之类的支出全部出现了增长。政府也颁布了一系列财政刺激方案，包括减税和增加政府开支。其中规模最大的当属《美国经济复苏与再投资法案》（2009 年 2 月），国会预算办公室记载其总金额为 8 310 亿美元。

原始数据更加惊人。图 15-1 显示，从 2007 财年（恰好在“巴黎银行日”后结束）到 2008 财年（在“雷曼日”两周后结束），联邦预算赤字几乎变为最初的 3 倍。之后，从 2008 财年到 2009 财年（在衰退刚刚见底之后结束），赤字额又几乎增长为初值的 3 倍。在赤字令人瞠目结舌的增长过程中，大部分直接来自衰退，或政府应对衰退所做的努力。

最大的赤字出现在 2009 财年，开始于 2008 年 10 月 1 日（恰在问题资产救助计划通过之前），结束于 2009 年 9 月 30 日。国会预算办公室每年更新预算预测并对外公布 2 ～ 3 次，因此我们可以回过头来看，他们对于 2009 财年预算赤字的估计额是如何随时间不断增长的。图 15-4 显示了从 2008 年 3 月到 2009 年 8 月，对 2009 财年预算赤字的 5 次不同的估计结果。2008 年 3 月，在经济状况开始恶化之前，国会预算办公室预测赤字额为 2 070 亿美元。到了 2009 年 8 月，也就是距该财年结束还有不到两个月时，该数字已经暴涨到了 15 870 亿美元（后来证明实际赤字额为 14 130 亿美元）。这样一来，在仅仅 17 个月的时间里，对 2009 财年这致命一年的赤字估计额飙升了 13 800 亿美元。到底发生了什么？简单来说就是：所有事情。

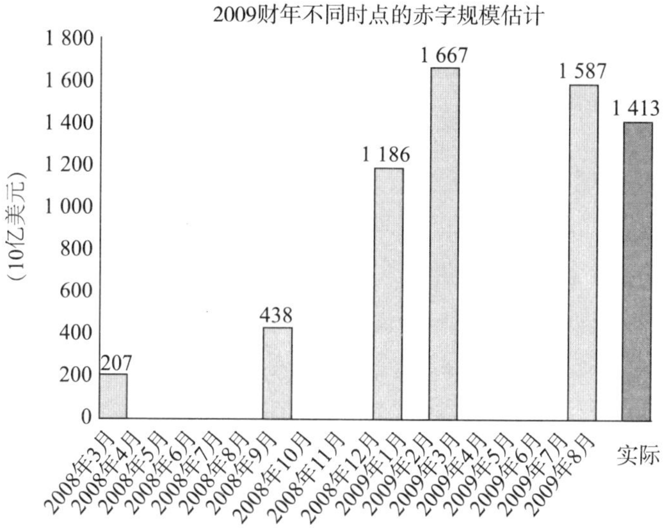

图 15-4　多大的赤字

头号公敌是什么

如此巨大的预算赤字给公众留下了深刻的印象——甚至吓到了他们。联邦政府一年借的钱超过 1 万亿美元？这真是一个让人震惊的数据。这听起来不仅是挥霍无度，更是极端危险，特别是当你将公共财政错误地与家庭财政进行类比分析时。民众有这种感觉，部分是因为赤字额确实很惊人，还有一部分原因是共和党成功地将财政刺激政策描绘为对公共开支鲁莽无度的浪费。但是，最重要的原因可能是，美国人一直认为有赤字是很糟糕的，公众支持财政刺激政策退出，担心赤字额增长。

直到 2011 年 1 月，一次盖洛普民意测验发现，84% 的美国人认为在未来的几年里，“总统和国会认真解决好预算赤字问题”是“极为重要”或者是“非常重要”的——虽然最近一次公布的失业率高达 9.4%。还有 12% 的美国人认为，削减赤字是“一般重要”的。96% 的美国民众认为，削减赤字是一个非常艰巨但必须完成的任务，但是也有两类重要的“例外”情况。

第一，早在 2007 年 1 月，即当下很多预算问题出现之前，民意调查结果中三种类型的声音（极度重要，非常重要以及一般重要）所占的比重就达 95%。事实上，当 2002 年 1 月布什总统忙于削减税款，并采取几乎所有能想得到的手段增加赤字时，民意调查结果中上述三种类型的声音仅占 93%。这种态度在历史上较早时期表现得更为明显：1984 年 12 月进行的一个类似的投票活动发现，83% 的美国人认为，赤字问题“非常严重”或“是一个对国家来说很严重的问题”。1939 年一项由《财富》杂志发起的民意调查提问：“如果你是一名国会议员，你会投票赞成一项立即削减政府支出来平衡预算的议案吗？”请记住，这样做意味着政府支出大幅缩减，但是大萧条仍在继续。然而，调查结果中有 61% 的人表示赞同，17% 的人表示反对。因此，概括来说，我们需要承认的事实是，美国人一直都厌恶赤字。

第二，到了 2011 年 1 月，美国人对那些将对赤字有显著影响的典型政策变化变得不那么敏感了。例如，以下是一项对削减特定支出项目的“赞同－反对”型盖洛普民意测验结果（单位：%）。

对外援助：59∶37
农业补贴：44∶53
国防开支：42∶59
消除贫困计划：39∶55
医疗保健：38∶61
社会保障：32∶67

如果你是一名政治家，你敢在这么低的公众支持率下，大刀阔斧地削减预算开支吗？

以上的民意调查结果也是比较典型的。你可以在二三十年前甚至更早发现类似的调查数据。例如，1981 年的哈里斯调查发现，美国人总体上青睐平衡的财政预算。然而，在另一项关于对一个国内项目削减支出的调查中，哈里斯调查却没有发现大多数民众支持它。可能你会认为，内心支持削减支出的民众，与碰到实际问题时没有那么做的民众，分别是两个政党的支持者。2012 年 3 月，一项由英国民治调查公司

（YouGov）实施的调查显示，削减对外援助是唯一一项在共和党初选选民中获得绝对多数支持的项目。这些人是较为保守的共和党中最保守的那部分人，削减对环境、住房和失业救助的开支在这些政府中坚分子那里都没有得到多数支持。

这里不适合对大额财政赤字的经济成本进行研究型的专题讲解。我只提两点。第一点来源于刚才提到的关于赤字-债务的算式。如果赤字额持续增大，国家总债务增长速度快于经济增速，即使是最极端的“赤字鸽派”也不会认为债务/GDP 比率无限增长对国家来说是一件好事。为什么不是好事呢？这就引出了第二点：过多公共债务推升利率不仅会影响政府，还会影响每个人的生活。利率升高会减少商业投资，减少房屋建造，减少汽车销售等。美国前副总统迪克·切尼（Dick Cheney）曾宣称赤字根本不是问题，但是如果过量的预算赤字维持较长时间，就会对经济有害。但是多少算是“过量”，多久算是“较长时间”？

在众多影响因素中，答案主要取决于借款人将政府信用展期的意愿。在最糟糕的情况下，一个国家可能会发现它的处境与希腊相似，市场只愿意按照高利贷条款借钱给它——如果还想借钱给它的话。幸运的是，美国还没落到这种境地。事实上，我们的政府信用仍属世界最高水平。不相信的话，看看美国国债拍卖时的竞价场面就知道了，来自世界各地的投资者迫不及待地购买仅有微不足道的利率标价的美国国债。当全球金融市场变得动荡不安时，美国国债仍然是顶级避风港。

图 15-5 显示了 3 个月国债利率（下面）和 10 年期国债利率（上面）两个基准利率的表现。这幅图同时显示了公众持有的联邦政府债务占 GDP 比重的运行轨迹（竖线）。我们可以看到，3 个月国债利率几乎下降并维持在 0 的水平。与此同时，即使在国家债务/GDP 比例持续攀升的情况下，10 年期国债利率也从大约 5% 一直跌到约 2%。如果还有人担心美国政府的信誉，那么他肯定不是一个债券交易者。

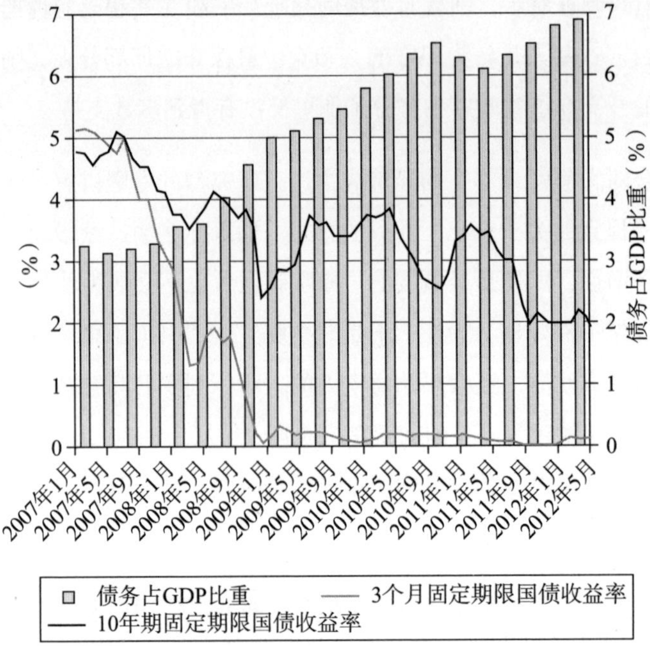

图 15-5 总结（国债借款利率和公共债务，2007—2011 年）

口惠而实不至

2009 年的利率极低，我们亟须刺激经济，走出自 20 世纪 30 年代以来最糟糕的泥潭。无论怎样，削减赤字成为首要的政治任务——至少是挂在嘴边的。

2009 年 12 月，参议员肯特·康拉德（Kent Conrad）和贾德·格雷格（Judd Gregg），著名的赤字鹰派，建议立法创建一个由两党共同参与的财政委员会，以寻求在政治上可行的方式削减支出、增加收入。当该委员会汇报时，国会必须投票通过它的所有提案，不能进行阻挠或修订。康拉德和格雷格强硬要求进行一次“生 - 死投票”，赋予他们想要的真正的法律效力。效力？谁想要效力？ 2010 年 1 月，康拉德和格雷格在参议院投票中以 53∶46 落败。6 名共和党共同提案人调转炮口，投票反对这个议案！

2010 年 2 月，奥巴马总统通过行政命令组建了一个两党共同参与的国家财政责任和改革委员会，重拾了他们的想法。这个委员会由艾伦·辛普森和厄斯金·鲍尔斯担任联合主席，其他16位政治人士和代表为委员会委员。但是与命运多舛的康拉德－格雷格提案相比，“辛普森－鲍尔斯委员会”最重要的不同之处在于总统缺乏宪法赋予的权力来强制其提案通过国会表决。所以当2010年12月辛普森－鲍尔斯的提案提交国会时，得到了报纸主编的盛赞，但是该提案却被国会完全忽视了，甚至总统自己也忘记了！这一次，两党达成共识：谁都不喜欢“辛普森－鲍尔斯委员会”。

当2010年接近尾声时，国会与总统正争执不下，共和党和民主党却在最后一刻达成一致，布什总统所得税减免计划、奥巴马工资税削减计划以及失业补贴计划展期，为我们淋漓极致地展现了两党合作的真正意义。所有这些计划都通过了，真的有人关心过赤字问题吗？

第112届美国国会会议于2011年1月正式召开，共和党人把持众议院，新当选的茶党成员试图把持共和党（他们第一次感受到他们的权力盛宴，肯定不会做任何妥协）。因此，政治斗争演变成两条战线的战争。民主党对抗共和党，共和党正规军对抗茶党游击队。在这个复杂的政治环境中，让新任众议院议长（共和党）约翰·博纳削减预算是完全不可能的。事实上，从2011年4月开始，美国政府已经停止考虑通过任何关于未来远期的预算方案。国会显得十分滑稽，它的支持率（或许是另一个荒谬之处）已经跌至谷底。

当两派之争愈演愈烈时，众议员保罗·瑞安（Paul Ryan），也是众议院预算委员会新任的年轻主席，之后的共和党副总统候选人，将自己提出的激进的预算方案拿出来作为两党争论的话题。这其实不完全是一种妥协，瑞安方案完全避开了任何新的税收计划；事实上，它对于最富裕的美国人甚至提出了更多的税收减免。瑞安方案的数字确实在纸面上实现了预算平衡，但是这种平衡必须等到2040年才能实现。瑞安方案提出了严厉的支出削减计划，特别是提供优惠券以购买私人保险，来替代现有的医疗保健支出方案。相对于健康保险支出的增加，优惠券注定将迅速贬值。

对于瑞安方案预算算式的“神奇”之处，任何一个了解长期预算编制过程的人都非常清楚。如果你能够（通过一些奇妙的手段）将大部分医疗保健开支从联邦预算中剥离出去，平衡预算的其余部分就是小菜一碟。根据瑞安方案，到 2050 年，联邦医疗保健支出将缩减超过 2/3，其余部分将被分流到个人和州政府。[①]

但是，医疗保健私有化从确保共和党选举成功的意图上来说，并不是政治上的首选。共和党控制的众议院很轻易地通过了瑞安计划，但是民主党领导的参议院同样轻易地否决了它。事实上，民主党人已经摩拳擦掌，准备在 2012 年的总统选举过程中否决瑞安的医疗保健提案，但是这还有很长的路要走。同时，美国政府还需要这样的一个预算。

经过多轮艰苦卓绝的协商，2011 年 7 月，奥巴马总统和博纳议长几近达成一项被称作"大交易"的方案。它将把 10 年预算赤字削减大约 4 万亿美元，可占高税收收入的 20% ～ 30%。但是，总统可能很难令此方案得到民主党当权的国会的批准——因为其中的一些削减来自医疗保健开支，而医疗保健是民主党人想重点使用的竞选议题。博纳抱怨总统在这个问题上背离了民主党的立场，就像是"面对一碗果冻粉"。但是，看起来议长很难说服自己的党团成员通过这个议案。一位白宫幕僚打趣说，博纳"大概连送比萨都不会"。

无论是果冻粉还是比萨，症法都在于收入，特别是计划中削减税收的额度是 20% 还是 30%，众议院的共和党人不会让步。因此，这个"大交易"在诞生之前就因为各方的争论不休、恶语相向而黯然"流产"了。似乎为了消除关于预算在两党达成共识的任何可能性，米特·罗姆尼以及其他 7 位共和党总统候选人，在 2011 年 8 月的一次公开辩论中宣称，他们会坚决否决针对每 10 美元的支出减免，对应增收 1 美元税收的计划。当 10∶1 还不够让人满意时，就没有什么协调与妥协的余地了。

同时，国会的争执与喧闹程度达到了新的高度，公众对国会的认同感也创了新的低点。2011 年 6 月、7 月，以及 8 月初，整个国家见证了一次赤裸裸的党派之争，争论的焦点在于美国政府是否应该（至少为此做好准备）故意对其债务违约，即使它可

---

① 当瑞安一年以后重新来做他的预算案时，原来削减 2/3 的计划已经被下调到 1/2 了。

以轻松偿付所有账单！最紧迫的问题是要不要提高国家债务上限，这是一个在必要时国会经常采用的常规做法——虽然蕴含着政治姿态。

每年的赤字都要被加到国家债务总额中。因此，只要投票通过一项会带来赤字的预算案（不管赤字额多小，都只是一个算术问题），都会增加国家债务总额。如果债务的预期增长推动累积债务总额超过法定上限，法定上限就必须被上调。否则，这个国家就会面对两部法律（预算法和国债上限）相互冲突的窘境。很好理解吧？实际上，这已经是陈词滥调了，因为很多国会议员每天做的就是这种傻瓜都可以理解的、不用动脑的事情。

最终，2011 年 8 月 2 日，正当政府已经临近无法支付国债日常利息开支的关头，奥巴马总统和共和党人达成了一项交易，阻止了大灾难的发生。作为交易的一部分，双方同意未来 10 年内削减支出 9 000 亿美元，并且不增加一分钱的税。同时，他们还同意组建削减赤字联合特别委员会，该委员会立刻被戏称为“超级委员会”。6 名参议员和 6 名代表准备着手处理另外 1.5 万亿美元的支出削减和收入增加计划（如果你看到了文件的保留条款，这个数据其实是 1.2 万亿美元）。如果他们失败了，1.2 万亿美元的支出削减计划将于 2013 年 1 月被自动触发开始执行（其中部分用来做国防开支）。也就是说，在国会并没有暂缓执行他们原定于 2012 年 5 月开始推进的计划。请注意，最后期限是 2013 年 1 月，而不是 2012 年 1 月，这样就可以保证顺利度过下一次大选了。

所有人都长出一口气，可以安心回家了。国家债务上限被提高了，美国政府也并未违约。“超级委员会”投入工作，但并不是每个人从此以后都能一直幸福地生活。

标准普尔根据此前美国面临的债务问题，将美国政府信用评级从 AAA 级（最高级）下调至 AA+ 级，这件事除了变成头条以外，并未对美国债券利率造成任何影响，穆迪和惠誉没有跟风。更重要的是，经过几个月的党派角力，“超级委员会”在 2011 年 11 月宣布谈判陷入僵局，他们无法在任何问题上达成一致，随即宣告解散。瞅一眼日历就可以看出，所有达成妥协的希望现在都已破灭：距离 2012 年的大选已经不满一年了。

面向未来

我们将何去何从？唯一坦诚的回答是：没人知道。达成一项预算协议不仅是一项经济事务，更是一项政治事务。在 2012 年总统竞选期间，奥巴马总统积极寻求一条他所谓的“平衡”路径来削减赤字，包括向富裕阶层增税。但是挑战者米特·罗姆尼表示反对，众议院议长约翰·博纳甚至威胁说这将在国家债务上限问题上引发另一场危机。大选的结果可以被解读为对奥巴马政策的一种认同，但是这种认同感并不是很强。

与政治不同，从未来 10 年这样的时间跨度来看，事实上经济情况并没有那么困难。因此，合理的解决方案分为三部分，一部分适用于当下，一部分适用于未来 10 年，还有一部分适用于更远的未来。

当下

如果经济依然走弱，短期内实施财政紧缩的条件仍旧不具备。我们不应该在病人尚未痊愈时就扔掉他的拐杖。如果我被允许做白日梦的话，“财政刺激为先、赤字削减在后”的双管齐下的政策组合，效果会更好。

未来 10 年

看起来很奇怪的是，虽然在过去 4 年的时间里，赤字总额增长了数万亿美元，但是美国政府仍旧没有出现短期偿付问题。相反，全球的投资者仍旧争先恐后地不惜按负利率将钱借给我们。从购买力角度来讲，他们愿意（甚至可以说热衷于）为有机会借款给美国政府而支付费用。

不仅如此，作为“辛普森－鲍尔斯委员会”、命运多舛的“大交易”、失败的“超级委员会”，以及近几年来所有其他高调推出的赤字削减计划的聚焦点——预算条款中的有关下一个 10 年的计划，实际上并不是那么困难。根据国会预算办公室 2012 年 1 月的预测，联邦财政赤字占 GDP 的比重将从 2011 财年的 9%，缩减至 2015—2018 财年的 5%，但前提是期间没有任何进一步财政政策出台。可以确信的是，5% 的比重仍然太高。但是，如果对比 2009 年惊人的 10%，这种降幅已经难能可贵了。同时，赤字占 GDP 的比重从 5% 降至 3% 的过程有多艰难，是很难从数字中简单得出的。

因此，未来 10 年赤字削减的合理目标可能在 GDP 总量的 2% ～ 3%，政府有可能于 2014 财年启动削减计划。如果使用具体的 2.5% 来简单说明，未来 10 年的财政窗口期内将削减 5 万亿美元的赤字——与“大交易”、“辛普森－鲍尔斯委员会”以及所有其他赤字削减计划的预期目标一致。

实现这样一个野心勃勃的目标需要一些妥协。共和党人需要认识到，即使在算式上有可能在支出端完成所有工作，在政治上也是不可能做到的。民主党人需要认识到，大部分赤字削减必须来自支出端，包括医疗项目。要做到这些，需要两党做出很多痛苦的选择。当然，“大部分”这样的字眼会引起诸如支出削减占总赤字削减比重是 51% 还是 90% 的质询。这个问题在政治上仍然是有争议的，现在的关键点在于，无论哪种政治妥协看起来都已迫在眉睫。华盛顿好像又陷入了僵局。

更远的未来

真正可怕的财政问题将出现在 21 世纪 20 年代或 30 年代，甚至更远的未来。国会预算办公室最新的长期预测数据显示，2030 年赤字占 GDP 的比重将上升至敲响警钟的 13.1%，在 2040 年将达到难以想象的 18.9%，并且仍将继续爬高。这种情况绝对不能发生。

但是，虽然长期预算问题会加剧，但是它也渐渐变得更为简单。有两个原因：一是预期赤字额如此巨大，以至于通过提高财政收入来填补窟窿完全无济于事，支出削减必须承担绝大部分赤字削减任务。二是从长期来看，仅存在一个不停推升财政支出额的重要因素：不断高涨的医疗支出。因此，从长期的角度来看，控制支出意味着控制医疗支出。就是如此简单，但是做起来依旧复杂。

图 15-6 表现了上述两种观点中的第一种。它展示了国会预算办公室最新的超长期预算预测（2012 年 6 月编制），预测期直到 2087 年。是的，我也知道没有人会相信任何扩展到 2087 年的预测——甚至到 2017 年的预测都已无人相信。这仅仅是一个预

测，一个根据当前趋势的外推，每个人都知道它不会发生。联邦预算赤字占 GDP 比重在 2050 年达到 25% 的峰值，并且在这之后继续高涨，这简直是异常荒谬。图 15-6 传达出的信息，是我们迟早会不得不摆脱这种难以为继的发展路径，而且越快越好。

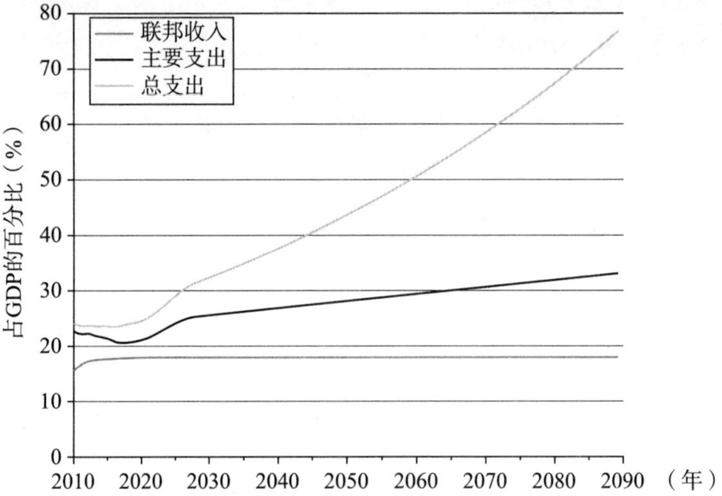

图 15-6　我们未来黯淡的预算前景（长期预算预测）

资料来源：国会预算办公室，由美国联邦预算委员会外推得到。

在图 15-6 中，位置最靠下的、升至 18.5% 后一直维持不变的线，代表了联邦收入。你可以称之为共和党人的梦想（没有增税），虽然很多共和党人甚至觉得占 GDP18.5% 的联邦收入依然太高。位于图 15-6 中间的那条线代表主要支出，即除利息支出以外的联邦政府支出。图 15-6 中最顶部的那条线代表了利息支出与主要支出的总和，即联邦政府总支出。代表总支出的线条与代表总收入的线条之间的垂直距离就是每年的财政赤字，可以很清晰地看出，财政赤字是逐年激增的。

从图 15-6 中可以得出四点重要结论。第一，利息支出（主要支出与总支出之间的垂直距离）最终完全主导了财政赤字的走势；第二，历史上正常的税收水平（联邦收入）根本无法覆盖主要支出，更不要说利息支出了；第三，主要支出占 GDP 的比重稳步上升，从22%上升到21世纪80年代的32%；第四，通过增税，政府只能覆盖一小部分预期的财政赤字。共和党人在这一点上是正确的。美国人习惯了占GDP18.5%的税收水平，他们不会允许税收水平升至GDP的32%。尽管一些欧洲国家会这样增税，但美国不会。

现在再来看医疗支出。图15-7在图15-6的基础上增加了第4条线，显示了扣除医疗支出的主要支出占GDP的比重。这是图中4条线中最下面的一条，从16%降至2087年的11%。很明显，除了医疗保健，联邦政府花在任何其他一项事业上的支出（包括社会安全、国防），都会随着时间推移预期大幅下降。该图传达出的信息很明确：整体来看，美国人并没有面临需要大幅裁减的、很严重的支出问题。相反，我们面临的医疗保健支出上涨是一个大问题。

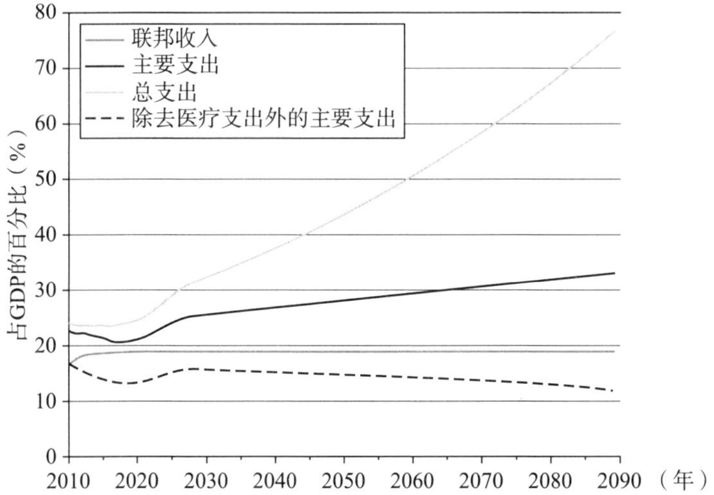

图15-7　医疗保健支出的主导作用（长期预算预测）

资料来源：国会预算办公室，由美国联邦预算委员会外推得到。

图15-7对预算人员的意义很明确：如果我们能够解决医疗保健支出问题，就能解决长期赤字问题。相反，如果我们无法控制医疗保健支出，长期的赤字问题就无法

解决。很简单吧。不可能做到？我们不希望这样。

回归辛普森－鲍尔斯计划

我相信，我们最终会回到2010年被否决的辛普森－鲍尔斯计划上去，尽管可能会有一些重要的改动。辛普森－鲍尔斯计划的目标是在2012—2020年的9个财政年度里，累计削减4万亿美元的财政赤字。但是，他们的逐年削减计划在开始时的削减数量较少，此后逐年增加。因此，如果向前滚动一个10年来看，2014—2023年的累计削减额将至少达到6万亿美元，甚至可能更多。我的猜测是，如果达成的是一个多年度预算合约，削减目标不会制定得如此激进。因此，"短期药方"事实上比辛普森－鲍尔斯计划要容易接受得多。

至于在细节上，该计划的覆盖很全面，这对于达成妥协也是必要的。下面就是其中的一些细节。

收入

该计划主要从税收改革上增加税收收入。辛普森和鲍尔斯准备将联邦税收收入占GDP的比重从18.4%提升到21%，并且维持下去。对于平衡美国人对增税的反感和在人口老龄化形势下增税的必要性，增加额外2.6%的税收收入是很合理的目标。但我猜测，说服共和党人认可这些细节还需很长的时间。请记住，就像2011—2012年初选期间的所有共和党总统候选人一样，米特·罗姆尼表示，他甚至会拒绝10∶1的提案，而辛普森－鲍尔斯计划可以被认为是2∶1。

认为反对增税的国会能够同意从税收改革中挤出额外的净财政收入，同样也是不切实际的。任何成功的税收改革的实质，都是在降低税率的同时扩大税基。经济学家赞同这样的计划，但是这样做将不可避免地将公众划分为受益者与受害者两个对立的群体，造成政治体系中的激烈斗争，当权者必然会有一定的优势。如果一项税收改革计划对收入没有太大影响，赢家与输家大致持平，那么你至少还有一个斗争的机会。但是，如果税收改革因需要增加可观的净收入而让人承受重担，输家的数量远超赢家，就会造成一个无法逾越的政治鸿沟。

医疗保健

辛普森–鲍尔斯计划为医疗保健支出设定了一个很小的缺口。正如我强调的那样，任何严肃的长期赤字削减计划都必须重点关注医疗保健支出部分。辛普森和鲍尔斯自然知道这一点，但是他们不明白如何有效地“弯曲成本曲线”。其他人也不明白，所以他们只提出了一个目标：将医疗保健支出增长率维持在 GDP 增长率再增加 1% 的水平，并且规定“如果医疗支出增长率超出目标值，总统和国会需要采取行动”。什么样的行动呢？他们补充道：“如果医疗成本的增长速度继续与国会预算委员会和医疗保险精算师预测的保持一致……国会和总统必须考虑实施进一步的措施来推动实质性的结构性改革。”明白了吧？简单地说，辛普森–鲍尔斯计划勇敢地指出了问题的关键所在。

我并不想责备他们。一些人认为，奥巴马总统提出的医疗改革，即 2010 年的《合理医疗费用法案》（*Affordable Care Act*），包含了最终演变为成本控制的种子。其他人深表怀疑。事实上，迄今为止没有人知道如何降低医疗成本的增长速度——没有人愿意彻底的理性思考。

社会保障

辛普森–鲍尔斯计划中仅用很小的篇幅提到了社会保障的内容，尽管这主要是一个时机的问题。削减即将退休人员的福利是一个很愚蠢的公共政策，更不用说公不公平了，因为他们根本没有时间调整和适应自己的生活。任何明智的社会保障改革都是在当下改变政策，但是产生实际作用却是很多年以后的事了。辛普森–鲍尔斯计划提出对现行的社会保障体制进行渐进式的改革措施，以提高社会福利水平并增加财政收入。如果真正推行到位，他们的建议将削减掉社会保障方面全部的实际赤字。

剩余部分

预算节省的最大一部分源于“其他支出项”，即医疗、社会保障和利息支出之外的项目。计划削减的项目从国防开支到农场补贴，再到公务员的养老金不一而足。削减额确实很大，但是并不严厉，因为其只占到“其他支出项”的10%。

探寻仍将继续

哦，我有没有提到辛普森－鲍尔斯计划在委员会投票中被否决了？辛普森和鲍尔斯两个人情同手足，联手支持该计划。但是，其他16位委员中仅有9位站在他们这一边，最终投票结果是11∶7，低于通过决议所需要的绝对多数（14位）赞同的规定。具体来说，这11∶7结果的构成是下面这样的：

国会中共和党成员，3∶3。
国会中民主党成员，3∶3。
无党派成员，5∶1。

是的，这是一个无党派投票！当无党派成员普遍赞同辛普森－鲍尔斯计划时，政客们却产生了分化。民主党成员开始反对某些支出削减项目，特别是医疗和社会保障；共和党人则痛恨税收增加。

辛普森－鲍尔斯计划的投票结果可以用一个比喻来说明。一方面，让公众团结在一个具体的赤字削减方案周围，要比让政客闭嘴容易得多。另一方面，如果出现6∶6的投票结果，可以将其解读为一个杯子中仅有半杯水。毕竟，原本应该是0∶12的结果。分化的投票结果让我们看到了一丝希望，然而清醒地来看，现行政治体制根本无法让我们对未来产生乐观的情绪。共和党人和民主党人都固执己见，我们的宪法体系令僵化的政治体制继续得以维持。因此，寻求政治上可行的财政退出策略的努力仍在继续。

AFTER THE MUSIC STOPPED

16

大余震，欧洲主权债务危机

提防来自希腊的礼物。

——引自维吉尔的《埃涅阿斯记》

这是一直可以获得的礼物吗？我们目前熟知的欧洲主权债务危机，于2010年4月在希腊首度爆发——这的确是一个“礼物”。本书专注于美国，但是欧洲债务危机通常被认为是2007—2009年金融地震后最大的余震。因为美国与欧洲的经济、市场在很多方面联系紧密，所以欧债危机似乎成为美国经济持续复苏的最大威胁。因此，只有当欧洲主权债务危机消退后，故事才能完结，但这也许还有很长的路要走。

若要认真解释经历了种种波折的欧债危机，需要一本书或许两本书，而且欧债危机的故事仍在继续上演。因此，本章只是触及表面，相对更关注与美国事件相关或平行发生的欧洲事件。

危机的相似性

欧洲金融危机的一部分危机是本土性的，另一部分则是从美国传到欧洲的。因此，找到两者显著的共同点就不足为奇了。

首先，欧洲与美国的金融危机都起源于投机泡沫，最明显的是房地产泡沫，但也有债券泡沫。房地产泡沫在很多地方都很明显，尤其是爱尔兰、西班牙和英国。在美国，我们有记录的金融狂潮在爱尔兰和冰岛达到了令人哭笑不得的地步，而且英国的情况也相当严重。在欧洲的其他地方，从比利时寡妇到德国储蓄银行的幼稚投资者，都被那些吸引人的 AAA 评级所欺骗，他们兴高采烈地争抢着美国抵押支持证券，并认为自己已经发现了黄金：高额的回报，却没有很大的风险。事实上，他们挖到了傻瓜的黄金。所有这些听起来都像泡沫经济年代的美国。

抵押贷款市场的乱象值得引起很多注意，但几乎没有人注意到希腊政府债券和德国政府债券息差消失的事实——请记住，债券的息差代表着两国政府不同的债券违约概率差异。与古板的德国相比，挥金如土的希腊违约概率真的不会更高吗？这个观点是荒谬的，但是两者近似的市场价格却做出了相反的选择。正如我们所知，无论是在美国还是欧洲，不复存在的风险利差都是债券泡沫的标志。

当房地产和债券泡沫破裂时，衰退突然降临欧洲，就如同在美国发生的一样。如果本土性的房地产和债券泡沫还不够的话，那么雷曼兄弟倒闭那一天后，从美国出现的“恶意传染”则给欧洲带来了彻底的打击。事实上，欧洲各国都经历了下跌，其中的一些国家更是经历了长时间毁灭性的下跌。一提到希腊、爱尔兰和冰岛，我就突然想起那个可怕的故事：英国和西班牙也都遭受了沉重打击（西班牙的失业率一直高于25%）；甚至连强大的德国，这么一个稳定、保守，没有真实房地产泡沫的国家，在2008 年第 1 季度至 2009 年第 1 季度间，GDP 也缩水了 6.8%——这也远大于危机起源地美国当时 4.7% 的经济负增长。

正如美国在 2009 年以及此后痛苦经历的那样，经济衰退将扩大政府预算赤字。

随着经济的萎缩，欧洲国家的税收收入将急剧下降。同样，花费在已形成规模的社保体系——失业救济、养老保险和社会养老保险及其他欧洲社保体系的费用却不断上升。多数欧洲政府在危机时刻都转向凯恩斯主义，也决定采取各种形式和规模的财政刺激计划来抵抗衰退。当然，这些举措也增加了政府的财政预算赤字。

其次，银行的紧急财政援助成本也出奇的高。在美国，我们创造了问题资产救助计划，虽然已授权该计划可以借出 GDP 的 4.7%，但是我们实际上从来没有借出超过 GDP 的 3%，而且我们偿还了所有本金和利息。欧洲议会基于国情的不同，执行了大量特别的紧急财政援助来阻止银行破产和倒闭，其中一些救助占 GDP 的比重比我们的高出很多。并且，欧洲的货币并没有全部回流。欧洲对于银行破产的态度也与我们大相径庭。请记住，欧洲中央银行的银行家曾经在雷曼兄弟倒闭后宣称："我们甚至不会让干洗店倒闭，更不会像美联储一样见死不救。"

最后，在一些国家，政府承担了大量的私人债务（绝大多数是银行的债务）。这些决定与美国的做法相同，美联储曾保证承担或者购买多样化的公司债务，这些公司包括高盛、贝尔斯登、美国国际集团、通用汽车和通用电力等。但是这里存在差别：美国的净费用（算上利息和偿还额）是很小的，而且在多数情况下，其作用也影响甚微。而欧洲的一些国家，它们的费用确实相当巨大。

爱尔兰是典型代表。2008 年 9 月，爱尔兰政府基本上为所有银行的负债提供了担保，并随后将这些负债视为自己的债务，在此之后，其债务占 GDP 的比重增加了约 40 个基点。理论上讲，爱尔兰政府是一位高信誉的借款人，可以获得有利条件的借款，并且当爱尔兰银行恢复时，它是可以承担债务负担的。但实际上，爱尔兰轻率的行动把银行业危机转变成了一场主权债务危机。2010 年，爱尔兰的政府年度预算赤字占 GDP 的比重已经达到了惊人的 32%，这一数字很可能创造当代世界记录。

危机的差异性

美国与欧洲存在许多相似点，同时也存在着许多差异，而大部分的差异都源于这一事实：欧元区 17 国分享相同的货币和中央银行，却无法形成同一个政府。

在危机前后，欧洲中央银行并不像美联储那样是一位积极抵御衰退的勇士。观察两者差异，最简单的方法就是看图 16-1，该图展示了两个中央银行的主要政策利率：美联储的联邦基金利率和欧洲中央银行的主要再融资利率。显然，在危机萌芽时期，美联储的反应比欧洲中央银行更为迅速，采取措施力度更强烈。例如，到 2008 年 12 月，美联储的利率曾下降到几乎为零的水平，相比之下，欧洲中央银行的利率则仍旧保持在 2.5% 的水平。欧洲中央银行甚至在 2011 年两次加息（他们是怎么想的），而美联储却正在寻找新的方式刺激美国经济。造成这种差异的原因之一是美联储的法定职责要求它追求低通胀与低失业率的宏观经济目标，而欧洲中央银行的法定职责仅仅是追求低通胀。

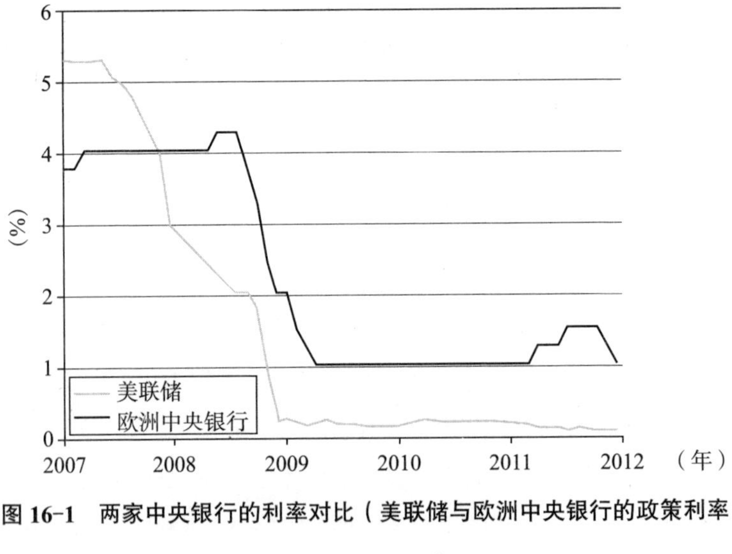

图 16-1　两家中央银行的利率对比（美联储与欧洲中央银行的政策利率）

尽管欧元区国家像美国各州一样，分享同一种货币和货币政策，但 17 国一体化程度远不及 50 州。这样我们就很容易明白希腊、葡萄牙、爱尔兰与德国、法国、荷兰相比，经济出现更大暴跌的原因。理论上，较弱的国家与较强的国家相比，需要更加宽松的货币政策。但实际上，欧洲中央银行却不能为各国实行不同的货币政策，而只能对所有国家采取统一的货币政策。

另外，统一的汇率也是如此。因为所有 17 个国家都使用欧元，所以深陷经济暴跌国家的传统退出路线，即一国货币通过贬值刺激出口的政策就被排除在外了。这可真是希腊的悲剧，如果希腊在 2010 年的夏天有独立的货币，德拉马克币值就会暴跌，阳光充足的地中海大地进而会变成全球度假者无法抗拒的旅游胜地。希腊或许会被旅游带动出口繁荣，希腊的经济衰退或许就会在那时结束了。而事实上，欧元使得希腊物价一直相当昂贵，反紧缩的游行更是将游客全部吓跑了。

美国与欧洲第三个关键性的差异或许显而易见：欧洲必须处理希腊问题，而美国却不必。希腊的问题很特别，它曾有一段差劲的财政史。经济学家卡门·莱因哈特（Carmen Reinhart）和肯尼斯·罗戈夫（Kenneth Rogoff）发现，自从希腊在 19 世纪 30 年代独立以来，公共债务曾有 50% 的时间处于违约状态。近几年来，希腊的预算赤字比危机前扩大不少，而危机后更是数量惊人，希腊民众也变成能力较差的收税员——一些人认为希腊并不想通过税收解决问题。此外，尽管政府收税不容乐观，但它的薪水册上还保留着很多工人，这些人在得到工资的同时又盼望能早点退休。我想，这就是希腊式民主的一部分吧。

除了以上这些问题外，全世界的经济衰退也使希腊经济遭受重创。原因不难理解，希腊的经济严重地依赖两种出口导向型工业：造船业和旅游业。2008 年末至 2009 年初，全球贸易遭受重创，其严重程度与大萧条时期相似。因此，造船业优势已经丧失。并且，对全世界上百万的民众来说，衰退意味着希腊的旅游度假将变得极其昂贵，他们不再能负担得起了。因此，希腊的旅游业优势也丧失了。

从 2008 年第 3 季度（雷曼兄弟倒闭的那个季度）到 2010 年底，希腊的实际 GDP 下降了 10%。到 2011 年底，希腊 GDP 与 2008 年第 3 季度峰值相比下降了 16%，而且目前经济仍然萎缩。相比较而言，美国的 GDP 仅下降了 4.7%。这里，我们做一个骇人听闻的比较：1929—1933 年，美国实际 GDP 几乎下降了 27%。我们称这一时期为大萧条。而截至 2012 年末，希腊经济已经走在了萧条的道路上。

此外，希腊在预算赤字和国家负债问题上也有所隐瞒。2001 年，希腊在欺诈、捏造财务数据和公共债务占 GDP 的比重超过《马斯特里赫特条约》（*Maastricht Treaty*）60% 的限制下，被准许加入了欧元区。但是，谁负责对其进行评测呢？2009 年 11 月，希腊选举后仅过了一个月，乔治 · 帕潘德里欧（George Papandreou）总理揭露了前政府存在比被准入欧元区时更大的赤字情况。这居然出人意料地与美国的财务欺诈相关，事实证明，高盛的一些金融工程师曾帮助希腊政府隐藏了其不断增长的债务，这一消息并无娱乐希腊债权人的意味。顺便说一下，希腊债务占 GDP 的比重那时就已经高达 120%，即使基于不高的利率，这也是一份难以承受的负担，更别提希腊的利率很快又上升了。

美国同样有情况糟糕的州和地方政府，它们的财政（及其他）行为大多是无赖的，甚至更为糟糕。但是难以置信的是，虽然马萨诸塞州占美国 GDP 的比重只相当于希腊在欧元区 GDP 的比重，但这个州的预算灾难竟然会拖累整个美国的经济。马萨诸塞州的问题将会简单抑或是曲折地陷入违约情形。但是，从 2009 年末开始，希腊的财政问题已经动摇了许多欧元区国家的信心，甚至也动摇了欧元的信心。这真是成也萧何，败也萧何。

提防希腊

欧洲国家政府可观察的信誉状况最简单的评估方式，就是与德国这一欧洲的黄金标准进行比较。图 16-2 显示了希腊和德国 10 年期政府债券的利差。一些明显的特点如下。

第一，利差直到 2008 年 10 月，一直维持在 1% 的水平之下。事实上，如果你回顾得更远，将会发现 2001—2007 年间利差更小，有时甚至低于 20 个基点。所以，在危机之前，希腊政府显然被认为是和德国政府一样好的借款人。有人说过，这是一场债券市场泡沫吗？

第二，2009 年初，当全球金融危机达到高峰时，投资者尽可能地回避各种风险，而希腊债务的利差也扩大到近300个基点。但是，当全球金融危机在当年得到缓解时，利差又再次下降——尽管并不总是在下降。如果你是希腊民众，就会很容易相信，政府债券利率的涨跌与本国情况相关，更与全球金融危机的进展相关。

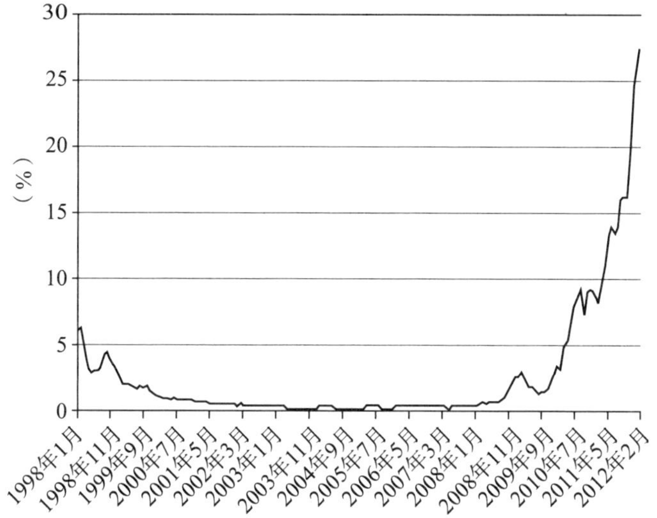

图 16-2　市场对希腊债务问题的反应（10 年期希腊和德国政府债券利差）

然而，情形却随之改变。从 2009 年末开始，随着投资者风险恐惧的逐步升级，希腊利率开始飙升。帕潘德里欧政府随即提出一系列财政紧缩计划，这些计划经常是大张旗鼓地宣布的，并赢得了欧洲各国的支持，但随后却遭遇困境，最终不了了之。这仅仅是事件的前兆。其中的一些机构却反对该紧缩计划，甚至造成了雅典街上的暴乱。随着希腊政府信用评级的下降，希腊债券利率开始上升。请计算一下。如果国家的债务占 GDP 的比重为 150%，利率 6%，那么政府必须收取 GDP 的 9% 来还清利息——这相当于希腊政府年收入的 30%。困难呀！

如图 16-2 所示，事情在 2010 年 4 月开始崩溃。事态发展迅速：更多的关于财政紧缩计划的许诺；更多的抗议和政治动荡；更多的评级机构下调评级；更多的欧元区国家，甚至来自国际货币基金组织的关于一揽子救助计划的讨论。希腊 10 年期的债券利率一度突破了 12%。这个西方文明的摇篮看上去像一个完全没有希望的地方。2010 年 5 月初，第一个紧急财政援助达成了协议，因此为希腊缓解了一段时间的压力。但是正如图 16-2 所示，这种缓解只是短暂的。请尝试用 12% 的债券利率算一算每年的付息水平吧，这样你就知道麻烦远没有结束了。

然而，希腊的困难已不仅是算术上的偿付利息了。与爱尔兰心甘情愿地饮下苦药不同，希腊是一个把自家政治管得一团糟的可怜虫。希腊接连几届政府都曾与其民众就国家可能不再偿付债务一事达成过一致。突然间，希腊民众被告知要支付更高的税收，一些公共服务将消失，工资将降低，生活也没有以前好了。为什么？为了安抚国外的债券持有人吗？这也难怪希腊民众会如此激烈地反对紧缩计划，政府一次次地不履行承诺。

当希腊的经济萧条加剧时，它的财政目标变得更加难以实现。在又一次欧洲峰会失败后，帕潘德里欧于 2011 年 11 月辞职，他领导的政府被卢卡斯·帕帕季莫斯（Lucas Papademos）领导的政治同盟取代。帕帕季莫斯是一位备受尊敬的经济学家，曾任希腊银行行长与欧洲中央银行副主席。帕帕季莫斯持续执政到 2012 年 5 月，届时会通过两轮选举选出一个可以继续执政的联合政府。从那时起，希腊就已经在悬崖边缘蹑足前行了。

希腊债务政治上的困局，绝不仅限于雅典。欧元区谈判桌上坐着的不是 1 个国家而是 16 个国家，有些时候还要有其他的欧盟国家与国际货币基金组织。亨利·基辛格（Henry Kissinger）曾经询问过这个著名的问题："当我打电话给欧盟时，需要打给哪个国家呢？" 当谈论到希腊财政紧急救助的时候，基辛格提出的难题就导致了一个严重的问题：哪个国家能够拯救欧洲？请记住，欧盟是一个由主权国家组成的、最小化的中央政府松散联盟，这与美国的联邦条约多么相似，而并不像由美国宪法创造的统一国家。同时，请记住联邦条约失败了。具有讽刺意味的是，失败的主要原因也是无法处理政府债务。

既然欧洲许多权力机关在法律上的职责并不清晰，德国和法国就成了名义上的实际领导人。德国国内的政治特别能引起大家的兴趣。作为欧洲最大的经济体，德国注定要承担财政紧急救助计划的最大份额。然而，按时纳税的德国民众想要知道，为什么他们要为那些不守纪律的希腊人买单——他们认为希腊人的工作时间短、退休早，且不纳税。这是一个关于公平的问题。我常常请美国人想象一下，如果加拿大要求美国财政救助时的政治反应，加拿大是我们北边的友好邻居，那里的人民工作努力，纳税额很高，而且按规则行事。然而，对加拿大的财政紧急救助又能在国会获得多少支持的选票呢？现在，请将加拿大换成墨西哥，并再次想象此时的政治反应又是如何，或者请铭记 1994 年时，我们的北美自由贸易协定南方伙伴陷入困局时的政治混乱吧。

欧洲拖着沉重的双脚，每一次顺着路，仅将罐子踢到足够开下一次峰会的不远处。正如他们所做的那样，越来越多的国家陷入了淤泥之中。葡萄牙预算赤字不断扩大，经济缺乏和竞争力，看上去与希腊极其相似；爱尔兰经历了巨大的房地产泡沫与破裂，允许其银行从事不现实的金融诈骗，然后又用巨大的公共财政进行救助，很快成了众矢之的。同样，有着极大房地产泡沫和摇摇欲坠银行业的西班牙，以及有着巨大公共债务和行为涣散的意大利也将成为问题国家。市场参与者给欧元区这些有问题的国家起了一个不讨人喜欢的名字：欧猪五国（葡萄牙、爱尔兰、意大利、希腊和西班牙）。

随着问题国家越来越多，把危机扼杀在源头的可能性也逐渐消失。希腊如果能被隔离和救助，危机尚且可控。尽管希腊的公共债务与自身经济相比很巨大，但毕竟规模还不到欧元区 GDP 的 4%。这对欧洲而言是一个不可克服的障碍吗？不是用数学方法来衡量。但是，当葡萄牙和爱尔兰加入希腊的财政紧急救助计划当中时，问题就越来越严重了。尽管西班牙公共债务很合理，但是其规模比希腊、葡萄牙和爱尔兰的总和还要多。然后还有意大利，它是世界第三大债务国家——仅次于美国和日本。意大利印证了一句古老的口头禅：国家太大，无可救药。

欧元有得必有失

正如上文所说的那样，欧洲所谓的外围国家在经济繁荣时期从集体无知的状态中获益良多，主要体现在他们享受了与其他国家一样、却与自身的经济实力不匹配的低贷款利率。正如上文所说的那样，希腊的利率勉强在略高于德国利率的水平浮动。

然而，一旦危机袭来，欧元将成为众矢之的。由于17国的货币政策都在法兰克福制定，因此“欧猪五国”既不能利用宽松的货币政策来挽救经济崩溃，也不能利用货币贬值的方法，因为它们不再拥有埃斯库多、爱尔兰镑、里拉、德拉马克和比塞塔了，仅存在欧元。这就只剩下了一条传统的退出路径：利用财政政策走出经济低谷。但是，由于外围国家的债务高涨，这些国家的借款能力也逐渐下降。对于希腊来说，这扇门“砰”地关上了。欧元区成员国身份变成了一张通往漫长且深不可测的衰退之路的车票。

值得注意的是英国，它经历了金融市场的雪崩、深度的经济衰退和像希腊一样高额的政府预算赤字，却表现得很好。尽管英国经历了双底型衰退，却没有发生英国式的主权债务危机；事实上，英国政府债券的利率仍然保持低位。许多经济学家强调，其中最主要的原因是英国拥有自己的货币和独立的货币政策。

欧元区中也存在牵连犯罪现象。当希腊、爱尔兰和葡萄牙经济崩溃时，每个国家都寻求财政紧急救助，市场则向西班牙和意大利投去了猜疑的目光，两国债券利率陡增，甚至连法国和奥地利也失去了珍贵的AAA信用评级。德国，这个欧元区信用能力最强的国家，却从未担心过利率上升，因为它是安全的天堂。但是，德国曾担心欧元崩溃的潜在可能，如果欧元崩溃，新马克汇率很可能将一飞冲天，从而扼杀德国的出口。

有一句口头禅将此时的欧元形容得恰到好处：你不能忍受它，但你也不能没有它。

别指望着它

到目前为止，我一直用主权债务危机来描述欧洲的乱象。投资者很担心一些欧洲政府偿还债务的能力，但是这种乱象也可称为欧洲银行业危机：投资者很担心一些欧洲大型银行的偿债能力。事实上，这两种危机紧密相连。一部分政府债务问题起源于财政紧急救助中对银行的花费。欧洲的主要银行也拥有大量政府债券，它们无法承受债券的大规模损失。此外，欧洲银行业与政府的界限与美国相比也相当模糊。别忘记那些“大而不倒”的干洗店，对于银行来说更是如此。

欧洲银行业与政府紧密的联系开辟了新的“传染风险”。我已经提过了那些从希腊到葡萄牙，到爱尔兰再到西班牙等国，令人紧张的传染风险，那是一种政府对政府的传染。但是，2010 年另一条传染路径出现了：从希腊政府债务到希腊银行（其拥有大量的希腊政府债券），再到其他欧洲国家的银行（其与希腊银行存在重要的对手方关系），再到全球的金融体系。并且，传染路径也存在其他方式。2012 年，由于西班牙银行给予了西班牙政府大量贷款，西班牙银行的欧洲财政紧急救助计划引发了对西班牙主权债务问题的猜疑。

当 2009 年美国设计并实施了对其优秀银行的压力测试时，没有一个人担心美国银行业将会在持有美国国债上遭受损失。但是，同一年当欧洲对其主要银行实行类似的压力测试时，市场就没有那么放心了。一种理由是欧洲银行业持有大量欧洲政府债务，并不是所有债务都“如黄金一般”。但是，欧洲的压力测试甚至并未考虑主权债务损失的可能性。从政治角度来看，这样做可行性不大。哪个国家会如此呢？然而，回避承担主权债务风险在欧洲当下的环境中，也显得有些不现实。

欧洲也不会像美国那样积极支持其银行资本金的恢复。所以，当市场对美国银行业的信心快速恢复时，疑虑仍旧遗留在欧洲银行业。这些疑虑足够严重且持久，克里斯蒂娜·拉加德在她 2011 年 8 月当选国际货币基金组织总裁时的首场演讲中，直言不讳地陈述了欧洲银行业需要紧急补充资本金。她说道，“这在截断传染链方面至关重要”，而且提及“如果可能的话，应该运用公众基金。”她严厉的警告似乎有意针对法国，这很明显是因为拉加德曾任法国财政部部长。此外，她当时正坐在同乡让－克洛德·特里谢（Jean-Claude Trichet）的对面，他那时是欧洲中央银行行长，曾经对欧洲银行业深信不疑。当拉加德陈述时，特里谢看似并不高兴。

不情愿的救助者

这一部分我们谈谈欧洲中央银行。

当欧洲危机不断延长并加深时，许多经济学家和金融学家认为，处理困境最可能的方式，是欧洲中央银行大量购买处于危机的欧元区国家的政府债券。许多人现在也这么认为。为什么？因为所需的货币量太大了，只有欧洲中央银行才能无限制地创造欧元，此举并不需要欧洲议会的特殊批准。争论仍在继续，美联储曾对贝尔斯登、美国国际集团、量化宽松第一轮、第二轮甚至以后各轮采用此法。美联储尽可能地创造货币购买这些巨额资产，曾经拯救了美国的金融体系。因此，也只能是欧洲中央银行才能对欧洲采取相同的举措。

但是，欧洲中央银行却有理由不卷入主权债务危机的烦恼。创造了欧洲中央银行的《马斯特里赫特条约》就是理由之一。这份条约包括了著名的“禁止财政紧急救助”条款：

> 欧盟不应承担或对中央政府、州政府、地方政府，以及其他由法律支持的公共组织或组织成员的事业单位负法律责任。

听起来是决定性的，对吗？欧洲中央银行和许多欧洲政府都曾针对该条款多次上诉。难道买下外围国家的债务就构成了财政紧急救助吗？或许吧。但是经常被遗忘的是，《马斯特里赫特条约》中也包括所谓的“财政紧急救助条款”：

> 当成员国处于由自然灾害或异常的不可控事件引起的困境时，欧盟理事会在欧盟委员会批准的情形下，可以允许对成员国实施欧盟金融救助。

难道自我遭受的创伤不能被视为“异常的不可控事件”吗？好吧，这就取决于你的律师有多大的创造性了。希腊、葡萄牙、爱尔兰、西班牙和塞浦路斯都曾接受过救助。

然而，欧洲中央银行不愿介入其中，其实并不仅仅基于禁止财政紧急救助条款。

中央银行直接从政府处购买新发行的债券，曾很长时间被认为是失败的行为，这种政府预算赤字的超发货币经常被描述为“财政性货币发行”。例如，这种发行在很多国家表现为最主要的高额通货膨胀方式，如同魏玛共和国时期的德国、20 世纪 80 年代的拉丁美洲和现如今的津巴布韦。

欧洲中央银行熟知德意志联邦银行的历史，并有意按照德意志联邦银行的形象构建。一个独立的中央银行的特点，是其能抵抗财政赤字货币化的压力。考虑到这点，《马斯特里赫特条约》明确陈述：

> 无论是来自欧洲中央银行或其成员国中央银行的透支便利，还是其他形式的信用便利，都应该禁止支持欧盟组织机构或其成员国的公共事业单位，同时，欧洲中央银行或成员国中央银行也应被禁止直接购买欧盟组织机构或其成员国公共事业单位的债务工具。

“禁止”，这似乎是对中央银行预算赤字融资的明确禁令，而且德国人也十分看重该禁令的警告。但是，其中的关键词是“直接”，毕竟每家中央银行都把二级市场买卖的政府债券视为常规性业务。

“财政性货币发行”一词仍然意味着对购买债券业务的反对，美国鹰派和德国人都铭记魏玛共和国时期德国的教训：印钞将导致通货膨胀。在美国，美联储追求低通胀和高就业的双重法律授权，购买债券可以实现后一个目标。但是，欧洲中央银行只有一个法定的目标：低通货膨胀。通过印钞来购买政府债券一直以来被视为一项通货膨胀政策，这就需要一位老练的律师重新打造中央银行抗通货膨胀的形象。

事实上，自从特里谢领导欧洲中央银行以来，欧洲中央银行就一直主张不能为了任何理由而牺牲抗通货膨胀的目标，甚至是拯救欧元也不行。欧洲央行虽然嘴上不说，但似乎并不赞成美联储非常规性货币政策长期化的行为。难道美联储就不反对通货膨胀吗？事实上，即使欧洲仍遭受着债务危机和低迷的经济，正是对通货膨胀的恐惧才促使欧洲中央银行在 2011 年小幅地提升了利率。

欧洲中央银行抵制通货膨胀政策还存在另一个公开性的政治原因。几任欧洲中央银行的行长一直公开表示，他们不愿意购买政府债券的部分原因，是担心主权政府过于容易摆脱困境，会放松对他们财政部门的管制压力。这将显而易见地造成道德风险：如果欧洲中央银行开始购买希腊、爱尔兰、葡萄牙、西班牙和意大利的政府债券，就会减弱这些国家政府解决预算问题的决心。

结果是，欧洲中央银行的态度或许帮助了希腊、西班牙和意大利的政府在2011年做出了改变。在三国之中的两国，技术官僚暂时充当了相当于民族团结政府领导者的角色。

超级马里奥兄弟

这些技术官僚中就有马里奥·蒙蒂（Mario Monti），他是一位受过训练的经济学家，有时也被称为“二级教授”，他于2011年11月16日当选为意大利总理。巧合的是，仅仅15天过后，另一位德高望重的意大利经济学家马里奥·德拉吉（Mario Draghi）成为欧洲中央银行的行长。尽管他们没有血缘关系，但是他们很快被称为“超级马里奥兄弟”，他们真的很棒。蒙蒂着手对意大利的改革——不仅是预算，还包括其限制性的劳动法、许可条款及其他根深蒂固的反竞争条例。而德拉吉则在一夜之间改变了欧洲中央银行的行事路线。

改革从利率开始。正如上文所述，2011年4月和7月，欧洲中央银行两度出人意料地将基准利率从1%提高到1.5%。现如今，欧洲中央银行管理委员会大部分的成员并没有变化，但是在德拉吉的领导下，欧洲中央银行在2011年11月和12月逆转了这两次加息。错误得到了更正，但是这仅仅是个开始。

在特里谢行长的领导下，欧洲中央银行忽视了反对的声音，于2010年5月开始少量购买希腊、爱尔兰、西班牙、葡萄牙和意大利的政府债券。截至2011年10月，欧洲中央银行已经购买了1 700亿欧元的政府债券，这似乎是个天文数字，但是与美联储购买的债券相比，确实不值一提。批评者认为，应该扩大购买政府债券的规模。

但是，欧洲中央银行却依据先前的三个理由予以反对：不应该为预算赤字融资；这样做将会让挥金如土的政府摆脱困境；以抗通货膨胀为目标的欧洲中央银行，也将不得不采取抵消式的货币政策操作来抑制资产负债表，进而像美联储那样急剧膨胀。下面，我们来到马里奥·德拉吉时代。

在德拉吉行长的领导下，欧洲中央银行创造性地在规模和期限上，从全新维度扩大了先前存在的长期再融资计划。在2011年12月开始的新型长期再融资计划政策下，银行不仅被允许，而且事实上被鼓励向欧洲中央银行大量拆借三年期的借款，这一期限远比典型的中央银行隔夜贷款要长得多。顺便说一下，三年的期限也远比美联储的任何借款长得多。当一家银行借款三年时，它可以做很多事情，而不仅仅是解决银行暂时的流动性问题，但三年的资金对于资本来说，时间仍然太短。

欧洲中央银行的新政策使欧洲银行危机减轻了不少，银行现在已有喘息的余地。2011年12月和2012年2月，欧洲银行用新型长期再融资计划工具借入1万亿欧元。这可是一大笔廉价的资金：银行仅需付给欧洲中央银行1%的利率。因此，如今欧洲中央银行正鼎力支持欧洲的银行体系——这与美联储和财政部在2009年实施的问题资产救助计划如出一辙。

请想一想新型长期再融资计划对欧洲主权债务危机的意义吧。正如批评者所述，欧洲中央银行不能够在自身资产组合中购买更多的主权债务。德拉吉却继续谈论情形如何糟糕，指出过时的债券购买计划应该退出历史舞台。但是，通过欧洲银行业借入大量廉价的三年期贷款，欧洲中央银行却正在帮助私人银行。谁又能怀疑欧洲政府不能依靠他们的银行来购买债券呢？他们这么做了，特别是西班牙。所以，尽管欧洲中央银行并没有直接购买债券，但是其他机构却能以不错的条件购买。例如，西班牙银行能够以1%的利率从欧洲中央银行借款，并转而购买西班牙政府债券，利息为5%。这真是一笔不错的交易。

新型长期再融资计划看上去像游戏的变革者，但是它却不能完全解决主权债务危机问题。当然，中央银行也不能解决政府的债务问题，就像美联储不能解决美国政府不断增长的债务问题一样。政府只有通过减少支出并增加更多收入，才能解决问题。欧洲中央银行的行动的确赢得了喘息的时间，但是并不像我们希望的那样长久。2012年6月，西班牙银行业就明确要求财政紧急救助，而更多长期再融资计划的压力也将逐渐增长。

一个月过后，市场又变得紧张不安，欧元也开始贬值，有关欧元区解体的说法沸沸扬扬。德拉吉再次采取了行动，他在伦敦的会议上承诺欧洲中央银行将会“采取一切行动来保卫欧元”，“请相信我，这就足够了”。这是一次强硬的表态，市场立刻开始预期欧洲中央银行将会很快重新启动，或者加强其暂停已久的主权债务购买计划。

市场的预测是正确的。9月初，德拉吉宣布了新的债券购买计划，并称其为“直接货币交易”，这一举措远超欧洲中央银行之前的努力。尽管将债券的期限定在三年或更短的时间，但是直接货币交易中主权债务的购买量原则上看起来是无限的。因此，欧洲中央银行的钱包已经完全放开。然而为了符合计划要求，每个债务国必须同意一些由欧洲救助基金和欧洲稳定机制提出的条件（例如对其预算的约束）。欧洲中央银行是金融家，并非裁判和评审者，市场为直接货币交易欢呼。但在撰写本文时，了解它在实践中的作用还为时过早。祈求好运吧！

特洛伊木马

现在，我们回到开头提到的希腊。希腊不同于其他的欧猪五国，因为它的财政状况已令人绝望，至少从两方面可以这样说。

第一，希腊似乎不能履行任何承诺。它曾保证过要缩减预算，允诺过要提高税收收入，承诺过要进行经济改革，但是没有履行一项诺言。失败的一部分原因是缺乏完成的信念。希腊民众并不像爱尔兰民众那样，是个“有责任心的病人”。正如每个医生都会告诉你的那样，治疗只有在病人服用药物的情况下才有效，但希腊的政治却复杂难解。

失败的另一个原因是超出了希腊的控制能力。发放资金的欧洲借款人和国际货币基金组织总是要求通过更加严格的财政紧缩——更高的税收和更少的政府支出，来缩减财政赤字。的确，赤字必须缩减。但是，这种深远的反凯恩斯主义政策却加剧了希腊的经济萧条——这是一场萧条，而不仅仅是经济衰退。萧条的状况又反过来造成财政预算计划难以实现：进展缓慢的希腊正在追求不断变动的目标。在 2012 年 2 月达成的 1300 亿欧元财政紧急救助中，希腊甚至不得不做出降低最低工资 22% 的承诺。但随着 2012 年 5 月希腊选举的开始，有人真正认为承诺会实现吗？不会。一些边缘党派在 5 月的选举中成功地反对了 1300 亿欧元的财政紧急救助计划，只有 6 月的第二次选举才能为希腊组建一个新政府。截至 8 月，希腊政府还在向债权人请求更多时间，以拖延偿还债券。

第二，即使希腊以某种方式达成了许诺的财政缩减计划，但所有的努力仍然不够。到 2020 年，希腊的暂时性债务占 GDP 比重的目标设定在了 120%，但是事实上，没有人相信希腊会实现这一目标。请暂时放下怀疑，并想象一下它们达成了目标。（另一个难以置信的假设）如果希腊政府债务的平均利率回落到了 5%，那么希腊将仍然需要用 GDP 的 6% 去偿还利息，这是一个多么沉重的负担。因此，为了达到预算的稳定，希腊必须将债务占 GDP 的比重降低到 120% 以下。这可能吗？

除了以上这些问题外，希腊已经拖欠了部分债务。从 2011 年夏天开始、到 2012 年 3 月结束的一系列冗长的谈判中，欧洲各国政府从希腊的私人债权人（主要是银行）那里获得了大量的自愿性让步。我是说自愿性的吗？是的，就像与托尼·斯普拉诺（Tony Soprano）的交易一样自愿。最终协议将超过 75% 的损失强加给了私人债券持有者，主要是银行，而国际货币基金组织和欧洲中央银行这一类的债券持有人却没有任何损失。现在，一些债券持有人正在起诉希腊。强加在私有部门而非公共部门损失的决定，已使一些潜在的借款人小心提防其他国家的政府债券了，直到欧洲中央银行承诺在其债券购买计划中不再提出如此的要求，投资者或许才能不再如此小心翼翼。

接下来会发生什么

在 2013 年时，希腊仍在悬崖边痛苦地挣扎着，试图履行其经济和政治上的诺言。但是，它已经在悬崖边两年多了。希腊显然已明白如何处理摇摇欲坠的经济状况。许多经济学家，包括我，都想知道为什么希腊要继续留在欧元区。成员国资格的代价似乎极高，而且将越来越高。据说，希腊的民意投票对继续留在欧元区仍然表示了强烈的支持。那就请查查数据吧。

凭借其一言一行，除了目前的“企业避税天堂”地位以外，爱尔兰似乎为了留在欧元区内，已准备好了付出任何代价。葡萄牙的情况则介于两者之间，其预算问题尽管没有希腊那么糟糕，但也很麻烦，而其虽然也想留在欧元区，但意愿却不及爱尔兰那么强烈。尽管西班牙摇摇欲坠的银行和巨额的救助计划比公共财政问题要多，但其状况却相对安全。然而，由于其银行在政府债务上拥有很大的权重，所以西班牙的情况也不能掉以轻心。至于意大利，我们希望在超级马里奥・蒙蒂的领导下，能够走上拯救之路。同时，欧洲中央银行新任首席央行行长，超级马里奥・德拉吉的内心似乎与伯南克一样，致力于复苏道路。

欧洲人生活在一个有趣的时代，由于全球联系紧密，美国也是如此。2008 年，美国的金融恐慌迅速“传染”了欧洲和世界其他地区。2013 年，一场类似的欧洲金融恐慌也会很快“传染”美国，危及美国新生的经济复苏。如果情形真的是这样，那就可以被称作“雷曼二代”了。不过没有人希望如此。

AFTER THE MUSIC STOPPED

17

切勿重演，危机的余波

> 历史不会重演，但总会惊人地相似。
>
> ——马克·吐温

自2007年以来，美国经历了太多变化和挫折，足以让人不知所措，忧心忡忡，也成就了上面16章洋洋洒洒的应时之作。但是，这些都还没有结束。本章是本书的最后一章，但绝不意味着故事的完结。美国的经济还会一直低迷，随着新国会的就职，华盛顿仍将面临政治僵局。绝大部分期待已久的“退出”决定仍然摆在我们面前，它们将对我们的未来产生深远的影响。

政治进程

糟糕的经济

还是先说美国经济，这是危机之后最大的烂摊子。雷曼兄弟公司破产已4年有余，政策制定者仍在尽力调治脆弱的经济，使其恢复健康。虽然美国目前接近 8% 的失业率已经比当初将近 10% 的情况要好许多，但是这远远不够。美国的目标应该是将失业率控制在 5% ～ 5.5%，任何高于这一标准的数字都是不应该的失败。美联储似乎也意识到了这一点，将失业率设定在 5.2% ～ 6.0% 的范围内，但是目前美国还不能很快地达成这一目标。

美联储公开市场委员会的鹰派与鸽派之争仍在激烈进行。与目前已经发生的高失业率相比，美联储的鹰派似乎更加担心可能发生的通货膨胀。我支持鸽派。虽然伯南克主席的弹药库已不再充沛，但还不至于弹尽粮绝，而他似乎已经准备采取更多的举措。这是好消息。

财政政策和预算

坏消息是，危机留下的万亿美元的财政赤字与国会恶化的党派纷争，让财政政策显得软弱无力。2012 年的大选本质上仍遗留了国会党派分裂的事实，同时也并不能减少一美分的财政赤字。但我们总是寄希望于未来，期待大选后情况能有所改观。但希望不能代替政策，你必须制定法律。美国的财政预算乱象正变得像卡夫卡的作品那样：尽管荒唐至极，却总能找到合乎逻辑的解释。比如预算虽然混乱，但乱中也能找到出路：我们现在需要温和的财政刺激，以及未来大规模地消减赤字。部分方案将依靠提高税收——对不起，共和党人士；大多数方案则依靠减少支出——对不起，民主党人士。

如果你乐观地看待世界，或许会看到两党正在朝着解决方案的方向慢慢靠近。但是，“慢慢靠近”远远不够。围绕细节，两党固然有足够的空间大打口水战，但是我们更需要速度，就像耐克的口号一样——想做就做（Just do it）！辛普森 - 鲍尔斯计划指明了方向，我想美国未来也会采取类似的政策，即使通过的方案可能与该计划相去甚远，但那仅仅是未来，而不是今天。

美联储过分膨胀的资产负债表

美联储坐拥将近 3 万亿美元的资产，这是在为对抗和尽早结束大萧条所付出巨大努力后的一个令人不安的问题。要知道，在危机之前，美联储只有大约 9 000 亿美元的资产。美联储希望能够减少这一膨胀的资产负债表，也希望能够使利率正常化。伯南克主席已经描绘好了中央银行的退出战略，暗示美联储将在自身资产负债表消减规模前提高利率。但是，在朝退出方向前进之前，他们仍然观望和等待经济的回升或者通货膨胀出现的迹象。然而，这些似乎都不会马上发生。

道德风险挥之不去

2008—2009 年的紧急措施留下了许多我们最不愿看到的后遗症，其中一项就是道德风险。紧急财政援助、救助、担保和类似措施成功保住了很多投资者和公司，甚至一些高管和交易商也因此而免于破产。然而，道德风险绝对不是一个错误。如果我们坚定地站在反对道德风险的高地上，虽然这利于维护我们的原则，但却会使经济蒙受损失。必要性的措施是实用主义之母。

但是，道德风险现在是金融领域里的一个令人厌恶的特征。避免重蹈覆辙的一个重要方法，就是让金融市场明白，今后再出现这样的问题，政府不会出手援救。那种“正面你赢，背面纳税人输”的游戏，我们以后不想一直玩下去。我们曾经诚实的品质，现在已经丧失了。投资者已经看到美国政府在可怕的紧急时刻的所作所为。如果同样的情景在未来重现的话，他们还会指望政府来买单。

如此看来，付出道德风险的代价是必要的。我们必须让市场明白，危机有危机的临时办法，恢复正常后则必须是另一种模式。《多德－弗兰克法案》正尝试解决这一问题，它认为将要破产的金融机构应该妥当善后，而不应该借助政府的公共支出复活。请记住该法案的关键语句：“纳税人不能容忍任何损失。”我们将会看到，在未来该法案如何在实践中发挥作用。

溃烂的抵押贷款

金融危机最糟糕的遗留问题，或许是违约抵押贷款的海啸将继续向我们袭来。危机的很多方面都使政策制定者惊讶，然而违约抵押贷款并没有使他们惊讶。我们其实早已预测到违约抵押贷款的问题，但是我们并没有阻止违约抵押贷款的发生。一个又一个减轻违约抵押贷款的计划相继失败，大部分是因为我们太过吝啬，让事态发展得过于复杂。2012年2月，美国政府和州检察长与美国数家最大规模的银行，达成了另一个历史性的一般性协议。这份协议在处理房屋止赎权的问题时，做出了法律上可耻、程序上违规的行为。为了脱身，银行免除了260亿美元的债务来帮助处于水深火热中的房主，但这不过是杯水车薪。即使如此，2012年5月的新闻报道揭露，许多州政府在资金到达房主之前，就截住了一部分资金。具有讽刺意味的是，此协议近期最大的作用，是允许很多之前已经因法律诉讼而暂时延缓的违约贷款重新开始生效。这些沉重的违约贷款将继续让我们的经济承受巨大的压力。

未来还存在抵押贷款吗

正如大卫·弗鲁姆（David Frum）所言："过去美国抵押贷款的体制设计者，希望能够有效地维护政府所有权安全，督促当地银行坚持原则，保护华尔街的创造力。然而，事实却完全相反，政府现在最有独创性的，当地银行的权利是维护得最好的，而华尔街则是'最有原则'的一帮人。"现在，这一制度已经发挥不了作用，它被危机击得粉碎，等同于美国财政部分支机构的房利美和房地美则一直疲软。没有人希望无限期地保持这种制度。所以，重塑一个比我们之前实行的制度更安全、更可行的抵押贷款金融体系，成为国家议程的优先议题。毕竟，美国人民仍然想购买房子，想必不只是为了挣钱。住房市场已经垂死多年，似乎终于显现一些复活的迹象。也许，这是一个很好的契机，让我们再次严肃地思考，如何重塑一个我们可以适应和依赖的抵押贷款体系。

崭新的金融规则

金融灾难最后的一笔遗产是长达2 319页的《多德－弗兰克法案》，它改写了美国的监管规则。实行《多德－弗兰克法案》是一项重大的任务，目前还没有开始，但它需要尽快开始。正如我强调的那样，你首先要制定法律，然后撰写规则和监管细节，之后再观察实施的效果以便做出调整。尽管一些共和党人士仍然希望废除该法案，但法律制定已于2010年7月结束。具体规则的制定正在进行中，不过这个环节会像阵地战一样激烈，无论是多德还是弗兰克对此都无能为力。这个法案的实际应用仍处于初期阶段。金融危机过后，不仅监管框架需要改变，银行和其他金融机构做生意的方式也应改变。我们不要忘记，是可耻的商业行为和监管的疏忽造成了我们目前混乱的局面。

金融十诫

为了金融行业能够继续前行，需要遵守哪些重要的原则呢？正如一个古老的玩笑：这里有三个秘密被用来设计一个安全和健康的金融体系，但问题是没有人知道这些秘密是什么。所以，让我试着从危机的几个主要教训中，总结10条未来金融行业的告诫。

1. 记住人们所忘记的

回溯历史，蒂莫西·盖特纳将危机“归功于”集体性的健忘症：“人们忘记了曾经的大危机，忘记了当一个国家允许危险不断积累时将发生什么样的后果。”忘记的证据就在我们身边：市场里，国会中和我们吹嘘的金融机构中。反对市场效率的反派经济学家海曼·明斯基教会了我们（或者说应该教给我们），投机的市场走向极端是很正常的，这就是投机市场的本性。明斯基认为，一个重要的原因就是人们不像大象那样能够吸取教训，而是经常忘记过去。当行情好的时候，投资者盼望着市场能够无限期地延续下去，但是市场没有；当泡沫破裂时，投资者全都傻眼了。我们应该记住明斯基的名言：市场和人类会经常遗忘。

2. 不要依靠自我监管

金融市场的自律是一件自相矛盾的事情，也许甚至是一个残忍的骗局。我们需要真实的监管，就像动物园的管理员能够看守动物一样。政府不能也不应该将此项功能交给市场规律（又一个自相矛盾的概念）或交给用生意来赚钱的评级机构。这是政府的职责，亟待改进。当然，与此同时，这里也存在过度监管的危险。但考虑到我们曾经的自我监管，我现在不太担心这个问题。总的来说，《多德－弗兰克法案》很好地反映了这些看法，尽管随着时间的推移，我们一定还会发现一些缺陷。

3. 尊敬你的股东

如果你是上市公司的董事，你需要铭记，公司的董事会应该了解和监控公司高管的举动——他们也是公司的员工，而不是国王和王后，这样才能保护股东的利益。然而，董事像开车时打瞌睡的司机，并没有履行他们的职责。公司和董事会都公开遭受了严重的忽视。董事会的成员需要更加注意这点。我们曾经尝试让他们履行职责，例如 2002 年的《萨班斯－奥克斯利法案》(*Sarbanes-Oxley Act*)，但是收效甚微。我们需要继续努力。

4. 提高风险管理的重要性

事实证明，一切未知都可能给你带来损失。当业务线上的经理僭越风控经理这一传统设置时，公司将因过度贪婪和对风险缺乏畏惧而陷入危险境地。高级管理人员、董事会的董事，以及监管机构（多亏了《多德－弗兰克法案》）都承担着确保金融公司风险管理系统有效运转的职责。不要轻易相信，一定要检验核实。要知道，就算是长久以来以风险控制闻名的摩根大通，在 2012 年的伦敦交易中也被风险弄得措手不及。

5. 少使用杠杆

爱迪生曾经说过："天才是百分之一的灵感，加上百分之九十九的汗水。"我们十分信赖的上帝更愿意让你相信，投资需要更多灵感和天赋，而非学识和手段。但事实上，投资需要更多的营销头脑，而非灵感。高杠杆的普通投资产品的高回报往往是虚幻的（房地产就是一个很好的例子）。我们刚接触金融时就知道，系统性的高回报只能来源于高风险。随着时间的推移，对很多已经成为金融高手的人来说，忘掉这一点知识是一件多么可耻的事情。许多新的后危机时代的法规，正推动我们朝低杠杆率的方向前行，更不用说那些国家金融行业的领导机构曾经濒临破产倒闭的经历。当人们遗忘时，我们将对后续事态拭目以待。

6. 保持简单和愚蠢

现代金融的繁荣得益于复杂性；事实上，你可以说金融工程的核心思想就是复杂性。但是，问问你自己，所有这些复杂的金融工具真的对经济好吗？或者说，金融工具是为了让他们的开发人员发财才设计的吗？经济学家习惯于认为一切创新都是好的，认为它可以提升生活的标准。但是，这些在金融领域永远是真的吗？进一步说，是经常性的事实吗？我的意思不是说所有的金融创新都是有害的，正如保罗·沃尔克指出的那样，自动提款机确实大有益处。所以，共同基金、货币市场基金和具有单纯功能的抵押贷款资产池，这些可能都是好东西。但是，谁需要担保债务凭证的再次衍生？这些巨大的丑陋之物对人类生活的改善做出了什么贡献？当然，简单性和复杂性只是旁观者视角中的问题。它不能够被立法，甚至可能不被监管。所以，如果有任何自律性存在的话，我们也许只能依靠好的判断力、透明性，以及市场运行规律（又出现这个短语）。

7. 将衍生产品标准化，并在有组织的市场里交易

在危机中，衍生产品声名狼藉。我的意思是刚刚才得到坏名声吗？事实上，衍生品很久以前就已经有坏名声了。但是，并不是所有的衍生品都是大规模杀伤性武器。当衍生品是简单易懂、合规透明且有良好抵押物的，在有良好流动性的市场被良好资本的对手方交易，以及有适当监管的时候，它们就能像倡导者所说的那样能够套期保值，并转移给愿意承受风险的参与者。但是，要小心特别定制的、条款模糊的，以及场外市场交易的衍生品。这些衍生品是危险的，它们更有可能是为经纪交易商的利益服务而设计，而不是服务于更多客户的利益。《多德－弗兰克法案》在一定程度上推动了衍生品的标准化和可交易特性，但是这还远远不够。金融产业的倒退意愿是强烈的：他们觊觎高利润、能够自由定制，且在场外交易的衍生品。

8. 让交易业务显示在资产负债表中

一些重要的金融交易活动，甚至是全部的金融实体，都在为了规避监管机构对资本金的要求，而将自己从银行的资产负债表中抹去。也就是说，它们违反了金融的

第 5 条告诫，通过提升杠杆率来达到自己的目的。有时，也有其他的原因。不过，用“老调调”来解释，就是说当你愚弄你寻找的人时，你也在愚弄自己。金融危机显露了一个尴尬的事实：很多首席执行官仅仅是模糊地了解所有的结构性投资工具和渠道，以及其他公司的表外实体特点。他们是把控全局的上帝吗？他们对自己的公司都不甚了解，更别提成为专家了。《多德－弗兰克法案》第 165 条写道：“为了达到资本金要求，资本的计算应该考虑到任何公司表外活动的影响。”很好，这是一个好的方向，能够让表外实体安全、合法和稀有。现在，让这条规定奏效吧。

9. 调整不合理的薪酬体系

不健全的薪酬体系给危机埋下了隐患。尤其是交易员的薪酬，当他们投资成功时可谓收入丰厚，但失败了却只受到很轻微的责罚。还有抵押贷款经纪人委员会，他们放贷只是基于总量，而不看贷款人以往的信用表现，这些都诱使他们承担过多的风险。我的意思是，与股东愿意承担的风险相比，这会承担更多的风险——或者，如果政府和纳税人是企业的后盾，这要比愿意承担应有风险的股东承担的风险还要高。这条戒律应该针对首席执行官和公司董事会强制实行，但是如果他们不愿意的话，我们或许需要一个采取强硬手段的大政府。

10. 小心服务普通消费者和公民

最后一条告诫与《十诫》中的第 7 条很相近：不可偷盗。如果相对弱势者的利益不断被侵占，他们将无法分到应得的一杯羹。很久以前，我们就知道，道德需要强制执行。

我们在危机中学到的是，如果不能从具有掠夺性的金融业务中有效保护缺乏经验的消费者，那么也将在事实上损害整体经济。这是一个出人意料的教训，我们不应该忘记。新设立的消费者金融保护局应该对此有所裨益。

政策制定者修复系统七步法

或许整个事件中最遗憾的片段、最具的讽刺的是下面的这些内容。自由和创新的金融市场、不完整的监管，几乎把我们卷入了“大萧条 2.0”。紧接着，联邦政府突然来为市场止血并及时清理乱局。尽管一些努力离完美还有很长的路要走，但是这些努力是卓有成效的，最糟糕的情况并没有发生。政府内部机构结束了以前疯狂的“地狱行为”，这理所当然。没有人会冲上去给本·伯南克、亨利·保尔森和盖特纳的胸前挂上奖牌，就连一直加以阻止两极分化的社会主义者，以及由于做得太少而被打上“失败者”烙印的奥巴马也一定不会这么做。奥巴马在 2012 年 11 月的大选中获胜，但是选民支持他的原因并非是相信他能成功地挽救美国经济。

政策的成功和政治的失败，这种极富魅力的组合或许是金融危机最奇怪的遗产，这也会给未来带来极为重要的教训。如果参与的曲调与 2007—2008 年不一样的话，那么政策制定者在下次音乐停止时，将会做出什么不同的举动？以下是我给政策反复无常（或者筋疲力尽）的制定者设计的修复系统七步法。在国家再次做一些大举动之前，政策制定者应该尽快采取一整套治疗的必修课程。

第一步：不要尝试一次做太多的事情

美国有体制性、党派性和宽泛性的问题，所有的问题都呼应奥巴马总统的追求：都在寻求一种更短期、更专注的政策日程。体制性和宽泛性的问题是无可救药的。党派性的问题或许能够医治，但并不会很快解决。

体制性问题

詹姆斯·麦迪逊（James Madison）和他的朋友有目的地设计了一种小政府的组织形式。所有的事情都是司法独立的，这种制度很难让联邦政府来做任何事情。如果你现在加强麦迪逊原来的设计，用极端的党派偏见（这个他知道），参议院 60 选票政策（这个不在宪法中），以及其他的蓄意阻挠的战略（大多在参议院），你就会有应对极端僵局的一般性配方。僵局能够被巨大的政治力量打破，但是这并不简单。如果你尝试在很多地区一次性解决僵局，这将是特别困难的。这就是为什么我主张奥巴马总统应该“像激光束一样关注经济”。

- **党派性问题**

感觉良好的时代很早就已经结束了。如果不需要再向前的话，至少从纽特·金里奇（Newt Gingrich）作为众议院议长时开始，美国的政治就已经是一场血腥的运动了。你不能只反对其他党派的政策，还应该尝试“拔掉”他们的领导人，正如金里奇在1989年对民主党领袖，以及1998年对比尔·克林顿做的那样。当回答“为什么众议院共和党想以性丑闻来弹劾克林顿”的时候，金里奇的回答相当引人注目：“因为我们能。”这确实是一个很好的理由。我认为，同样的想法也使参议院少数党领袖米奇·麦康奈尔在2010年10月宣布：“我们希望实现的最重要的一件事，就是让奥巴马总统只担任一期总统。”如何让美国经济从壕沟中恢复出来？如何结束在阿富汗的战争？当党派性问题争论如此之多时，不要幻想国会能解决它们，只要能解决一件事情，你就已经足够幸运了。

- **宽泛性问题**

民众被信息轰炸，他们迷失在过多的信息当中，很容易被那些蓄意歪曲的，甚至彻底的谎言伤害。此外，通过吸收无用信息或者过滤许多有用信息，我们已经没有能力深入参与复杂的公开政策问题了。这种行为是理智的，毕竟，谁会相信他的投票、电邮或者信件将会改变国家的政策呢？判断新闻采访的原声摘要比掌握复杂性问题容易得多。清醒的政策信息很难渗入到喧嚣之中。

第二步：向大众解释自己

在美国式的民主中，除非得到大众的支持，否则做任何事情都是极其困难的。在议会制度中，总理经常能够通过立法来推行他想要的任何政策。例如，英国有时就被称为“偶尔被选举打断的独裁统治”。相比之下，美国在国会制度中，总统支持的事情，国会经常会直接反对。但是国会反映的是人民的意愿，所以，如果用盖特纳的话来说就是：“你丧失掉了公众，或许会丧失掉一切——包括你政策的主动性和下一次选举。”

奥巴马政府从一开始就应该宣扬一致的四点信息：

- 我们是如何卷入这种困境的。
- 这就是我们为了修补问题计划做的事情。
- 我们有了一致的计划，并且这就是它合理存在的原因。
- 这需要时间，所以请和我们一同忍受。

我永远无法理解，为什么 2008 年我们认为奥巴马总统是一个伟大的沟通者，却未能向选民传达那些信息。但是，他的沟通问题总好过经济政策的执行效果吧。一位失望的《纽约时报》专栏作家托马斯·弗里德曼在 2012 年的文章中是这样写的："奥巴马是一名伟大的演说家，但是在解释政绩、撰写政绩、通过不断重复本能地与人沟通方面，以及由此限定公众如何看待问题等方面，他是我见到过的最糟糕的总统。"

第三步：用普通人能够理解的语言表达

很少有人是政策专家。如果你说的是学究式的语言，那么你惹恼的人可能比你启发的还要多。但是美国人有常识，如果你有一个好想法，并且可以很清楚和简洁地表达出来，那么在法庭上你将有机会赢得公众支持。这样做或许需要使用一些聪明的类比、标语或者噱头。如果你想知道我说的是什么意思，听听比尔·克林顿的解释，他在这方面才是大师。

第四步：重复第二步和第三步

不断地重复。特别是当信息很复杂时，重复多少次都不嫌多。所以重复、重复、重复。很遗憾，奥巴马总统没有这么做。

第五步：降低期望值

简单的问题很容易解决，然而，难的问题才是最重要的。为了维持控制力，政府应该少做事，而不是经常行动。例如，雷曼兄弟一旦倒闭，在阻止经济严重倒退方面，无论是布什还是奥巴马政府都无能为力。特别是当你控制事件的能力受限时，你不应过分承诺。当有质疑时，你应谨慎承诺。这至少有两个原因。

原因一：进程很可能相当缓慢。经济问题很少一夜消失。它们总是慢慢消失，就像浓雾一样。在很长一段时间里，人们几乎看不到任何进展，或者根本就没有什么进展。公众需要习惯这样的预期，而不是寻求快速解决。否则，他们短期跨度的关注将会主导公共话语。

原因二：对于你做的比预期要好的事情，根本得不到政治上的奖励；但是对于做得不好的事情，却有很多惩罚，这是奥巴马团队经历的惨痛教训。共和党人理解 2008 年的预测误差，尽管事实上在 2009 年刺激政策通过之前，失业率就在 8% 之上了，但他们仍然使用这一点来打击民主党，甚至利用这一点来作为财政刺激失效的依据。令人惊讶的是，在 4 年后的 2012 年选举中，这一点仍被用来反对奥巴马及其政策。或许我们期待大选后情况有所改观，但失业率确实超过了 8%，不是吗？

第六步：关注人们的态度、偏见和误解

在政治上，就像零售行业那样，顾客总是正确的。事实上，他们并不总是正确，但是一位明智的零售商却用这种方式对待他们。明智的政治家也应如此。这就是仔细解释非常重要的原因（参见第二步）。人们基本的态度很难改变。例如，说服一位非常保守的人，让其接受“从富人到穷人的收入再分配是有益于社会”的观点是很难的（我曾经尝试，但是不起作用）。然而，误解有时能够被简单、可靠、可信的事实战胜。这并不简单，但是有可能，至少对于一些人在某一段时间是可以的。此外，记得我提到过第四步吗？不断重复地解释。

第七步：关注公平

密切关注和全神贯注是有差别的。人们对公平的感觉需要也值得更高的关注，这是一种可以让你抛弃所有事情的关注。因为公平通常比任何事情都关系重大，它应该是一件令政策制定者困扰的事情。如果人们觉得他们被公平地对待，他们或许会与你共同努力，或者至少在精神上支持你。但是，如果他们感觉正被欺骗——正如政策制

定者在金融危机中找到好理由去做的那样，即使你不懈地按照第一步到第六步来实施，你也会丧失他们的支持。

感觉到被疏远或受虐待的公民，或许会采取一种“你得不到好报”的态度，他们会不加选择地冲向总统、国会、民主党和共和党来发泄他们的怒火，并且会为了更好的政策抛弃美联储。仅仅说“不”，或许成为他们对一切的答案。这对政治争论、政策效果，以及美国政策来讲，都不是一件好事，但是，这似乎可以概括危机之后发生的所有事情。

回到拉姆·伊曼纽尔的问题

我几乎接近了本书的出发点，拉姆·伊曼纽尔原则问题：我们是否浪费了金融危机的机会，抑或很好地利用了这一契机？国家像人一样，从经历中学习。难道不是吗？黑格尔写道：“经验和历史教训告诉我们，人们和政府从未在历史中学到任何东西。”然而，我认为人们确实学到过。只不过是他们很快就忘记了（请记住第一条金融告诫）。

自泡沫破裂以来的几年里，美国经历的代价是巨大的，无论我们学到了什么，我们付出的沉重代价都是高昂的。但是，我们确实学到了一些教训。我们需要铭记这些教训，以防下一次金融危机爆发。可悲的是，遗忘已经发生。顽固不化的金融家渴望恢复原状，并且还在抱怨过度的金融监管；执拗的政客还在抱怨大政府，他们还想回到自由放任的状态；公众也早已将注意力转向了别处。

但是，还有很多工作要做。泡沫将会回来，高杠杆率、草率的风险管理、不正当的商业行为和松散的监管也同样会再次出现。我们需要实行持久的机构改革，至少在下次音乐停止时，金融动荡的破坏能够减小一些。历史给人以相似感，我们需要重新制定法规。

AFTER THE MUSIC STOPPED

参考资料

Acharya, Viral V., Matthew Richardson, Stijn Van Nieuwerburgh, and Lawrence J. White. *Guaranteed to Fail: Fannie Mae, Freddie Mac, and the Debacle of Mortgage Finance*. Princeton, N.J.: Princeton University Press, 2011.

Andrews, Edmund L. "The Ever More Graspable, and Risky, American Dream." *New York Times,* June 24, 2004.

———. "Fed Shrugged as Subprime Crisis Spread." *New York Times,* December 18, 2007.

Appelbaum, Binyamin. "Citi's Long History of Overreach, Then Rescue." *Washington Post*, March 11, 2009.

Baker, Dean. "The Run-up in Home Prices: Is It Real or Is It Another Bubble?" CEPR Briefing Paper, Center for Economic and Policy Research, Washington, D.C., August 2002.

Bar-Gill, Oren, and Elizabeth Warren. "Making Credit Safer." *University of Pennsylvania Law Review* 157 (2008): 1–101.

Barr, Colin. "Banks Want the Old Bailout Back." CNN *Money*, January 9, 2009.

Barsky, Neil. "What Housing Bubble?" *Wall Street Journal,* July 28, 2005.

Barth, James R., *The Rise and Fall of the U.S. Mortgage and Credit Markets*. Hoboken, N.J.: John Wiley & Sons, 2009.

Bebchuk, Lucian A., and Holger Spamann. "Regulating Bankers' Pay." *Georgetown Law Journal* 98/2 (2010): 247–87.

Berkshire Hathaway. *2002 Annual Report*. Omaha, Nebr.: Berkshire Hathaway, 2003.

Bernanke, Ben S. "The Economic Outlook." Testimony before the Joint 2005.

———. "The Economic Outlook." Testimony before the Joint Economic Committee, U.S. Congress, Washington, D.C., September 24, 2008.

———. "Federal Reserve Policies in the Financial Crisis." Speech at the Greater Austin Chamber of Commerce, Austin, Tex., December 1, 2008.

———. "The Federal Reserve's Balance Sheet: An Update." Speech at the Federal Reserve Board Conference on Key Developments in Monetary Economics, Washington, D.C., October 8, 2009.

———. "Nonmonetary Effects of the Financial Crisis in Propagation of the Great Depression." *American Economic Review* 73/3 (June 1983): 257– 76.

———. "On Milton Friedman's Ninetieth Birthday." Remarks at Conference to Honor Milton Friedman, University of Chicago, November 8, 2002.

———. "The Recent Financial Turmoil and Its Economic and Policy Consequences." Speech at the Economic Club of New York, New York, October 15, 2007.

———. "Semiannual Monetary Policy Report to the Congress." Testimony before the Committee on Financial Services, U.S. House of Representatives, Washington, D.C., July 21, 2009.

———. "The Subprime Mortgage Market." Speech at the Federal Reserve Bank of Chicago's 43rd Annual Conference on Bank Structure and Competition, *The Mixing of Banking and Commerce*, Chicago, May 17, 2007.

Blinder, Alan S. "Crazy Compensation and the Crisis." *New York Times,* May 28, 2009.

———. "The Fed Is Running Low on Ammo." *Wall Street Journal,* August 26, 2010.

———. "Financial Rescue Plan," interview by Katty Kay. NPR *Diane Rehm Show*, September 22, 2008.

———. "From the New Deal, a Way out of a Mess." *New York Times,* February 24, 2008.

———. "The GOP Myth of 'Job-Killing' Spending." *Wall Street Journal,* June21,2011.

———. "In Defense of Ben Bernanke." *Wall Street Journal,* November 15, 2010.

———. "It's Broke, Let's Fix It: Rethinking Financial Regulation." *International Journal of Central Banking* 6/4 (December 2010): 277– 330.

———. "Whatever Happened to the *Troubled Assets* Relief Program?" Testimony before the Committee on Financial Services, U.S. House of Representatives, Washington, D.C., November 17, 2008.

Blinder, Alan S., and Douglas Holtz-Eakin. "Public Opinion and the Balanced Budget." *American Economic Review* 74/2 (May 1984): 144– 49.

Blinder, Alan S., and R. Glenn Hubbard. "Blanket Deposit Insurance Is a Bad Idea." *Wall Street Journal*, October 15, 2008.

Blinder, Alan S., Andrew Lo, and Robert Solow, eds. *Rethinking the Financial Crisis*. New York: Russell Sage Foundation, 2012.

Blinder, Alan S., and Mark Zandi. "How the Great Recession Was Brought to an End." *Moody's Analytics,* July 27, 2010.

Board of Governors of the Federal Reserve System, Federal Deposit Insurance Corporation, and U.S. Department of the Treasury. "Joint Statement by Treasury, Federal Reserve, and the FDIC on Citigroup." FRB Press Release, November 23, 2008.

Case, Karl E., and Robert J. Shiller. "Is There a Bubble in the Housing Market?" *Brookings Papers on Economic Activity* 34/2 (Fall 2003): 299–362.

Cassidy, John. "No Credit." *New Yorker*, March 15, 2010, 26–30.

CBS News. "CBS Poll: Americans Optimistic About Obama." CBS News *Opinion*, February 11, 2009.

Center for Responsive Politics. *Open Secrets.*

Cesca, Bob. "Keep Your Goddamn Government Hands off My Medicare!" *Huffington Post*, August 5, 2009.

Chang, Yan, and Edward L. Golding, "Measuring the Effect of Foreclosure Prevention on House Prices and the Spillover Benefit of Reduce[d] Defaults." Presentation at the Wharton School, University of Pennsylvania, Philadelphia, Pa., April 27, 2012.

Christie, Les. "Home Futures: Price-drop Seen for 10 Top Markets." CNN *Money*, September 19, 2006.

Clinton, Bill. *Back to Work*. New York: Alfred A. Knopf, 2011.

———. *My Life*. New York: Alfred A. Knopf, 2004.

CNN *Money.* "Fed Look at Wachovia in Drug Money Probe," CNN *Money*, April 26, 2008.

CNN/Opinion Research. "Polls: Stimulus Unpopular, but Its Uses Have Broad Support." CNN *Politics*, January 29, 2010.

Cochrane, John H. "Lessons from the Financial Crisis." *Regulation* 32/4 (Winter 2009–2010): 34–37.

Cogan, John F., Tobias Cwik, John B. Taylor, and Volker Wieland. "New Keynesian Versus Old Keynesian Government Spending Multipliers." *Journal of Economic Dynamics and Control* 34/3 (March 2010): 281– 95.

Cogan, John F., John B. Taylor, and Volker Wieland. "The Stimulus Didn't Work." *Wall Street Journal,* September

17, 2009.

Cohan, William D. *House of Cards: A Tale of Hubris and Wretched Excess on Wall Street*. New York: Doubleday, 2009.

Congressional Budget Office. *The Budget and Economic Outlook: Fiscal Years 2012 to 2022*. Washington, D.C.: U.S. Government Printing Office, January 31, 2012.

———. *The Long-Term Budget Outlook*. Washington, D.C.: U.S. Government Printing Office, October 1, 2000.

———. *The Long-Term Budget Outlook*. Washington, D.C.: U.S. Government Printing Office, December 1, 2003.

———. *Report on the Troubled Asset Relief Program—March 2012*. Washington, D.C.: U.S. Government Printing Office, March 28, 2012.

Connolly, Ceci. "Obama Chooses Peter Orszag as Chief of Office of Management and Budget." *Washington Post,* November 26, 2008.

Cordell, Larry, Karen Dynan, Andreas Lehnert, Nellie Liang, and Eileen Mauskopf. "Designing Loan Modifications to Address the Mortgage Crisis and the Making Home Affordable Program." Finance and Economics Discussion Series (FEDS), Board of Governors of the Federal Reserve System, Washington, D.C., 2009-43.

Dalton, John, and Claudia Dziobek. "Central Bank Losses and Experiences in Selected Countries." IMF Working Paper 5/72, International Monetary Fund, Washington, D.C., April 2005.

Daly, Corbett B. "Rick Perry Jabs Bernanke, Says 'Printing More Money . . . Is Almost Treasonous.'" CBS News *Political Hotsheet,* August 16, 2011.

Davey, Monica. "The State That Went Bust." *New York Times,* January 22, 2011.

Deutsche Bank Securities. "Shorting Home Equity Mezzanine Tranches: A Strategy to Cash in on a Slowing Housing Market," February 2007. In *Fact Sheet*, compiled by U.S. Department of the Treasury, Office of the Comptroller of the Currency, formerly Office of Thrift Supervision, September 25, 2008. Accessed at Committee on Homeland Security & Governmental Affairs, U.S. Senate.

Di Leo, Luca, and Jon Hilsenrath. "Fed Could Keep Short-Term Interest Rates Near Zero Well Beyond Mid-2013." *Wall Street Journal*, December 22, 2011.

Economist. "The Rise of the Anti-Keynesians: Paul Ryan's Intellectual Hinterland." April 14, 2011.

———. "Will the Walls Come Falling Down?" April 20, 2005.

Ellul, Andrew, and Vijay Yerramilli. "Stronger Risk Controls, Lower Risk: Evidence from U.S. Bank Holding Companies." NBER Working Paper 16178, National Bureau of Economic Research, Cambridge, Mass., July 2010.

European Central Bank. "Consolidated Versions of the Treaty on European Union and the Treaty on the Functioning of the European Union." *Official Journal of the European Union*, 2008/C 115/01 (May 9, 2008): 1-200.

Fair Isaac Corp. "FICO Scores Drift Down as Economic Factors Weigh on Consumer Credit Risk." FICO News Release, July 13, 2010.

Federal Deposit Insurance Corp. "FDIC Announces Plan to Free up Bank Liquidity." FDIC Press Release, October 14, 2008.

———. "FDIC Implements Loan Modification Program for Distressed IndyMac Mortgage Loans." FDIC Press Release, August 20, 2008.

Federal Open Market Committee and the Board of Governors of the Federal Reserve System. "Federal Reserve and Other Central Banks Announce Schedules for Term and Forward Auctions of U.S. Dollar Liquidity for Fourth Quarter." Federal Reserve System Monetary Policy Release, October 7, 2008.

———. Minutes of the Federal Open Market Committee (FOMC), Washington, D.C., 2010 (January 26–27, March 16, April 27–28, August 10, and November 2–3).

Federal Reserve Bank of Kansas City. *Housing, Housing Finance, and Monetary Policy:* A Symposium Sponsored by the Federal Reserve Bank of Kansas City, Jackson Hole, Wyo., August 30–September 1, 2007.

Feldstein, Martin. "Concluding Remarks," in *Housing, Housing Finance, and Monetary Policy:* A Symposium Sponsored by the Federal Reserve Bank of Kansas City, Jackson Hole, Wyo., August 30– September 1, 2007: 489–500.

———. "How to Stop the Mortgage Crisis." *Wall Street Journal,* March 7, 2008.

Feyrer, James, and Bruce Sacerdote. "Did the Stimulus Stimulate? Real Time Estimates of the Effects of the American Recovery and Reinvestment Act." NBER Working Paper 16759, National Bureau of Economic Research, Cambridge, Mass., February 2011.

Financial Crisis Inquiry Commission. *The Financial Crisis Inquiry Report: Final Report to the National Commission on the Causes of the Financial and Economic Crisis in the United States.* Washington, D.C.: U.S. Government Printing Office, January 2011.

Fiorina, Morris P., and Samuel J. Abrams. *Disconnect: The Breakdown of Representation in American Politics*, Julian J. Rothbaum Distinguished Lecture Series, Vol. 11. Norman: University of Oklahoma Press, 2009.

Foote, Christopher L., Kristopher S. Gerardi, and Paul S. Willen. "Why Did So Many People Make So Many *Ex Post* Bad Decisions? The Causes of the Foreclosure Crisis," in *Rethinking the Financial Crisis*. Edited by Alan S. Blinder, Andrew Lo, and Robert Solow. New York: Russell Sage Foundation, 2012.

Free, Lloyd A., and Hadley Cantril. *The Political Beliefs of Americans: A Study of Public Opinion.* New Brunswick, N.J.: Rutgers University Press, 1967.

Friedman, Thomas L. "Obama Should Seize the High Ground." *New York Times*, May 26, 2012.

Frum, David. Full Comment, *National Post*, July 11, 2008.

Gagnon, Joseph, Matthew Raskin, Julie Remache, and Brian Sack. "The Financial Market Effects of the Federal Reserve's Large-Scale Asset Purchases." *International Journal of Central Banking* 7/1 (March 2011): 3–44.

Garrett, Major. "Top GOP Priority: Make Obama a One-Term President." *National Journal*, October 23, 2010.

Geanakoplos, John D., and Susan P. Koniak. "Mortgage Justice Is Blind." *New York Times,* October 29, 2008.

Geithner, Timothy F. "The Federal Bailout of AIG." Testimony before the Committee on Oversight and Government Reform, U.S. House of Representatives, Washington, D.C., January 27, 2010.

———. "Financial Crisis Amnesia." *Wall Street Journal*, March 1, 2012.

Goolsbee, Austan. "Looking For Lasting Solutions," interview by Bob Schieffer. CBS News, *Face the Nation*, November 23, 2008.

Gopal, Prashant. "Banks Block Obama's Mortgage Stimulus Plan." Bloomberg, August 16, 2011.

Gordon, Robert J., and Robert Krenn. "The End of the Great Depression: VAR Insight on the Roles of Monetary and Fiscal Policy." NBER Working Paper 16380, National Bureau of Economic Research, Cambridge, Mass., September 2010.

Gramlich, Edward M. "Booms and Busts: The Case of Subprime Mortgages," in *Housing, Housing Finance, and Monetary Policy:* A Symposium Sponsored by the Federal Reserve Bank of Kansas City, Jackson Hole, Wyo., August 30–September 1, 2007: 257–265.

———. *Subprime Mortgages: America's Latest Boom and Bust*. Washington, D.C.: Urban Institute Press, 2007.

Greenspan, Alan. "Activism." *International Finance* 14/1 (Spring 2011): 165–82.

———. "The Crisis." *Brookings Papers on Economic Activity* 41/1 (Spring 2010): 201–61.

———. "Outlook for the Federal Budget and Implications for Fiscal Policy." Testimony before the Committee on the Budget, U.S. Senate, Washington, D.C., January 25, 2001.

Harriss, C. Lowell. *History and Policies of the Home Owners' Loan Corporation*. New York: National Bureau of Economic Research, 1951.

Haubrich, Joseph G., and Deborah Lucas. "Who Holds the Toxic Waste?

An Investigation of CMO Holdings." Federal Reserve Bank of Cleveland Policy Discussion Paper 20 (June 2007).

Hegel, Georg Wilhelm Friedrich, 1770–1831. *Introduction to the Philosophy of History: With Selections from the Philosophy of Right.* Translated, with introduction, by Leo Rauch. Indianapolis, Ind.: Hackett Publishing Co., 1988.

Hirsch, Michael. "The Party of Goldwater?" *Newsweek,* January 28, 2009.

———. "The Re-education of Larry Summers." *Newsweek,* February 20, 2009.

Hoover, Herbert. *The Memoirs of Herbert Hoover*, Vol. 1, *Years of Adventure, 1874–1920*. New York: Macmillan, 1951.

Hubbard, R. Glenn, and Chris Mayer. "First, Let's Stabilize Home Prices." *Wall Street Journal*, October 2, 2008.

Ip, Greg. "Did Greenspan Add to Subprime Woes?" *Wall Street Journal,* June 9, 2007.

Irwin, Neil, and David Cho. "Paulson's Change in Rescue Tactics." *Washington Post,* October 15, 2008.

Jacobson, Louis S., Robert J. LaLonde, and Daniel G. Sullivan. "Earnings Losses of Displaced Workers." *American Economic Review* 83/4 (September 1993): 685–709.

Jones, Jeffrey M. "Americans Want Congress, Obama to Tackle Economic Issues." *Gallup Politics,* January 14, 2011.

———. "Domestic Priorities Top Americans' To-Do List for Obama." Gallup, January 19, 2009.

Kahn, Lisa B. "The Long-Term Labor Market Consequences of Graduating from College in a Bad Economy." *Labour Economics* 17/2 (April 2010): 303–16.

Kelly, Kate. "Bear CEO's Handling of Crisis Raises Issues." *Wall Street Journal,* November 1, 2007.

Keoun, Bradley. "Citigroup's 1.1 Trillion of Mysterious Assets Shadows Earnings." Bloomberg, July 13, 2008.

King, Mervyn. Speech at Lord Mayor's Banquet for Bankers and Merchants, Mansion House, London. Bank of England, June 17, 2009.

Krishnamurthy, Arvind, and Annette Vissing-Jorgensen. "The Effects of Quantitative Easing on Interest Rates: Channels and Implications for Policy." *Brookings Papers on Economic Activity* 42/2 (Fall 2011): 215– 87.

Krugman, Paul R. "Cash for Trash." *New York Times,* September 21, 2008.

———. "Gordon Does Good." *New York Times,* October 12, 2008.

———. "It's Baaack: Japan's Slump and the Return of the Liquidity Trap."*Brookings Papers on Economic Activity* 29/2 (Fall 1998): 137–205.

Lagarde, Christine. "Global Risks Are Rising, but There Is a Path to Recovery," in *Achieving Maximum Long-Run Growth:* A Symposium Sponsored by the Federal Reserve Bank of Kansas City, Jackson Hole, Wyo., August 25–27, 2011: 421–26.

Lake Research Partners. "Wall Street Reform: One Year Anniversary." Presentation at Americans for Financial Reform, Washington, D.C., July 18, 2011.

Latman, Peter. "New York Accuses Ernst & Young of Fraud in Lehman Collapse." *New York Times*, December 22, 2010.

Lewis, Michael. *The Big Short: Inside the Doomsday Machine*. New York: W. W. Norton, 2010.

———. *Boomerang*. New York: W. W. Norton, 2011.

Lindblad, Cristina, Ira Boudway, and Caroline Winter. "How's Geithner's Home Holding Up?" *Bloomberg Businessweek*, May 20, 2010.

Lowenstein, Roger. *When Genius Failed: The Rise and Fall of Long-Term Capital Management*. New York: Random House, 2000.

Luhby, Tami. "FDIC's Bair Pushes Aggressive Mortgage Plan." CNN *Money*, November 14, 2008.

Mallaby, Sebastian. *More Money Than God*. New York: Penguin Press, 2010.

McHugh, David. "Draghi: ECB to Do 'Whatever It Takes' to Save Euro." Associated Press, July 26, 2012.

Meltzer, Allan H. "Policy Principles: Lessons from the Fed's Past," in *The Road Ahead for the Fed*. Edited by John D. Ciorciari and John B. Taylor. Stanford, Calif.: Hoover Institution Press, Stanford University, 2009: 13–32.

Merrill Lynch advertisement. *Derivatives Week*, November 7, 2005.

Morgan, David. "Pay Czar Says AIG Bonus Flap to End in March." Reuters, February 3, 2010.

Morgenson, Gretchen, and Joshua Rosner. *Reckless Endangerment: How Outsized Ambition, Greed, and Corruption Led to Economic Armageddon*. New York: Henry Holt, 2011.

Murphy, Kevin J. "Pay, Politics, and the Financial Crisis," in *Rethinking the Financial Crisis*. Edited by Alan S. Blinder, Andrew Lo, and Robert Solow. New York: Russell Sage Foundation, 2012.

Nakamoto, Michiyo, and David Wighton. "Citigroup Chief Stays Bullish on Buy-Outs." *Financial Times*, July 9, 2007.

National Commission on Fiscal Responsibility and Reform. *Moment of Truth: Report of the National Commission on Fiscal Responsibility and Reform*. Washington, D.C.: U.S. Government Printing Office, December 1, 2010.

Newport, Frank. "Views on Government Aid Depend on the Program." Gallup, February 24, 2009.

New York Times. "Following the A.I.G. Money." Opinion, March 15, 2009.

Nocera, Joe. "Sheila Bair's Bank Shot." *New York Times Magazine,* July 9, 2011.

Norris, Floyd. "After Years of Red Flags, a Conviction." *New York Times*, April 21, 2011.

———. "Quotes of the Day at Davos." Economix, *New York Times*, January 25, 2008.

Obama, Barack. Town Hall speech, Raleigh, N.C., August 19, 2008.

———. Remarks at the Council on Jobs and Competitiveness, Durham, N.C., June 13, 2011.

Palin, Sarah. Letter to the Editor, *Wall Street Journal,* November 18, 2010.

Paletta, Damian. "Barney Frank Celebrates Free Market Day." *Wall Street Journal,* September 17, 2008.

Parker, Jonathan A., Nicholas S. Souleles, David S. Johnson, and Robert McClelland. "Consumer Spending and the Economic Stimulus Payments of 2008." NBER Working Paper 16684, National Bureau of Economic Research, Cambridge, Mass., January 2011.

Paulson, Henry M., Jr., *On the Brink: Inside the Race to Stop the Collapse of the Global Financial System*. New York: Business Plus, 2010.

Pew Research Center. *Auto Bailout Now Backed, Stimulus Divisive*. Washington, D.C.: Pew Research Center Publications, February 23, 2012.

———. *Political Knowledge Update*. Washington, D.C.: Pew Research Center Publications, July 15, 2010.

Porfolio.com. "Portfolio's Worst American CEOs of All Time." CNBC, April 30, 2009.

Pozsar, Zoltan, Tobias Adrian, Adam Ashcraft, and Hayley Boesky. "Shadow Banking." Federal Reserve Bank of New York Staff Report 458 (July 2010).

Protess, Ben. "Mortgage Executive Receives 30-Year Sentence." *New York Times*, June 30, 2011.

Reinhart, Carmen M., and Kenneth Rogoff. *This Time Is Different: Eight Centuries of Financial Folly*. Princeton, N.J.: Princeton University Press, 2009.

Rogers, Will. *Sanity Is Where You Find It*. Selected and edited by Donald Day. Boston, Mass.: Houghton Mifflin, 1955.

Rogoff, Kenneth. "The Bullets Yet to Be Fired to Stop the Crisis." *Financial Times,* August 8, 2011.

Rubin, Robert E., and Jacob Weisberg. *In an Uncertain World: Tough Choices from Wall Street to Washington*. New York: Random House, 2003.

Saad, Lydia. "CDC Tops Agency Ratings; Federal Reserve Board Lowest NASA Ratings Remain High, While Federal Reserve Has Lost Ground." Gallup, July 27, 2009.

Sahm, Claudia, Matthew D. Shapiro, and Joel Slemrod. "Check in the Mail or More in the Paycheck: Does the Effectiveness of Fiscal Stimulus Depend on How It Is Delivered?" *American Economic Journal: Economic Policy* 413 (August 2012): 216–50.

Santelli, Rick. "Rick Santelli and the 'Rant of the Year.'" YouTube, February 19, 2009.

Sargent, Thomas J. "United States Then, Europe Now." Nobel Prize in Economic Sciences Lecture, Stockholm University, December 8, 2011.

Scheiber, Noam. *The Escape Artists: How Obama's Team Fumbled the Recovery*. New York: Simon & Schuster, 2011.

Schmitt, Rick. "Prophet and Loss." *Stanford Magazine*, March/April 2009.

Shiller, Robert J. *The Subprime Solution: How Today's Global Financial Crisis Happened, and What to Do about It*. Princeton, N.J.: Princeton University Press, 2008.

Sides, John. "Republican Primary Voters Embrace Government. No, Really." *Model Politics*, YouGov, March 22, 2012.

Sjostrom, William K., Jr. "The AIG Bailout." *Washington & Lee Law Review* 66 (2009): 943–91.

Smith, Gary N., and Margaret H. Smith. *Houseonomics: Why Owning a Home Is Still a Great Investment*. Upper Saddle River, N.J.: FT Press, 2008.

Solomon, Deborah. "Bair's Legacy: An FDIC with Teeth." *Wall Street Journal,* July 7, 2011.

Sorkin, Andrew Ross. "A Bailout above the Law." *New York Times,* September 22, 2008.

———. *Too Big to Fail: The Inside Story of How Wall Street and Washington Fought to Save the Financial System—and Themselves*. New York: Viking Penguin, 2010.

Soros, George. "Paulson Cannot Be Allowed a Blank Cheque." *Financial Times*, September 24, 2008.

Stein, Herbert. *The Fiscal Revolution in America*. Chicago: University of Chicago Press, 1969.

Stiglitz, Joseph E. "A Better Bailout." *Nation*, September 26, 2008.

Story, Louise, Landon Thomas Jr., and Nelson D. Schwartz. "Wall St. Helped to Mask Debt Fueling Europe's Crisis." *New York Times,* February 13, 2010.

Summers, Lawrence. "Summers: AIG Bonuses Are 'Outrageous,'" interview by Kevin Hechtkopf. CBS News, *Face the Nation*, March 15, 2009.

Suskind, Ron. *Confidence Men: Wall Street, Washington, and the Education of a President*. New York:

HarperCollins, 2011.

———. *The Price of Loyalty: George W. Bush, the White House, and the Education of Paul O'Neill*. New York: Simon & Schuster, 2004.

Swagel, Phillip. "The Financial Crisis: An Inside View." *Brookings Papers on Economic Activity* 40/1 (Spring 2009): 1–78.

Taylor, John B. "Discretion Versus Policy Rules in Practice." *Carnegie- Rochester Series on Public Policy* 39 (1993): 195–214.

———. "An Empirical Analysis of the Revival of Fiscal Activism in the 2000s." *Journal of Economic Literature* 49/3 (September 2011): 686– 702.

———. *Getting Off Track: How Government Actions and Interventions Caused, Prolonged, and Worsened the Financial Crisis*. Stanford, Calif.: Hoover Institution Press, Stanford University, 2009.

———. "The Need for a Clear and Credible Exit Strategy," in *The Road Ahead for the Fed*. Edited by John D. Ciorciari and John B. Taylor. Stanford, Calif.: Hoover Institution Press, Stanford University, 2009: 85–100.

———. "The 2009 Stimulus Package: Two Years Later." Testimony before the Committee on Oversight and Government Reform, Subcommittee on Regulatory Affairs, U.S. House of Representatives, Washington, D.C., February 16, 2011.

Tett, Gillian. *Fool's Gold: How Unrestrained Greed Corrupted a Dream, Shattered Global Markets and Unleashed a Catastrophe*. New York: Free Press, 2009.

Timiraos, Nick. "Confusion Roils HARP Program for Refinancing." *Wall Street Journal,* September 2, 2009.

Tourre, Fabrice. E-mail to Marine Serres, January 23, 2007. Accessed at *Telegraph* (London).

U.S. Department of Housing and Urban Development. *Annual Report to Congress: Financial Status of the FHA Mutual Mortgage Insurance Fund (MMI Fund), Fiscal Year 2011*. Washington, D.C.: U.S. Government Printing Office, November 15, 2011.

———. *Subprime Markets, the Role of the GSEs, and Risk-Based Pricing*. Washington, D.C.: U.S. Government Printing Office, March 2002.

U.S. Department of the Treasury. *Financial Regulatory Reform: A New Foundation—Rebuilding Financial Supervision and Regulation*. Washington, D.C.: U.S. Government Printing Office, June 23, 2009.

———. *Making Home Affordable Program Performance Report through March 2012*. Washington, D.C.: U.S. Government Printing Office, May 4, 2012.

———. "Secretary Geithner Introduces Financial Stability Plan." U.S. Department of the Treasury Press Release, February 10, 2009.

———. "Statement by Secretary Henry M. Paulson, Jr. on Comprehensive Approach to Market Developments." U.S. Department of the Treasury Press Release, September 19, 2008.

Volcker, Paul A. Speech at the Economic Club of New York, New York, April 8, 2008.

———. Speech at the *Wall Street Journal*'s 2nd Future of Finance Initiative, Horsham, West Sussex, UK, December 8, 2009.

Wagner, Paul. "Unreal Estate." Metroactive, *Metro* (San Jose, Calif.), September 10, 2008.

Wallison, Peter J. "The Argument Against a Government Resolution Authority." Pew Financial Reform Project Briefing Paper 4 (August 18, 2009).

Wallison, Peter J., and David Skeel. "The Dodd Bill: Bailouts Forever." *Wall Street Journal,* April 7, 2010.

Wallsten, Peter, Lori Montgomery, and Scott Wilson. "Obama's Evolution: Behind the Failed 'Grand Bargain' on the Debt." *Washington Post*, March 17, 2012.

Wall Street Journal. "What They Said About Fan and Fred." Opinion, *Wall Street Journal*, October 2, 2008.

Warren, Elizabeth. "Unsafe at Any Rate." *Democracy: A Journal of Ideas* 5 (Summer 2007): 8–19.

Warsh, Kevin M. "The New Malaise and How to End It." *Wall Street Journal,* November 8, 2010.

Wessel, David. "Bernanke: Smaller Banks Not Necessarily the Answer for 'Too Big to Fail' Dilemma." *Wall Street Journal,* October 23, 2009.

———. *In Fed We Trust: Ben Bernanke's War on the Great Panic*. New York: Random House, 2009.

Whelan, Karl. "Ireland's Sovereign Debt Crisis." Centre for Economic Research Working Paper 11/09, University College Dublin, May 2011.

The White House, Office of the Press Secretary. "Remarks by President Obama and British Prime Minister Gordon Brown after Meeting." White House Press Release, March 3, 2009.

Zernike, Kate. "'Boiling Mad': A Tea Party Origin Story," interview by David Greene. NPR, *All Things Considered*, September 14, 2010.

未来，属于终身学习者

我这辈子遇到的聪明人（来自各行各业的聪明人）没有不每天阅读的——没有，一个都没有。巴菲特读书之多，我读书之多，可能会让你感到吃惊。孩子们都笑话我。他们觉得我是一本长了两条腿的书。

——查理·芒格

互联网改变了信息连接的方式；指数型技术在迅速颠覆着现有的商业世界；人工智能已经开始抢占人类的工作岗位……

未来，到底需要什么样的人才？

改变命运唯一的策略是你要变成终身学习者。未来世界将不再需要单一的技能型人才，而是需要具备完善的知识结构、极强逻辑思考力和高感知力的复合型人才。优秀的人往往通过阅读建立足够强大的抽象思维能力，获得异于众人的思考和整合能力。未来，将属于终身学习者！而阅读必定和终身学习形影不离。

很多人读书，追求的是干货，寻求的是立刻行之有效的解决方案。其实这是一种留在舒适区的阅读方法。在这个充满不确定性的年代，答案不会简单地出现在书里，因为生活根本就没有标准确切的答案，你也不能期望过去的经验能解决未来的问题。

而真正的阅读，应该在书中与智者同行思考，借他们的视角看到世界的多元性，提出比答案更重要的好问题，在不确定的时代中领先起跑。

湛庐阅读 App：与最聪明的人共同进化

有人常常把成本支出的焦点放在书价上，把读完一本书当作阅读的终结。其实不然。

时间是读者付出的最大阅读成本

怎么读是读者面临的最大阅读障碍

“读书破万卷”不仅仅在“万”，更重要的是在“破”！

现在，我们构建了全新的“湛庐阅读”App。它将成为你“破万卷”的新居所。在这里：

- 不用考虑读什么，你可以便捷找到纸书、电子书、有声书和各种声音产品；
- 你可以学会怎么读，你将发现集泛读、通读、精读于一体的阅读解决方案；
- 你会与作者、译者、专家、推荐人和阅读教练相遇，他们是优质思想的发源地；
- 你会与优秀的读者和终身学习者为伍，他们对阅读和学习有着持久的热情和源源不绝的内驱力。

从单一到复合，从知道到精通，从理解到创造，湛庐希望建立一个“与最聪明的人共同进化”的社区，成为人类先进思想交汇的聚集地，与你共同迎接未来。

与此同时，我们希望能够重新定义你的学习场景，让你随时随地收获有内容、有价值的思想，通过阅读实现终身学习。这是我们的使命和价值。

图书在版编目（CIP）数据

当音乐停止之后 / (美) 艾伦·布林德著；巴曙松，徐小乐译. -- 成都：四川人民出版社，2021.8
ISBN 978-7-220-11955-2

Ⅰ.①当… Ⅱ.①艾… ②巴… ③徐… Ⅲ.①金融危机－研究－美国 Ⅳ.①F837.125.9

中国版本图书馆CIP数据核字（2021）第024634号
著作权合同登记号
图字：21-2021-202

上架指导：经济 / 金融

本书法律顾问　北京市盈科律师事务所　崔爽律师
张雅琴律师

DANG YINYUE TINGZHI ZHI HOU
当音乐停止之后
［美］艾伦·布林德　著
巴曙松　徐小乐　等　译

责任编辑：李文雯　邵显瞳
版式设计：湛庐CHEERS
封面设计：湛庐CHEERS

四川人民出版社
（成都市槐树街 2 号　610031）
唐山富达印务有限公司印刷　新华书店经销
字数 431 千字　710 毫米 ×965 毫米　1/16　印张 28
2021 年 8 月第 1 版　2021 年 8 月第 1 次印刷
ISBN　978-7-220-11955-2
定价：119.90 元